# 中庸의 精解

**윤서현(尹瑞鉉)**

1957년 전라남도 해남에서 태어나 강진에서 자랐다.
성균관대학교 유학대학원에서 석사학위(유교경전. 한국사상)를 받았으며
경찰공무원 정년퇴임 후 중용의 의미를 더 깊이 알고 실천하고자
서울 공항정 활터에서 국가무형문화재 제142호 전통활쏘기를 하며
꾸준히 심신을 수련하고 있다.

## 중용의 정해
중용의 깊은 뜻 쉽게 알기

**초판 1쇄 발행** 2024년 4월 1일

**지은이** 윤서현
**펴낸이** 장길수
**펴낸곳** 지식과감성#
**출판등록** 제2012-000081호

**교정** 한장희
**디자인** 강샛별, 정윤솔
**편집** 정윤솔
**검수** 정은솔, 이현
**마케팅** 김윤길, 정은혜

**주소** 서울시 금천구 벚꽃로298 대륭포스트타워6차 1212호
**전화** 070-4651-3730~4
**팩스** 070-4325-7006
**이메일** ksbookup@naver.com
**홈페이지** www.knsbookup.com

ISBN 979-11-392-1734-6(03140)
값 32,000원

- 이 책의 판권은 지은이에게 있습니다.
- 이 책 내용의 전부 또는 일부를 재사용하려면 반드시 지은이의 서면 동의를 받아야 합니다.
- 잘못된 책은 구입하신 곳에서 바꾸어 드립니다.

# 中庸의 精解
중용의 깊은 뜻 쉽게 알기

中庸章句 주희(朱熹) 지음
中庸疾書 이익(李瀷) 지음
윤서현(尹瑞鉉) 편저

현명한 지도자
유능한 관리자가 읽는
자기 수양의 지침서!

朱子(朱熹)의 『中庸章句』와
星湖 李瀷의 『中庸疾書』와의 만남

## 이 책을 쓰면서

 『중용(中庸)』은 유교(儒教) 철학의 근본정신을 가장 함축성(含蓄性) 있게 표현하면서도 조리(條理)가 정연(整然)하여 앞뒤가 하나로 관통(貫通)하는 책이다.

 『중용(中庸)』의 대강(大綱)은 사람이 하늘로부터 부여받은 인의예지(仁義禮智) 본성(性)의 바탕 위에 조심하며 삼가고 몹시 두려워함(戒愼恐懼)을 가지고 천하에 공통되는 지(知), 인(仁), 용(勇)의 삼달덕(三達德)을 수양하고, 거기에 터 잡아 천하의 사람이라면 마땅히 실행해야 하는 오륜(五倫) 즉 오달도(五達道)와 천하와 국가를 다스림에 있어서 지켜야 할 일상적이면서도 바꾸어서는 아니 되는 꼭 필요한 아홉 가지 실천원칙(九經)의 실행을 제시하고 있다. 거기에다 한편으로 치우치거나 기울어짐이 없게(不偏不倚) 하며, 지나침이나 미치지 못함(過不及)의 잘못을 항상 경계하며, 잘못의 원인을 군자(君子)의 활쏘기와 같이 자신에게 돌이켜 찾아보는(反求諸己) 자세와 남이 한 번 해서 잘하면 나는 백 번을 해서 잘하고, 남이 열 번을 해서 잘하면 나는 천 번을 해서 잘하겠다(人十己千)는 각오로 성인(聖人)의 경지인 중용(中庸)의 도(道)에 도달하기 위해 매진(邁進)할 것을 기대하고 있다. 이는 결국 『중용(中庸)』이 낮고 쉬운 것을 배워 깊고도 어려운 하늘의 이치를 깨닫는(下學上達) 실천적인 학문(實學)임을 말해 주는 것이다.

『중용(中庸)』은 자사(子思)의 저술(著述)로 『예기(禮記)』 49篇 가운데 31번째에 들어 있던 것을 분리하여 단행본(單行本)으로 만든 것이며, 『중용장구(中庸章句)』라 부르게 된 것은 송(宋)나라 때에 와서 주자(朱熹, 1130-1200)가 章과 句로 나누고 주석(註釋)을 한 때문이다. 또한 『중용장구대전(中庸章句大全)』이라 부르게 된 것은 명(明)나라 영락제(永樂帝: 成祖)의 명(命)에 따라 宋나라 및 元나라 초기의 유학자(儒學者)들이 『중용장구(中庸章句)』를 주석(註釋)한 것들을 모아서 호광(胡廣, 1370-1418) 등이 편찬한 『사서대전(四書大全)』의 내용이 『중용장구(中庸章句)』에 포함된 때문이다.

이 책에서 『중용장구(中庸章句)』와 함께 잇대어 붙인 『중용질서(中庸疾書)』는 조선 후기의 학자 성호 이익(星湖 李瀷, 1681-1763) 선생이 『중용장구(中庸章句)』에 대하여 나름의 독자적인 재해석을 가한 것으로, 선유(先儒)들이 밝혀내지 못했던 것들과 자신이 새로이 발명한 사실은 물론 의심되는 것에 대한 자신의 견해를 기록하여 저술한 『중용장구(中庸章句)』의 주석서(註釋書)라고 할 수 있을 것이다.

지금 시중에는 이미 수많은 『중용(中庸)』 번역서가 나와 있고 각각 나름의 특색을 지니고 있다. 그러나 한 가지 공통되는 점은 읽고 공부하려는 사람의 입장은 도외시(度外視)하고 번역하는 사람의 입장으로 중요한 단어를 한글로 변환하는 데에 그치는 가장 쉬운 방법을 선택하고 있다는 것이다. 그 결과 『중용(中庸)』을 읽거나 공부하려는 사람들로 하여금 전체적인 흐름의 파악은커녕 각 장(章)이나 절(節), 구(句)의 경문(經文)에 대한 이해마저도 어렵게 하고 있다. 이는 내가 『중용장구

(中庸章句)』를 공부하는 과정에서 목판본(木版本)이나 영인본(影印本)을 한 글자 한 글자 필사(筆寫)하면서 겪었던 어려움이었기도 하다.

  이러한 현실에 대하여 『중용장구(中庸章句)』와 『중용질서(中庸疾書)』 두 책을 서로 잇대어 편집하고, 독자(讀者)의 편에 서서 번역(翻譯)함으로써 『중용(中庸)』을 읽거나 공부하려는 사람들이 경문(經文)의 내용을 더욱 깊이 알고 쉽게 이해하는 데에 조금이나마 보탬이 되게 하고자 하였다.

2023. 10. 30.
가을이 깊어 가는 계양산 아래에서
**윤서현**

## 일러두기

1. 이 책은 『경서(經書)』(成均館大學校出版部, 2004)의 「중용(中庸)」편과 『성호전서, 4(星湖全書, 四)』(驪江出版社, 1984)의 「중용질서(中庸疾書)」편 영인본(影印本)을 저본(底本)으로 하였다.
2. 경문(經文)의 장(章), 구(句)의 구분은 주자(朱熹)의 『중용장구(中庸章句)』를 철저히 따랐으며, 『대학 중용(大學 中庸)』(學民文化社, 2008)의 구결현토(口訣懸吐) 및 언해(諺解)를 참고하였다.
3. 번역은 경문(經文)의 원뜻을 살리려고 노력하였으며, 최대한 우리말로 풀어 쓴 결과 국역(國譯) 부분만을 읽어도 이해가 쉽게 하였다.
4. 경문(經文) 아래 『중용장구(中庸章句)』와 함께 실려 있는 『사서대전(四書大全)』의 내용을 발췌하여 실었고, 이어서 각 장(章)이 끝나는 부분에 『중용질서(中庸疾書)』를 잇대어 붙여 이해의 깊이를 더하도록 하였다.
5. 중요한 출전(出典)은 하단에 각주 처리하고, 자의(字義) 및 어의(語義)는 각 문장의 바로 아래에 실었다.
6. 경문(經文)은 음영처리 안에 넣어 글자체를 다르게 하였고, 『중용장구(中庸章句)』와 『사서대전(四書大全)』은 활자의 크기 및 굵기로 구분하고 이해를 돕기 위해 생략되거나 가리어진 뜻은 ( ) 안에 간단하게 주석(註釋)하여 부기(附記)하였다.
7. 이 책에 사용된 부호는 아래와 같다.

[槪觀] : 각 장(章)과 절(節), 구(句)의 내용에 들어가기에 앞서 개략적(槪略的)인 내용을 설명함

中庸大全 : 『중용장구(中庸章句)』와 『사서대전(四書大全)』    中庸疾書 : 『중용질서(中庸疾書)』

" " : 인용    ' ' : 재인용, 강조

『 』 : 책 이름    「 」 : 篇, 章, 節, 句

( ) : 한자(漢字)의 음, 오(誤), 탈자(脫字), 간단한 주석(註釋)

◇ : 자의(字義) 및 어의(語義)

## 차례

이 책을 쓰면서 ················································· 4
일러두기 ························································· 7

讀中庸法(중용을 공부하는 방법) ······················ 14
星湖疾書中庸序(성호질서중용서) ······················ 21

中庸章句序(중용장구서) ···································· 24
星湖疾書(성호질서) 中庸(중용) 序(서) ············· 43

中庸章句大全 ···················································· 48
星湖疾書(성호질서) 中庸(중용) 篇題(편제) ······ 54

第 1 章 ····························································· 62
　『중용질서(中庸疾書)』第一章 ························ 92

第 2 章 ····························································· 119
　『중용질서(中庸疾書)』第二章 ························ 127

第 3 章 ····························································· 137
　『중용질서(中庸疾書)』第三章 ························ 139

第 4 章 …………………………………………………… 141
　『중용질서(中庸疾書)』 第四章 ……………………………… 147

第 5 章 …………………………………………………… 150
　『중용질서(中庸疾書)』 第五章 ……………………………… 152

第 6 章 …………………………………………………… 153
　『중용질서(中庸疾書)』 第六章 ……………………………… 156

第 7 章 …………………………………………………… 163
　『중용질서(中庸疾書)』 第七章 ……………………………… 166

第 8 章 …………………………………………………… 168
　『중용질서(中庸疾書)』 第八章 ……………………………… 171

第 9 章 …………………………………………………… 176
　『중용질서(中庸疾書)』 第九章 ……………………………… 179

第 10 章 ………………………………………………… 182
　『중용질서(中庸疾書)』 第十章 ……………………………… 191

第 11 章 ································································ 197
　『중용질서(中庸疾書)』第十一章 ······························ 207

第 12 章 ································································ 211
　『중용질서(中庸疾書)』第十二章 ······························ 221

第 13 章 ································································ 232
　『중용질서(中庸疾書)』第十三章 ······························ 245

第 14 章 ································································ 259
　『중용질서(中庸疾書)』第十四章 ······························ 269

第 15 章 ································································ 275
　『중용질서(中庸疾書)』第十五章 ······························ 278

第 16 章 ································································ 283
　『중용질서(中庸疾書)』第十六章 ······························ 300

第 17 章 ································································ 308
　『중용질서(中庸疾書)』第十七章 ······························ 315

第 18 章 ································································ 318
　『중용질서(中庸疾書)』第十八章 ······························ 327

第 19 章 ································································ 330
　『중용질서(中庸疾書)』第十九章 ······························ 343

第 20 章 ································································ 349
　『중용질서(中庸疾書)』第二十章 ······························ 402

第 21 章 ································································ 412
　『중용질서(中庸疾書)』第二十一章 ··························· 414

第 22 章 ································································ 416
　『중용질서(中庸疾書)』第二十二章 ··························· 418

第 23 章 ································································ 421
　『중용질서(中庸疾書)』第二十三章 ··························· 424

第 24 章 ································································ 426
　『중용질서(中庸疾書)』第二十四章 ··························· 429

第 25 章 ················································· 430
　『중용질서(中庸疾書)』第二十五章 ································ 434

第 26 章 ················································· 443
　『중용질서(中庸疾書)』第二十六章 ································ 456

第 27 章 ················································· 458
　『중용질서(中庸疾書)』第二十七章 ································ 468

第 28 章 ················································· 475
　『중용질서(中庸疾書)』第二十八章 ································ 482

第 29 章 ················································· 485
　『중용질서(中庸疾書)』第二十九章 ································ 493

第 30 章 ················································· 496
　『중용질서(中庸疾書)』第三十章 ·································· 501

第 31 章 ················································· 506
　『중용질서(中庸疾書)』第三十一章 ································ 512

第 32 章 ·············································································· 515
 『중용질서(中庸疾書)』第三十二章············································ 522


第 33 章 ·············································································· 524
 『중용질서(中庸疾書)』第三十三章············································ 536


星湖疾書(성호질서) 中庸(중용) 後說(후설) ······························· 544


## 도표

[陽村 權近의 중용수장분석도(中庸首章分析圖)] ···················· 555
[星湖 李瀷의 중용상도(中庸上圖)] ············································ 556
[星湖 李瀷의 중용하도(中庸下圖)] ············································ 557
『中庸章句大全』의 註釋 人物 ···················································· 558

# 讀中庸法(중용을 공부하는 방법)

　　朱子曰 中庸一篇을 某妄以己意로 分其章句하니 是書를 豈可以章句求哉아 然 學者之於經에 未有不得於辭하고 而能通其意者라 南軒張氏曰 中庸一書 聖學之淵源也 體用隱顯 成己成物 備矣…

　　주자(朱子) 말하기를 『중용(中庸)』한 편을 나는 내 생각대로 함부로 장(章)과 구(句)로 나누었으니, 이 책이 어떻게 장(章)과 구(句)를 가지고 (중용의 본뜻을) 찾을 수 있겠는가? 그러나 배우는 사람이 경문(經文)의 말씀을 깨우치지 못하고서 『중용(中庸)』의 뜻을 막힘없이 통할 수 있는 사람은 아직 없다. 남헌장씨 말하기를 『중용(中庸)』이 책은 성학(聖學)의 본바탕이다. 본체와 작용(體用), 숨겨져서 드러나지 않는 것과 밝게 드러나는 것(隱顯), 자신을 이루는 것과 외물(外物)을 이루는 것(成己成物)의 이치가 갖추어져 있다. …

　　○ 勉齋黃氏曰… 程子以爲 始言一理 中散爲萬事 末復合爲一理 朱子以誠之一字 爲此篇之樞紐 示人切矣

면재황씨 말하기를… 정자(程子)는 "처음에 하나의 이치를 말하고, 중간에는 흩어져서 온갖 일이 되고, 끝에 다시 모여져서 하나의 이치가 된다."라고 하였고, 주자(朱子)는 '誠(진실)'이라는 한 글자를 가지고서 이 『중용(中庸)』 한 편의 핵심(樞紐)으로 삼았으니 사람들에게 보여 주고자 한 것이 절실하다.

　　又曰 中庸은 初學者 未當理會리라 ○ 中庸之書 難看하니 中間에 說鬼說神하여 都無理會하니 學者 須是見得箇道理了하여 方可看此書 將來印證이리라 ○ 讀書之序는 須是且著(착)力 去看大學하고 又著力 去看論語하고 又著力 去看孟子하여 看得三書了하면 這 中庸은 半截都了라 不用問人하고 只略略恁看過요 不可掉了易底하고 却先去 攻那難底라 中庸은 多說無形影하여 說下學處少하고 說上達處多하니 若且 理會文義 則可矣리라 ○ 讀書에 先須看大綱하고 又看幾多間架니 如天命之謂性 率性之謂道 脩道之謂敎는 此是大綱이요 夫婦所知所能과 與聖人不知不能處는 此類是間架라 譬人看屋에 先看他大綱하고 次看幾多間하고 間內又有 小間然後에 方得貫通이라 ○ 中庸與他書不同 如論語是一章說一事 大學亦然 中庸 則大片段 須是袞讀 方知首尾 然後 逐段解釋 則理通矣 今莫若此以中庸 袞讀以章句 子細一一玩味 然後 首尾貫通

◇ 將來(장래): (=持來) 가지고 오다　　◇ 袞(곤): (=連) 계속하다

　　또 말하기를 『중용(中庸)』은 처음에 배우는 사람이 이치를 헤아려 깨닫기(理會)에는 아직 마땅하지 아니하리라. ○ 『중용(中

庸)』이란 책은 보기에 어렵다. 중간에 귀(鬼)를 말하고 신(神)을 말하여 도무지 헤아려 깨달을 수 없으니 배우는 사람은 모름지기 이 도리(道理)를 막힘없이 통하고서야 비로소 이 책을 보는 데에 가져와서 인증(印證)할 수 있으리라. ○ 이 책(『中庸』)을 공부하는 순서는 모름지기 우선 힘을 붙여 『대학(大學)』을 보아 나아가고, 또 힘을 붙여 『논어(論語)』를 보아 나아가고, 다시 힘을 붙여 『맹자(孟子)』를 보아 나아가서 이 세 가지 책을 보고 깨달아 알고 나면 이 『중용(中庸)』은 절반이 모두 끝나게 된다. 남에게 물을 것 없이 다만 조금씩 이와 같이 보고 지나갈 것이지, 쉬운 곳은 빠뜨리고 도리어 먼저 가서 어려운 곳을 익히려 한다면 안 될 것이다. 『중용(中庸)』은 형체도 그림자도 없는 이치를 많이 말하여 사람이 하는 형체가 있는 일(下學 - 人事)을 설명한 곳이 적고, 형체와 그림자도 없는 이치(上達 - 天理)만을 설명한 곳이 많으니, 만약에 또 글의 뜻을 헤아려 알게 된다면 이 책(『中庸』)을 공부할 수 있을 것이다. ○ 이 책(『中庸』)을 공부하는 데는 먼저 모름지기 큰 줄거리(大綱)를 보고 다시 글의 짜임새(間架)가 얼마인가를 보아야 한다. 이를테면 "하늘이 명한 것을 성이라 하고(天命之謂性), 본성을 따라 행하는 것을 도(道)라 하고(率性之謂道), 인도(人道)를 등급에 맞게 마름질하는 것을 교(脩道之謂敎)라 한다."[1]라는 것이 큰 줄거리(大綱)이고 '평범한 부부도 알 수 있고, 잘할 수 있는 것(夫婦所知所能)'과 '성인도 알지 못하고, 잘할 수 없는 것(聖人不知不能)' 같은 것들은 글의 짜임새(間架)와 같은

---

1 『중용장구(中庸章句)』 第1章

것이다. 비유하자면 사람이 집을 볼 때 먼저 규모나 외면(大綱)을 보고 다시 칸은 얼마나 되며 칸 안에는 또 작은 칸이 얼마나 있는가를 보고 난 다음에야 비로소 꿰뚫어 통달하게 되는 것과 같다. ○ 『중용(中庸)』과 다른 글은 같지 않다. 이를테면 『논어(論語)』는 한 장(章)에서 한 가지 일을 말하였고, 『대학(大學)』도 그러하다. 『중용(中庸)』은 크게 단락을 쪼개고 반드시 계속해서 공부하여야 비로소 처음부터 끝까지 알 수 있다. 그런 다음 단락을 따라 해석하면 이치에 막힘이 없이 통하게 된다. 지금 또 『중용(中肩)』을 계속해서 공부하여 장구(章句)를 하나하나 자세하게 글의 뜻을 깊이 음미하는 것만 같은 것이 없으니, 그렇게 한 뒤라야 처음부터 끝까지 꿰뚫어 통하게 될 것이다.

又曰 中庸은 自首章以下로 多 對說을 將來하여 直是整齊라 某舊讀中庸에 以爲子思做려니 又時復有箇 子曰字라 讀得熟後에 方見得是子思 參夫子之說하여 著爲此書로라 自是로 沈潛反覆하여 逐漸得 其旨趣하니 定得今章句 擺布得來에 直恁麽細密이라 ○ 近看中庸하여 於章句文義間에 窺見聖賢述作하고 傳授之意 極有條理하여 如繩貫棊局之 不可亂이로라 ○ 中庸 當作六大節看하니 首章이 是一節이니 說中和하고 自君子中庸 以下十章이 是一節이니 說中庸하고 君子之道費而隱 以下八章이 是一節이니 說費隱하고 哀公問政 以下七章이 是一節이니 說誠하고 大哉聖人之道 以下六章이 是一節이니 說大德小德하고 末章이 是一節이니 復申 首章之義라 三山陳氏曰 中庸三十三章 其血脉貫通之處 朱子旣爲之章句 又提其宏綱 如言某章是援引 先聖之言 某章是子思發明之說 具有次序

◇ 做(주): ~하다
◇ 擺布(파포): 배열하다
◇ 定得(정득): 정하다
◇ 恁麽(임마): 이렇게

  또 말하기를 『중용(中庸)』은 첫 장으로부터 다음으로는 대구(對句)로 상대하여 말한 것을 가져온 것이 많아서 바로 정리가 되어 가지런하다. 내가 예전에 『중용(中庸)』을 공부할 때에 자사(子思)가 지은 것이라고 여겼었는데, 다시 가끔 이렇게 '子曰'이란 글자가 있는 것을 (헤아려 알지 못하다가) 익숙하게 공부하여 깨우친 다음에야 비로소 자사(子思)가 선생님(孔子)의 말씀을 참고하여 이 책을 지었다는 것을 알 수 있었다. 이때부터 푹 젖어 들기를 반복하여 이윽고 점차 『중용(中庸)』의 깊이를 깨우치게 되었으니 지금 장구(章句)를 정(定)하여 배열한 것이 바로 이렇게 촘촘하고 자세하게 되었다. ○ 최근에 『중용(中庸)』을 보고서 장구(章句)의 글 뜻 속에서 성인(聖人)이 짓고 현인(賢人)이 성인(聖人)의 업적을 바탕으로 계술(繼述)하여 전하여 준 뜻이 앞뒤가 지극히 잘 들어맞고 갈래에 체계가 있어서 이를테면 먹줄로 바둑판을 가로질러 줄을 그은 듯하여 어지럽힐 수 없다는 것을 엿볼 수 있었다. ○ 『중용(中庸)』은 마땅히 여섯 개의 큰 절(節)로 나누어 보아야 하니, 첫 장이 한 절(節)이 되니 '中和'를 말한 것이고, (제2장) '君子中庸'으로부터 다음으로 10장이 한 절(節)이 되니 '中庸'을 말하였고, (제12장) '君子之道 費而隱'으로부터 다음으로 8장이 한 절(節)이니 '費隱'을 말하였고, (제20장) '哀公問政'의 다음으로 7장이 한 절(節)이니 '誠'을 말하였고, (제27장) '大哉 聖人之道' 다음으로 6장이 한 절(節)이니 '大德小德'을 말하였고, 마지막 장이

한 절(節)이니 다시 거듭하여 첫 장의 뜻을 말하였다. 삼산진씨 말하기를 『중용(中庸)』 33章에 그 혈맥이 관통(貫通)하는 곳은 주자(朱子)가 이미 또 그것의 큰 줄거리(宏綱)를 끌어다가 장구(章句)로 만들었다. 이를테면 어떤 장(章)은 옛날 성인(先聖)의 말씀을 끌어오고, 어떤 장(章)은 자사(子思)가 새로 생각하거나 만들어 낸 말이라고 하였으니 모두 차례와 순서를 갖추고 있다.

    問 中庸大學之別에 曰如讀中庸 求義理는 只是致知功夫요 如謹獨脩省은 亦只是誠意니라 問 只是中庸은 直說 到聖而不可知處라 曰 如大學裏也에 有如 前王不忘은 便是篤恭而天下平底事니라 雙峯饒氏曰 大學是說學 中庸是說道 理會得大學透徹 則學不差 理會得中庸透徹 則道不差

    어떤 사람이 '『중용(中庸)』과 『대학(大學)』의 구별'을 물은 것에 대하여 주자(朱子) 말하기를 "이를테면 『중용(中庸)』을 공부하여 사람으로서 지켜야 할 도리(義理)를 찾는 것은 단지 (『대학(大學)』의) 지각(知覺)과 식견(識見)을 지극히 하여 사물의 이치를 깨닫는 경지에 이르는 치지(致知)의 공부 같은 것이요, (『중용(中庸)』에서) 사람들이 알지 못하고 보지 못하는 곳이라도 삼가며 (道를 등급에 맞도록) 마름질하고 자신을 살피는 것(謹獨脩省)은 또 단지 (『대학(大學)』의) 자기의 생각을 진실하게 하는(誠意) 공부와 같은 것이다."라고 답하고, 어떤 사람이 '단지 『중용(中庸)』은 곧바로 성인(聖人)이면서도 알 수 없는 곳에 이르는 것(到聖而不可知處)을 말하는 것인가'를 물은 것에 대하여 주자(朱子) 말하기를 "『대학(大學)』 속에 '옛날의 어진 임금을 잊을 수 없다. (前王不忘)'라고 한 것은 바로 『중용(中庸)』에서 '(임금이) 공경을 도탑게 하면 (언동에 드러내지 않아도) 천하가 평안하게 된다. (篤恭而天下平)'[2] 라고 한 일이다."라고 답하였다.[3] 쌍봉요씨 말하기를 『대학(大學)』은 학문(學問)을 말하였고, 『중용(中庸)』은 도(道)를 말하였으니, 『대학(大學)』을 속속들이 꿰뚫어서 헤아려 알게 되면 학문이 어긋나지 않게 되고, 『중용(中庸)』을 속속들이 꿰뚫어서 헤아려 알게 되면 도(道)에 어긋나지 않게 된다.

---

2  『중용장구(中庸章句)』 第33章
3  『중용혹문(中庸或問)』

# 星湖疾書中庸序(성호질서중용서)[4]

程子論初學之門 大學爲首 論孟爲次 不及於中庸 中庸者 則工夫到處 有未易窺也 吾嘗聞之師 大學 士希賢也 中庸 賢希聖也 易 希聖天也 天固未可希 聖亦有難言 然則人之於此 不容看讀歟 曰否 千里非一朝之徹幸 所進者 漸也 苟使道遠而自畫 則終無可達之理 故 詩曰 高山仰止 景行行止 孔子贊之曰 詩之好仁如此 鄉道而行 中道而廢 忘身之老也 不知年數之不足也 世固有企而不及者 吾未見不企而能及也 是以行不行 力也 至不至 命也 將於命何哉 就其所勉 而勉焉而已也 中庸 自章句行 而鄭箋廢 前乎此 而未始有章句也 至宋元諸子之發揮也 而章句益彰 後乎此 而又無與比隆也 然則道自興替 而書亦有汚隆 朝陽於漢 亭午於宋 自朱子以下 意者桑楡之復迫乎 何其義之反晦也 嗚呼 古人所著者 書書非不詳 展于幽室黃昏之地 人未有識而別者 今之世 殆於手勞摸 而實未曾看透 其不至於以簡疑日者 鮮矣 予之爲此書者 非敢有意於昭揭 只欲趁此黑暗長夜之前 抖擻我精神 庶幾時窺一斑焉 後百載 循環晝夜 天開日昇 則此蒙騰嚀囈 自與氣翳俱消 吾又何憾哉

---

4 성호 이익(星湖 李瀷)이 『중용장구(中庸章句)』의 「독중용법(讀中庸法)」과 짝하여 지은 『중용질서(中庸疾書)』의 머리말(卷頭言)이다.

◇ 景行(경행): 큰길
◇ 興替(흥체): 흥망성쇠(興亡盛衰), 융성(隆盛)하고 쇠퇴함
◇ 汚隆(오륭): 성(盛)함과 쇠(衰)함

   정자(程子)는 "학문의 시작은 『대학(大學)』을 으뜸으로 여기고 『논어(論語)』와 『맹자(孟子)』를 다음으로 여긴다." 하고 『중용(中庸)』에 대해서는 말하지 않았다. 『중용(中庸)』은 공부하여 이르는 곳마다 쉽게 엿볼 수 없는 곳이 있다. 나는 일찍이 스승에게서 "『大學』은 선비가 현인(賢人)이 되기를 바라고, 『中庸』은 현인이 성인(聖人)이 되기를 바라고, 『易』은 성인이 하늘과 같이 되기를 바라는 책이다."라는 말을 들었다. 하늘에는 본래 바랄 수가 없고, 성인(聖人)도 말하는 데에 어려움이 있다. 그렇다면 사람들이 이 책에 대하여 읽고 공부하는 것을 받아들이지 않는 것인가? 아니다. 천릿길은 하루아침에 요행으로 가는 곳이 아니고 차츰차츰 나아가는 것이다. 만약 도(道)가 멀리에 있다고 여겨서 스스로 포기(抛棄)하려고 한다면 끝내 이치에 도달할 수 없을 것이다.

   그러므로 『시경(詩經)』[5]에서 "높은 산을 우러러보며 큰길을 걸어가네."라고 했는데 선생님(孔子)께서는 이 시(詩)에 대하여 칭송하시기를 "시(詩)가 인(仁)을 좋아함이 이와 같다. 도(道)를 향하여 가다가 길에서 (쓰러져) 멈추게 되더라도 자신이 늙었다는 것도 잊어버리고 나이가 (道에 이르기에) 부족한 것도 몰라야 한다."[6]라고 하셨다. 세상에는 진실로 발돋움하지만 미치지 못하는 사람이 있다. 나는 발돋움하지 않고서 미칠 수 있는 사람은 아직 보지 못하였다. 이 때문에 행하는가 행하지 않는가는 능력이요, 이르는가 이르지 못하는가는 운명이니 장차 운

---

5   『시경(詩經)』「소아(小雅), 거할(車舝)」
6   위와 같은 곳의 註 참조

명에 대하여 어찌하겠는가! 힘써 노력해야 할 곳에 나아가 힘써 노력할 뿐이다.

『中庸』은 『中庸章句』가 유행되면서부터 정현(鄭玄)의 「정전(鄭箋)」이 폐지되었으며, 이보다 앞서서는 아직 『中庸章句』가 있지 않았다. 송대(宋代)와 원대(元代)의 학자들이 『中庸』의 뜻을 연구하여 빛나게 한 데에 이르러 『中庸章句』가 더욱 뚜렷해졌고 이보다 뒤로는 또 그(학문)의 융성함에 견줄 수가 없게 되었다. 그리하여 도(道)가 융성하고 쇠퇴함으로 말미암아서 책(書)의 (가치도) 성(盛)함과 쇠(衰)함이 있게 되었으니, 한대(漢代)는 아침의 태양이고 송대(宋代)는 정오의 태양이요, 주자(朱子)로부터 다음으로는 생각건대 해가 장차 넘어가려 하는 때이니 다급하게 되돌릴 수 있겠는가? 무엇 때문에 그(책의) 뜻이 도리어 어두워졌는가? 아아! 옛사람이 저술한 것은 책마다 상세하지 않은 것이 없는데, 해가 져서 어둑어둑할 무렵 깊은 방 어두운 곳에서도 알고서 변별할 수 있는 사람은 아직 없다. 지금 세상에는 대부분 수고롭게 손으로 더듬기만 하고 그 실상을 일찍이 꿰뚫어 본 사람이 아직 없어서 피리 구멍을 가지고 태양이라고 의심하는 데에 이르지 않을 사람이 드물다. 내가 이 책을 만드는 것은 감히 사사로운 마음을 밝혀서 드러내는 데에 있는 것이 아니고 다만 이 어둡고 긴 밤을 틈타서 먼저 내 정신을 차려 일어나서 한 점이라도 거의 잠시 엿볼 수 있기를 바라는 것이다. 백 년이 지나 끊임없이 밤낮이 돌고 돌아 하늘이 열리고 해가 떠오르면 이 어리석고 잠꼬대 같은 소리는 저절로 어둠의 기세와 함께 모두 사라질 것이니 내가 또 무슨 서운함이 있겠는가!

# 中庸章句序(중용장구서)

## 1

　　**中庸은 何爲而作也요 子思子 憂道學之失其傳 而作也라** 朱子曰 曾子 學於孔子 而得其傳 子思 又學於曾子 而得其所傳於孔子者 旣而 懼夫傳之久遠 而或失其眞也 於是作爲此書

　　『중용(中庸)』은 무엇 때문에 지었는가? 자사 선생(子思子)이 도학(道學)이 전하여지는 것을 잃게 될까 근심하여서 지은 것이다. 주자(朱子) 말하기를 증자(曾子)는 공자(孔子)에게 배워서 그 학문을 전하여 받았고, 자사(子思)는 다시 증자(曾子)에게 배워서 증자(曾子)가 공자(孔子)에게서 전하여 받은 것을 얻었다. 어느 정도 지난 뒤에 전하여 받은 것이 오래되고 멀리 떨어지게 된다면 혹여 공자(孔子)의 학문이 본래대로 전하여지는 것을 잃어버릴까 염려하였다. 이에 이 책을 지은 것이다.

○ 雲峯胡氏曰 唐虞三代之隆 斯道如日中天 中庸可無作也 至孔子時 始曰攻乎異端 然其說猶未敢盛行 至子思時 則有可憂者矣 憂異端之得肆其說 所以憂道學之 不得其傳也

운봉호씨 말하기를 당우삼대(唐虞三代)[7]가 대단히 번성하였을 때에는 이 (유학(儒學)의) 도(道)가 해가 중천에 뜬 것과 같아서 『중용(中庸)』을 지을 필요가 없었다. 공자(孔子) 때에 이르러서 비로소 이단(異端)에게 (유학(儒學)의 주장이나 의견을 비난하는) 공격을 받았다. 그러나 이단(異端)의 학설이 아직 감히 성행하지는 못하였다. 자사(子思) 때에 이르러서는 이단(異端)에 대해서 근심할 만한 것이 있었다. 이단(異端)의 학설을 거리낌 없이 마음대로 말하는 것을 근심하였고, 도학(道學)이 전하여지지 못할 것을 근심한 이유이다.

# 2

蓋自上古聖神 繼天立極으로 而道統之傳이 有自來矣라 道統二字 爲此序綱領 其見於經하니 則允執厥中者는 堯之所以授舜也요 人心惟危 道心惟微 惟精惟一 允執厥中者는 舜之所以授禹也니 堯之一言이 至矣盡矣어늘 而舜이 復益之以三言者는 則所以明 夫堯之一言을 必如是而後 可庶幾也

---

7  당우삼대(唐虞三代): 당(唐)의 요(堯)임금, 우(虞)의 순(舜)임금과 하(夏), 상(商), 주(周) 三代

아주 오랜 옛날의 성인들(복희, 신농, 황제, 요, 순…)이 하늘의 변화 이치를 이어받아 사람이 지켜야 할 도리의 표준을 세운 것으로부터 도(道)가 전해지는 계통을 전해 온 유래(由來)가 있었다. '道統(도가 전하여지는 계통)' 두 글자는 이 중용서문(中庸序文)의 강령이 된다. 그것(中庸의 道)은 경서(經書)[8]에 나타나 있으니 "진실로 그 중도를 지켜라. (允執厥中)"라고 한 것은 요(堯)임금이 순(舜)임금에게 전하여 준 것이고, "인심(人心)은 위태하고 도심(道心)은 숨겨져 드러나지 않으니 작은 것까지 자세히 살펴 알고 한결같이 해서 진실로 그 중도(中道)를 지켜라."라고 한 것은 순(舜)임금이 우(禹)임금에게 전하여 준 것이니, 요(堯)임금의 한마디 말이 지극하고 극진하거늘, 순(舜)임금이 다시 세 마디[9] 말로써 덧붙인 것은 저 요(堯)임금의 한마디 말을 밝게 드러낸 것이니 반드시 이처럼 세 마디 말을 덧붙인 다음이라야 (실행하는 데에) 거의 가깝기 때문이다.

○ 雲峯胡氏曰 … 堯授舜曰 允執厥中 如夫子語 曾子以一貫 舜授禹 必由精一而後執中 是猶曾子告門人 必由忠恕 而達於一貫也

운봉호씨 말하기를 … 요(堯)임금이 순(舜)임금에게 전하여 주면서 "진실로 그 중도를 지켜라. (允執厥中)"라고 한 것은, 이를테면 선생님(孔子)이 증자(曾子)에게 "한 가지 일을 바탕에 두어서 온갖 일을 꿰뚫는다. (一以貫之)"라는 것을 말해 준 것과 같고, 순(舜)임금이 우(禹)임금

---

8 『서경(書經)』「우서(虞書), 대우모(大禹謨)」, 『논어(論語)』「요왈(堯曰)」제1장
9 "人心惟危 道心惟微 惟精惟一"

에게 '반드시 작은 것까지 자세히 살피고 알아서 한결같이 한 다음에 중도를 지키라고 한 것(必由精一而後執中)'과 같은 것이니 이것은 증자(曾子)가 문인(門人)들에게 반드시 충(忠)과 서(恕)로 말미암아서 하나로 꿰뚫는 경지(一貫)에 이를 수 있다고 말해 준 것과 같다.

**蓋嘗論之건대 心之虛靈知覺은 一而已矣라** 勿齋程氏曰 虛靈心之體 知覺心之用 ○ 格庵趙氏曰 知是識其所當然 覺是悟其所以然 **而以爲有 人心道心之異者는 則以其或 生於形氣之私하고 或 原於性命之正하니** ○ 新安陳氏曰 有形氣之私 方有人心 故 曰生 自賦命 受性之初 便有道心 故 曰原 ○ 東陽許氏曰 人心發於氣 如耳目口鼻四肢之欲是也 … 道心發於理 如惻隱羞惡辭遜是非之端是也 … 人心可善可惡 道心全善而無惡 **而所以爲知覺者 不同이라** ○ 新安陳氏曰 … 知覺從形氣之私 而發者曰人心 知覺從性命之正 而發者曰道心 所以此只言知覺 而不及虛靈 **是以 或危殆而不安하고 或微妙而難見耳라** ○ 雲峯胡氏曰 … 如飮食男女 人心也 飮食男女之得其正 道心也 人心之發 危而不安 而發之正者 又微而難見 實非有兩心也

(中庸의 道를) 일찍이 논(論)하여 보았는데 **마음의 '헛된 생각이 없는 깨달음(虛靈知覺)'은 하나일 뿐이었다.** 물재정씨 말하기를 '虛靈'은 마음의 본체이고 '知覺'은 마음의 작용이다. ○ 격암조씨 말하기를 '知'는 이치의 당연한 것(所當然)을 아는 것이고, '覺'은 이치의 그러한 까닭(所以然)을 깨닫는 것이다. **그런데 인심(人心)과 도심(道心)이**

다른 것이 있다고 말한 것은, 마음이 어떤 때는 형기(形氣)[10]의 사사로움에서 나오고(人心), 어떤 때는 하늘이 명(命)하여 부여받은 본성(本性)의 올바름에 터를 둔다고(道心) 하니, ○ 신안진씨 말하기를 형기(形氣)의 사사로움(耳目口鼻之欲)이 있어야 비로소 인심(人心)이 있기 때문에 '生(나온다)'이라 말하고, 하늘이 명하여 부여받은 본성(本性)은 처음부터 바로 도심(道心)을 지녔기 때문에 '原(터를 둔다)'이라 하는 것이다. ○ 동양허씨 말하기를 인심(人心)은 기(氣)에서 드러나니 이를테면 귀, 눈, 입, 코, 팔다리(耳目口鼻四肢) 같은 것이다. … 도심(道心)은 이치에서 드러나는 것이니 이를테면 안타까워하고 가엾게 여기는 마음(惻隱), 부끄러워하고 미워하는 마음(羞惡), 사양하고 양보하는 마음(辭遜), 옳고 그름을 가리는 마음(是非)인 인의예지(仁義禮智)의 단서(四端)이다. … 인심(人心)은 선(善)할 수 있고, 악(惡)할 수도 있으나, 도심(道心)은 모두 선(善)하지만 악(惡)하지 않다. **지각(知覺)하는 것이 같지 않은 이유이다.** ○ 신안진씨 말하기를 … '知覺'이 형기(形氣)의 사사로움을 따라서 드러나는 것을 인심(人心)이라 하고, '知覺'이 하늘에서 부여받은 본성(本性)의 올바름을 따라 드러나는 것을 도심(道心)이라 한다. … **이 때문에 어떤 때는 위태로우면서도 불안하고, 어떤 때는 섬세하고 미묘(微妙)하여서 드러나기가 어려운 것이다.** ○ 운봉호씨 말하기를 … 이를테면 음식남녀(飮食男女)[11]는 인심(人心)이요, 음식남녀(飮食男女)가 그 올바름을 얻으면 도심(道心)이다. 인심(人心)이 드러나면 위태로우면서도 불안하고, 올바르게 드러난 것

---

10 형기(形氣): 겉으로 보이는 형체(形體)의 기운(氣運), 귀·눈·입·코·팔다리의 욕구(耳目口鼻四肢之欲)
11 음식남녀(飮食男女): 인간의 본능적이며 동물적인 욕구

은 다시 미묘(微妙)하여 드러나기가 어려운 것이니 실제로 두 마음이 있다는 것은 아니다.

**然 人莫不有是形이라 故 雖上智나 不能無人心하고 亦莫不有是性이라 故 雖下愚나 不能無道心하니** 朱子曰 道心 是義理上 發出來底 人心 是人身上 發出來底 雖聖人不能無人心 如飢食渴飲之類 雖小人不能無道心 如惻隱之心是 **二者 雜於方寸之間하여 而不知所以治之면** ○ 新安陳氏曰 不知所以治之者 不知以精一之理 治之也 **則危者 愈危하고 微者 愈微하여** 危愈危 流於惡 微愈微 幾於無 **而天理之公이 卒無以勝夫人欲之私矣리라** 朱子曰 人心之危者 人欲之萌也 道心之微者 天理之奧也 ○ 雲峯胡氏曰 人心未便是人欲 到不知所以治之 方說得人欲 … **精은 則察夫二者之間 而不雜也요 一은 則守其本心之正 而不離也라** 朱子曰 精 是精察分明 一 是要守得不離 **從事於斯** 斯指精一 **하여 無少間斷하여 必使道心 常爲一身之主하고 而人心每聽命焉이면** ○ 有道心而人心 爲所節制 人心皆道心也 **則危者安하고 微者著하여 而動靜云爲 自無過不及之差矣리라** 朱子曰 不待擇於無過不及之間 自然無不中矣 ○ 陳氏曰 如此則 日用之間 無往非中 凡聲之所發 便合律 身之所行 便合度 凡由人心 而出者 莫非道心之流行

그러나 이러한 (耳目口鼻四肢의) 형기(形氣)를 지니고 있지 않은 사람은 없다. 그러므로 비록 지혜가 매우 뛰어난 사람(聖人)이라도 인심(人心)이 없을 수 없고, 또한 (보통 사람일지라도) 이러한 (仁義禮智信의 五常을 모두 갖춘) 본성(本性)을 지니지 않은 사람이 없다. 그러기 때문에 비록 매우 어리석은 사람(自暴自棄者)일지라도 도심(道心)이 없을 수 없을 것이니,** 주자(朱子) 말하기를 도심(道心)은 의리(義理)에서 나와서 드러나는 것이고, 인심(人心)은 사람의 몸에서 나와 드러나는 것이니 비록 성인(聖人)이라 할지라도 인심이 없을 수 없다는 것은, 이를테면 배고프면 밥을 먹고 목마르면 물을 마시는 것과 같은 것이다. 비록 소인(小人)이라 할지라도 도심(道心)이 없을 수 없다는 것은 이를테면 가엾고 불쌍히 여기는 마음(惻隱之心) 같은 것이다. **두 가지**(人心과 道心)**는 마음속에 뒤섞여 있어서 그것을 다스릴 방법을 알지 못하면,** ○ 신안진씨 말하기를 '그것을 다스릴 방법을 알지 못한다는 것'은 '자세히 작은 것까지 살펴서 알고 한결같이 지켜야 하는 이치(精一之理)'를 다스리는 것을 알지 못하는 것이다. **위태로운 것은 더욱 위태로워지고 숨겨지고 가려진 것**(隱微)**은 더욱 숨겨지고 가려져서** 위태로운 것이 더욱 위태로워지면 '惡'으로 흐르고, 숨겨지고 가려진 것이 더욱 숨겨져 가려지면 '無'에 가깝게 된다. **하늘의 공정한 이치가 끝내는 저 사사로운 인욕(人欲)을 이겨 낼 수 없게 되리라.** 주자(朱子) 말하기를 인심(人心)이 위태롭다고 한 것은 사사로운 인욕(人欲)이 싹튼다는 것이고, 도심(道心)이 숨겨지고 가려졌다고 한 것은 하늘의 이치가 매우 깊다는 것이다. ○ 운봉호씨 말하기를 인심(人心)이 바로 인욕(人欲)인 것은 아니니, 다스릴 방법을 알지 못하는 지경에 이르게 되어야 비로소 인욕(人欲)이라고 말할 수 있다. … **'精'은** (人心과 道心) **둘의 사이를 자세히 살피고 알아서 뒤섞이지 않게 하는 것이고, '一'은 하늘에서 부여받은 올바른 본성(本性)을 지키면서 떠나가지 않게 하는 것이다.** 주자(朱子) 말하기를 '精'은 작은 것까지도 자세히 살피고 분명히 알아서 명확하게 하는 것이고 '一'은 지켜서 떠나가지 않게 하려는 것이다. **이런** (精一하게 하는) 일에 마음과 힘을 다하여 조금이라도 그치거나 끊어짐이 없게 하여 반드시 도심(道心)으로 하여금 항상 온몸의 근본이 되게 하고, 인심(人心)으로 하여금 늘 도심(道心)의 명(命)을 듣고 따라 행하게 한다면, ○ (朱子 말하기를) 도심(道心)을 지니고 있어서 인심(人心)이 (道心에게) 알맞게 조절되고 제한받게 된다면, 인심(人心)도 모두 도심(道心)인 것이다. **위태로운 것(人心)은 편안해지고, 숨겨지고 가려진 것(道心)도 환하게 드러나서 일상적인 거동(動靜)과 말이나 행동이 저절로 중도(中道)에 지나침이나 미치지 못하는 잘못이 없게 될 것이다.** 주자(朱子) 말하기를 지나침이나 미치지 못함이 없는 때를 기다리고 고르지 않더라도 자연스럽게 중도(中道)에 맞지 않음이 없게 된다는 것이다. ○ 진씨 말하기를 이와 같게 한다면 일상생활하는 가운데 어디를 가더라도 중용(中庸)이 아닌 것이 없게 된다. 모든 소리로 나타나는 것들은 바로 음율(音律)과 꼭 들어맞게 되고, 몸이 실행하는 것들은 바로 법도(法度)에 꼭 들어맞게 되니, 모든 인심(人心)으로 말미암아 나오는 것들도 도심(道心)이 행하여지지 않는 것이 없다.

## 3

夫堯舜禹는 天下之大聖也요 以天下相傳은 天下之大事也니 以天下之大聖으로 行天下之大事호대 而其授受之際에 丁寧古戒 不過如此니 則天下之理 豈有以加於此哉아 雲峯胡氏曰 天下之理 豈有以加於此者 中之一字 聖聖相傳之道 莫加於此也 精一二字 聖聖相傳之學 莫加於此也 自是以來로 聖聖相承하니 若 成湯文武之爲君과 皐陶伊傅周召

之爲臣이 旣皆以此 而接夫道統之傳하고 新安陳氏曰 若孟子末章 所標 列聖之君 聖賢之臣 見而知之 聞而知之者 不過只是知此耳 以此之此 指三聖相授受之說 道統二字 再提出 與前相照應 若 吾夫子 則雖不得其位나 而所以繼往聖하고 開來學은 其功 反有賢於堯舜者라 然 當是時하여 見而知之者는 惟顏氏曾氏之傳이 得其宗이러니 雲峯胡氏曰 夫子以前 傳道統者 皆得君師之位 而斯道以行 夫子以後 傳道統者 不得君師之位 而斯道以明 故 明堯舜禹湯文武之道者 夫子六經之功 而明夫子之道者 曾子大學 子思中庸之功也 ○ 新安陳氏曰 顏子博文 精也 約禮 一也 曾子格致 精也 誠正 一也 及曾氏之再傳 而復(부)得 夫子之孫子思하여는 則去聖遠하여 而異端起矣라 子思 懼夫愈久 而愈失其眞야하여 於是 推本堯舜 以來相傳之意하고 質以平日所聞 父師之言하여 更互演繹하여 作爲此書하여 以詔後之學者하니 蓋其憂之也深이라 故 其言之 也切하고 其慮之 也遠이라 故 其說之 也詳하니 其曰天命率性은 則道心之謂也요 雲峯胡氏曰 性 是心未發時 此理具於心 道心 是心已發時 此心合乎理 ○ 新安陳氏曰 上文云 道心 原於性命之正 可見天命謂性 率性謂道 卽是道心之謂 其曰擇善固執은 則精一之謂也요 朱子曰 擇善卽惟精 固執卽惟一 其曰君子時中은 則執中之謂也라 朱子曰 時中 是無過不及底中 執中 亦然 ○ 雲峯胡氏曰 執中二字 堯言之 時中二字 夫子始言之 道不合乎中 異端之道 非堯舜之道 中不合乎時 子莫之執中 非堯舜之執中 世之相後 千有餘年이로대 而其言之不異 如合符節하니 歷選前聖之書건대 所以 提挈綱維하여 開示蘊奧가 未有 若是之明 且盡者也라

◇ 更互(경호): 번갈아

**요(堯)임금, 순(舜)임금, 우(禹)임금은 천하의 위대한 성인(聖人)이요, 천하를 가지고 서로 전(傳)하여 주고받은 것은 천하의 위대한 일이니, 천하의 위대한 성인(聖人)으로서 천하의 위대한 일을 실행하면서도 그들이 천하를 전하여 주고받을 때 간곡하게 말해 주고 경계(警戒)시켜 준 것이 이와 같은 것**(十六字訣)[12]**에 지나지 않았으니, 천하의 이치가 어찌 여기에 덧붙일 것이 있겠는가?** 운봉호씨 말하기를 "천하의 이치가 어찌 여기에 덧붙일 것이 있겠는가?"라고 한 것은 '中'의 한 글자는 성인(聖人)들이 서로 전(傳)하여 준 도(道)이니 여기에 덧붙일 것이 없다는 것이다. '精一' 두 글자는 성인(聖人)들이 서로 전하여 준 학문(學問)이니 여기에 덧붙일 것이 없다는 것이다. **요(堯)임금, 순(舜)임금, 우(禹)임금으로부터 이후로 성인(聖人)들이 서로 이어 왔으니, 성탕(成湯). 문, 무(文武) 같은 임금과 고요(皐陶), 이윤(伊尹), 부열(傅說), 주공(周公), 소공(召公) 같은 신하들이 이미 모두 이것을 가지고 도(道)가 이어지는 계통의 전(傳)함을 이었고,** 신안진씨 말하기를 『맹자(孟子)』 마지막 장(「진심장(盡心章)」)[13]에 기록한 여러 성인(聖人)인 임금과 어진 신하(聖賢)들이 (聖人을 직접 만나) 보고 나서 도(道)를 알기도 하고(見而知之-親炙), (간접적으로) 듣고서 도(道)를 알기도 한(聞而知之-私淑) 것은 단지 이 도(道)를 아는 것에 지나지 아니하였을 뿐이다. '以此(이것을 가지고)'의 '此' 자는 (堯, 舜, 禹) 세 분 성인(聖人)들이 서로 주고받은 말씀을 가리키고, '道統(도가 전하여지는 계통)' 두 글자가 거듭 나온 것은 앞 구절과 서로 일치하게 대응된다. **우리 선생님(孔子)은 비록 임금의 지**

---

12 "人心惟危 道心惟微 惟精惟一 允執厥中"의 '十六字訣'을 가리킴.
13 『맹자(孟子)』「진심하(盡心下)」 第38章 참조

위는 얻지 못하였으나, 앞서간 성인(聖人)들의 뜻을 잇고 후학(後學)들의 학문(學問)을 열어 준 것은, 그 공들인 보람이나 효과(功效)가 도리어 요(堯)임금이나 순(舜)임금보다 훨씬 낫다. 그러나 이때를 당하여 (孔子를) 직접 뵙고서 도(道)를 알게 된 사람은 오직 안자(顏子)의 학문과 증자(曾子)의 학문에 전하여 준 것이 그 (孔子 學問의) **종통(宗統)을 얻었으니,** 운봉호씨 말하기를 선생님(孔子) 이전에 도(道)가 전하여지는 계통을 전하여 주고받은 사람들은 모두 임금이면서 스승(君師)의 지위를 얻어서 유학(儒學)의 도(道)를 (바탕으로 政事를) 실행하였다. 선생님(孔子) 이후로 도(道)가 전하여지는 계통을 주고받은 사람들은 군사(君師)의 지위를 얻지 못하여서 유학(儒學)의 도(道)를 가지고 (人倫을) 밝혔다. 그러므로 요, 순, 우, 탕, 문, 무(堯舜禹湯文武)의 도(道)가 밝혀지게 된 것은 선생님(孔子)이 육경(六經)을 저술(著述)한 공로이고, 선생님(孔子)의 도(道)가 밝혀지게 된 것은 증자(曾子)가 (기술하여 전한) 『대학(大學)』과 자사(子思)가 (기술하여 전한) 『중용(中庸)』의 공(功)이다. ○ 신안진씨 말하기를 (『논어(論語)』[14]에서) 안자(顏子)의 '博文(글을 널리 배우는 것)'은 '精(아는 것이 분명하면서 의혹이 없는 것)'이요, '約禮(예(禮)로써 단속하는 것)'은 'ㅡ(마음이 바르면서 잡스러움이 없는 것)'이고, (『대학(大學)』[15]에서) 증자(曾子)의 '格物致知(사물의 이치를 궁구하고 지식을 지극히 하는 것)'은 '精(아는 것이 분명하면서 의혹이 없는 것)'이며 '誠正(생각을 진실하게 하고 마음을 바르게 갖는 것)'은 'ㅡ(마음이 바르면서 잡스러움이 없는 것)'이다. **증자(曾子)의 학문이 거듭 전해지는 데에 이르러 다시 선생님**

---

14 『논어(論語)』「옹야(雍也)」第25章, 「안연(顏淵)」第15章 참조
15 『대학장구(大學章句)』「讀大學法」, 「전(傳)」第5章

(孔子)의 손자 자사(子思)를 얻게 되면서는 앞 시대의 성인(聖人)들과의 거리가 (시간적으로) 멀리 떨어지게 되어서 이단(異端)[16]이 일어났다. 자사(子思)가 이단(異端)의 도(道)가 오래되면 될수록 성인(聖人)의 진실한 도(道)를 잃게 될 것을 염려하였다. 이에 요순(堯舜)으로부터 이후로 (道學을) 서로 전해 온 뜻의 근본을 미루어 연구하고 평소에 할아버지(孔子)와 스승(曾子)에게 들었던 말씀을 바탕으로 번갈아 서로 덧붙여 알기 쉽게 설명하고 그 뜻을 세밀하게 풀이하여 이 책(『중용(中庸)』)을 지어서 다음 세대의 배우는 사람들을 가르쳤으니, 자사(子思)가 도(道)를 걱정하는 것이 매우 깊었다. 그러므로 자사(子思)가 말해 준 것 또한 간절하였고, 도(道)를 염려하는 마음 역시 깊고 넓었다. 그러므로 자사(子思)가 도(道)를 말해 준 것 또한 자세하고 세밀하니 『중용(中庸)』에서 '天命(하늘이 명한 것)'과 '率性(본성을 따라 실행하는 것)'을 말한 것은 도심(道心)을 이르는 것이요, 운봉호씨 말하기를 '性'은 마음이 아직 드러나지 않은 때이니 이러한 이치가 마음에 갖추어진 것이요, '道心'은 마음이 이미 드러난 때이니 이러한 마음이 이치에 맞는 것이다. ○ 신안진씨 말하기를 윗글에서 '道心'이라고 말한 것은 하늘이 명하여 부여받은 본성의 올바름에 바탕을 둔다고 하니, '하늘이 명(命)한 것을 성(性)'이라 하고, '본성을 따라 행하는 것을 도(道)'라고 하는 것은 바로 '道心'을 이르는 것임을 알 수 있다. 『중용(中庸)』에서 '바르고 좋은 도리를 가려서 굳게 지켜 나가는 것(擇善固執)'[17]은 '아는 것이 분명하여 의혹이 없으며 마음이 바르면서 잡스러움이 없는

---

16   양주(楊朱), 묵적(墨翟)의 道
17   『중용장구(中庸章句)』 第20章

것(精一)'을 이르는 것이요, 주자(朱子) 말하기를 '擇善'은 바로 '아는 것이 분명하여 의혹이 없는 것(惟精)'이고 '固執'은 바로 '마음이 바르면서 잡스러움이 없는 것(惟一)'이다. 『중용(中庸)』에서 '(덕을 완성한) 군자는 어느 때고 일을 절도(節度)에 맞게 처리한다(君子時中)'[18]고 말한 것은 '중도(中道)를 지키는 것(執中)'을 이르는 것이다. 주자(朱子) 말하기를 '時中'은 지나치거나 미치지 못함이 없는 中이니, '執中'도 역시 그러하다. ○ 운봉호씨 말하기를 '執中' 두 글자는 요(堯)임금이 말하여 준 것이고, '時中' 두 글자는 선생님(孔子)이 처음으로 말하여 준 것이다. 도(道)가 중도(中道)에 맞지 않으면 이단(異端)의 도(道)이지 요순(堯舜)의 도(道)가 아니다. 중도(中道)가 때에 맞지 않으면 '자막(子莫)의 집중(執中)'[19]이지 '요순(堯舜)의 집중(執中)'이 아니다. **세대(世代)가 서로 앞뒤로 천여 년인데 그 말하여 준 것이 다르지 않아서 이를테면 부절(符節)을 서로 맞추는 것과 같으니, 앞 시대 성인(聖人)들의 글을 차례로 가려서 뽑아 보지만 핵심이 되는 큰 줄거리를 제시하고 깊은 뜻을 열어 보여 준 것이 이 『중용(中庸)』처럼 분명하고 또 극진(極盡)한 것은 아직 없다.**

# 4

自是 而又再傳하여 以得孟氏하여 爲能推明是書하여 以承先聖之統이러니 此統字 又指道統言之 ○ 格庵趙氏曰 中庸深處 多見於孟子 如

---

18 『중용장구(中庸章句)』 제2장
19 『맹자(孟子)』 「진심상(盡心上)」 제26장 "子莫 執中 執中 爲近之 執中無權 猶執一也" 참조

道性善 原於天命之性也 存心收放心 致中也 擴充其仁義之心 致和也 誠者天之道 思誠者人之道 一章其義 悉本於中庸 尤足以見 淵源之所自 **及其沒而遂失其傳焉이라** 新安陳氏曰 惟精以審擇 惟一以固守 此自堯舜以來所傳 未有他議論 時先有此言 聖人心法 無以易比 … **則吾道之所寄는 不越乎言語文字之間하고 而異端之說이 日新月盛하여 以至於老佛之徒出하여는 則彌近理 而大亂眞矣라** ○ 陳氏曰 彌近理 而大亂眞 甚相似而絶不同也 然非物格知至 理明義精者 不足以識破

**이로부터 또다시 전하여 맹자(孟子)의 학문을 얻을 수 있어서 이 책(『中庸』)으로 미루어 밝혀서 옛 성인(聖人)의 도(道)가 전하여져 온 계통을 이을 수 있게 되었으니** 여기의 '統' 자는 거듭하여 '道統'을 말한 것을 가리킨다. ○ 격암조씨 말하기를 『중용(中庸)』의 깊은 뜻은 『맹자(孟子)』에 많이 보인다. 이를테면 (『맹자(孟子)』[20]에서) '성선(性善)을 말한 것'은 (『중용(中庸)』[21]의) '하늘이 명한 올바른 성(性)에 근원을 둔 것'이고, (『맹자(孟子)』[22]에서) '마음을 보존하는 것은 잃어버린 마음을 거두어들이는 것'이라 한 것은 (『중용(中庸)』에서 말한) '치중(致中)'이고, (『맹자(孟子)』[23]에서) '인의(仁義)의 마음을 확충한다는 것'은 (『중용(中庸)』에서 말한) '致和'요, (『맹자(孟子)』[24]에서) '誠者(진실한 것)'은 하늘의 도(道)이고, '思誠者(진실하려고 생각하는 것)'는 사람의 도(道)라고 하는 한 장(章)의 뜻은 모두 『중용(中庸)』에 터 잡은 것이니

---

20　『맹자(孟子)』「등문공상(滕文公上)」第1章
21　『중용장구(中庸章句)』第1章
22　『맹자(孟子)』「고자상(告子上)」第11章
23　위와 같은 곳, 第8章
24　『맹자(孟子)』「진심상(盡心上)」第12章

더욱 연원(淵源)이 유래하였다는 것을 알 수 있다. **맹자(孟子)가 세상을 떠나게 됨에 이르러서는 마침내 도가 전하여지는 계통(道統)이 전(傳)하여짐을 잃게 되었다.** 신안진씨 말하기를 '惟精'은 자세하고 분명하게 살펴 선택하는 것이고, '惟一'은 굳게 지키는 것이다. 이것은 요순(堯舜)으로부터 전해 내려오는 것이며, 다른 의론(議論)이 아직 있기 이전에 먼저 이 말이 있었으니 성인(聖人)의 마음을 쓰는 법(心法)이라도 이것을 바꿀 수가 없다. **우리의 도(道)가 기대고 있는 것은 언어와 문자가 있는 곳에 지나지 않았고, 이단(異端)의 학설은 나날이 새롭고 다달이 번성(蕃盛)하여서 노, 불(老佛)의 무리(道敎와 佛敎)가 나오는 데에 이르러서는 더욱 이치에 가까워서 (儒學의) 진리를 크게 어지럽게 하였다.** ○ 진씨 말하기를 "더욱 이치에 가까워서 진리를 크게 어지럽혔다."라고 말한 것은, 서로 매우 비슷하지만 절대로 같은 것이 아니다. 그러나 사물에 나아가 지각과 식견을 지극히 하여 이치에 밝고 의리를 아는 것이 분명하여 의혹이 없는 사람이 아니라면 (이단을) 알아보고 타파(打破)하기에는 충분하지 못할 것이다.

# 5

　**然 而尙幸 此書之不泯이라 故 程夫子兄弟者出하여 得有所考하여 以續夫千載不傳之緒하고** 緒卽斯道之統緒 **得有所據하여 以斥夫二家似是之非하니** 老佛二家 彌近理 故似是 大亂眞本 全非也 **蓋子思之功이 於是爲大나 而微程夫子 則亦莫能 因其語 而得其心也리라 惜乎라 其所以 爲說者不傳하고** 朱子曰 明道不及爲書 伊川雖言中庸 已成書 自

以不滿其意 而火之矣 而凡 石氏之所輯錄은 即石子重集解 僅出於其門人之所記라 是以 大義雖明이나 而微言未析하고 至其門人 所自爲說하여는 則雖頗詳盡 而多所發明이라 然 倍(패)其師說 而淫於老佛者 亦有之矣라

◇ 泯(민): 없어지다, 멸망하다　　　　◇ 微: 아닐 미(=無)

그러나 또 다행히 이 책은 없어지지 않았다. 정 선생(程夫子) 형제(程顥, 程頤)가 나와서 (『中庸』을) 깊이 헤아려 깨우친 바가 있었기 때문에 천 년간 전해지지 못했던 도통(道統)의 단서를 잇게 되었고, '緖'는 바로 도학(道學)이 한 갈래로 이어 온 계통이다. 전거(典據)[25]를 얻은 것이 있어서 (老, 佛) 두 학파(家)의 옳은 듯하면서도 옳지 않은 것을 물리쳤으니, 老, 佛 두 학파는 널리 이치에 가까웠기 때문에 옳은 듯하여 진리의 근본을 크게 어지럽혔으니 모두 옳지 않다. 자사(子思)의 (『중용(中庸)』을 지은) 공(功)이 이에 따라 크게 되었고, 정 선생(程夫子) 형제가 아니었다면 또 『중용(中庸)』의 말씀으로 인(因)하여 그(子思의) 마음을 알 수는 없었을 것이리라. 애석하다. 정자(程子)가 『중용(中庸)』을 해설한 것이 전하여지지 못하였고, 주자(朱子) 말하기를 明道(程顥) 선생은 책을 만드는 데에는 미치지 못하였고, 伊川(程頤) 선생은 비록 『중용(中庸)』을 말한 것이 이미 책으로 완성되었으나, 스스로 그 뜻에 만족하지 못하여 불살라 버렸

---

25　염락관민지학(濂洛關閩之學) 즉 주돈이(周敦頤)의 태극도설(太極圖說), 장재(張載)의 기론(氣論), 정자(程子)의 리론(理論) 등을 가리킨다. 주자(朱子)는 정자의 리론(理論)과 장재의 기론(氣論)을 집대성(集大成)하여 리기론(理氣論)을 주창(主唱)하였다.

다. 대체로 석씨(石氏)가 모으고 기록한 것은 바로 석자중(石子重)의 『중용집해(中庸集解)』로 겨우 그 문인(門人)들이 기록한 것에서 골라 뽑아낸 것이다. 이 때문에 큰 뜻은 비록 밝혀졌으나 숨겨져 드러나지 않은 말씀에 대하여는 아직 옳고 그름을 가려 그 이치를 밝혀내지 못하였고, 그(程頤)의 문인(門人)들[26]이 각기 스스로 설명한 곳에 이르러서는 비록 자못 상세하고 극진하여 그 뜻을 드러내어 밝힌 곳이 많다. 그러나 스승(程子)의 학설을 저버리고 노, 불(老佛)의 학설에 빠진 사람도 있었다.

# 6

熹 自蚤歲로 即嘗受讀 而竊疑之하여 沈潛反復이 蓋亦有年이러니 一旦에 恍然 似有得其要領者라 東陽許氏曰 裳之要 衣之領 皆是總會處 然後 乃敢會衆說 而折其衷하여 旣爲定著 章句一篇하여 以俟後之君子하고 而一二同志로 復(부)取 石氏書하여 刪其繁亂하여 名以輯略하고 且記 所嘗論辨 取舍之意하여 別爲或問하여 以附其後하니 然後 此書之旨 支分節解하여 脉絡貫通하고 詳略相因하며 巨細畢擧하여 而凡諸說之同異得失이 亦得以曲暢旁通하여 而各極其趣하니 東陽許氏曰 章句 輯略 或問 三書旣備 然後 中庸之書 如支體之分 骨節之解 而脉絡却相貫穿通透 雖於道統之傳에 不敢妄議라 然 初學之士가 或有取焉 則亦庶乎 行遠升高之 一助云爾리라 行遠自邇 升高自卑 引中庸語以結 中庸序尤切 ○ 雲峯胡氏曰 大學中不出性字 故 朱子於

---

26  사량좌(謝良佐), 양시(楊時) 등

序 言性詳焉 中庸中不出心字 故 此序 言心詳焉

◇ 蚤歲: 어린 나이   ◇ 竊: 삼가 (謙辭)   ◇ 有年: 몇 년이 지나고

　내가 어린 나이 때부터 일찍이 (석돈(石&#25049;)의 『중용집해(中庸集解)』를) 받아 읽고서 삼가 (숨겨져 드러나지 않은 말의 옳고 그름을 가려 그 이치를 밝혀내지 못한 것과 老, 佛에 빠진 것에) 의문을 품고서 (『중용집해(中庸集解)』에) 푹 젖어 들기를 되풀이한 것이 다시 또 여러 해가 되더니 하루아침에 황홀하게 그 요령(要領)을 터득한 듯하였다. 동양허씨 말하기를 하의(裳)의 허리(腰)춤과 상의(衣)의 목덜미 옷깃(領)이니 모두 모여 한곳에 결합되는 곳이다. 그런 다음에 마침내 감히 여러 학설을 모아서 사리에 맞지 않는 것을 잘라 내고 조절해서 이윽고 『중용장구(中庸章句)』 한 편을 정(定)하여 짓고서 다음 세대 군자들의 (비평을) 기다리고, 뜻을 같이하는 사람들과 다시 석씨(石&#25049;)의 책(『중용집해(中庸集解)』)을 가지고 번거롭고 어지러운 곳은 깎아서 (지워) 버리고 『중용집략(中庸輯略)』이라 이름하고, 또 일찍이 사리(事理)의 옳고 그름을 갈라 밝힌 것들을 취하거나 버린 뜻을 기록하여 따로 『중용혹문(中庸或問)』을 만들어서 그 (『중용장구(中庸章句)』) 뒤에 붙였으니 그렇게 한 다음에 이 책의 뜻이 가지가지로 나누어지고 마디마디가 풀어지고 서로 연관되는 것이 꿰뚫어져서 상세한 것과 간략한 것이 서로 잇닿았으며, 크고 작은 뜻을 모두 들추어서 여러 학설이 서로 같지 않음과 잘잘못이 다시 상세한 곳까지 드러나 밝혀지게 되고 두루 통용되어서 각각 그 (『중용(中庸)』의) 본뜻을 지극히 할 수 있

었다. 동양허씨 말하기를 『중용장구(中庸章句)』, 『중용집략(中庸輯略)』, 『중용혹문(中庸或問)』 세 가지 책이 갖추어지고 난 다음이라야 『중용(中庸)』의 글이 가지와 본체가 나누어지고 뼈와 관절이 풀어져서 연관되는 것이 바로 서로 꿰뚫려 두루 통하게 된다. **비록 도통(道統)을 전하여 주고받는 것에 대하여 감히 함부로 의견을 내지는 못하겠지만, 그러나 처음 배우는 사람이 혹 『중용(中庸)』에서 얻는 것이 있다면 먼 곳을 가고 높은 곳을 오르는 데에 조금이나마 도움이 되기를 바랄 뿐이다.** "먼 곳을 갈 때는 가까운 곳으로부터 시작하고, 높은 곳에 오르는 것은 낮은 곳으로부터 시작한다. (行遠自邇 升高自卑)"라는 『중용(中庸)』의 말을 인용하여서 『중용(中庸)』 서문(序文)을 결론한 것이 더욱 간절하다. ○ 운봉호씨 말하기를 『대학(大學)』 가운데서는 '性' 자가 나오지 않기 때문에 주자(朱子)가 서문(序文)에서 '性'을 자세하게 말하였고, 『중용(中庸)』 가운데는 '心' 자가 나오지 않기 때문에 여기 서문(序文)에서 '心'을 상세하게 말하였다.

**淳熙己酉 公時年六十 春三月戊申에 新安朱熹 序하노라**

순희 기유(서기 1189년) 선생 나이 60세 **춘삼월 무신일(戊申日) 신안 주희(新安 朱熹)는 머리말을 쓰노라.**

# 星湖疾書(성호질서)
# 中庸(중용)
# 序(서)[27]

中庸 懼夫異端而作也 故 子思中庸 修內之業 孟子好辯 攘外之功 要之不可闕一

『중용(中庸)』은 이단(異端)이 일어나는 것을 걱정하여 지었다. 그러므로 자사(子思)의 『중용(中庸)』은 내면을 수양하는 일이고, 맹자(孟子)의 훌륭한 변설(辯說)은 밖으로 이단(異端)의 학설을 물리친 공적이 요점이니 하나라도 빼놓을 수 없다.

上古聖神 即伏羲 神農 黃帝 堯 舜 此序 成於學序之後 故 約以言之

---

27  성호 이익(星湖 李瀷)이 『중용장구(中庸章句)』의 「중용장구서(中庸章句序)」에 근거(根據)하여 지은 『중용질서(中庸疾書)』의 「서문(序文)」이다.

'먼 옛날의 성인(聖人)과 신인(神人)'[28]이란 바로 복희(伏羲), 신농(神農), 황제(黃帝), 요(堯), 순(舜)인데 이「중용장구서(中庸章句序)」가「대학장구서(大學章句序)」의 뒤에 완성되었기 때문에 간략하게 말한 것이다.[29]

人雖昏愚之至 苟以善自治 則無不可移者 所謂下愚之不移 非必皆昏愚也 如商辛之類 其才辯往往有過人者 彼其處心行事 一意乖 反其於天理民彝 盖有不屑爲也 而其歸則下愚也 然所賦之性旣同 故有時乎不禁善端之萌露 如上智不能無人心也 說見 易 革卦傳

◇ 不屑(불설): 어떤 일을 우습게 여겨 마음에 두지 아니함

사람이 비록 아무것도 모르는 어리석음이 지극할지라도 진실로 옳은 것을 가지고 스스로를 고쳐 나간다면 변화하지 않을 사람은 없다. 이른 바 "매우 어리석고 못난 사람은 변화하지 않는다."[30]라고 한 것은 반드시 모두가 아무것도 모르고 어리석다는 것은 아니다. 이를테면 상(商)나라[31]의 신(辛)[32]과 같은 따위도 그 재능과 말재주는 가끔 남보다 나은 것이 있었으나, 그 마음 씀씀이와 일 처리는 한결같이 생각이 (도리

---

28 「중용장구서(中庸章句序)」의 "蓋自上古聖神 繼天立極 …"의 聖神을 가리킨다.
29 「대학장구서(大學章句序)」는 주자(朱子) 나이 60세 되던 淳熙 己酉(A.C. 1189) 2월에, 「중용장구서(中庸章句序)」는 같은 해 3월에 완성되었다. 「대학장구서(大學章句序)」에서는 "… 此伏羲 神農 黃帝 堯 舜 所以繼天立極 …"이라고 하여 聖神의 名號를 상세히 열거하고 있는 것을 가리킨다.
30 『논어(論語)』「양화(陽貨)」제3장 "子曰 唯上知與下愚 不移"
31 탕(湯)임금이 세운 중국의 고대 왕조, 제19대 반경왕(盤庚王) 14년에 '은(殷)'으로 수도를 옮긴 후 국호(國號)를 '은(殷)'으로 부르기 시작하였다.
32 중국 고대 왕조 상(商)나라의 마지막 王인 주(紂)의 본명

에) 어긋났고, 도리어 하늘의 이치와 사람의 떳떳한 도리(道理)는 우습게 여기고 마음에 두지 아니하였으니, 그는 마침내 매우 어리석은 못난이가 되고 만 것이다. 그러나 (하늘에서) 부여받은 본성은 처음부터 같았다. 그러므로 선(善)의 실마리가 싹터 나타나는 것을 막지 않을 때도 있었다. 이를테면 가장 지혜로운 사람도 사사로운 마음이 없을 수 없는 것과 같다. 이 말은 『역(易)』「혁괘(革卦), 전(傳)」에 보인다.

公私二字 爲道心人心之標準 詳著四七編

공(公), 사(私) 두 글자는 도심(道心), 인심(人心)의 표준이 된다. 『사칠편(四七編)』[33]에 상세하게 저술하였다.

憂深慮遠 盖已揣於彌近理而大亂眞矣 聖道旣喪 則其勢必然 楊墨雖盛 其說固易窮 至老氏之出 則稍近而小亂眞矣 又㠯於佛 則其害始大 而與老氏幷行 老氏之出久矣 然而爲世大害 則自秦漢始

◇ 揣(췌): 헤아리다

"(子思가 道를) 근심한 것이 깊고 염려한 것이 넓고도 크다."[34]라고

---

33　성호(星湖) 이익(李瀷)이 사단칠정론(四端七情論)에 대하여 자신의 견해와 관점에서 퇴계(退溪)와 율곡(栗谷)의 입장을 비교하고 비판을 가한 성리학(性理學) 전문 저술,『사칠신편(四七新編)』의「七情便是人心, 第八」과「七情亦有因道心發, 第十一」참조

34　『중용장구(中庸章句)』「중용장구서(中庸章句序)」"자사가 도를 근심한 것이 깊었기 때문에 말이 절실하였고, 도를 염려하는 것이 원대하였기 때문에 그 주장이 상세하였으니(… 蓋其憂之也深 故其言之也切 其慮之也遠 故其說之也詳 …)"

한 것은 아마도 (異端의 학설이) 이치에 더욱 가까워져서 진리를 크게 어지럽히게 될 것을 이미 헤아린 것이니, 성인(聖人)의 도(道)를 잃어버렸더라면 이단(異端)의 기세가 반드시 그러하였을 것이다. 양주(楊朱)와 묵적(墨翟)의 설(說)은 비록 흥성하였으나 그 설은 도리어 파고들어 깊이 연구하기가 쉬웠다. 노자(老子)의 학설이 나오는 데에 이르러서는 점점 (이치에) 가까워져서 진리를 조금 어지럽혔다. 또 불교(佛敎)가 (유행함에) 이르러서는 그 폐해가 비로소 커져서 노자(老子)의 학설과 함께 유행되었다. 노자(老子)의 학설이 나온 것은 오래되었다. 그러나 세상에 큰 폐해가 된 것은 진(秦), 한(漢)으로부터 비롯되었다.

門人所自爲說 謂呂 謝 楊 游 侯 五家 其淫於老佛 則游侯尤甚

"문인(門人)이 자신의 학설을 일으켰다."[35]라고 한 것은 여씨(呂氏), 사씨(謝氏), 양씨(楊氏), 유씨(游氏), 후씨(侯氏)의 다섯 학자[36]를 말하고 노자(老子)나 불교(佛敎)에 빠진 것은 유씨(游氏)와 후씨(侯氏)가 더욱더 심하였다.

程子 旣有所據 斥二家之非 而其門人高等者 又不免倍師說 而淫二家 微朱子會衆折衷之功 程子之心 或幾乎湮矣 此朱子之功 所以尤大 故曰 朱子出而異端不復作也

---

35 『중용장구(中庸章句)』「중용장구서(中庸章句序)」"… 石氏之所輯錄 … 微言未析 至其門人 所自爲說 … 培其師說而 淫於老佛者 …"
36 정이(程頤)의 문인 여대림(呂大臨), 사량좌(謝良佐), 양시(楊時), 유초(游酢), 후중량(侯仲良)이다.

정자(程子)가 이윽고 (儒家의) 전거(典據)를 가지고 노(老), 불(佛) 두 학파의 잘못을 물리쳤으나, 그 문인들 가운데서 학문(學問)의 등급이 높은 자들은 또 스승의 학설을 배반하고 (老, 佛) 두 학파의 학설에 빠지는 것을 면하지 못하였으니, 주자(朱子)가 여러 학설을 모으고 절충(折衷)한 공적[37]이 아니었다면 정자(程子)의 뜻은 아마도 거의 묻혀 버렸을 것이다. 이것이 주자(朱子)의 공(功)이 더욱 위대한 이유이다. 그러므로 "주자(朱子)가 나오고 이단(異端)의 학설은 다시 일어나지 않았다."라고 한 것이다.

**堯傳一言 而舜益三言 子思傳中庸 朱子釋以章句 正文爲高遠 章句爲卑近 初學之必由章句 如禹之先受三言**

요(堯)가 한 마디를 (舜에게) 전하였는데 순(舜)은 (禹에게 전하면서) 세 마디를 덧붙였다. 자사(子思)가 『중용(中庸)』을 전하였는데 주자(朱子)가 장구(章句)로 (나누어) 가지고 풀이하였으니, 『중용(中庸)』 정문(正文)은 뜻이 높고 원대(遠大)하며, 『중용장구(中庸章句)』는 실생활에 가깝고 알기 쉬워서 처음으로 배울 때는 반드시 『중용장구(中庸章句)』로부터 말미암아야 하니, 우(禹)가 먼저 세 마디를 받은 것[38]과 같은 것이다.

---

37  주돈이(周敦頤)의 「태극도설(太極圖說)」, 장재(張載)의 「기설(氣說)」, 정자(程子)의 「리설(理說)」을 집대성(集大成)한 공적
38  "允執厥中" 한 마디를 받기 전에 "人心惟危 道心惟微 惟精惟一" 세 마디를 먼저 받은 것을 말한다.

# 中庸章句大全

**中者는 不偏不倚 無過不及之名이요** 朱子曰 名篇本是 取時中之中 然所以能時中者 蓋有那未發之中在 所以先說未發之中 然後 說君子之時中

**'中'은 치우치지 않고 기울지 않으며, 지나침이나 미치지 못함이 없는** (상태의) **이름이요,** 주자(朱子) 말하기를 이 책의 이름은 본디 '어느 때고 일 처리를 절도(節度)에 맞게 하는 것(時中)의 중(時中之中)'을 취(取)한 것이다. 그러나 어느 때고 일 처리를 절도(節度)에 맞게 할 수 있다고 한 이유는 아마도 '아직 드러나지 않은 중(未發之中)'이 있었기 때문에 '아직 드러나지 않은 중(未發之中)'을 먼저 말하고, 그런 다음에 '군자가 어느 때고 일 처리를 절도(節度)에 맞게 하는 것(君子之時中)'을 말한 이유일 것이다.

○ 北溪陳氏曰 中和之中 是專主未發而言 中庸之中 却是含二義 …

북계진씨 말하기를 '아직 드러나지 않은 것과 드러나더라도 모두 중도에 맞는 것(中和)의 중(中和之中)'은 오로지 '아직 드러나지 않은 중(未發之中)'을 위주로 하여 말한 것이고, '치우치지 않고 기울지 않으며 지나침이나 미치지 못함이 없는 평범한 일상생활의 도리(中庸)의 중(中庸之中)'은 바로 두 가지 뜻(아직 드러나지 않은 것(未發)과 이미 드러난 것(旣發))을 포함한다. …

○ 新安陳氏曰 不偏不倚 未發之中 以心論者也 中之體也 無過不及 時中之中 以事論者也 中之用也

신안진씨 말하기를 '치우치지 않고 기울지 않는 것(不偏不倚)'은 아직 드러나지 않은 중(未發之中)이니 '心(마음)을 가지고 말한 것'이며 '중의 본체(中之體)'이다. '지나치거나 미치지 못함이 없는 것(無過不及)'은 '시중의 중(時中之中)'이니 '事(일 처리)를 가지고 말한 것'이며 '중의 작용(中之用)'이다.

**庸은 平常也라** 朱子曰 庸 是依本分 不爲怪異之事 堯舜孔子只是庸 夷齊所爲 都不是庸了

**'庸'은 평범한 일상생활의 도리(道理)이다.** 주자(朱子) 말하기를 '庸'은 본분(本分)[39]을 따르고, 괴상하고 이상한 일은 하지 않는 것이다. 요, 순(堯舜)이나 공자(孔子)가 행한 일은 단지 평범한 일상생활의 도리이나, 백이(伯夷)와 숙제(叔齊)의 행위는 모두 평범한 일상생활의 도리

---

39  "임금은 임금답고 신하는 신하다우며, 부모는 부모답고 자식은 자식다워야 한다. (君君臣臣父父子子)" 『논어(論語)』「안연(顏淵)」第11章

라고 할 수 없다.

**子程子[40]曰 不偏之謂中이요 不易之謂庸이니 中者는 天下之正道요 庸者는 天下之定理라** 問正道定理 恐道是總括之名 理 是道裏面 有許多條目 朱子曰 緊要在正字定字上 中只是箇 恰好道理 爲不見得 是亘古今 不可變易底故 更著(착)箇庸字

정자(程子) 선생이 말하기를 "(動靜이) 치우치지 않음을 중(中)'이라 하고 '(理致가) 바뀌지 않는 것을 용(庸)'이라 하니 '中'은 천하의 올바른 도(正道)이고 '庸'은 천하의 정하여진 이치(定理)이다." 누가 묻기를 "'올바른 도(正道)와 정하여진 이치(定理)'는 아마도 도(道)를 한데 모아 아울러서 이름한 것이고, '理'는 도(道)의 내면에 있는 여러 가지 많은 조목(條目)입니까?" 주자(朱子) 말하기를 "중요한 것은 '正' 자와 '定' 자에 달려 있다. '中'은 단지 도리(道理)에 잘 들어맞으면 되지만, 예나 지금이나 서로 잇닿아서 변하거나 바뀔 수 없다는 것을 알지 못하기 때문에 바로 '庸' 자를 붙인 것이다."

○ 東陽許氏曰 程子 謂不偏之謂中 固兼擧動靜 朱子 不偏不倚 則專指未發者

동양허씨 말하기를 정자(程子)가 '치우치지 않는 것을 중(不偏之謂中)'

---

40 '子程子' 첫머리의 '子' 자는 으뜸가는 스승을 높여 부를 때 쓰는 글자이다. 「중용장구서(中庸章句序)」의 '子思子'의 뒤에 붙인 '子' 자는 같은 의미로 쓰인 것이나 '子子思'가 되므로 이것을 피하여 뒤로 옮겨 쓴 편문(便門)이다.

이라고 말한 것은 본래 '움직일 때와 고요할 때(動靜)'를 겸하여 들추어서 말한 것이고, 주자(朱子)가 '치우치지 않고 기울지 않는다(不偏不倚)'라고 한 것은 오로지 아직 드러나지 않은 것만을 가리킨다.


**此篇은 乃孔門 傳授心法이니** 北溪陳氏曰 卑不失之汚賤 高不溺於空虛 真孔門傳授心法也 **子思 恐其久而差也라 故 筆之於書하여 以授孟子하니** 新安陳氏曰 於七篇中 觀其議論 淵源所自 則可知其以此授孟子矣

이 책(中庸)은 바로 공자(孔子)의 문중(孔門)에서 전하여 주고받는 마음을 쓰는 법(心法)이니, 북계진씨 말하기를 평범한 이치를 말하여도 더럽거나 천하게 여기는 곳으로 잘못되지 않고, 고결(高潔)하게 말하여도 헛되거나(老) 속이 비어 있는 곳(佛)으로 빠지지 않으니, 공자문중(孔門)에서 전하여 주고받는 심법(心法)이 진실하다. 자사(子思)가 공자 문중(孔門)의 마음 쓰는 법(心法)이 오래되면 잘못될 것을 염려하였다. 그러기 때문에 (孔子門中의 心法을) 책에 써서 맹자(孟子)에게 전해 준 것이다. 신안진씨 말하기를 (『맹자(孟子)』) 일곱 편(篇) 가운데 의론(議論)한 것과 연원(淵源)을 따라 나온 것을 살펴보면 자사(子思)가 이것(『中庸』)을 맹자(孟子)에게 주었다는 것을 알 수 있다.


**其書 始言一理하고 中散爲萬事하고 末復 合爲一理하여 放之 則彌六合하고 卷之 則退藏於密하여 其味無窮하니 皆實學야라 善讀者 玩索而有得焉이면 則終身用之라도 有不能盡者矣리라** 朱子曰 始言一理 指天命謂性 末復 合爲一理 指上天之載 始合而開 其開也有漸 末開

而合 其合也亦有漸 ○ 中散爲萬事 便是中庸所說許多事 如知仁勇 許多爲學底道理 與爲天下國家有九經 及祭祀鬼神許多事 中間無些子罅隙 句句是實

『중용(中庸)』의 글은 처음에 한 가지 이치(天命之謂性)를 말하였고, 중간에는 펼쳐서 온갖 일이 되었고, 끝에 다시 합하여 한 가지 이치(上天之載 無聲無臭)가 되었으니, (『中庸』의 이치를) 풀어 놓게 되면 천지 사방(六合)에 (『中庸』의 이치가) 가득하고, 접어서 거두어들이면 물러나 있을 때도 숨겨져 드러나지 않는 마음속에 갈무리되어 그 맛이 끝이 없으니, 모두 '(일상적이며 현실에 맞는) 실제적인 학문(實學)'이다. 잘 공부한 사람이 상세하게 (그 이치를) 살피고 찾아서 깨우치는 것이 있다면, 삶을 마치도록 중용(中庸)의 도리(道理)를 쓴다 해도 모두 쓸 수 없을 것이다. 주자(朱子) 말하기를 처음에 하나의 이치를 말한 것은 '天命之謂性'을 가리키고, 끝에 다시 합하여 하나의 이치가 된다고 한 것은 '上天之載(無聲無臭)'를 가리킨다. 처음에는 합(合)하였다가 펼치니 펼치는 것도 차례대로 조금씩 진행되고, 끝에 펼쳐진 것을 합하니 합하여지는 것도 차례대로 조금씩 진행된다. ○ '중간에 흩어져서 온갖 일이 된다(中散爲萬事)'고 한 것은 바로 『중용(中庸)』에서 말한 여러 가지 많은 일이다. 이를테면 지(知)·인(仁)·용(勇)의 여러 가지 많은 학문하는 도리(道理)와 천하 국가를 다스리는 데에는 아홉 가지 법도(九經)가 있다는 것과 귀신에 제사 지내는 많은 일에 미치어서는 중간에 조그마한 빈틈도 없으니, 구절마다 '실제(實際)에 소용(所用)되는 학문(實學)'이다.

○ 雲峯胡氏曰 中庸 全體大用之書 首言一理 中散爲萬事 是由體之一 而

達於用之殊 末復 合爲一理 是由用之殊 而歸於體之一 放之則彌六合 感而
遂通 天下之故 心之用也 卷之則退藏於密 寂然不動 心之體也 此乃孔門傳
授心法 故 於心之體用備焉

　운봉호씨 말하기를 『중용(中庸)』은 (마음의) 전체와 크게 쓰임(大用)
이 있는 책이다. 첫머리에서 하나의 이치(天命之謂性)를 말하였고 중간
에는 흩어지고 펼쳐져서 온갖 일이 되었으니, 이것은 '하나의 본체로
말미암아서 작용이 (여러 가지로) 달라지는 데에 이른 것'이다. 끝에는
다시 합하여져서 하나의 이치(上天之載 無聲無臭)가 되었으니, 이것은
작용이 (여러 가지로) 달라지는 것으로 말미암아 하나의 본체로 돌아온
것이다. (中庸의 이치를) 풀어놓으면 천지 사방(六合)에 가득하고 (中庸
의 이치가 外物에) 어떤 느낌을 받아 움직여서 통하게 되면 마침내 천
하가 그러한 까닭을 알 수 있으니 마음의 작용이다. (마음을) 거두어들
이면 물러나서 은밀한 곳에 갈무리하고 고요히 움직이지 않으니 마음
의 본체(體)이다. 이것은 바로 공자 문중(孔門)에서 전하여 주고받는 심
법(心法)이다. 그러기 때문에 (『中庸』은) 마음의 본체와 작용을 갖추고
있다.

　※ 여기는 이 책의 제목이 '중용(中庸)'인 것에 대한 설명과 『중용(中
　　庸)』의 내용이 전개되어 가는 과정을 기술(記述)한 '편제(篇題)' 또
　　는 '강령(綱領)' 부분이다.

# 星湖疾書(성호질서)
# 中庸(중용)
# 篇題(편제)[41]

不偏之爲中者 兼體用說 其在體 則不偏於喜 不偏於怒 故 中也 在用 則不偏於過 不偏於不及 故 中也 然 不偏云者 是四傍都無倚靠之名 雖於用 亦有可指者 而在體看 則已偏於一事矣 不若以不偏不倚爲體 而以呂氏所謂無過不及者爲用也

◇ 靠(고): 기대하다, 의지하다　　　　◇ 不若(불약): ~함만 못하다

"치우치지 않음을 중(中)이라 여기는 것"은 본체(本體)와 작용(作用)을 함께 말한 것이다. 그 본체가 있음은 기쁨에 치우치지 않고, 노여움에 치우침이 없다. 그러므로 중(中)이다. 작용이 있는 것은 지나침에 치우치지 않고, 미치지 못함에 치우침이 없다. 그러므로 중(中)이다. 그러나

---

41　篇題: 『중용장구(中庸章句)』(篇題)와 짝하여 지은 글로, 제목이 '중용(中庸)'인 것에 대한 설명과 『중용(中庸)』의 내용이 전개되어 가는 과정을 기술(記述)한다. '명편(名篇)'이라고도 한다.

"치우치지 않는다."라고 말한 것은 사방 어디에도 전혀 기대거나 의지함이 없음을 가리킨다. 비록 작용에 대하여도 (의지하거나 기대는 것이 없음을) 가리킬 만한 것이 있겠으나, 본체에 있는 것으로 본다면 한 가지 일에 이미 치우친 것이 있으니, 치우치지 않고 기대지 않는 것을 본체로 삼은 것을 가지고서 여대림(呂大臨)이 "지나침이나 미치지 못함이 없는 것을 작용으로 삼는다."라고 말한 것만 못하다.

  不易之謂庸者 謂其理之不可易者 非指有恒者也 故旣擇矣 而或有拳拳勿失者 惑有不能期月守者 可見庸之不繫於行事恒久也 朱子以其與無忌憚相反 而與極高明爲對 故 訓之以平常 平常可以包不易 而不易不能包平常 可謂要約矣

"바뀌지 않는 것을 용(庸)이라고 하는 것"[42]은 그 이치를 바꿀 수 없다는 것이지 항상 있는 것을 가리키는 것은 아니다. 그러기 때문에 이미 선을 택하였으면서도 어떤 이는 가슴에 품고서 잃지 않으려 하고 어떤 이는 한 달도 지켜 내지 못한다. '용(庸)'은 변하지 않고 오래도록 일을 행하는 것에 얽매이지 않는다는 것을 알 수 있다. 주자(朱子)는 그것이 '어렵게 여겨 거리낌이 없는 것과 서로 반대되는 것'이어서 '지극히 높고 밝은 경지'라는 말과 대구(對句)가 되기 때문에 '평범하고 일상적'이라고 풀었다. '평범하고 일상적인 것'은 '바뀌지 않는 것'에 포함될 수 있지만, '바뀌지 않는 것'에는 '평범하고 일상적인 것'이 포함될 수 없다는 것이니, 요점이 잘 정리되었다고 할 수 있다.

---

42 『중용장구(中庸章句)』(篇題) "子程子曰 不偏之謂中 不易之謂庸 中者天下之正道 庸者天下之定理"

正文云 人莫不飮食 鮮能知味也 飮食如日用茶飯 味之平常者 人亦鮮有知其味之爲至也 夫然後 方能長久可食 若邪味之悅於口者 人豈有不知味者 而亦何能長久不變乎 以此看 則平常之訓 尤無間然矣乎

◇ 邪味(사미): 몹시 야릇하고 간사한 맛　　　◇ 尤(우): 책망하다

　(『中庸』) 정문(正文)에 "사람이 먹고 마시지 않음이 없지만, 맛을 잘 아는 이는 드물다."[43]라고 하였다. 먹고 마시는 것은 이를테면 날마다 이용하는 차와 밥 같아서 맛이 평범하고 일상적이다. 그 맛이 지극히 좋다고 여기고 난 다음에야 비로소 길고 오래도록 먹을 수 있다는 것을 아는 사람은 드물다. 야릇하고 간사한 맛은 입을 즐겁게 하는 것이니, 사람들이 어찌 그 맛을 알지 못하겠으며, 또 어찌 길고 오래도록 변하지 않을 수 있겠는가? 이것을 가지고 본다면 '평범하고 일상적'이라는 풀이를 책망하거나 이의를 제기할 것은 없지 않겠는가?

　章句 以中庸爲德行 而以中和爲性情之德 則中和字都帖在中字上 而行字帖庸字也 語類云 庸是見於事 和是發於心 庸該得和 則和又帖庸字 盖和是已發 而謂之德 則行事之時中 未始不爲德也 故正文云 中庸之爲德 又云 庸德之行 已合而言之也

◇ 帖(첩): 붙여 연관(聯關)시키다, 결부(結付)시키다　◇ 該(해): 겸하다

　『중용장구(中庸章句)』에서 '중용(中庸)'을 덕행으로 여기고 '중화(中

---
43　『중용장구(中庸章句)』 제4장

和)'는 성정(性情)의 덕으로 삼았다.[44] 곧 '중화(中和)' 두 글자는 모두 '중(中)' 자와 연관되어 있고, '행(行)' 자는 '용(庸)' 자와 연관된다. 『어류(語類)』에 "용(庸)은 일 처리에서 드러나고 '화(和)'는 마음에서 일어나니 '용(庸)'이 '화(和)'를 겸할 수 있다면 '화(和)'도 '용(庸)' 자에 연관된다. '화(和)'가 이미 드러난 것을 덕(德)이라고 하는 것은, 어느 때 어느 곳에서도 중도(中度)에 맞게 일을 처리하여 처음부터 덕(德)을 행하지 않은 적이 없는 것"이다. 그러므로 정문(正文)[45]에서 "중용(中庸)의 덕(德) 됨"[46]이라 하고 또 "일상적인 덕(德)을 실천한다."[47]라고 하였으니 이미 합해서 말해 준 것이다.

朱子又曰 中庸只是一事 就那頭看是中 就這頭看是庸 比如山與嶺 只是一物 方其山 卽是謂之山 行著領路 則謂之領 非一物也 又曰 未有中而不庸 庸而不中 如盛夏時 須飮冷 處凉 衣葛 揮扇 此便是中 便是平常也 以意推之 首章言未發 而不及庸 自二章 言中庸 而不擧未發 中之德 可以通于體用 而庸之行 則不該于未發之體也 然庸雖見於行事 而其日用之間 原有此理在 不待人之能行 而後方成此庸也 特因其行事 而指名之耳 以此言之 平常之理 未始不具於在中之體也

◇ 那頭(나두): 저쪽　　　　　　◇ 這頭(저두): 이쪽

---

44　『중용장구(中庸章句)』 第1章 註: "此言 性情之德 以明道不可離之意", 第2章 小註 游氏(酢)曰 "以性情言之 則曰中和 以德行言之 則曰中庸 是也"
45　정문(正文): 『中庸』뿐만 아니라 『論語』 등의 經典을 포함하는 표현
46　『논어(論語)』 「옹야(雍也)」 第27章
47　『중용장구(中庸章句)』 第13章

주자(朱子)는 또 말하기를 "중용(中庸)은 다만 한 가지 일이니 저쪽에서 보면 중(中)이고 이쪽에서 보면 용(庸)이다. 산과 고개에 비유하자면 단지 하나의 사물인데 그 산 방향에서는 바로 산이라고 말하고, 길을 가다가 고갯길이 나타나면 고개라고 말하니 한 가지 사물이 아니다."[48] 하였다. 또 "중(中)이면서도 평범하고 일상적(庸)이지 아니하거나, 평범하고 일상적(庸)이면서도 중(中)이 아닌 적은 아직 없다. 이를테면 더위가 한창인 여름에는 마땅히 차게 마셔야 하고 서늘한 곳에 쉬며 갈포(옷)를 입고 부채질하는 것이 바로 중(中)이고 바로 평범하고 일상적이다."[49]라고 했다. 미루어 생각건대 첫 장(章)에서는 아직 (감정이) 일어나지 않은 상태를 말하면서도 평범하고 일상적인 것은 언급하지 않았고, 제2장부터는 중용(中庸)을 말하면서도 아직 (감정이) 일어나지 않은 것은 거론하지 않았으니, 중(中)의 덕은 본체와 작용에 통할 수 있으나, 용(庸)의 실행은 아직 (감정이) 일어나지 않은 본체에는 해당하지 않는다. 그러나 용(庸)은 비록 일을 처리하는 것에서 드러나서 일상생활 가운데에 본래 이러한 이치가 있는 것이고, 사람이 (덕을) 잘 실행하기를 기다린 뒤에 비로소 이 용(庸)이 완성되는 것만은 아니다. 다만 그 일 처리를 잘하는 것으로 말미암아 아름다운 이름을 얻을 뿐이다. 이것을 가지고 말한다면 평범하고 일상적인 이치가 처음부터 중(中)의 본체에 갖추어져 있지 않은 것은 아니다.

朱子曰 以中對和而言 則中爲體 和爲用 以中對庸而言 則又折衷來 庸是體 中是用 如伊川云 中者 天下之正道 庸者 天下之正理 是也 此中 却是時

---

48  『주자어류(朱子語類)』 卷 62-19
49  위와 같은 곳

中 執中之中 以中和對中庸而言 則中和又是體 中庸之又是用 據此 則程子之解 只在時中上 故理爲體 而道爲用 盖中 雖可以推本於未發 而斷以中庸爲目 則自時中始 故其說如此 然與朱子他說 有不合者 更詳之

◇ 雖(수): 그러나　　　　　　　◇ 斷(단): 한결같다

　주자(朱子) 말하기를 "중(中)을 가지고 화(和)에 짝지어서 말하면 중(中)은 본체(體가) 되고 화(和)는 작용(用)이 된다. 중(中)을 가지고 용(庸)과 짝지어서 말하면 또 용(庸)은 본체이고 중(中)은 작용이라 절충하여 부르게 되니, 이를테면 정이천(程伊川) 선생이 말하기를 '중(中)은 천하의 올바른 도(道)이고 용(庸)은 천하의 변하지 않는 이치다.'[50]라고 한 것이 이것이다." 이 중(中)은 바로 '어느 때 어느 곳에서도 일 처리가 절도(節度)에 맞는 중(中)'이며 '중(中)을 지키는 중(執中)'이다. 중화(中和)를 가지고 중용(中庸)과 짝지어서 말하면 중화(中和)는 또 본체이고 중용(中庸)은 또 작용이다. 이에 근거하면 정자(程子)의 해석은 단지 '어느 때 어느 곳에서도 일 처리가 절도(節度)에 맞는 것'에 있다. 그러므로 이치(理)는 본체가 되고 도(道)는 작용이 된다. 중(中)은 그러나 아직 (감정이) 일어나지 않은 데에서 근본을 추구할 수 있으니 한결같이 중용(中庸)을 가지고 제목으로 삼게 되면 '어느 때 어느 곳에서도 일 처리가 절도(節度)에 맞는 것'으로부터 시작되는 것이다. 그러므로 그(程子)의 주장이 이와 같다. 그러나 주자(朱子)의 다른 주장과 합치하지 않은 것도 있으니, 다시 자세히 살펴야 할 것이다.

---

50　『중용장구(中庸章句)』(篇題) "程子曰 不偏之謂中 不易之謂庸 中者天下之正道 庸者天下之定理"

自第二章以下十章 無一句非孔子語 無一章非中庸說 與上下文勢不同 中庸之名 本爲此而命也 盖子思合聚 夫子所常言中庸處 作爲此書 因以中庸爲目 而夫子之言 只言時中之義 故子思 又推本其原頭處 而弁之 而自費隱以下 不過反復夫子之言也 然首章旣是下十章之本原 則章句以下十章 爲首章之觧者 又何間然 若其編次之序 則首章乃因下文 而有者也 故 篇目之不以中和 而謂之中庸者 豈不較然乎

제2장으로부터 다음 열(十) 장은 공자(孔子)의 말씀 아닌 것이 한 구절도 없으며, 중용(中庸)을 말하지 않은 곳이 한 장(章)도 없다. 위아래와 문장의 형세는 같지 않으나 『중용(中庸)』이라는 (책의) 명칭은 본래 이렇게 해서 이름 붙여진 것이다. 자사(子思)가 선생님(孔子)께서 평소에 중용(中庸)을 말씀하신 것을 모아서 이 책을 지은 것으로 말미암아 중용(中庸)을 가지고 제목으로 삼게 된 것이다. 선생님(孔子)께서는 단지 '어느 때 어느 곳에서도 일 처리가 절도(節度)에 맞다(時中)'는 뜻만을 말씀하셨다. 그러므로 자사(子思)가 또 본래 그 근원이 되는 곳을 미루어서 말해 준 것이니, 「비은장(費隱章)」으로부터 그다음은 선생님(孔子)의 말씀을 반복하는 데 지나지 않는다. 그러나 첫 장(章)이 이미 다음 열 장의 근본이 되었으니 『중용장구(中庸章句)』에서 다음 열(十) 장을 가지고 첫 장의 풀이로 삼은 것에 또 무슨 이의(異義)를 제기하겠는가? 이에 편집한 차례와 순서는 첫 장이 바로 다음 글로 말미암아 있게된 것이기 때문에 책의 제목을 중화(中和)라 하지 않고 중용(中庸)이라고 한 것이니 어찌 분명하지 않겠는가?

彌六合 退藏密 以體用言也 密是用之源 聖人之妙處 萬殊之一本也 寂然

不動也 六合者 人以上下四方爲觧 非也 按淮南子云 天地之間六合之內 六合者 以四方言也 地有十二方 亦各有陰陽 配合十二支而六合矣 方今術家有此語 可證 彌六合者 一本之萬殊也 感而遂通 天下之故也 自內而放之 至於修齊治平 則彌矣 自外而捲之 至於吾心忽然焉 則藏矣 始末 以書言 捲放 以心言

"천지사방에 가득하다. (彌六合)", "물러나 은밀한 곳에 갈무리한다(退藏於密)."[51]라는 것은 본체(體)와 작용(用)을 말한 것이다. '은밀한 곳(密)'은 작용하는 근원이요 성인(聖人)의 오묘한 곳이며, 만(萬) 가지로 (작용이) 달라지는 것들의 근본은 하나이며 고요하여 움직이지 않는 것이다. 육합(六合)을 사람들은 위, 아래와 사방(四方)으로 풀이하는데 옳지 않다. 회남자(淮南子)에서 "하늘과 땅 사이 육합(六合)의 안(天地之間六合之內)"[52]이라고 한 것을 살펴보면 육합(六合)은 사방(四方)을 말한 것이다. 땅에는 열두 방위(方位)가 있고 또 각각 음(陰)과 양(陽)이 있어서 12 지지(地支)와 짝을 이루어 육합(六合)이 된다. 바로 지금의 점술가(占術家)들이 이 말을 쓰는 것이 증거가 된다. '천지사방에 가득하다(彌六合)'는 것은 하나의 근본이 만(萬) 가지로 (작용이) 달라지는 것이요, (中庸의 理致를 가지고 외물에) 감응하여 천하의 이치를 두루 통달할 수 있다는 것이다. 내면으로부터 펼쳐서 자신을 수양(修養)하고 집안을 가지런히 하여 나라를 잘 다스리고 천하를 조화롭고 평안(平安)하게 하는 데에 이르면 (六合에) 가득한 것이요, 밖으로부터 거두어 문득 내 마음에 이르게 되면 갈무리되는 것이다. 시작과 끝은 책(書)을 가지고 말하였고, 거두고 펼치는 것은 마음을 가지고 말한 것이다.

51 『중용장구(中庸章句)』(篇題) "其書始言一理 中散爲萬事 末復合爲一理 放之 則彌六合 卷之 則退藏於密 其味無窮 皆實學也"
52 『회남자(淮南子)』「도응훈(道應訓)」

# 第1章

## 1-1

**[槪觀]**

　사람으로서 마땅히 지켜야 할 도(道)의 本體(본체)를 말하여 이 책의 큰 줄거리를 제시(提示)해 주는 곳이다. 여기에서 말하는 '率性'은 『대학(大學)』의 '明明德'과 뜻이 거의 같고, '性'은 '明德'과 같은 뜻이다.

> 天命之謂性이요 率性之謂道요 脩道之謂教니라
> 　천명지위성　　　솔성지위도　　　수도지위교
>
> 하늘이 명(命)하여 준 것을 성(性)이라고 하고, 본성(性)을 따라 행하는 것을 도(道)라 하고, 도(道)를 (등급에 맞게) 마름질하는 것을 교(敎)라 한다.

◇ 率(솔): 따라 행하다　　　　◇ 脩(수): 마름질하다

**章句大全**

　命은 猶令也요 朱子曰 命 如朝廷差除 又曰 命猶誥勅 性은 卽理也라
朱子曰 有是性 便有許多道理 總在裏許 在心喚做性 在事喚做理

◇ 差除(차제): 관료를 임명함
◇ 喚做(환주): 지어 부르다, 불러 이름 짓다

**명(命)은 명령하는 것과 같다.** 朱子 말하기를 명(命)은 조정(朝廷)에서 관료를 임명하는 것과 같다. 또 命은 관리를 임명하는 조서(詔書)나 칙서(勅書)와 같다고 하였다. **성(性)은 바로 이치(理致)이다.** 朱子 말하기를 성(性)을 지니고 있으면 아주 많은 도리(道理)가 바로 모두 그 안에 있게 되니 마음에 있으면 성(性)이라 지어 부르고 일에 있으면 이치(理)라 지어 부른다.

**天은 以陰陽五行으로 化生萬物하니 氣以成形하고 而理亦賦焉하니 猶命令也라 於是 人物之生이 因 各得其所賦之理하여 以爲健順五常之德하니 所謂性也라** 朱子曰 伊川云 天所賦爲命 物所受爲性 理一也 自天所賦予萬物言之 謂之命 以人物所稟受於天言之 謂之性

**하늘은 음양(陰陽)과 오행(五行)을 가지고 변화하며 만물을 생성시켜 주고 기(氣)를 가지고 형체를 이루고 이치(理致)도 부여하는 것이니 명령하는 것과 같다. 이에 사람이나 만물이 생겨남을 각각 하늘이 부여해 준 이치를 얻은 것으로 말미암아 건순(健順)과 오상(五常)의 덕(德)이라 하니** (『중용(中庸)』에서) **성(性)이라고 이르는 것이다.** 주자(朱子) 말하기를 "이천(伊川) 선생이 하늘이 부여한 것은 명(命)이 되고 만물이 (하늘로부터) 부여받은 것은 성(性)이 되니 이치는 같은 것이다. 하늘이 나와 만믈에 부여한 것을 가지고 말하면 명(命)이라 하고, 사람이나 만물이 하늘로부터 부여받은 것을 가지고 말하면 성(性)이다."라고 말하였다.

○ 問 五常之德 何故添却 健順二字 曰五行乃五常也 健順乃陰陽二字 旣

有陰陽 須添此二字始得

◇ 添却(첨각): 덧붙이다

누가 묻기를 "오상(五常)의 덕에 무엇 때문에 건순(健順) 두 글자를 덧붙이는가요?" (주자) 말하기를 "오행(五行)은 바로 오상(五常)이요, 건순(健順)은 바로 음(陰), 양(陽) 두 글자이니, 이미 음양(陰陽)이 있더라도 모름지기 이 두 글자를 붙여야 비로소 분명해진다."

○ 健順之體 卽性也 合而言之 則曰健順 分而言之 則曰仁義禮智 仁禮健而義智順也

건순(健順)의 본체는 바로 성(性)이다. 합하여 말하면 건순(健順)이요 나누어서 말하면 인의예지(仁義禮智)이니 인(仁)과 예(禮)는 건(健)이고, 의(義)와 지(智)는 순(順)이다

○ 健順 本上文陰陽 而言也 五常固已具 健順之理 分而言之 仁禮爲陽爲健 義智爲陰爲順 信則中和而兼健順也

건순(健順)은 윗글의 음양(陰陽)에 근본을 두고서 말한 것이다. 오상(五常)은 이미 건순(健順)의 이치가 모두 갖추어진 것이니 나누어 말하면 인(仁)과 예(禮)는 양(陽)이 되고 건(健)이 되며, 의(義)와 지(智)는 음(陰)이 되고 순(順)이 되며, 신(信)은 덕성(德性)이 중용(中庸)을 잃지 아니한 상태라서 건(健)과 순(順)을 겸하는 것이다.

**率**은 **循也**요 北溪陳氏曰 循猶隨也 **道**는 **猶路也**라 孟子曰 夫道 若大路 然 本此以釋道字 **人物**이 **各循其性之自然**이면 **則其日用事物之間**에 **莫不各有 當行之路**하니 **是則所謂道也**라 朱子曰 率性 非人率之也 率只訓循 循萬物自然之性之謂道 此率字 不是用力字 伊川謂便是 仁者人也 合而言之 道也 ○ 道之得名 正以人生 日用當然之理 猶四海九州 百千萬人 當行之路爾

'**率**'은 (만물의 자연적인 본성을) **따라 행하는 것이다.** 북계진씨 말하기를 '순(循)'은 따라 행하는 것과 같다. '**道**'**는 큰길과 같다.** 맹자(孟子) 말하기를 '도(道)'는 큰길과 같다고 하였으니 그렇다면 본래 이것을 가지고 '도(道)' 자를 풀이한 것이다. **사람이나 사물이나 각각 자신에게 부여된 자연의 본성을 따라 행하면 사람이나 사물이나 일상생활을 하는 마음과 일을 처리하는 곳에는 각각 당연히 가야 하는 길이 있으니, 이것이 『중용(中庸)』에서 말하는 도(道)이다.** 주자(朱子) 말하기를 "'솔성(率性)'은 사람이 본성(本性)을 거느린다는 것이 아니다. '솔(率)'의 뜻은 다만 따라 행한다고 해석하는 것이니 만물의 자연스러운 성(性)을 따라 행하는 것을 도(道)라고 한다. 이 '솔(率)' 자는 힘을 쓴다는 글자가 아니다. 정이천(程伊川)이 바로 (자연스러운 본성대로 따라 행하는) 인(仁)은 사람(仁者人也)이라고 하였으니 합해서 말하자면 도(道)이다." ○ 도(道)라는 이름을 얻게 된 것은 바로 사람이 살아가면서 일상생활에 쓰는 당연한 이치이니, 세상(四海九州)에 사는 수많은 사람이 당연히 가야 하는 길이다.

○ 雲峯胡氏曰 易曰 一陰一陽之謂道 繼之者善也 成之者性也 子思之論

蓋本於此 但易先言道 而後言性 此道字 是統體一太極 子思先言性 而後言道 此道字 是各具一太極也

◇ 但(단): 그러나

운봉호씨 말하기를 『역경(易經)』「계사(繫辭)」에 "한 번 음(陰)이 되고 한 번 양(陽)이 되는 것을 도(道)라 하니, 도(道)를 계속 잇는 것은 선(善)이요, 도(道)를 이루는 것은 성(性)"[53]이라 했다. 자사(子思)의 이론은 아마도 이 글(『역경(易經)』)에 근본을 둔 듯하다. 그러나 『역경(易經)』은 먼저 도(道)를 말하고 뒤에 성(性)을 말하였으니, 『역경(易經)』의 이 '도(道)' 자는 전체를 통괄(統括)하는 하나의 태극(太極)이요, 자사(子思)는 먼저 성(性)을 말하고 뒤에 도(道)를 말하였으니 이 『중용(中庸)』의 '도(道)' 자는 각각 하나의 태극(太極)을 갖추고 있다.

**脩는 品節之也라** 三山潘氏曰 品節之者 如親親之殺(쇄) 尊賢之等 隨其厚薄輕重 而爲之制 以矯 其過不及之偏者也 雖若出於人爲 而實原於命性道之 自然本有者

**'脩'는 등급에 맞게 조절하는 것이다.** 삼산반씨 말하기를 '등급에 맞게 조절하는 것(品節之)'은 이를테면 친척을 사랑함의 차등과 현자(賢者)를 존중함의 등급과 같은 것이니, 두텁고 넉넉함과 중요한 정도에 따라 알맞게 마름질하여 지나침이나 미치지 못함에 치우치는 것을 바로 잡는 것이다. 비록 사람이 실행하는 데에서 나오는 것과 같지만, 실

---

53  『주역(周易)』「계사상전(繫辭上傳)」 제5장

제로는 명(命), 성(性), 도(道)에 근원을 두어 본래 가지고 있는 자연스러운 것이다.

○ **雙峯饒氏曰 脩 裁制之也 聖人 因人所當行者 而裁制之 以爲品節也**

쌍봉요씨 말하기를 '脩'는 마름질하여서 (일정한 규범이나 절차를) 정하는 것이다. 성인(聖人)이 사람이 당연히 행하여야 할 것으로 말미암아서 마름질하여 정한 것을 '품절(品節)'이라고 한다.

**性道雖同이나 而氣稟或異라 故 不能無 過不及之差니 聖人이 因人物之 所當行者하여 而品節之하여 以爲法於天下하니 則謂之敎니 若禮樂刑政之屬이 是也라** 問 明道云 道即性也 若道外尋性 性外尋道 便不是 如此即 性是自然之理 不容加工 揚雄言 學者所以修性 故 伊川 謂揚雄爲不識性 中庸却言 脩道之謂敎 如何 朱子曰 性不容脩 脩是揠苗 道亦是自然之理 聖人於中爲之品節以敎人耳

◇ 刑(형): 型과 同, 본보기　　　◇ 政(정): 바르지 못한 것을 바로잡는 것
◇ 예악(禮樂)과 중화(中和)와의 聯關性

| 禮 | 秩序 | 不偏不倚 (體) | 喜怒哀樂之未發 (性) | 中 |
| 樂 | 調和 | 無過不及 (用) | 喜怒哀樂之發而皆中節 (情) | 和 |

성(性)과 도(道)는 비록 (본연의 성은) 같으나 하늘로부터 선천적으로 부여받은(稟受) 기질(氣質)은 간혹 다르다. 그러기 때문에

지나치거나 미치지 못하는 차이가 없을 수 없다. **성인(聖人)이 사람과 만물이 당연히 행해야 하는 도(道)를 말미암아서 등급에 맞도록** (일정한 규범이나 절차를) **정하여 행하도록 하여서 천하 사람들에게 본받게 하였으니, 이것을 교(敎)라고 이른다. 이를테면 예(禮), 악(樂), 형(刑), 정(政)과 같은 것들이 이것이다.** 어떤 사람이 묻기를 "명도(明道) 선생이 '도(道)는 바로 성(性)이다. 만약 도(道) 밖에서 성(性)을 찾거나 성(性) 밖에서 도(道)를 찾는다면 이것은 옳은 것이 아니다.'라고 하였는데, 이와 같은 것은 바로 성(性)은 자연의 이치대로 하는 것이니 덧붙여 꾸미는 것을 용납하지 않는다는 것이고, 양웅(揚雄)[54]은 '배우는 사람은 도(道)를 가지고 성(性)을 등급에 맞게 조절하여 행한다.'라고 말하였기 때문에 이천(伊川)이 '양웅(揚雄)은 성(性)을 알지 못한다.'라고 말하였는데, 『중용(中庸)』에서는 도리어 '도(道)를 등급에 맞게 마름질하는 것을 교(敎)'라고 한 것은 어떠한 것입니까?" 주자(朱子) 말하기를 "성(性)은 등급에 맞게 마름질하는 것을 용납하지 않는다. '등급에 맞도록 마름질하는 것(脩)'은 사람이 일부러 행하는 조작적(造作的)인 것(揠苗)이다. 도(道) 또한 자연스러운 이치이니 성인(聖人)이 등급에 맞게 마름질한 것을 가지고 사람을 가르칠 뿐이다."[55]

○ 新安陳氏曰 禮樂正是 中和之敎 刑所以弼敎 政亦敎之寓

　신안진씨 말하기를 예악(禮樂)은 바로 중화(中和)의 가르침이니, 본보기(刑)는 가르침을 돕는 방법이고, 정(政)도 역시 가르침을 포함한다.

---

54　양웅(揚雄, B.C. 53-A.C. 18): 전한(前漢)의 儒學者, 양자(揚子)라 불린다.
55　『주자어류(朱子語類)』 卷 62-68

蓋人이 知己之有性하여 而不知其出於天하고 就性上 移上一級 說
己性原於天命 知事之有道하여 而不知其由於性하고 又就道上 移上一
級 說道由於己之性 知聖人之有敎하여 而不知 其因吾之所固有者하여
裁之也라 又就敎上 移歸一步說 因吾之所固有之道 而裁之 故 子思가 於
此에 首發明之하니 而董子가 所謂 道之大原이 出於天이 亦此意也
라 漢 董仲舒 策中此語 大意亦 可謂知道之原者 故引以爲證


사람들은 자신이 (仁義禮智의) 성(性)을 지니고 있다는 것은 알
면서도 자신의 본성(性)이 하늘(天命)에서 나왔다는 것을 알지 못
하며, 본성(性)에서 한 단계 위로 옮겨 가서 자기의 본성(性)이 하늘이
명한 것에 바탕을 둔다고 말한 것이다. (모든) 일 처리에는 도리(道
理)가 있다는 것은 알면서도 그 도리가 자신의 본성(性)으로 말미
암은 것을 알지 못하고, 도(道)를 한 단계 위로 옮겨 가서 도리가 자
기의 본성으로 말미암는다고 말한 것이다. 성인(聖人)의 가르침이 있
는 것은 알면서도 그 가르침이 내가 본래 가지고 있는 도(道)를
말미암아 알맞게 마름질하여 실행한다는 것을 알지 못한다. 가르
침을 한 걸음 되돌려 설명하면 내가 본래 가지고 있는 도(道)를 말미암
아서 마름질하는 것이다. 그러므로 자사(子思)가 여기(『중용(中庸)』)
에서 처음으로 (性, 道, 敎를) 드러내어 밝혔고, 동중서(董仲舒)[56]가
(「대현량책(對賢良策)」에서) "도(道)의 큰 근원은 하늘에서 나왔다."
라고 한 것도 이러한 뜻이다. 漢나라 동중서(董仲舒)의 「대현량책(對
賢良策)」가운데 있는 이 말의 큰 뜻도 '도(道)의 근원을 알았다'라고 말

---

56  동중서(董仲舒, B.C. 179-104): 中國 前漢의 儒學者, 儒敎의 官學化에 결정적
    인 기여(寄與)를 하였다.

할 수 있다. 그러므로 끌어다 증거로 삼은 것이다.

○ 三山陳氏曰 此章 乃中庸之綱領 此三句 又一章之綱領也 聖賢教人 必先使之知 道所自來 而後有用力之地 此三句 蓋與孟子 道性善同意

삼산진씨 말하기를 이 장(章)은 바로 중용(中庸)의 강령이 되고, 이 세 구절은 또 일 장(一章)의 강령이다. 성현(聖賢)이 사람들을 가르침에 반드시 먼저 도(道)가 나온 곳(性)을 알게 한 다음 힘쓸 곳도 알게 하였다. 이 세 구절은 맹자(孟子)가 사람의 본성은 본래 선하다(性善)고 말한 뜻과 같다.

○ 王氏曰 此書 皆言道之體用 第一句 天是體 性是用 第二句 性是體 道是用 第三句 道是體 教是用

왕씨 말하기를 이 책은 모두 도(道)의 본체(體)와 작용(用)을 말하였으니 제 일구(一句)에 하늘(天)은 본체(體)이고 성(性)은 작용(用)이다 하였고, 제 이구(二句)는 성(性)은 본체(體)이고 도(道)는 작용(用)이며, 제 삼구(三句)는 도(道)는 본체(體)요, 교(敎)는 작용(用)이라고 하였다.

○ 雙峯饒氏曰 性道教 道字重 中庸一書 大抵說道 性原於天 而流行於事物 則謂之道 脩此道以教人 則謂之教 所以下文便說 道也者 如君子之道費而隱 大哉聖人之道 皆提起道字說 以此見重在道字

쌍봉요씨 말하기를 성(性), 도(道), 교(敎) 중에서 '도(道)' 자가 가장 중요하다. 『중용(中庸)』한 책의 글에서 대체로 도(道)를 말할 때는 성(性)은 하늘에 바탕을 두고 사물에 유행하는 것을 '道'라 하고, 이 도(道)를 등급에 맞도록 마름질(脩)하여 사람을 가르치는 것을 '敎'라 하였다. 다음 글에서 바로 '도라는 것(道也者)'이라고 말한 이유는 이를테면 "군자의 도(道)는 작용이 넓고 크며 본체는 숨겨져 드러나지 않는다."라는 것과 "크도다. 성인의 도(道)여!"라고 한 것은 모두가 '도(道)' 자를 말하여 시작하는 것과 같다. 이로써 중요한 것은 '도(道)' 자에 달려 있음을 알 수 있다.

## 1-2

**[槪觀]**

여기는 사람이 잠시도 도(道)를 떠날 수 없음을 강조하는 대목이다. 도(道)란 사람이 마땅히 가야 할 길인데 잠시라도 벗어나게 된다면 도(道)가 아니게 된다. 이 때문에 군자(君子)는 남들이 보지 않는 곳에서도 삼가고 조심하며, 듣지 못하는 곳에서도 근심하고 두려워하는 것이다.

道也者는 不可須臾離也니 可離면 非道也라 是故로 君子는 戒愼
도야자　불가수유리야　　가리　비도야　　시고　　군자　　계신
乎其所不睹하며 恐懼乎其所不聞이니라
호기소불도　　　공구호기소불문

도(道)라고 하는 것은 잠깐 사이라도 떠날 수 없다. 떠날 수 있다면 도(道)가 아니다. 이 때문에 (도(道)를 몸소 체행(體行)하는) 군자는 (다른 사람이) 보지 못하는 곳에서도 조심하고 삼가며, (다른 사람이) 듣지 못하는 곳에서도 몹시 두려워하는 것이다.

◇ 須臾(수유): 잠깐 사이, 잠시 동안   ◇ 戒愼(계신): 조심하며 삼가다
◇ 恐懼(공구): 몹시 두려워함

**章句大全**

　道者는 日用事物 當行之理니 皆性之德 而具於心하여 上句言 道之用 下句言 道之體 無物不有하며 言道之大 橫說 無時不然하니 言道之久 直說 所以不可 須臾離也라 若其可離 則豈率性之謂哉아 是以 君子之心이 常存敬畏하여 敬謂戒愼 畏謂恐懼 雖不見聞이나 亦不敢忽하니 所以存天理之本然하여 北溪陳氏曰 未感物時 渾是天理 而不使離於須臾之頃也라 朱子曰 此道 無時無之然 體之則合 背之則離也 一有離之 則當此之時 失此之道矣 故曰 不可須臾離 君子所以 戒愼不睹 恐懼不聞 則不敢以須臾離也

　'道'는 일상에서 일을 처리하거나 사물을 응대하는 데에 마땅히 행하여야 하는 이치이니, 모두 본성(性)의 덕(德)이면서 나의 마음속에 갖추어져 있어서 위 구절은 도(道)의 작용(用)을 말하였고, 아래 구절은 도(道)의 본체(體)를 말하였다. 모든 만물에 이치(道)가 있지 않음이 없고, 도(道)가 큰 것을 말한 것이니 공간적(橫說)이라는 말 어느 때고 그러하지 않은 적도 없으니 도(道)가 오래다고 하는 것이니 시간적(直說)이라는 말 잠시라도 (道를) 떠날 수 없는 이유이다. 만약 사람이 (道를) 떠날 수 있다고 한다면 어찌 본성을 따라 행한다고 할 수 있겠는가? 이 때문에 군자는 마음속에 항상 조심하고 두려워함을 보존하여 '敬'은 조심하고 삼가는 것을 말하고 '畏'는 몹시 두려워하는 것이다. 비록 사람들이 보거나 듣지 못할지라도

**감히 소홀히 하지 않는 것이니, 하늘 본연의 이치를 보존하여서**
북계진씨 말하기를 아직 외물(外物)에 감응하지 않았을 때이니 온전한 하늘의 이치이다. **잠시라도 도(道)를 떠나지 않게 하려 한다.** 주자(朱子) 말하기를 이 道는 어느 때고 그러하지(옳지) 않음이 없으니 (道를) 몸소 체험하여 얻고 실행(體行)하면 자신과 道가 합치되고 (道를) 등지면 (道를) 떠나가는 것이다. 잠시라도 (道를) 떠나게 되면 이때를 당하여 이 도(道)를 잃게 된다. 그러므로 잠시라도 떠날 수 없다는 것이니 군자(君子)가 보지 못하는 곳에서도 조심하여 삼가며, 듣지 못하는 곳에서도 몹시 두려워하는 것은 감히 잠시라도 도(道)를 떠나지 못하는 이유이다.

○ 北溪陳氏曰 道 是日用事物 所當行之路 即率性之謂 而得於天之所命者 而其總會於吾心 大而父子君臣夫婦長幼朋友 微而起居飲食 蓋無物不有 自古及今 流行天地之間 蓋無時不然 戒謹恐懼 只是主敬 是提撕警覺 使常惺惺 則天命之本體 常存在此 若不戒懼 則易至於離道遠也

북계진씨 말하기를 도(道)는 일상에서 일을 처리하거나 사물을 응대하는 데에 있어서 마땅히 행하여야 하는 길이다. 바로 본성을 따라 행하는 것을 말하니, 하늘의 명(仁義禮智信)을 얻은 것이 나의 마음에 모두 모였으니 크게는 부모와 자식, 임금과 신하, 지아비와 지어미, 형과 아우, 벗들이요, 작게는 살아가면서 먹고 마시는 것이다. 모든 사물마다 (道가) 있지 않음이 없고 예로부터 지금에 이르기까지 천지간에 두루 행해지는 것이니 어느 때고 그러하지 않음이 없다. 조심하여 삼가며 (戒慎) 몹시 두려워하는 것(恐懼)은 단지 경(敬)을 근본(主)으로 하니 기운(氣運)을 내어 떨쳐 일어나 깨우치고 깨달아서 항상 깨어 있도록 한다면 천명의 본체가 항상 여기에 남아 있게 된다. 만약 조심하고 두려워하지 않는다면 도(道)를 멀리 떠나는 지경에 쉽게 이르게 될 것이다.

○ 問 大學不要先有恐懼 中庸却要恐懼何也 西山眞氏曰 大學之恐懼 與中庸之恐懼 不同 中庸戒愼乎其所不睹 恐懼乎其所不聞 只是 事物未形之時 常常持敬 令人不昏昧而已 大學之恐懼 只是 俗語所謂怖畏之意 自與中庸有異

어떤 사람이 물었다. "『대학(大學)』에서는 먼저 두려워하는 마음을 갖기를 바라지 않았는데, 『중용(中庸)』에서는 도리어 두려워하는 마음을 갖기를 바라는 것은 무엇 때문입니까?" 서산진씨 말하기를 "『대학(大學)』에서 말하는 '恐懼'와 『중용(中庸)』에서 말하는 '恐懼'는 같지 않다. 『중용(中庸)』에서 '(사람들이) 보지 않는 곳에서도 조심하여 삼가고 (사람들이) 듣지 않는 곳에서도 몹시 두려워하는 것'은 단지 사물의 형체가 아직 드러나지 않았을 때 항상 조심하는 마음(敬)을 지켜서 사람들이 어둡고 어리석어 아무것도 모르는 일이 없게 하려는 것뿐이고, 『대학(大學)』의 '恐懼'는 단지 세상에서 말하는 두렵고 무섭다(怖畏)는 뜻이니 처음부터 『중용(中庸)』과는 다르다."

## 1-3

**[槪觀]**

숨기려고 할수록 더 잘 드러나고 작은 잘못은 더욱더 잘 나타나는 것이다. 『대학장구(大學章句)』「전(傳)」第6장에 "열 개의 눈이 바라보고 열 개의 손이 가리킨다. (十目所視 十手所指)" 하고, "남들이 자기를 보기를 폐(肺)와 간(肝)을 들여다보듯이 한다. (人之視己 如見其肺肝然)"라고 하였으니, 군자(君子)는 남들은 보지 못하고 자신만이 홀로 아는 곳이라도 조심하고 삼가야 한다.

> 莫見乎隱이며 莫顯乎微니 故로 君子는 愼其獨也니라
> 막현호은    막현호미    고    군자    신기독야
>
> 어두운 곳보다 더 잘 드러나는 것이 없고, 자잘한 작은 일보다 더 잘 나타나는 것은 없다. 그러므로 군자는 자신만이 홀로 아는 곳에서도 삼가느니라.

◇ 見(현): 드러나다    ◇ 顯(현): 나타나다

**章句大全**

隱은 暗處也요 微는 細事也라 獨者는 人所不知하고 而己所獨知之地也라 問 謹獨[57] 莫只是 十目所視 十手所指處也 與那暗室 不欺時一般否 朱子曰 這獨也 不只是獨自時 如與衆人對坐 自心中發念 或正或不正 此亦是獨處 如一片止水中間 有一點動處 此最緊要 著工夫處

---

57　謹獨: 『중용장구(中庸章句)』가 지어질 당시 남송 효종(南宋, 孝宗)의 이름이 '신(昚)'이었으므로 부르기를 꺼려(諱) 하여 『중용장구(中庸章句)』에서는 '신(愼)' 자를 '근(謹)' 자로 바꾸어 표현하였다

'隱'은 어두운 곳이다. '微'는 자잘한 작은 일이다. '獨'은 남들은 알지 못하고 자신만이 홀로 아는 곳이다. 어떤 사람이 물었다. "'자신만이 홀로 아는 곳에서도 삼가는 것(愼獨)'은 단지 여러 사람의 눈이 보고 여러 사람의 손이 가리키는 곳만이 아닙니다. 어두운 방에서도 속이지 않는 때와 같지 않습니까?" 주자(朱子) 말하기를 "이 '獨'은 단지 혼자 있을 때뿐만이 아니라 여러 사람과 마주 보고 앉아 있을 때도 자기의 마음속에서 일어나는 생각이 혹 바르고 혹은 바르지 않을 때가 있는 것과 같으니 이것도 홀로 있는 곳과 같다. 이를테면 조금 고여 있는 물의 가운데에 한 점 움직이는 곳이 있는 것과 같으니, 여기가 공부하는 데에 가장 중요한 곳이다."

**言 幽暗之中과 細微之事는 跡雖未形이나 而幾則已動하고 人雖不知나 而己獨知之니 則是天下之事 無有著見明顯 而過於此者** 朱子曰 事之是與非 衆人皆未見得 自家自是先見得分明

**어두운 곳과 자잘한 작은 일은 자취는 비록 아직 드러나지 않았어도 그 낌새는 이미 움직이고 있고, 사람들은 비록 알지 못할지라도 자신만이 홀로 알고 있는 것이니, 이것은 천하의 일이 훤하게 드러나고 밝게 나타나는 것이 이보다 더한 것은 없다고 말한 것이다.** 주자(朱子) 말하기를 (자신의) 일 처리가 옳은지 옳지 않은지 사람들은 모두 아직 알지 못할지라도 자신만은 스스로 먼저 분명하게 알 수 있는 것이다.

○ 三山陳氏曰 曰隱曰微 則此念已萌矣 特人所未知 隱而未見 微而未顯

耳 然人雖未知 而我已知之 則固已甚見 而甚顯矣 此正善惡之幾也

　삼산진씨 말하기를 숨겨졌다고 말하고 자잘한 작은 일이라고 말한 것은 이러한 생각이 이미 싹튼 것이다. 다만 사람들이 아직 알지 못하는 것은 숨겨져서 아직 보이지 않는 것이그, 자잘하고 작은 일이어서 아직 나타나지 않았을 뿐이다. 그러나 사람들은 비록 아직 알지 못할지라도 나는 이미 알고 있으니, 진실로 이미 지나치게 드러나고 지나치게 나타난 것이다. 이것이 바로 좋고 나쁨의 낌새이다.

**是以 君子 旣常戒懼하고 而於此에 尤加謹焉하니 所以遏人欲於將萌하여 而不使 其潛滋暗長 於隱微之中하여 以至離道之遠也라**

◇ 遏: 막을 알　　　　　　◇ 萌: 싹 맹
◇ 潛(잠): 감추다, 숨기다　◇ 滋: 불어날 자

　**이 때문에 군자는 처음부터 항상 조심하고 두려워하며 자신만이 홀로 아는 곳에서 더욱더 삼가는 것이니, 사사로운 욕심(人欲)이 싹터서 움직이려고 할 때 막아서 (인욕이) 숨겨져 드러나지 않는 곳에서 남모르게 번지고 암암리에 자라나서 멀리 도(道)를 떠나가는 데에 이르게 하지 않도록 하는 방법이다.**

　○ 戒懼 是防之於未然 以全其體 謹獨 是察之於將然 以審其幾

　'조심하고 두려워하는 것(戒懼)'은 아직 그렇게 되지 않았을 때 미리 막아서 자신의 몸을 온전하게 하는 방법이고, '자신만이 홀로 알고 있는 곳에서도 삼가는 것(愼獨)'은 장차 그러할 것에 대하여 살펴서 알고 그 낌새를 자세히 밝히는 것이다.

○ 問 戒懼者 所以涵養 於喜怒哀樂未發之前 當此之時 寂然不動 只下得 涵養工夫 謹獨者 所以省察 於喜怒哀樂已發之時 當此之時 一毫放過 則流於欲矣 判別義利 全在此時 不知是如此否 曰此說甚善

어떤 사람이 묻기를 "'계구(戒懼)'는 희로애락이 아직 드러나기 전에 함양하는 방법이니 이때를 당하여 마음이 고요하여 움직이지 않아서 단지 함양하는 공부를 할 수 있습니다. '신독(愼獨)'은 희로애락이 이미 드러났을 때 성찰하는 것이니 이때를 당하여서는 털끝만큼이라도 지나침이 있으면 인욕에 휩쓸리게 됩니다. 의(義)와 리(利)를 판별하는 것은 모두 여기에 달려 있으니 이렇게 하는 것이 옳은지 아닌지 알 수 없습니다." 주자(朱子) 답하기를 "이 말이 매우 좋다."[58]

○ 存養是靜工夫 省察是動工夫

'마음에 담아 두고서 본성을 기르는 것(存心養性)'은 고요할 때 하는 공부이고, '시비를 자세히 살펴 아는 것(省察)'은 마음이 움직일 때 하는 공부이다.

---

58  주자(朱子)의 대답에 오류(誤謬)가 있는 듯하다.

○ 大學只言愼獨 不言戒懼 初學之士 且令於動處 做工夫

『대학(大學)』에서는 단지 '자신만이 홀로 아는 곳일지라도 삼가는 것(愼獨)'만을 말하고 '조심하고 두려워하는 것(戒懼)'은 말하지 않았으니, 처음 공부하는 사람이 우선 마음이 움직이는 곳을 공부하게 하려고 한 것이다.

○ 勿軒熊氏曰 按大學誠意章 言愼獨 子思傳授 蓋本於此

물헌웅씨 말하기를 『대학(大學)』「성의장(誠意章)」[59]을 살펴보면 '자신만이 홀로 아는 곳이라도 삼가는 것(愼獨)'을 말하였는데, 자사(子思)가 아마도 여기에 근본을 두고 (『중용』을) 전하여 준 듯하다.

# 1-4

[概觀]

앞에서는 도(道)의 본질을 밝히면서 도(道)를 잠시라도 떠날 수 없다는 것을 말하였고, 여기에서는 도(道)를 지켜 내는 방법으로 중(中)과 화(和)에 대하여 말해 준다.

---

59 『대학장구(大學章句)』「전(傳)」제6장

> 喜怒哀樂之未發을 謂之中이요 發而皆中節을 謂之和니 中也者는
> 희노애락지미발　　위지중　　　발이개중절　　위지화　　중야자
> 天下之大本也요 和也者는 天下之達道也니라
> 천하지대본야　　화야자　　천하지달도야
>
> 기뻐하고 노여워하며 슬퍼하고 즐거워하는 것이 아직 드러나지 않은 것을 중(中)이라 하고, 드러나서 모두가 절도(節度)에 맞는 것을 화(和)라고 한다. 중(中)이라는 것은 천하의 큰 근본이고, 화(和)라는 것은 천하에 공통되는 도(道)이다.

### 章句大全

喜怒哀樂은 情也요 其未發은 則性也라 無所偏倚 故로 謂之中이요 發皆中節은 情之正也라 無所乖戾故로 謂之和라 大本者는 天命之性이니 推本於天命之謂性一句 天下之理가 皆由此出하니 道之體也라 達道者는 循性之謂니 推本於率性之謂道一句 天下古今之 所共由니 道之用也라 此는 言 性情之德하여 中爲性之德 和爲情之德 以明道不可離之意라 延平李氏曰 方其未發 是所謂中也 性也 及其發而中節也 則謂之和 其不中節也 則有不和矣 和不和之異 皆旣發焉 而後見之 是情也 非性也 孟子 故曰性善 又曰情可以爲善 其說 蓋出於子思

기뻐하고 노여워하며 슬퍼하고 즐거워하는 것은 '마음을 쓴 것(情)'이요, (마음 쓴 것(情)이) 아직 드러나지 않은 것은 (마음을 아직 쓰지 않은) 성(性)이니, 치우침이나 기울어짐이 없다. 그러므로 중(中)이라고 하는 것이요, 드러나서 모두 중도(中道)에 맞는 것

은 '마음 쓴 것(情)'이 바른 것이니, 어그러짐이나 온당치 않음이 없으므로 화(和)라고 한다. '크나큰 근본(大本)'은 하늘이 명(命)한 성(性)이니, "하늘이 명(命)한 것을 성(性)이라고 한다."라는 한 구절을 근본으로 미루어 나아감은 **천하의 이치는 모두 여기(天命之性)에서 나오고 도(道)의 본체(體)가 된다.** '천하에 공통되는 도(達道)'는 성(性)을 따라 행하는 것을 말하니, "본성(本性)을 따라 행한다."라는 한 구절을 근본으로 미루어 나아감은 **천하가 예나 지금이나 함께 따라 행하는 것이니, 도(道)의 작용(用)이 된다. 이것은 성정(性情)의 덕(德)을 말하여서** 중(中)은 성(性)의 덕(德)이며, 화(和)는 정(情)의 덕(德)이다. **도(道)를 떠날 수 없다는 뜻을 밝힌 것이다.** 연평이씨(李侗) 말하기를 바로 그것(情)이 아직 드러나지 않은 것을 중(中)이라 하고 성(性)이라 한다. 그것(情)이 드러나서 절도(節度)에 맞는 데에 이르면 화(和)라고 하고, 그것이 절도(節度)에 맞지 않으면 불화(不和)가 있다고 한다. 화(和)와 불화(不和)가 다른 것은 모두 이미 드러난 다음에 보이는 것이니 정(情)이고, 성(性)은 아니다. 맹자(孟子)가 그러기 때문에 '성(性)은 선(善)하다' 하였고 또 '情'은 선(善)하게 할 수 있다 하였으니, 그 학설은 아마도 자사(子思)로부터 나온 듯하다.

○ 喜怒哀樂之未發 如處室中 東西南北 未有定向 不偏於一方 只在中間 所謂中也 及其旣發 如已出門 東者不復西 南者不復北 然各行所當然 無所乖逆 所謂和也

기뻐하고 노여워하며 슬퍼하고 즐거워하는 것(喜怒哀樂)이 아직 드러나지 않은 것은 이를테면 방 가운데 있으면서 동서남북의 정해진 방향이 없는 것과 같아 한쪽에 치우침이 없고, 다만 가운데에 있는 것이니 『중용(中庸)』에서 말하는 '중(中)'이라고 하는 것이다. 그것이 이미 움직이는 데에 미쳐서는 이를테면 이미 문을 나서서 동쪽(문)으로 나간 사람은 다시 서쪽(문)으로 나가지 못하고, 남쪽(문)으로 나간 사람은 다시 북쪽(문)으로 나가지 못하는 것과 같다. 그러니 각각 당연한 곳으로 나가서 어긋나거나 거슬림이 없는 것을 『중용(中庸)』에서 말하는 '화(和)'라고 한다.

○ 心包性情 性是體 情是用 心字是一箇字母 故性情皆從心

마음은 성(性)과 정(情)을 포괄하였으니(心統性情) 성(性)은 본체(體)이고 정(情)은 작용(用)이다. '心' 자는 한 글자의 어미(字母)이다. 그러므로 성(性), 정(情) 모두가 마음을 따라 행하는 것이다.

○ 北溪陳氏曰 節者 限制也 其人情之準的乎 只是得其當然之理 無些過不及與是理 不相咈戾 故曰和

북계진씨 말하기를 '절(節)'은 일정한 범위를 넘지 못하게 제한(限制)하는 것이니 아마도 사람이 마음 쓰는 것의 표준인 듯하다. 다만 당연한 이치를 얻어서 조금이라도 지나치거나 미치지 못함이 없는 것과 이 이치가 서로 어긋나지 않는다. 그러기 때문에 화(和)라고 하는 것이다.

○ 情之中節 是從本性發來 其不中節 是感物欲而動 須有戒懼工夫 方存得未發之中 須有謹獨工夫 方有已發之和

'마음 씀(情)이 절도(節度)에 맞는 것'은 본성을 따라 일어나는 것이고, 그것이 절도(節度)에 맞지 않는 것은 물욕(物欲)에 감촉되어 발동되는 것이니, 모름지기 조심하고 두려워하는(戒懼) 공부가 있어야만 비로소 아직 드러나지 않은 중(中)을 보존할 수 있고, 반드시 자신만이 홀로 아는 곳에서도 삼가는(愼獨) 공부가 있어야만 비로소 '이미 드러났을 때의 조화(已發之和)'가 있게 된다.

○ 雙峯饒氏曰 四者皆中節 方謂之和 譬之四時 三時得宜 一時失宜 亦不得謂之和矣

쌍봉요씨 말하기를 네 가지(喜怒哀樂)가 모두 절도(節度)에 맞아야 비로소 화(和)라고 할 것이니, 사계절(四時)에 비유하자면 세 계절은 마땅함을 얻었고, 한 계절은 마땅함을 잃었다면 역시 화(和)라고 말할 수 없다.

# 1-5

[概觀]

중(中)과 화(和)의 덕(德)을 지극히 하면 천지(天地)가 제자리를 찾게 되고, 만물(萬物)도 잘 길러지게 된다. 천지 만물이 나와 같이 리(理)와 기(氣)를 부여받은 한 몸이니, 내 마음이 바르면 모두가 제자리를 얻어 평안하고 만물이 잘 길러지는 효험이 있게 된다.

致中和면 天地位焉하며 萬物育焉이니라
치중화   천지위언   만물육언

중(中)과 화(和)를 지극히 하면 천지가 제자리에 있어서 만물이 길러지게 된다.

**章句大全**

　致는 推而極之也라 位者는 安其所也라 育者는 遂其生也라 自戒懼 而約之하여 以至於至靜之中에 無所偏倚하여 而其守不失이면 則極其中 而天地位矣라 自謹獨 而精之하여 以至於應物之處에 無少差謬 하여 而無適不然이면 則極其和 而萬物育矣라 黃氏曰 章句 無所偏倚 無少差謬 是橫致 其守不失 無適不然 是直致 …

'致'는 미루어 지극히 하는 것이다. '位'는 제자리에 있어서 편안한 것이다. '育'은 (만물이 타고난) 삶을 이루게 하는 것이다. 조심하고 두려워하는 것(戒懼)으로부터 (자신의 마음을) 점검하고 단속하여서 지극히 고요한 가운데에서도 한쪽으로 기울거나 치우침이 없이 (마음을) 지켜서 중용(中庸)을 잃지 않는 데에 이르게 되면, 자신의 중(中)이 지극하게 되고 천지(天地)가 제자리에 있어서 편안하게 될 것이다. 자신만이 홀로 아는 곳이라도 삼가는 것으로부터 마음을 순수하게 하여 사물을 응대하는 곳에 이르기까지 조금이라도 어긋나거나 잘못되는 것이 없게 하여 어디를 가더라도 옳지 않은 것이 없다면, 자신의 중(中)과 화(和)가 지극하게 되어서 만물이 길러지게 된다. 황씨 말하기를 『中庸章句』의 '치우침이나 기울어짐이 없는 것', '조금이라도 어긋나거나 잘못됨이 없는 것'은 공간적(空間的)인 것(橫致)이고 '마음을 지켜서 中庸을 잃지 않는 것', '어디를 가더라도 옳지 않음이 없는 것'은 시간적(時間的)인 것(直致)이다. …

　○ 雲峯胡氏曰 章句 精之 約之 只是釋一致字 約之 則存養之功益密 精

之 則省察之功益嚴 至靜之中 無所偏倚 已是約之至 而其守不失 所以約之者愈至 應物之處 無少差謬 已是精之至 而無適不然 所以精之者愈至 此之謂中和之致也

운봉호씨 말하기를 『中庸章句』에 '마음을 순수하게 한다(精之)', '자신의 마음을 점검하고 단속한다(約之)'고 한 것은 단지 하나의 '致' 자를 해석한 것이다. '자신의 마음을 점검하고 단속하는 것'은 마음을 보존하고 본성을 기르는 존양(存養)의 공부가 더욱 정밀한 것이고, '마음을 순수하게 하는 것(精之)'은 자신의 허물을 자세히 살피는 성찰(省察)의 공부가 더욱 엄격한 것이다. 지극히 고요한 가운데에서 기울거나 치우치는 것이 없다는 것은, 자기의 마음을 점검하고 단속하는 것이 지극한 것이니 마음을 지켜서 중용(中庸)을 잃지 않는 것은 자기의 마음을 점검하고 단속하는 것을 더욱 지극히 하는 방법이다. 사물을 응대하는 곳에서 조금이라도 어긋나거나 잘못되는 것이 없다면, 자기의 마음을 순수하게 하는 것이 지극하여 어디를 가더라도 옳지 않음이 없는 것이니 마음을 순수하게 하는 것을 더욱 지극히 하는 방법이다. 이것을 중(中)과 화(和)가 지극하다고 말하는 것이다.

○ 東陽許氏曰 致中和 是戒懼慎獨 推行積累 至乎極處 則有天地位萬物育之效驗

동양허씨 말하기를 중(中)과 화(和)를 지극히 하는 것은 '조심하고 두려워하는 계구(戒懼)'와 '자신만이 홀로 아는 곳에 서도 삼가는 신독(慎獨)'이니 계구(戒懼)와 신독(慎獨)을 미루어 실행하고 쌓아서 지극한 곳에 이르게 되면 천지(天地)가 제자리에 있어서 편안하고 만물이 길러지는 효험이 있게 된다.

**蓋天地萬物이 本吾一體[60]니 吾之心正致中이면 則天地之心 亦正矣라** 天地位 吾之氣順致和**이면 則天地之氣 亦順矣라**天地氣順 則萬物育 故 **其效驗이 至於如此라 此는 學問之極功이요 聖人之能事로되 初非有待於外요** 不出吾性之外 **而脩道之教가 亦在其中矣라** 陳氏曰 致中 卽天命之性 致和 卽率性之道 及天地位萬物育 則修道之教 亦在其中矣

**천지 만물은 근본이 나와** (같이 理, 氣를 부여받은) **한 몸이니 나의 마음이 바르면** 중(中)이 지극함 **천지의 마음도 바른 것이요** 천지가 정한 자리에 있음 **나의 기(氣)가 순(順)하면** 화(和)가 지극함 **천지의 기(氣)도 순(順)하다.** 천지의 기운이 순조로우면 만물이 길러짐 **그러므로 그** (心正氣順) **효험이 이와 같은 곳에 이르렀으니, 이것은 학문의 지극한 효과이고 성인(聖人)이 잘할 수 있는 일이지만, 처음부터** (자신의 性) **밖에서 기대한 것이 아니어서** 나의 본성 밖에서 나오는 것이 아니다. (부여받은) **본성을 따라 등급에 맞게 마름질하는 가르침도 그 가운데 달려 있다.** 진씨 말하기를 '중(中)을 지극히 하는 것(致中)'은 바로 하늘이 명(命)한 본성(天命之性)이고, '화(和)를 지극히 하는 것(致和)'은 바로 본성을 따라 행하는 도(率性之道)이다.

---

60  天地萬物 本吾一體: 같이 이(理)를 받아서 성(性)이 되고 같이 기(氣)를 받아서 형체(形)가 되었기 때문에 한 몸이라고 한다. (同受理則爲性 同受氣則爲形 故曰一體) 『맹자(孟子)』 「진심상(盡心上)」 第4章 "孟子曰 萬物皆備於我矣", 『정몽(正蒙)』 「건칭편(乾稱篇)」 일명 「서명(西銘)」 "乾稱父 坤稱母 … 民 吾同胞也 物 吾與也 …"

천지가 제자리에 있어서 편안하고 만물이 잘 길러지는 데에 미쳐서는 본성을 따라 등급에 맞게 마름질하여 가르치는 것(修道之敎)이 또 그 가운데에 달려 있다.

**是其 一體一用이 雖有動靜之殊라 然 必其體立而後에 用有以行하니 則其實은 亦非有兩事也라** 三山陳氏曰 體之立 所以爲用之行之地 用之行 所以爲體之立之驗

**이는 천지 만물의 본체와 작용은 비록 움직임과 고요함의 다름이 있다. 그러나 반드시 그 본체가 확립된 뒤라야 작용이 실행될 수 있으니, 그 (천지 만물의 본체와 작용의) 실제(實際)는 또 다른 일이 있는 것은 아니다.** 삼산진씨 말하기를 '본체가 확립되는 것'은 작용이 실행되는 바탕이 되는 이유이고, '작용이 실행되는 것'은 본체가 확립되는 징험이 되는 이유이다.

○ 新安陳氏曰 體靜用動 分言也 體立而後用行 合言也 致中 則必能致和 中和一理 天地位 則必萬物育 位育一機 非兩事也

신안진씨 말하기를 '본체는 고요하고 작용은 움직인다는 것'은 나누어서 말한 것이고, '본체가 확립된 다음 작용이 행하여진다는 것'은 (動靜을) 합하여 말한 것이다. '아직 드러나지 않은 중을 지극히 하는 것(致中)'은 반드시 '이미 드러나서 모두가 중도에 맞는 화(和)를 지극히 하는 것(致和)'이니, '중(中)과 화(和)'는 하나의 이치인 것이다. 천지가 제자리에 있어서 편안하면 반드시 만물이 나고 길러지니 '제자리(位)와 길러지는 것(育)'도 하나로 비롯되는 것이지 다른 일이 아니다.

**故 於此에 合而言之하여 以結 上文之意라** 問致中和 天地位萬物育 與喜怒哀樂不相干 朱子曰 世間何事 不係在喜怒哀樂上 且如 人君喜一人 而賞之 則千萬人勸 怒一人而罰之 則千萬人懼 以至哀矜鰥寡 樂育人材 這 便是萬物育 以至君臣父子夫婦長幼 相處相接 無不是這箇 即這喜怒中節處 便是實理流行

◇ 且如: 또 만일　　　　　　　　◇ 無不是: 옳지 않음이 없다
◇ 這箇(저개): 하나하나

　**그러므로 여기에서** (본체와 작용을) **합해서 말하여 윗글의 뜻을 결론지었다.** 어떤 사람이 물었다. "중(中)과 화(和)를 지극히 하면 천지가 제자리에 있어서 편안하고 만물이 나고 잘 길러진다는 것은 희로애락과는 서로 상관이 없습니까?" 주자(朱子)가 답하기를 "세간의 어떤 일이 희로애락에 연관되지 않겠는가? 또 만일 임금이 한 사람을 좋아해서 상(賞)을 내리면 천만인을 권하고 격려하여 힘쓰게(勸勉) 하며, 한 사람에게 성(怒)을 내어서 벌(罰)을 내리면 천만인을 두렵게 할 것이다. (임금이) 홀아비와 과부를 불쌍히 여기고, 인재(人材)를 기르는 것을 즐기는 데에 이르게 되면, 이는 바로 만물이 나고 잘 길러지게 되는 것이고, 임금과 신하(君臣), 부모와 자식(父子), 지아비와 지어미(夫婦), 어른과 어린이(長幼)가 서로 머무르고 서로 대하는 것이 하나하나 옳지 않음이 없는 데에 이르게 되면, 바로 이것은 기뻐하고 성내는 것이 절도(節度)에 맞는 때이니, 바로 진실한 이치가 유행되는 것이다."

○ 東陽許氏曰 位育 以有位者言之 固易曉 若以無位者言之 則一身一家 皆各有天地萬物 以一身言 若心正氣順 則自然睟面盎背 動容周旋中禮 是位育也 以一家言 以孝感而父母安 以慈化而子孫順 以弟友接而兄弟和 以敬處而夫婦正 以寬御而奴僕盡其職 及一家之事 莫不當理 皆位育也 但不如有位者 所感大而全爾

동양허씨 말하기를 '(천지가) 제자리에 있어 (만물이) 나고 잘 길러지는 것(位育)'은 지위(地位)가 있는 사람을 가지고 말한 것이니 진실로 쉽게 깨달을 수 있다. 만약 지위가 없는 사람을 가지고 말한다면 한 몸과 한 집안이 모두 각각 천지가 제자리에 있어서 편안하고 만물이 나고 길러지는 이치를 가지고 있다. 한 몸을 가지고서 말하면 만약 마음이 바르고 기(氣)가 순조로우면 자연히 '(仁義禮智의 덕이) 얼굴에 밝게 드러나고 등 뒤에까지 배어 나와서(睟面盎背)' 몸가짐과 일 처리가 예(禮)에 맞게 되니, 이것이 바로 천지가 제자리에 있어 편안하고 만물이 나고 잘 길러지는 것이다. 한 집안을 가지고 말하자면 효(孝)로써 감동하게 하면 부모가 편안하고, 사랑으로 감화(感化)하게 하면 자손이 겸손하여 도를 따르게(遜順) 되고, 공경과 우애를 가지고 대우(待遇)하면 형제가 화목하고, 삼가는 것(敬)으로 몸가짐이나 행동(處身)을 하면 부부가 올바르게 되고, 너그러움으로 부리면 노복(奴僕)들이 자신의 직분을 다하게 되니 한 집안의 일에 미치어서는 당연한 이치가 아닌 것이 없게 되어 모두가 제자리에 있어서 편안하고 만물이 나고 잘 길러진다. 다만 지위가 있는 사람의 감응하는 바가 크고 온전한 것만 못할 뿐이다.

**右 第一章이라 子思가 述所傳之意 以立言하여 首明 道之本原이**

**出於天 而不可易**과 首三句 **其實體 備於己 而不可離**하고 道不可離 可離非道 二句 **次言 存養省察之要**하고 戒懼愼獨 二節 **終言 聖神功化之極**하니 中和位育 三句

앞은 제1장이다. 子思가 전해 받은 뜻을 바탕으로 서술하여 글을 지어서 먼저 도(道)의 본원이 하늘에서 나와서 바꿀 수 없다는 것과 첫머리 세 구절 그(道)의 실체가 자기에게 갖추어져 있어서 떠날 수 없다는 것을 밝혔고, "도(道)는 떠날 수 없다. 떠날 수 있다면 도(道)가 아니다."의 두 구절 다음으로 (고요할 때) 하늘의 이치를 간직하여 기르고 (움직일 때) 사사로운 욕심이 끼어드는 것을 막고 살피는 요점을 말하고, 조심하고 두려워하며 자신만이 홀로 아는 곳에서도 삼가는 두 구절 끝으로 성인(聖人)과 신인(神人)이 가르치고 이끌어 올바른 방향으로 나아가게 한 교화(敎化)의 지극한 효과를 말하였다. 아직 드러나지 않은 중(中)과 드러나서 모두가 절도에 맞는 화(和), 천지가 제자리에 있어 안정되고 만물이 나고 길러지는(位育) 세 마디

**蓋欲學者가 於此에 反求諸身 而自得之하여 以去夫外誘之私하고 而充其本然之善이라** 新安陳氏曰 中之大本 原於天命之性 和之達道 即率性之道也 反求諸身 身本有之 自得之者 即自得乎此也 去外誘之私 愼獨以遏人慾而已 充本然之善 致大本之中 達道之和也 **楊氏時 所謂 一篇之體要가 是也라**

배우는 사람들이 이것에 (中과 和) 대하여 돌이켜 자신에게서

찾아서 스스로 터득하여 밖에서 유혹하는 사사로운 인욕(人欲)을 물리치고 그 본래의 선(善)을 가득 채우게 하고자 한 것이다. 신안진씨 말하기를 중(中)의 큰 근본은 하늘이 명하여 부여받은 성(性)에 근원하고, 화(和)의 천하에 공통되는 도(達道)는 본성을 따라 행하는 (率性) 사람의 도(道)이다. 돌이켜 자기에게서 찾는 것은 자신이 근본을 지니고 있음이요, 스스로 터득한다는 것은 바로 자신이 스스로 중화(中和)를 터득하는 것이다. 밖에서 유혹하는 사사로운 인욕을 물리친다는 것은 자신만이 홀로 아는 곳에서도 삼가는 것으로 사사로운 인욕을 막을 뿐이니, 본디 그대로의 선(善)을 가득 채우고 큰 근본의 중(中)과 천하에 공통되는 도(達道)가 절도에 맞아 어긋남이 없는 화(和)를 지극히 하는 것이다. **양씨(楊時)[61]가 이른바 '중용 전체의 핵심(核心)이라고 한 것'이 이것이다.**

**其下十章은 蓋子思가 引夫子之言하여 以終 此章之義라** 雙峯饒氏曰 首章論 聖人傳道立教之原 君子涵養性情之要 以爲一篇之綱領 當爲第一大節

**다음 열(十) 장은 자사(子思)가 선생님(孔子)의 말씀을 끌어다가 이 장(章)의 뜻을 결론한 것이다.** 쌍봉요씨 말하기를 첫 장(章)에서 성인이 도(道)를 전하고 가르침을 세우는 근원에 대하여 논하였고, 군자가 성정(性情)을 함양하는 요체(核心)를 가지고 한 편의 강령으로 삼았으니, 당연히 첫 번째의 큰 절(節)이 된다.

---

61 양시(楊時, 1053-1135): 중국 북송 말기의 유학자. 자는 중립(中立) 호는 구산(龜山) 정자(程顥. 程頤)의 도학(道學)을 존하였으며 낙학(洛學)의 대종(大宗)이 되어 주자(朱熹), 장식, 여조겸 등의 학자를 배출하였다.

[中庸疾書]
# 第一章

  理 是共公之名 性 是墮在形氣者 然以理訓性 非謂一理字可以盡性之義也 姑擧理 以明此性非他 只從這理做成也 下文備言所以爲性 然後結之曰 所謂性也 於是盡矣 周子曰 五行 一陰陽也 陰陽 一太極也 觀太極觧一篇 成形理賦之說 無服餘蘊

  '理'는 사회 일반에 두루 공통되는 공적인 명칭이요, '性'은 형상과 기운(形氣)에서 떨어져 있는 것이다. 그러나 '理'를 가지고 '性'을 풀이하는 것은 '理' 한 글자가 '性'의 의미를 다 할 수 있다는 것은 아니다. 우선 '理'를 들추어서 '性'이 다른 것은 아니며, 단지 '理'를 따라 행하여 이루어졌다는 것을 밝힌 것이다. 다음 글에서는 '性'이 생성되는 까닭을 모두 말하였다. 그런 다음에 결론지어 (『중용(中庸)』에서 말하는) '性'이라고 말하였으니 이에 (그 풀이가) 극진하다. 주렴계(周濂溪)[62] 말하기를 "오행(五行)은 하나의 음(陰)과 양(陽)이며, 음양(陰陽)은 하나의 태극(太極)이다."라고 하였다. 「태극해(太極觧)」[63] 한 편을 살펴보면 "(氣를 가지고) 형체를 이루고 '리(理)'도 부여되었다. (氣以成形而理亦賦焉)"라고

---

62  주렴계(周濂溪, 1017-1073): 중국 북송의 유학자 신유학의 선구자 이름은 돈이(敦頤) 字는 무숙(茂叔)이며 號는 염계(濂溪)이다. 『태극도설(太極圖說)』과 『통서(通書)』에 註를 달았다.

63  주자(朱子)의 『태극해의(太極解義)』를 가리키는 것으로 보인다.

한 주장에 더 보탤 것이 없다.

理亦賦焉 下一亦字 可見其非有先後

"… 理도 부여되었다. (理亦賦焉)"의 (理) 다음에 '역(亦)' 한 글자를 쓴 것은 그것이 ('리(理)'와 '기(氣)'의 작용에) 앞뒤로 시간적인 차이가 있는 것이 아니라는 것을 알 수 있다.

命 非諄諄然命之也 比如先生以一部書 付與學子 其中許多道理 皆合(眼)服[64]行 彼受書者 不肯行得 則便是違命

'命'은 정성스럽게 타이르는 것이 아니라 명령하는 것이다. 비유하자면 선생이 책 한 권을 학생에게 주는 것과 같으니, 그 책 속의 수많은 도리를 모두 이치에 맞게 복종하고 실행해야 하는데 그 책을 받은 학생이 깨우쳐 실행하지 않는다면 바로 명(命)을 어기는 것이다.

德 如明德之德 賢愚同有

'덕(德)'은 이를테면 (『대학(大學)』에서) '밝은 덕(明德)'이라고 할 때의 '덕(德)'과 같은 것이니, 현명한 사람이나 어리석은 사람이나 지니고 있음은 같다.

---

64  여기의 '眼'은 '服'으로 되어야 한다.

朱子曰 率性 非人率之也 循字 非就行道人說 如此 却是道因人方有也 然章句云 若其可離 則豈率性之謂哉 又云 達道者 循性之謂 或問亦云 循之則治 失之則亂 其率與離 循與失 旣是對勘 而以達道當之者 何也 盖有性 則有道 何與於人之行不行 但人知事之有道 而不知其由於性 故 指出而言曰 循性是道 離性非道也 欲明其由於性也 比如山上有路 則曰 循山之謂路 溪邊有路 則曰 循溪之謂路也 不言循此山溪 則無以指名其路 而亦非待人之行著 然後方有此路也 彼達道 亦原有此箇 而人之所共由也 其中節之和是達道 而達道非待中節而方有 故 謂之循性也 然循之則治 失之則亂者 終涉乎行道上說 此未可深喩 姑闕之

주자(朱子) 말하기를 '率性'은 사람이 본성을 따라 행한다는 것이 아니요, '循' 자는 사람이 길을 따라감을 말하는 것이 아니다. 이와 같다면 도리어 도(道)로 말미암아 비로소 사람이 있게 되는 것이다. 그러나 『중용장구(中庸章句)』[65]에서 "만약 도(道)를 떠날 수 있다고 한다면 어찌 본성을 따른다고 말하겠는가!"라고 하였고, 또 "천하에 공통된 도(道)는 본성을 따라 행하는 것을 이른다."라고 말하였다. 『중용혹문(中庸或問)』에서도 "본성을 따라 행하면 잘 다스려지고 (본성을) 그르치면 어지러워진다."라고 했다. '따라 행하다(率)'와 '떨어지다(離)', '(본성을) 따라 행하다(循)'와 '(본성을) 그르치다(失)'를 처음부터 맞추어 헤아려서 천하의 공통된 도(道)를 가지고 마땅하게 한 것은 무엇 때문인가? 본성이 있으면 도(道)가 있게 되는 것인데, 어찌 사람들이 (道를) 행하거나 행하지 않는 것에 대하여 간섭하는가? 다만 사람들이 (처리하는) 일에

---

65  『중용장구(中庸章句)』 제1장

는 도(道)가 있다는 것을 알면서도 그것이 성(性)으로부터 나왔다는 것을 알지 못한다. 그러기 때문에 "본성을 따라 행하는 것이 도(道)이고, 성(性)을 떠나면 도(道)가 아니다."라고 말한 것을 가리켜 나타내어 도(道)가 본성으로부터 나온 것임을 밝히고자 한 것이다. 비유하자면 산에 길이 있으면 산을 따라가는 것이 길이다 하고, 개천가에 길이 있으면 개천을 따라가는 것을 길이라고 하는 것과 같다. 이 산과 개천을 따라간다는 것을 말하지 않으면 그 길을 가리키는 것이 분명하지 않아서 또 사람이 지나간 (흔적이) 드러나기를 기다린 다음에야 비로소 여기에 길이 있다는 것을 알게 된다. 저 '천하의 공통된 도(達道)'도 원래 이러한 것이 있어서 사람들이 함께 따라 행하는 것이다. '절도(節度)에 맞는 조화로움(中節之和)'이 '천하의 공통되는 도(達道)'이고, 천하의 공통되는 도(道)는 절도(節度)에 맞게 되기를 기다려서 비로소 있게 되는 것이 아니다. 그러므로 "본성을 따라 행한다. (循性)"라고 한 것이다. 그러나 "본성을 따라 행하면 잘 다스려지고 본성을 그르치면 어지럽게 된다."라고 한 것은 결국 도(道)의 실행을 겪고서 말한 것이다. 여기는 아직 깊이 깨우치지 못하여 우선 빼어 놓는다.

程子曰 仁者人也 合而言之 道也 與率性之謂道 相似 此語 更加商量也 程子又曰 循性者 馬則爲馬底性 又不做牛底性 牛則爲牛底性 牛不做馬底性 此所謂率性也 今參較兩說 仁字 帖性字 人字 帖牛馬字 率性者 通人物而言 仁者 特擧人而言也 仁是愛之理 不可只把一箇愛之理 而爲道也 人則有父子君臣之倫焉 於父子君臣之間 存此愛之理 則其尊卑親踈之分 自有不可紊者 所謂 合而言之道也 性則通於人物 馬則乘 而牛則服 若懸空說一性 則何嘗有乘服耶 馬而循此性 則有乘之道 牛而循此性 則有服之道 雖馬不乘 牛不

服 此道自在也

◇ 帖(첩): 붙이다, 붙여 연관시키다 (結付시키다)
◇ 參較(참교): 나란히 견주다
◇ 有(유): 알다　　　　　　　　　◇ 服(복): (일을) 부리다

　정자(程子)가 말하기를 "인(仁)은 사람(人)이다. 합해서 말하면 도(道)이다."라고 한 것과 "본성을 따라 행하는 것을 도(道)라고 한다."[66]라고 한 것은 서로 비슷하다고 하나, 이 말은 다시 더 잘 헤아려 생각해 보아야 한다. 정자(程子)는 또 "'본성을 따라 행하는 것(循性)'은 말(馬)은 말(馬)의 타고난 본성(性)대로 하면서 소(牛)의 본성(性)을 행하지 않으며, 소(牛)는 소(牛)의 타고난 본성(性)대로 하면서 말(馬)의 본성(性)을 행하지 않는다."라고 하였으니 이것을 이른바 본성을 따라 행한다고 하는 것이다. 지금 이 두 가지 말(說)한 것을 가지고 나란히 견주어 보면 '인(仁)' 자를 '성(性)' 자에 붙여 연관시키고 '인(人)' 자를 '소, 말(牛, 馬)'에 붙여 연관시켰으니, '본성(性)을 따라 행하는 것(率性)'은 사람과 만물을 통틀어서 말한 것이고, '인(仁)'은 단지 사람만을 들추어서 말한 것이다. '인(仁)'은 사랑하는 이치이니 다만 사랑하는 이치 하나만을 집어서 도(道)라고 할 수는 없다. '사람(人)'은 부모와 자식 임금과 신하의 윤리가 있어서 부모와 자식, 임금과 신하 사이에 이런 사랑하는 이치를

---

66　『맹자(孟子)』「진심하(盡心下)」第16章 "맹자 말하기를 인(仁)은 사람(人)이다. 합해서 말하면 도(道)이다. 孟子曰 仁也者 人也 合而言之 道也"라고 한 것을 註에서 "정자 말하기를 '『中庸』에서 말하는 본성을 따라 행하는 것이 도(道)이다.'라고 한 것이 이것이다. 程子曰 中庸所謂率性之謂道 是也"라고 한 것이 보인다.

보존하고 있으면 그 (지위가) 높고 낮음과 가깝고 먼 (사이의) 구분이 저절로 있게 되어서 (예절이나 규칙의) 문란함이 없을 것이니 "합하여 말하면 도이다. (合而言之道也)"라고 하는 것이다. '성(性)'은 사람과 만물에 공통되니, 말(馬)은 타고 소(牛)는 (일을) 부리는 것이다. 만약 헛되이 허공에다 성(性)을 잠깐 말하고서 어떻게 (말은) 타고 (소는) 부린다는 것을 알았겠는가! 말(馬)이 이러한 본성을 따라서 행하면 태우는 도(道)가 있는 것이고, 소(牛)가 이러한 본성을 따라 행하면 일하는 도(道)가 있는 것이다. 비록 말(馬)을 타지 않고 소(牛)를 부리지 않아도 이 도(道)는 저절로 남아 있는 것이다.

 五倫曰五品 有此品 則便有尊卑 親疏之節也 修 如修治道路 性 本有中道也 中道自在 爲氣禀所拘 有此過不及之差 過不及者 生於氣也 性何嘗不中耶 故 卽修治之 使率性之道 立爲中制 爲人物之所從行 若聖人 由性而行者也 使更無可修者 然敎所以敎其不能 聖人以己之率性 爲之表準 檢人之過不及 至於禽獸之微 亦各節制其當行之路 使無違誤也 雜掛曰 乾健也 坤順也 本義云 此言性情也 此則以健順之德爲性 有此性 則便有此情也 其中節之和 則這健順者 發而爲情

 오륜(五倫)을 오품(五品)이라 하며 여기에는 등급(品)이 있으니, 바로 (지위가) 높고 낮음, (사이가) 가깝거나 다소 먼 절도(節度)가 있다. '修'는 이를테면 길을 고치고 닦는 것과 같다. '성(性)'은 본래 중도(中道)를 지니고 있다. 중도(中道)는 스스로 타고난 기질에 얽매이거나 지나치거나 미치지 못하는 차이에 달려 있으니, 지나침이나 미치지 못함은 기(氣)에서 생겨난다. 성(性)이 언제 중(中)이 아닌 적이 있었던가? 그러기 때문에 바로 자신을 닦고 질서를 바로잡아 본성을 따라 행하는 도(率性 之道)로 하여금 중(中)의 법도(法度)를 세워서 사람과 만물이 따라 행하게 하였으니, 성인(聖人)이 본성으로 말미암아 실행한 것이 다시 고칠 만한 것이 없는 것과 같다. 그러나 '敎'는 잘하지 못하는 것을 가르치는 방법이다. 성인(聖人)이 자기의 본성을 따르는 것을 표준으로 삼아 사람들의 지나침이나 미치지 못함을 단속하였고, 새나 짐승 같은 미천한 것들에 이르기까지도 각각 그들이 마땅히 가야 할 길을 알맞게 조절하고 마름질하여 어긋나거나 잘못됨이 없도록 하였다. 『주역(周易)』「잡괘전(雜卦傳)」[67]에 "건(乾)은 강건(剛健)하고 곤(坤)은 순(順)하다." 하였고, 「본의(本義)」에서 "이는 (세상 모든 현상의) 성정(性情)을 말하는 것이다."라고 하였다. 이것은 강건하고 유순(柔順)한 덕이 성(性)이 된다는 것이니, 이러한 성(性)이 있으면 바로 이러한 정(情)이 있게 되는 것이다. 강건하고 유순한 덕(德)이 절도(節度)에 맞아 조화(調和)되면 이 강건하고 유순한 성(性)이 발현되어서 정(情)이 된다.

道由於性 性 猶是人物各自有者也 雖可名之以道之原 而非所謂大原也 人物之性 莫不出於天 則是道之總會 而莫大乎此原也

도(道)는 성(性)에서 비롯된 것이니 '성(性)'은 사람과 만물이 각각 자연적으로 지닌 것과 같다. 비록 도(道)의 근원이라고 부를 수는 있겠으나, 큰 근원이라고 말할 수 있는 것은 아니다. 사람과 만물의 본성은

---

67 『주역(周易)』「설괘전(說卦傳)」第7章 "乾健也 坤順也 震動也 巽入也… " 「本義」 "此言八卦之性情"의 내용이니, 여기의 「雜卦傳」은 「설괘전(說卦傳)」의 잘못이다.

하늘에서 나오지 않은 것이 없으니, 이것은 도(道)가 모두 모인 것이어서 이 근원보다 더 큰 것은 없다.

　章句之 存天理之本然 而不使離也 道與天理相帖 而存與離對勘 天理未嘗不具矣 而不存則亡 故道非離已 而人或離之 是以心常敬畏 則德性自存 心有間斷 則大本不立 而道便離也 序曰 守其本心之正 而不離 離者 間而不密之謂 如我有物 常目在之 心未嘗有遺 則斯不離矣 不然 則雖在懷袖之中 而我則不覺 豈非離乎 戒懼 即顧寔明命之說[68]

　『중용장구(中庸章句)』에서 "본디 그대로인 하늘의 이치를 보존하면서도 (道에서) 떠나가지 않게 한다."[69]라고 하여 '도(道)'와 '천리(天理)'를 서로 붙여 연관시키고, '보존하는 것(存)'과 '떠나가는 것(離)'을 서로 대조하여 헤아렸다. 하늘의 이치(天理)는 일찍이 갖추어지지 않은 적이 없으니 그것(天理)은 보존하지 않으면 없어진다. 그러기 때문에 도(道)는 자기에게서 떠나간 것이 아닌데, 사람들이 혹 도(道)를 떠나기도 한다. 이 때문에 마음에 항상 공경하고 두려워(敬畏)하면 덕성이 저절로 보존되지만, (공경하고 두려워하는) 마음을 잠시라도 그치거나 끊게 되면 큰 근본이 확립되지 않아서 바로 도(道)를 떠나가게 된다. 「중용장구(中庸章句序)」에 "본래의 올바른 마음을 지키면서도 떠나가지 않게 한다."라고 하였는데, '離'는 틈새도 있지만 촘촘하지도 못한 것을 이르

---

68　『서경(書經)』「상서(商書), 태갑상(太甲上)」 "伊尹 作書 曰先王 顧諟天之明命 …"이라 하고, 註에서 "… 諟 古是字 …"라고 하였다. 여기의 '寔' 자는 아마도 '諟' 자의 假借 내지는 誤記일 듯하다.
69　『중용장구(中庸章句)』 제1장

는 것이다. 이를테면 내가 가지고 있는 물건을 항상 눈으로 살피고 마음이 이것에서 떠난 적이 없었다면 잠시도 떠나지 않은 것이다. 그렇지 않다면 비록 소매(주머니) 속에 넣어 품고 있을지라도 나는 깨달아 생각하지 못하니 어찌 떠나간 것이 아니겠는가? '삼가며 조심하고 두려워함(戒懼)'은 바로 "(하늘의) 밝은 명(命)을 되돌아본다."라는 말이다.

無物不有 則凡有心者 皆具也 無時不然 則方釋不可須臾離 此通人與物皆然也 謂之不可離 則便有可離之時 如道路之蕪塞不通者 路雖自在 而人與路或離 故有離道之遠者

사물에는 (道가) 있지 않음이 없어서 마음이 있는 보통 사람들은 모두 (道)를 갖추었으며 어느 때고 옳지 않음이 없다 하였으니 바로 '잠시도 도(道)를 떠날 수 없음'을 해석한 것이다. 이것은 사람과 만물을 통틀어 모두 그러하다. "떠나갈 수 없다."라고 말한 것은 바로 떠나갈 때도 있다는 것이니, 이를테면 도로가 무성하게 우거진 수풀에 막혀서 통행할 수 없는 것은 길(路)은 비록 본래 있었으나 사람과 길(路)이 간혹 떨어졌기 때문에 도(道)에서 멀리 떠나갈 수 있었다는 것이다.

有身 然後有道 如有天 然後有天道 有地 然後有地道 均是道也 天以健爲道 而在地則非道 地以順爲道 而在天則非道也 在人亦然 均是人也 身則有別 禹稷之事 在顔回則非道 顔回之事 在禹稷則非道 吾老吾幼 在他人 則爲人老人幼 而人老人幼 在其人 則爲吾老吾幼 其慈孝之施 人人各異 是故 離身 無道之可言

자신이 있고 난 다음에 도(道)가 있다. 이를테면 하늘이 있고 나서 하늘의 도(道)가 있고, 땅이 있고 난 다음 땅의 도(道)가 있는 것이니 도(道)는 같다. 하늘은 강건함을 가지고 도(道)로 삼았으니 땅에 서는 도(道)가 아니며, 땅은 유순(柔順)함을 가지고 도(道)로 삼았으니 하늘에서는 도(道)가 아니다. 사람에게 있어서도 그러하니 같은 사람도 신분(身)에는 구별이 있다. 우(禹)임금과 익직(益稷)의 일이 안회(顏回)에게 있어서는 도(道)가 아니며, 안회(顏回)의 일이 우(禹)임금과 익직(益稷)에게 있어서는 도(道)가 아니다. 나의 어른이나 아이는 남에게는 남의 어른 남의 아이가 되고, 남의 어른이나 남의 아이가 남에게는 나의 어른 나의 아이가 되니, (부모가 자식을) 사랑함과 (자식이 부모에게) 효성을 베푸는 것이 사람마다 각각 다르다. 이 때문에 자신을 떠나서는 도(道)를 말할 수가 없다.

道之可離 比如捨其正路 眼前蕪塞 雖欲行之 只是狂奔亂走 又如瞽者摘埴妄行 無一步之穩 此所謂非道也

◇ 摘埴(적치): 진흙을 두드리다

도(道)를 떠나갈 수 있다는 것은 비유하자면 바른길을 내버리게 되면 눈앞이 무성하게 우거지고 막혀서 비록 가려고 하나, 한갓 미친 듯 날뛰고 이리저리 내달리기만 하게 된다. 또 눈먼 장님이 (지팡이로) 진흙탕을 두드리면서 제멋대로 가는 것과 같아서 한 걸음도 편안하지 못할 것이니, 이것을 "도(道)가 아니다."라고 이르는 것이다.

目之覩物 我去接他 其機在我 故戒愼其妄出也 耳之聞聲 聲自外入 其由在物 故 恐懼其妄入也 非禮勿視聽者 遇事而不錯也 戒愼恐懼者 未來而先防也 凡人欲間之者 必由視聽爲祟 如其禮也 目須覩 耳須聞 何至於若是之愼防耶 所以然者 或慮非義之干 而間於道也

◇ 祟(수): 빌미

눈이 사물을 보고 내가 가서 다른 사물을 접촉하는 것은 그 계기(契機)가 나에게 달려 있다. 그러기 때문에 함부로 드러내는 것을 조심하고 삼가는 것이다. 귀가 소리를 듣는 것은 소리가 밖으로부터 들어오는 것이니 그것은 오히려 외물에 달려 있다. 그러기 때문에 그것이 함부로 들어오는 것을 두려워하고 염려해야 한다. '예(禮)가 아니면 보지도 듣지도 말라는 것'은 (뜻하지 않은) 일을 만나더라도 어긋나지 않는 것이요, '조심하여 삼가고 몹시 두려워하는 것'은 아직 일이 닥쳐오기 전에 먼저 막는 것이다. 보통 사사로운 욕심(人欲)이 끼어드는 것은 반드시 보고 듣는 것으로 말미암아 빌미가 된다. 만약 그 예(禮)라는 것이 눈은 모름지기 보기만 하고, 귀는 모름지기 듣기만 한다면 어찌 이렇게 삼가고 막는 데에까지 이르겠는가? 그렇게 된 까닭은 혹시 옳지 않은 것이 간여해서 도(道)에 끼어들까 염려한 것이다.

戒懼者 若無道以主之 則徒爲懦弱 亦不濟事 其所以戒愼者 何爲哉 在我有率性之道 森具於寂然之中 故爲之防護甚勤 至於如此

◇ 森具(삼구): 촘촘하다

'조심하고 두려워하는 것'은 만약에 도(道)를 가지고 주체(主體)로 하지 않으면, 모두 굳세지 못하게 되고 또한 일을 이루어 내지 못한다. 그것을 조심하여 삼가는 이유는 무엇 때문인가? 내가 가지고 있는 본성을 따라 행하는 도(道)가 아주 고요한 가운데서도 촘촘하게 갖추어져 있었기 때문에 (인욕을) 막아 내고 (본성을) 보호하기를 매우 힘써서 이와 같은 데에 이르게 된 것이다.

以不睹不聞而忽之 則中於何可立 其戒愼恐懼之間須有中 始得

보지 않고 듣지 않는다는 이유로 소홀히 한다면 중(中)을 어떻게 확립할 수 있겠는가? 그것을 조심하고 삼가며 두려워 염려하는 사이에도 반드시 중(中)이 있다는 것을 비로소 깨닫게 될 것이다.

道 卽性之德 而具於心 心存敬畏 是心統性也

'도(道)'는 바로 성(性)의 덕(德)이면서 마음에 갖추어진 것이니, 마음에 공경하고 두려워함이 남아 있다면 마음이 성(性)을 통괄(統括)한 것이다.

須臾有間 私欲萬端 是離道之機

"잠시라도 틈이 있으면 사사로운 욕심이 만 갈래"[70]라고 한 것은 도

---

70  朱子 『경재잠(敬齋箴)』

(道)를 떠나가는 계기가 된다.

朱子曰 若其可以暫合暫離 而於事無所損益 則是人力私智之所爲者 而非率性之謂矣 若體有未立 率意妄行 則雖所行不倍於道 是不過偶然合理者 非所謂率性也

주자(朱子) 말하기를 "만약 도(道)와 잠시 만나고(合) 잠시 떠날(離) 수 있어서 일 처리에 손해나 이익되는 것이 없다면 이것은 사람의 힘과 사사로운 지혜로 행하는 것이어서 본성을 따라 행하는 것이라고 할 수 없다."라고 하였다. 만약 본체가 아직 확립되지 않은 것이 있는데, 사사로운 마음을 따라 함부로 행동하면 비록 행하는 것이 도(道)에 어긋나지는 않을지라도 우연히 도리(道理)에 맞는 것에 불과한 것이어서 본성을 따라 행하는 것이라고 할 수 없다.

朱子曰 道固無所不在 而幽隱之間 乃他人所不見 而己所獨見 道固無時不然 而細微之事 乃他人所不聞 而己所獨聞 是常情之所忽也 其曰己所獨見獨聞 果何指耶 章句曰 遏人欲於將萌 然則其所見聞 不過指此而云耳 人欲之萌 非無端而有此也 物交於耳目 而心便爲所動 其隱暗之中 細微之事 旣交乎耳目 欲便萌芽 而他人之所未見聞 是謂己所獨知也 上文 不睹不聞 雖指未接物時 而畢境緣有睹有聞處推言之 章句所謂 外誘之事 卽睹聞之所接也 戒懼者 特擧不睹不聞 以包所視所聞 未有睹聞 旣嘗如此 況至睹聞 尤不可不戒懼 故 朱子曰 從見聞處戒懼 到那不睹不聞處 其見聞時戒懼 不過去其耳目之所誘也 凡所見聞 皆可戒懼 而惟己獨見聞處 尤所緊要 其愼獨之一愼字 包戒愼恐懼之義 故曰 戒懼是統體做工夫 愼獨是又於其中緊切處 加工

夫也 上節以外物之未接爲言 而心之已發包其中 下節以心之始發爲言 而外物之接在其中 欲之不睹不聞時戒懼 必先明有睹有聞時戒懼者如何 然後其義方該也 於此不過曰 閑邪而存誠也 邪之入 必從睹聞 故閑邪則誠自存 此戒懼之義也

◇ 忽(홀): 마음에 두지 않음

  주자(朱子) 말하기를 "도(道)는 본래 있지 않은 곳이 없으니 깊이 숨겨진 곳은 바로 남들이 보지 못하고 자기만 홀로 볼 수 있는 것이요, 도(道)는 본래 어느 때고 옳지 않은 적이 없으니 자잘하고 하찮은 작은 일을 남들은 들을 수 없고 자기만 홀로 듣는 것이니 일상적으로 마음에 두지 않는 것이다."라고 하였다. 그것을 '자기 혼자 보고 혼자 듣는 것'이라고 말한 것은 과연 무엇을 가리키는 것인가? 『중용장구(中庸章句)』에서 말하기를 "인간의 사사로운 욕심은 그것이 싹트려 할 때 막아야 한다."[71]라고 하였다. 그렇다면 그것을 보고 듣는 것은 이것을 가리켜 말한 것에 불과할 뿐이다. 인간의 사사로운 욕심(人欲)이 싹트는 것은 까닭이 없는 것이 아니어서 사물이 눈과 귀에 서로 마주 닿아 접촉(交接)하면 마음이 바로 움직이게 되는 것이다. 그것이 숨겨져 어두운 가운데에서 자잘하고 하찮은 작은 일이 이미 눈과 귀에 서로 맞닿아서 바로 인욕이 싹트려고 하는데도 다른 사람들은 아직 보거나 듣지 못하니 이것을 '자기만이 홀로 아는 것(獨知)'이라고 하는 것이다. 앞글의 '보지 못하고 듣지 못하는 것(不睹不聞)'은 비록 사물과 아직 맞닿아 접촉하지 않았을 때를 가리키는 것이지만, 결국에는 볼 수 있고 들을 수

---

71   『중용장구(中庸章句)』第1章, 註 참조

있는 곳으로 말미암아 미루어서 말한 것이다. 『중용장구(中庸章句)』에서 말한 '외부로부터 유혹받은 일'이라는 것은 바로 보고 듣고 맞닿아 접촉하는 것이다. '조심하고 두려워하는 것'은 단지 보지 못하고 듣지도 못하는 것을 들추어서 보는 것과 듣는 것을 포괄한 것이니, 보고 듣는 것이 이와 같은 적은 아직 없었다. 더군다나 보고 듣는 데에 이르러서는 더욱 조심하고 두려워하지 않을 수가 없다. 그러므로 주자(朱子)는 "보고 듣는 곳에 따라 조심하고 두려워하여 보지 못하고, 듣지도 못하는 곳에까지 이른다."[72]라고 말한 것이다. 그것을 보고 들을 때에 조심하고 두려워하는 것은 자신의 눈과 귀를 유혹하는 것을 피(避)하는 데에 불과하다. 보통은 보고 듣는 것 모두 조심하고 두려워해야 하니, 오로지 자기만이 홀로 보고 듣는 곳은 더욱 중요하다. 자신만이 홀로 알고 있는 곳에서도 삼가는 것(愼獨)의 '愼' 한 글자는 '조심하여 삼가고 몹시 두려워한다(戒愼恐懼)'는 의미를 포괄한다. 그러기 때문에 (朱子가) "'조심하고 두려워함(戒懼)'은 (道의) 본체를 통괄해서 하는 공부이고, '자신만이 홀로 아는 곳에서도 삼가는 것(愼獨)'은 또 그 가운데서도 중요하고 절실한 곳이어서 공부를 더 해야 한다."[73]라고 답한 것이다. 앞 절(節)에서는 외부의 사물(外物)에 맞닿아 접촉하지 않은 것을 가지고 말하여 마음이 발현된 것이 그 가운데 포함되었고, 다음 절(節)에서는 마음이 처음 발현된 것을 가지고 말하여 외부의 사물(外物)에 맞닿아 접촉하는 것이 그 가운데 있다. 보지 못하고 듣지 못하는 때에 조심하고 두려워하는 것을 알고자 한다면, 반드시 먼저 듣고 볼 때 조심하고 두려워하기를 어떻게 하는가 분명히 밝힌 다음에야 비로소 그 의미

---

72 『주자어류(朱子語類)』 卷 62-88
73 『중용장구(中庸章句)』 第1章 小註 ○ 問戒懼是體統 做工夫 …

가 마땅하게 된다. 여기는 '간사한 마음을 막고 진실함을 보존하는 것(閑邪存誠)'에 지나지 않는다. 간사한 마음은 반드시 보고 듣는 것을 따라서 들어오기 때문에 간사한 마음을 막으면 진실은 저절로 보존되니, 이것이 '조심하고 두려워함(戒懼)'의 의미이다.

○ 跡雖未形 幾則已動 是程子意 人雖不知 己獨知之 是呂楊游三家意 朱子曰 以理言之 三家不若程子之盡 以心言之 程子不若三家之密 然有是理 而後有是心 有是心 而後有是理 初無異指 故 章句合而言之

◇ 家(가): 학자, 학파

○ "자취는 비록 아직 형체가 없으나 낌새(幾)는 이미 움직이고 있다."라고 한 것은 정자(程子)의 생각이며 "남들은 비록 알지 못하나 자기만 홀로 알고 있다."라고 한 것은 여조겸(呂祖謙)[74], 양시(楊時)[75], 유초(游酢)[76] 세 학자의 생각이다. 주자(朱子)는 "이치를 가지고 말하자면 세 학자가 정자(程子)의 (해석이) 극진함만 못하고, 마음을 가지고 말하자면 정자(程子)가 세 학자의 (해석이) 빈틈없는 것만 못하다."라고 하였다. 그러나 이치가 있고 난 다음에 마음이 있고, 마음이 있고 난 다음에 이치가 있는 것이니, 처음부터 다른 것을 가리키는 것은 아니다.

---

74 여조겸(呂祖謙, 1137-1181): 南宋 때 儒學者 字는 伯恭 號는 東萊, 張栻, 朱熹와 함께 東南三賢

75 양시(楊時, 1053-1135): 北宋 末의 儒學者 字는 중립(中立), 號는 구산(龜山), 정호(程顥)와 정이(程頤)에게 도학(道學)을 배웠으며, 낙학(洛學)의 대종(大宗)이 되었다

76 유초(游酢, 1053-1123): 사량좌(謝良佐), 양시(楊時), 여대림(呂大臨)과 함께 정문사선생(程門四先生)으로 불린다.

그러므로 『중용장구(中庸章句)』에서는 두 가지를 합하여 말하였다.

篇內 言隱者三曰 索隱費隱 皆與此不同 而其爲不見 則同也 言微顯者三曰 夫微之顯曰 知微之顯 皆與此差別 而其爲微者顯 則同也

『중용(中庸)』의 책 속에 '숨겨진 것(隱)'을 말한 곳이 세 곳[77]이니 '숨겨진 것을 찾는 일(索隱)'[78]이나 '작용이 넓고 크며 형체가 숨겨져 있는 것(費隱)'[79]은 모두 이것과는 다르지만, 그것을 "보이지 않는다."라고 여기는 것은 같다. '자잘한 작은 것(微)'이나 '나타나는 것(顯)'을 말한 곳이 세 곳[80]인데 '자잘한 작은 것이 나타나는 것'[81]을 "자잘한 작은 것이 나타나는 것을 안다."[82]라고 말한 것은 모두 이것과 차등이 있어서 구별되나, 그것을 "자잘한 작은 것이 나타난다."라고 여기는 것은 같다.

莫見 則人無不睹矣 莫顯 則人無不聞矣

'더 잘 드러나는 것이 없다(莫見)는 것'은 사람들이 볼 수 없는 것이 없다는 것이고, '더 잘 나타나는 것은 없다(莫顯)는 것'은 사람들이 듣지 못하는 것이 없다는 것이다.

---

77  『중용장구(中庸章句)』 第1章 "莫見乎隱 …" 第11章 "子曰 索隱行怪 …" 第12章 "君子之道 費而隱"
78  위와 같은 책, 第11章
79  위와 같은 책, 第12章
80  위와 같은 책, 第1章 "… 莫顯乎微 …"
81  위와 같은 책, 第16章 "夫微之顯 …"
82  위와 같은 책, 第33章 "… 知遠之近 知風之自 知微之顯 …"

莫見 莫顯 則未有見顯之加於此者 雖人所不見聞 而與人所共見聞者同 非謂此之見顯 反有加於人所共見聞也 章句云 無有過於此者 是也 或問則曰 又有甚於他人之知之矣 此特推而極言 非正文之觧

◇ 甚(심): 깊고 두텁다

"더 잘 드러나는 것은 없고, 더 잘 나타나는 것은 없다."라고 한 것은 이보다 더 잘 보이고 잘 나타나는 것은 아직 없었다는 것이다. 비록 사람들이 보고 들을 수 없는 것이라도 여러 사람이 함께 보고 들은 것은 같으니, 여기서 잘 드러나고 잘 나타난다고 한 것은 도리어 여러 사람이 함께 보고 들은 것보다 더 잘 드러나고 잘 나타난다는 것을 이르는 것이 아니다. 『중용장구(中庸章句)』에서 "(천하의 일이 훤하게 드러나고 밝게 나타나는 것이) 이보다 더한 것은 없다."[83]라고 하였으니 옳다. 『중용혹문(中庸或問)』에서는 또 "다른 사람이 알고 있는 것보다 깊고 두텁다."라고 하였다. 이것은 다만 미투어 극단적으로 말한 것이지 (『중용(中庸)』의) 정문(正文)을 풀이한 것은 아니다.

於此之此[84] 帖獨字 人欲之將萌 比未有睹聞時 尤是緊要 故添尤加字

'여기에 대하여(於此)'의 '此'는 (자신만이 홀로 아는 곳의) '獨' 자에 붙여 연관시키고, '사사로운 욕심이 싹트려고 할 때'는 아직 보고 듣는 사

---

83 『중용장구(中庸章句)』第1章 註 "言 幽暗之中 … 天下之事 無有著見明顯 而過於此者"
84 위와 같은 곳의 註 "是以 君子旣常戒懼 而於此 尤加謹焉 …"

람이 없을 때와 비교함이 더욱 중요하다 그러기 때문에 '더욱더(尤加)'라는 글자를 덧붙인 것이다.

將萌者 猶未萌也 旣萌則見顯 故必於將萌而遏之 其要在目睹耳聞上工夫

'싹트려고 하는 것'은 아직 싹이 트지 않은 것과 같다. 이미 싹이 트면 드러나 보이고 나타난다. 그러므로 반드시 싹이 트려고 할 때 막아야 하니, 그 중요한 것은 눈으로 보고 귀로 듣는 공부에 달려 있다.

欲萌則道離 故戒懼於寂然之時 恐人欲之或萌 而道便離也 愼獨於將萌之際 恐其滋長[85] 而或至於離遠也 萌則長也

사사로운 욕심의 싹이 트려고 하면 도(道)를 떠나가게 된다. 그러기 때문에 고요할 때 조심하고 두려워하며, 사사로운 욕심이 혹시라도 싹터서 도(道)를 바로 떠나가려 함을 염려하는 것이다. 사사로운 욕심이 싹트려고 할 때 자신만이 홀로 아는 곳에서도 삼가는 것은 그것(人欲)이 감추어진 곳에서도 번식하고 남몰래 자라나서 혹시라도 도(道)를 멀리 떠나가는 데에 이르게 될까 두려워하는 것이다. '싹트는 것(萌)'은 자라나는 것이다.

不動而敬 不言而信 戒懼之功效也 內省不疚 無惡於志 愼獨之功效也

---

85  위와 같은 곳의 註: … 潛滋暗長 於隱微之中 …

움직이지 않아도 (사람들이) 공경하며, 말하지 않아도 (사람들이) 미더워하는 것은 조심하고 두려워한 효과이다. (자신의) 내면을 살펴서 거리낌이 없으며 마음에 부끄러움이 없다는 것은 자신만이 홀로 아는 곳에서도 삼가서 (얻어진) 효과이다.

**喜怒哀樂 詳著 四七編**

'기뻐하고 노여워하며 슬퍼하고 즐거워하는 것'은 『四七編』[86]에 상세하게 저술(著述)하였다.

**性者 名也 中者 其表德也 以中狀性 非止以未發爲至也**

◇ 狀(상): 형용하다

'성(性)'은 (부르는) 이름이고 '중(中)'은 그 덕(德)을 나타내는 것이다. 중(中)을 가지고 성(性)을 형용하는 것은 아직 드러나지 않은 것을 지극히 여기는 데 그치는 것이 아니다.

**情 未有不善 其不中節者 非情之正也 乖戾 則違於善而失正**

◇ 違(위): 어긋나다

---

86 『사칠편(四七編)』: 星湖 李瀷이 四七理氣問題와 관련하여 退溪 李滉, 栗谷 李珥, 高峯 奇大升의 說을 종합적인 고찰과 고증적인 분석을 하고 거기에 자신의 새로운 견해를 더하여 저술한 『사칠신편(四七新編)』을 가리킨다.

정(情)은 선(善)하지 않은 적이 없다. 그것이 절도(節度)에 맞지 않음은 정(情)의 올바름이 아니다. '사리에 어그러져 온당치 않음(乖戾)'은 선(善)에 어긋나서 올바름도 잃게 된다.

**性者 道之體也 和者 道之用也 用不違體 故曰 循性之謂也**

◇ 違(위): 떨어지다

'성(性)'은 도(道)의 본체이고 '화(和)'는 도(道)의 작용이다. 작용은 본체와 떨어질 수 없다. 그러기 때문에 "본성을 따라 행한다."라고 하는 것이다.

**情之未發 謂之大本 性之已發 謂之達道 比如王都爲八方之中 人從八方輳會於都城 更無去處 才動一步 便是發 是謂大本 從都城發 未有不可通之地 是謂達道 達字與十八 十九章 四達字校勘**

마음을 쓴 것(情)이 아직 드러나지 않은 것을 '크나큰 근본(大本)'이라 하고, 성(性)이 이미 드러난 것을 '천하의 공통되는 도(達道)'라고 한다. 비유하자면 왕국의 도읍(王都)이 모든 방향(八方)의 중심이 되는 것과 같다. 사람들이 모든 방향에서 서울(都城)로 몰려들면 다시 갈 곳이 없다. 겨우 한 걸음만 움직여도 바로 떠나는 것이니, 이것을 '크나큰 근본(大本)'이라고 한다. 서울(都城)을 떠나서 나아가면 통(通)하지 않는 곳이 없으니, 이것을 '천하에 공통되는 도(達道)'라고 한다. '達' 자는 제18장과 19장 네 곳의 '達' 자를 비교하여 헤아려야 한다.

**中節之和 如忿懥恐懼之 得其正 卽正心修身之功也**

'절도(節度)에 맞는 화(和)'는 이를테면 심한 노여움을 간직하고 성내며 몹시 두려워하는 것이 그 올바름을 얻는 것과 같으니, 바로 마음을 올바르게 하여 자신을 수양(修養)한 효과이다.

發與未發相照 和與中相照 發未必皆和 惟中節者爲和 則未發未必皆中 惟存性者爲中也 然於和 必曰中節 而於中 則不曰存性 何也 喜怒哀樂 情之發於氣者也 氣便有善惡之別 未發則性而已 性無不善 此言已發之善惡 而不及於未發之存不在 則於性 更無可說也 然所謂 道不可離者 乃兼體用說 存性在其中也 或曰 未發皆中者 非也 詳著四七篇

(작용이) 드러난 것과 아직 드러나지 않은 것을 서로 견주어 보고, 화(和)와 중(中)을 서로 견주어 보았다. 드러난 것이 반드시 모두 화(和)가 되는 것이 아니고, 오직 절도(節度)에 맞는 것만을 화(和)라고 여긴다면, 아직 드러나지 않은 것이 반드시 모두 중(中)인 것은 아니고, 오직 본성을 보존하고 있는 것이 중(中)이 된다. 그러나 화(和)에 대하여는 반드시 절도(節度)에 맞아야 한다고 말하고, 중(中)에 대하여는 본성을 보존한다는 말을 하지 않은 것은 무엇 때문인가? 기뻐하고 노여워하며 슬퍼하고 즐거워하는 정(情)은 기(氣)로부터 드러나는 것인데 기(氣)는 바로 선악(善惡)의 구별이 있고, 아직 드러나지 않은 것은 성(性)뿐인데 성(性)은 선(善)하지 않은 것이 없다. 여기에서는 이미 선악(善惡)이 드러난 것을 말하면서도 아직 드러나지 않은 것이 보존되고 보존되지 않은 것에는 미치지 못하는 것은 성(性)에 대하여는 다시 말할

것이 없어서이다. 그러나 (『中庸』에서) "도(道)를 떠날 수 없다."라고 한 것은 본체와 작용을 겸하여 말한 것이고, 본성을 보존하는 것은 그 가운데에 있다. 어떤 사람이 말하기를 "아직 드러나지 않은 것은 모두 중(中)이다."라고 하였는데 옳지 않다. 『사칠편(四七編)』에 상세하게 저술(著述)하였다.

　萬物 莫不生於天 而成於地 物不得生成 便是天地之曠位也 天地雖大 視聽自民 人和 以後天地始和 故曰 人爲天地之心也 人和 以後天地始和 比如人之心和 而後身氣方和 如欲天地之和 則當責之人矣 欲人之和 則亦當責之心矣 然 彼天下人之和安 非因兀然匹夫之心和 必待聖人居君師之位 有以治之 是以君人者 先正其心 以治其身 而後治人 天下平治 而天地位焉 應之此董子[87]所謂 心和 則氣和 氣和 則人和 人和 則天地之和 應之也 若居下位者 雖無許大功效 其理 則然矣 故中庸之有位育 如大學之有治平也

◇ 曠(광): 비우다

　만물은 하늘이 낳고 땅에서 완성되지 않은 것이 없다. 만물을 낳고 완성할 수 없다면 바로 하늘과 땅이 자리를 비운 것이다. 하늘과 땅이 비록 크지만, 보고 듣는 것은 백성들로 말미암는 것이니 사람이 절도(節度)에 맞아서 어긋남이 없게 된 다음에 하늘과 땅이 비로소 절도에 맞아서 어긋남이 없게 된다. 그러기 때문에 "사람을 하늘과 땅의 마

---

87　동중서(董仲舒, A.C. 179-104): 前漢의 유학자, 天人感應說(천인감응설), 災異說(재이설), 三統說(삼통설), 현량대책(賢良對策) 등을 주장하였으며, 저서로 『春秋繁露(춘추번로)』, 『董子文集(동자문집)』이 있다. 유교의 관학화(官學化)에 공헌한 인물이다.

음이 된다."라고 하였다. 사람이 절도에 맞아서 어긋남이 없게 된 이후에 하늘과 땅이 비로소 절도(節度)에 맞아서 어긋남이 없게 된다는 것은 비유하자면 사람의 마음이 절도에 맞아서 어긋남이 없게 된 다음에 몸과 기운이 비로소 절도에 맞아서 어긋남이 없는 것과 같다. 이를테면 하늘과 땅이 절도에 맞아서 어긋남이 없기를 바란다면 마땅히 사람에게 책임을 묻고, 사람이 절도에 맞아서 어긋남이 없기를 바란다면 또 마땅히 마음에 책임을 묻는 것과 같다.

 그러나 저 천하 사람들이 절도(節度)에 맞아 어긋남이 없이 편안한 것은 홀로 우뚝하거나 무지하고 평범한 사람의 마음이 절도에 맞아서 어긋남이 없게 된 것으로 말미암은 것이 아니다. 반드시 성인(聖人)이 임금과 스승의 지위에 있으면서 다스릴 수 있기를 기다려야 한다. 이 때문에 임금 된 사람은 먼저 자신의 마음을 올바르게 하여 자신을 다스리고 난 뒤에 다른 사람들을 다스리는 까닭에 천하가 고르고 바르게 다스려지고, 천지가 제자리에 있어서 편안함에 감응(感應)하는 것이다.

 이것을 동중서(董子)가 이른바 "마음이 (드러난 것이) 절도에 맞아서 어긋남이 없게 되면 기(氣)가 절도에 맞아서 어긋남이 없게 되고, 기(氣)가 (드러난 것이) 절도에 맞아서 어긋남이 없게 되면 사람의 (행실이) 절도에 맞아서 어긋남이 없게 되며, 사람의 (행실이) 절도에 맞아서 어긋남이 없게 되면, 천지의 (운행이) 절도에 맞아서 어긋남이 없게 되어 감응(感應)한다."라고 하였다. 만약 낮은 지위에 있는 사람이라서 비록 매우 큰 효과는 없다 하더라도 그 이치는 분명하다. 그러기 때문에 『중용(中庸)』에 "하늘과 땅이 제자리에 있어서 편안하고 만물이 나고 길러진다. (位育)"라는 구절(句節)이 있으니, 이를테면 『대학(大學)』

에 "나라를 잘 다스리고 천하를 고르고 바르게 한다."[88]라는 구절(句節)이 있는 것과 같다.

**自中和推之於位育 則便是天地之中和**

'중화(中和)'로부터 '천지(天地)가 제자리에 있어 안정되고 만물이 길러지는 것'으로 미루어 나아가면, 바로 이것이 천지(天地)의 중화(中和)이다.

**未發之中 性也 性出於天 而中在其中 率之修之 非人之意造 因其固有 而古今天下之所共由 是則不可易者 而庸在其中 章句云 首明 道之本原出於天 而不可易 已提起中庸字**

아직 드러나지 않은 중(中)이 본성이다. 본성은 하늘에서 나오고 중(中)은 그 가운데에 있다. 그것을 따라 행하고 수양(修養)하는 것은 사람의 생각으로 만들어 낸 것이 아니다. 본래 가지고 있는 것으로 말미암아 예나 지금이나 천하가 함께 따라 행하는 것이다. 이것은 바뀔 수가 없는 것이며 용(庸)도 그 가운데에 있다. 『중용장구(中庸章句)』에서 "도(道)의 본래의 근원은 하늘에서 나왔으며 바꿀 수도 없다."[89]라고 먼저 밝힌 것은 이미 중(中)과 용(庸) 두 글자를 제시하고 시작한 것이다.

**反求諸身者 所以求實體 備於己也 自得者 存養之效 去夫外誘之私者 省**

---

88 『대학장구(大學章句)』「전(傳)」제10장
89 『중용장구(中庸章句)』제1장

**察之功 充其本然之善 則可以馴至聖神地位**

'돌이켜 자신에게서 찾는 것'은 자기에게 갖추어져 있는 진실하고 변치 않는 근본(實體)에서 찾는 방법이다. '스스로 체득하는 것'은 (하늘의 이치인) 본성을 보존하고 잘 기르는 효과이고, '외부에서 유혹하는 사사로운 욕심을 물리치는 것'은 사사로운 욕심이 끼어드는 것을 막고 자세하게 살피는(省察) 효과이다. 본디 그대로의 선(善)을 가득 채우면 성인(聖人)이나 신인(神人)의 지위에 익숙하게 이를 수 있게 된다.

**去外誘 必從目睹耳聞上 克去**

◇ 從(종): 자취, 흔적   ◇ 克(거): 물리치다

'외부의 유혹을 물리침'은 반드시 눈으로 보고 귀로 들은 흔적을 이겨 내고 물리치는 것이다.

**反求諸身 帖實體備己 自得之 帖存養 去外誘 帖省察 充其本然之善 又帖實體之備 身與己相照 充與實相照**

'돌이켜 자신에게서 찾는 것'은 '자기에게 갖추어져 있는 진실하고 변치 않는 근본'에다 붙여 연관시키고, '스스로 체득하는 것'은 '(하늘의 이치인) 본성을 잘 보존하여 기르는 것'에 붙여 연관시키며, '외부의 유혹을 물리침'은 '사사로운 욕심이 끼어드는 것을 막고 자세하게 살피는 것(省察)'에 붙여 연관시키고, '본디 그대로의 선을 가득 채우는 것'을 다시 '갖추어져 있는 진실하고 변치 않는 근본(實體)'에 붙여 연관시키면, '자신(身)'과 '자기(己)'가 서로 일치하여 잘 어울리고, '가득 채움(充)'과 '진실함(實)'이 서로 일치하여 잘 어울린다.

# 第 2 章

## 2-1

**[槪觀]**

　제2장부터 제11장까지는 자사(子思)가 공자(孔子)의 말씀을 끌어다가 제1장의 내용을 해설한다. 이 장에서는 처음으로 '중용(中庸)'이란 단어가 나오는데 이미 "'희노애락(喜怒哀樂)'이 아직 드러나지 않은 것을 '中'이라 하고, 드러나서 모두가 절도(節度)에 맞는 것을 '和'"라고 했던 '중화(中和)'와 '중용(中庸)'의 다른 점에 대하여 정자(程子)는 "치우치지 않는 것을 '中'이라 하고, 변하지 않는 것을 '庸'"이라 하였고, 주자(朱子)는 정자(程子)의 말을 더욱 발전시켜서 "치우치거나 기울지 않으며, 지나침이나 미치지 못함이 없는 것을 '中'이라 하고, 어느 때 어느 곳이라도 변함없는 일상적인 것을 '庸'"이라 풀었다. 이보다 앞서 정현(鄭玄)은 중용(中庸)을 '중화(中和)의 작용(作用)'이라고 풀이한 바 있다.

**仲尼曰 君子는 中庸이요 小人은 反中庸이니라**
중니왈　군자　　중용　　　소인　　반중용

공자(仲尼) 말씀하시기를 군자는 (중용의 마음을 가지고) **중용의 행실을 하고 소인은** (군자의) **중용과 반대로 한다.**

### 章句大全

　中庸者는 不偏不倚 無過不及[90]하고 而平常之理니 乃天命所當然 精微之極致也라 新安陳氏曰 提綴篇首一句 以爲綱領 乃天命所賦當然之 理 所謂極至之德也 唯君子라야 謂能體之요 新安陳氏曰 體之謂 以身當 而力行之 如仁以爲 己任之意 小人은 反是니라

　'중용(中庸)'은 (마음이 한쪽으로) 치우치지 않고 기울지 않으며 (일 처리가) 지나침이나 미치지 못함이 없는 일상적인 이치이니, 바로 하늘이 부여(命)한 당연한 것(理致)이며, 정밀하고 자세함(精微)에까지 도달할 수 있는 최고의 경지(極致)이다. 신안진씨 말하기를 책의 첫머리 한 구절을 끌어다 뽑아서 큰 줄거리로 삼고서, 바로 하늘이 명(命)하여 부여받은 당연한 이치(理致)이며 지극한 덕(德)이라고 하는 것이다. **오직 군자(君子)라야 몸소 실천하고,** 신안진씨 말하기를 '몸소 실천하는 것(體之)'은 자신의 몸으로 감당하여 힘써 실행하는 것이니, 이를테면 인(仁)을 자기가 맡은 바의 뜻이라고 여기는 것과 같다. **소인(小人)은 이와 반대로 한다.**

## 2-2

**[槪觀]**

　군자(君子)가 중용(中庸)을 지켜 실천하는 것은 군자다운 덕(德)을 지니고서 어느 때고

---

90　不偏不倚와 無過不及

| 不偏不倚 | 未發之中 | 以心而言 | 中之體 |
|---|---|---|---|
| 無過不及 | 旣發之中 | 以事而言 | 中之用 |

중도(中道)에서 벗어나지 않기 때문이요, 소인(小人)이 중용(中庸)에 어긋나는 것은 소인의 마음을 지니고서 거리낌이나 어려워함이 없이 제멋대로 행동하기 때문이다.

君子之中庸也는 君子而時中이요, 小人之中庸也는 小人而無忌憚
군자지중용야   군자이시중      소인지중용야   소인이무기탄
也니라
야

군자가 중용을 실천하는 것은 군자의 덕(德)을 지니고서 어느 때고 절도(節度)에 맞게 하는 것이고, 소인이 중용과 반대로 실천하는 것은 소인의 마음을 지니고서 (행실에) 거리낌이나 어려워함이 없는 것이다.

### 章句大全

王肅本에 作 小人之反中庸也니 程子가 亦以爲然이라 하니 今從之라

왕숙본(王肅本)[91]에 "소인은 중용과 반대로 한다. (小人之反中庸也)"라고 되어 있고 ('小人之中庸也' 구(句)의 '之'와 '中' 자 사이에 '反' 자가 있음), 정자(程子)도 그것을 옳다고 하였으니, 지금 그것을 따른다.

○ 君子之所以 爲中庸者는 以其有君子之德하고 而又能隨時以處中也요 小人之所以 反中庸者는 以其有小人之心하고 而又無所

---

91  王肅本: 魏나라 사람 왕숙이 註를 한 『예기(禮記)』를 가리킨다.

**忌憚也라** 程子曰 可以仕則仕 可以止則止 可以久則久 可以速之速 此皆時也 未嘗不合中 故曰 君子而時中 君子之於中庸也 無適而不中 則其心與中庸 無異體矣 小人之於中庸 無所忌憚 則與戒愼恐懼者異矣 是其所以反中庸也

**군자가 중용(中庸)을 실천하는 까닭은 그가 군자의 덕(德)을 지녔으면서 또한 어느 때고 (일 처리를) 알맞게 할 수 있었기 때문이다. 소인이 중용(中庸)과 반대로 실천하는 까닭은 소인의 마음을 지녔으면서 또한 (행실에) 거리낌이나 어려워함이 없기 때문이다.** 정자(程子) 말하기를 벼슬할 만하면 벼슬하고, 그만둘 만하면 그만두고, 오래 있을 만하면 오래 있고, 빨리 떠날 만하면 빨리 떠나는데 이것은 모두 그 당시(當時)이다. 일찍이 절도(節度)에 맞지 않은 적이 없었기 때문에 군자의 덕(德)을 지니고서 어느 때고 절도(節度)에 맞게 하는 것이고, 군자가 중용(中庸)에 대해서 어디를 가더라도 절도(節度)에 맞지 않음이 없다는 것은 그 마음과 중용(中庸)은 본체(本體)를 다르게 함이 없는 것이다. 소인이 중용(中庸)에 대해서 거리낌이나 어려워함이 없는 것과 조심하여 삼가고 두려워하는 마음과는 다르다. 그것은 소인이 중용(中庸)과 반대로 하기 때문이다.

○ 朱子曰 君子只是 說箇好人 時中只是 說箇做得 恰好底事 ○ 爲善者 君子之德 爲惡者 小人之心 君子 而處不得中者 有之 小人 而不至於無忌憚者 亦有之 ○ 當看而字 旣是君子 又要時中 旣是小人 又無忌憚 二又字 不用亦可 但恐讀者不覺 故特下此字 要得分明

○ 주자(朱子) 말하기를 군자는 행실이 좋은 사람을 말하고, 시중(時中)은 알맞게 일 처리를 실행하는 사람을 말한다. ○ 선(善)을 행하는 사람은 군자의 덕(德)을 지니고 있고, 악(惡)을 행하는 사람은 소인의 마음을 지니고 있다. 군자로서 알맞음(中)에 처하지 못할 때도 있고, 소인이지만 꺼리거나 어려워함이 없는 것에 이르지 않는 사람도 있다. ○ 마땅히 '이(而)' 자를 자세히 보아야 한다. 이미 군자의 덕(德)을 지니고 있다면 더욱 어느 때나 알맞게 처리하고자 해야 한다. 이미 소인의 마음을 지니고 있다면 더욱 거리낌이나 어려워하는 것이 없을 것이니, 두 번 '우(又)' 자가 나온 것을 적용하지 않아도 가능하나, 다만 배우는 사람들이 (子思가 이 글을 왜 지었는지) 깨우치지 못할 것이 염려되기 때문에 특별히 이 글자를 써서 분명하게 하려고 한 것이다.

○ 新安陳氏曰 朱子 蓋就兩箇而字上 咀嚼出意味來

신안진씨 말하기를 주자(朱子)는 아마도 두 개의 '이(而)' 자에서 그 의미를 되새겨 드러나게 한 듯하다.

**蓋中은 無定體하여 隨時而在니 是乃 平常之理也라** 問 何謂時中 程子曰 猶之過門不入 在禹之世 爲中也 時而居陋巷 則過門不入 非中矣 居於陋巷 在顏子之時 爲中也 時而當過門不入 則居於陋巷 非中矣

◇ 當(당): 곧 ~하려 하다

**중(中)은 정해진 형체(形體)가 없어서 어느 때고 (중용이) 있으**

**니 이것이 바로 일상적인 이치이다.** "무엇을 시중(時中)이라고 합니까?" 정자(程子) 말하기를 "그것은 대문 앞을 지나가면서 들어가지 않는 것이 우(禹)임금의 시대에는 중(中)이었겠지만, 이때 가난하고 누추한 동네에 살면서도 대문 앞을 지나가면서 들어가지 않는다면 중(中)이 아니다. 가난하고 누추한 동네에 사는 것이 안자(顏回)가 있을 때는 중(中)이었겠지만, 이때 곧 대문 앞을 지나가면서도 들어가지 않으려 한다면 가난하고 누추한 동네에서 사는 (사람이 행하는) 중(中)은 아니다."

○ 中庸之中 本是無過不及之中 大旨在時中上 若推其本 則自喜怒哀樂未發之中 而爲時中之中 未發之中 是體 時中之中 是用 中字 兼中和言之

중용(中庸)이라고 할 때의 중(中)은 본래 지나침도 없고 미치지 못함도 없는 중(中)이니, 큰 뜻은 어느 때고 절도(節度)에 맞게 하는 데에 달려 있다. 만약 그 근본을 미루어 나아가면, 희노애락(喜怒哀樂)이 아직 드러나지 않은 것으로 말미암아 아직 드러나지 않은 중(中)은 '어느 때고 절도(節度)에 맞게 하는 중(時中)'의 '中'이 되고, 아직 드러나지 않았을 때의 중(中)은 본체(體)이다. '어느 때고 절도(節度)에 맞게 하는 중(時中)'의 '中'은 작용(用)이니, '중(中)' 자는 중(中)과 화(和)를 겸하여 말한 것이다.

**君子는 知其在我라 故 能戒謹不覩하고 恐懼不聞하여 而無時不中하고 小人은 不知有此니 則肆欲妄行하여 而無所忌憚矣라** 蔡氏曰 此章上二句 孔子之言 下四句 乃子思釋 孔子之言

**군자는 그것이**(中庸의 理致가) **나에게 있다는 것을 안다. 그러므로 남들이 보지 않을 때도 매우 조심하고 삼가며, 남들이 듣지 않은 곳에서도 매우 두려워할 수 있어서 어느 때나 절도(節度)에 맞지 않음이 없다. 소인은 이것을**(중용의 이치) **지니고 있다는 것을 알지 못하고서 마음껏 욕심을 펼치고 행실을 함부로 행하여서 거리낌이나 어려워함이 없다.** 채씨 말하기를 이 장의 앞 두 구절(君子中庸 小人反中庸)은 공자(孔子)의 말씀이고 다음 네 구절은 자사(子思)가 공자(孔子)의 말씀을 풀이한 것이다.

○ 三山潘氏曰 君子致存養省察之功 是以無時而不中 小人放肆而無忌憚 是以與中庸相反

삼산반씨 말하기를 군자(君子)는 본성을 보존하여 잘 기르고 살펴서 알고 깨닫는 공부를 극진하게 한다. 이 때문에 어느 때나 절도(節度)에 맞지 않음이 없다. 소인(小人)은 함부로 행동하면서 거리낌이나 어려워하는 것이 없다. 이 때문에 중용(中庸)과 서로 반대로 한다.

**右 第二章이라 此下十章은 皆論中庸하여 而釋首章之義하니 文雖不屬**(촉)**이나 而意實相承也라 變和 言庸者는 游氏가 曰以性情 言之 則曰中和요 以德行 言之 則曰中庸이라 하니 是也라 然 中庸之中이 實兼中和之義라** 中庸之中 兼已發未發二義

◇ 屬: 이을 촉

이상은 제2장이다. 여기부터 다음 열 장은 모두 중용(中庸)을 논하여서 첫 장의 뜻을 풀이하였다. 글은 비록 이어지지 않으나 그 실제의 뜻은 서로 이어진다. (中和의) 화(和)를 바꾸어서 용(庸)이라고 말한 것은 유씨(游酢)가 말하기를 성정(性情)을 가지고 말한다면 중화(中和)이고 덕성(德性)과 일 처리를 가지고 말한다면 중용(中庸)이라 했으니 옳다. 그러나 중용의 중(中)은 실제로 중(中)과 화(和)의 뜻을 겸하였다. 중용(中庸)의 중(中)은 이미 드러난 것(和)과 아직 드러나지 않은 것(中)의 두 가지 뜻을 겸하였다.

○ 陳氏曰 中和 是分體用動靜相對說 中庸 是兼德性行事相合說

진씨 말하기를 중화(中和)는 본체와 작용, 움직임과 고요함을 나누어서 상대적으로 말하였고, 중용(中庸)은 덕성과 일 처리를 겸하여 서로 합해서 말하였다.

○ 黃氏曰 性情天生底 德行人做底 性情人人一般 德行人人不同

황씨 말하기를 성(性)과 정(情)은 하늘이 내는 것이고, 덕행(德行)은 사람이 실행하는 것이니, 성정(性情)은 사람마다 같고 덕행(德行)은 사람마다 다르다.

## 中庸疾書
# 第二章

  按 戴記孔子閒居篇內 悉稱孔子曰 則篇首亦稱孔子 仲尼燕居篇內 悉稱子曰 則篇首特稱仲尼 孝經亦然 然則只稱子曰者 尊而親之也 而不可以無別 故 必以仲尼冠之 蓋字者 古人之所不諱也 若但曰 子孫親之之辭 則如戴記 孝經及論孟中 亦或稱仲尼 是豈皆子孫之所錄乎 於此尤可見 第二章爲孔子中庸之首篇 而費隱以下 非孔子之言 則亦其初無有也 朱子又謂子思不當稱夫子 故爲然 則亦未必然也 檀弓 曾元稱曾子以夫子 可以見矣

  살펴보면 『대대예기(大戴禮記)』「공자한거(孔子閒居)」篇에는 모두 '공자가 말하기를(孔子曰)'이라 하였고, 책의 첫머리에서도 공자(孔子)라고 불렀다. 『예기(禮記)』「중니연거(仲尼燕居)」篇에서는 모두 '선생님이 말씀하시기를(子曰)'이라 하고 책의 첫머리에서만 단지 중니(仲尼)라고 불렀다. 『효경(孝經)』에도 그러하니, 그렇다면 단지 '선생님이 말씀하시기를(子曰)'이라는 것은 높이면서 가깝게 여기는 것이어서 (다른 사람과) 구별이 없을 수 없다. 그러기 때문에 반드시 중니(仲尼)로서 첫머리 삼은 것이다. 대개 옛 사람들은 '(이름에 준하는) 자(字)'를 꺼리어 감추거나 숨기지(諱) 않았다. 만약 단지 자손이 가깝게 여겨서 한 말이라면 이를테면 『대대례기(大戴禮記)』, 『효경(孝經)』과 더불어 『논어(論語)』, 『맹자(孟子)』, 『중용(中庸)』도 간혹 중니(仲尼)라고 불렀는데 이것이 어찌 모두 자손이 기록한 것이겠는가? 여기 제2장은 공자(孔子) 『중용(中

庸)』의 첫머리 편(首篇)이 되고 비은장(費隱章)으로부터 다음은 공자(孔子)의 말이 아니고 또 그것이 처음에는 없었다는 것을 알 수 있다. 주자(朱子)가 또 "자사(子思)가 공자(孔子)를 부자(夫子)라 부르는 것이 마땅하지 않기 때문에 그렇게 하였다."라고 한 것도 역시 반드시 그렇다는 것만은 아니다. 『예기(禮記)』「단궁(檀弓)」篇에도 증원(曾元)이 (아버지인) 증자(曾子)를 부자(夫子)라고 부른 것[92]을 볼 수 있다.

以德行言 則曰中庸 以庸字屬之行 故朱子曰 庸是見於事 此於事上 指其平常之理也 非以行事爲庸也 故朱子又曰 中庸只是一事 就那頭看是中 就這頭看是庸 比如山與嶺 只是一物 方其山 卽是謂之山 行着嶺頭路 則謂之嶺 非一物也 故章句合以言曰 理也

◇ 那頭(나두): 저쪽　　　　　　◇ 這頭(저두): 이쪽

　덕행(德行)을 가지고 말하자면 중용(中庸)이라 하고, '용(庸)' 자를 '행하다(行)'로 분류하였다. 그러므로 주자(朱子) 말하기를 "용(庸)은 일 처리하는 데에서 드러난다." 하였으니 이것은 일 처리에 있어서 일상적인 이치를 가리키는 것이고, 일 처리하는 것을 용(庸)으로 여긴 것은 아니다. 그러기 때문에 주자(朱子)가 다시 말하기를 "중용은 다만 한 가지 일로써 저쪽에서 보면 중(中)이고, 이쪽에서 보면 용(庸)이다. 비유하자면 산과 고개는 단지 하나의 사물인데, 바로 그 산 모두는 산이라 하고

---

92　『예기(禮記)』「단궁상(檀弓上)」 "… 원(元)은 일어나서 대자리를 바꾸어라. 증원(曾元)이 말하기를 아버지(夫子)의 병세가 위독하여 바꿀 수가 없습니다. … (… 元起易簀 曾元曰 夫子之病 革(극)矣 不可以變 …)"

길을 가다가 고갯길에 다다르면 바로 고개라고 하니 같은 사물이 아닌 것과 같다."[93] 하였다. 그러므로 『중용장구(中庸章句)』에서는 합하여서 '理'라고 말한 것이다.

　自第二以下十章 皆孔子之言 而反復丁寧 惟中庸是道 蓋夫子平日 教導門人 重言復(부)言 尤所致意者 在此 故合以爲書 即孔子之中庸也 不然 十章內 何無一句是他人言 又何句句是中庸之義 而與上下文不同例也 此則分明是完成孔子之中庸 而爲此篇之綱領者也 上焉而源其理 則有首章 而子思也 下焉而演其義 則有費隱以下 而子思也 皆從比十章推起 故子思遂擧以名篇 而中和不與焉 其義當然也 今觀孔子中庸 則只以時中爲要 而能擇能守 莫非見諸(저)行事之實 然彼時中 亦必有所以然 若無未發之中爲之本 則如何能成此時中 是則夫子雖不言未發 而其未發者 自包在其中 故子思推夫子之意 作爲首章 特揭中和以明之 所以行事之必本於性情也 故時中之有中和 猶大學修齊之有誠正也 和是發於心 庸是見於事 則喜怒之類雖中節 而猶未說到事之中否 如父子君臣之義 非但喜怒中節之所可盡也 必須父慈子孝君義臣忠 方是得其理 是爲時中之庸也 然事之中否 亦只是心之所發者爲之機括 故喜怒之不中 則雖欲慈孝之得其理 其勢無由 則和者 又是時中之要也 其意如堯只有允執其中一句 而舜復益三句於其上 以發其所以然 是以朱子曰 中庸之中 本是無過不及之中 大旨在時中上 若推其本 則自未發之中 爲時中之中 而爲體用也 可謂盡之矣

◇ 丁寧(정녕): 조금도 틀림이 없이 꼭　　◇ 道(도): 말하다
◇ 諸(저): (= ~之於) ~에, ~에서

---

93　『朱子語類』卷 62-19

◇ **其勢無由**: 형편상 방법이 (어찌할 수) 없다

 제2장으로부터 다음 열 장(十章)은 모두 공자(孔子)의 말씀이니 간곡하게 되풀이하여 오직 중용(中庸)만을 말하였다. 아마도 선생님께서(孔子) 평소에 문인(門人)들을 가르치실 때 거듭 되풀이하여 말씀하시고 더욱이 가진 뜻을 상대에게 알리고자 한 것이 여기에 있다. 그러므로 (그 뜻을) 합하여서 책을 만든 것이 바로 공자(孔子)의 『중용(中庸)』이다. 그렇지 않다면 열 장(十章) 안에서 어찌 다른 사람의 말이 한 구절도 없으며, 또 어찌 구절마다 중용(中庸)의 뜻인데 앞뒤 글의 규칙이 다른가? 이것은 분명 공자(孔子)가 『중용(中庸)』을 완성하고서 이 책의 강령으로 삼은 것이다. 앞에서 그 이치의 근원은 첫 장에 있으니 자사(子思)가 지은 것이고, 뒤에 의미를 자세히 설명한 것도 「비은장(費隱章)」의 뒤에 있으니 자사(子思)가 지은 것이다. 모두 이 열 장(十章)을 따르고 미루어서 시작되었다. 그러기 때문에 자사(子思)가 마침내 들추어내어 책의 이름을 짓고 중화(中和)를 (中庸에) 간여시키지 않은 것이니 그 뜻이 당연하다.

 지금 공자(孔子)의 『중용(中庸)』을 살펴보면 단지 '어느 때고 절도(節度)에 맞는 것(時中)'만을 중요하게 여기고 있는데 '잘 선택하여 잘 지켜내는 것'이 일을 처리하는 실제에서 드러나지 않는 것이 없다. 그러나 저 '어느 때고 절도(節度)에 맞는 것(時中)'도 반드시 그러한 까닭이 있다. 만약 '본성이 아직 발현되지 않았을 때의 중(中)'을 근본으로 삼는다면 어떻게 이 '어느 때고 절도(節度)에 맞는 것(時中)'을 이룰 수 있겠는가! 이것은 선생님(孔子)께서도 비록 '(본성이) 아직 드러나지 않은 것'을 말하지는 않았으나 '아직 드러나지 않은 것'이 저절로 그 가운데에

포함되어 있다. 그러므로 자사(子思)가 선성님(孔子)의 뜻을 미루어 첫 장을 지었고, 특별히 중화(中和)를 높이 들어서 밝혔으니 일을 처리하는 것은 반드시 성정(性情)에 뿌리를 두기 때문이다. 그러므로 '어느 때고 절도에 맞는 것(時中)'에는 '희로애락이 드러나 모두 절도(節度)에 맞는 것(中和)'이 (포함되어) 있는 것이니, 『대학(大學)』에 '자신을 연마하여 닦는 것(修)'과 '집안을 가지런히 다스리는 것(齊)'에는 '뜻을 진실하게 하는 것(誠意)'과 '마음을 바르게 하는 것(正心)'의 공부가 있는 것과 같다. '화(和)'는 마음에서 나오고 '용(庸)'은 일을 처리하는 데서 드러나는데, 기뻐하고 노여워하는 것과 같은 따위다. 비록 일 처리나 행동이 절도(節度)에 맞았다 하더라도 일 처리가 절도(節度)에 맞았는가 맞지 않았는가는 아직 말하지 않은 것과 같다. 이를테면 부모와 자식 임금과 신하의 의리가 단지 기뻐하고 노여워함이 절도(節度)에 맞는 것만을 전부라고 할 수 없을 뿐만이 아니다. 꼭 필요로 하는 것은 부모는 사랑하고 자식은 효(孝)를 다하고, 임금은 올바르며 신하는 자신의 마음을 다하여야 비로소 그 이치를 깨닫는 것이니, 이것이 '어느 때고 절도(節度)에 맞는 용(庸)'이 된다. 그러나 일 처리가 절도(節度)에 맞는가, 맞지 않는가도 단지 마음속에서 밖으로 드러나는 작용의 시작이 된다. 그러므로 기뻐하고 노여워함이 절도(節度)에 맞지 않으면, 비록 자식을 사랑하고 부모에 대한 효(孝)의 이치를 알려고 해도 형편상 방법이 없게 되니, 화(和)가 또 '어느 때고 절도에 맞는 것(時中)'의 요체가 된다. 그 뜻은 이를테면 요(堯)임금은 단지 '진실로 그 중도를 지켜라(允執厥中)' 한 구절만을 남겼으나, 순(舜)은 다시 거기에다 세 구절을 더하여 그러한 까닭을 밝힌 것과 같다. 이 때문에 주자(朱子)는 "중용(中庸)의 중(中)은 본래 지나침이나 미치지 못함이 없는 중(中)이며, 큰 뜻은 '어느 때고 절도(節度)에 맞는 것(時中)'에 달려 있다. 만약 그 근본을 미루어 '아직 드러나지 않은 중(未發之中)'으로부터 '어느 때고 절도에 맞는 중(時中之中)'을 실행한다면 본체(體)와 작용(用)이 된다." 하였으니 (그 주장이) 극진하다고 할 것이다.

夫子言中之用 子思言中之體 擧用而體不外是 故章句合而言之

선생님(孔子)은 중(中)의 작용(作用)을 말씀하였고, 자사(子思)는 중(中)의 본체(本體)를 말하였다. 작용(用)을 들추면 본체(體)는 여기에서 벗어나지 않는다. 그러기 때문에 『중용장구(中庸章句)』에서는 (體와 用을) 합하여 말하였다.

處物爲義 時中是也 在物爲理 庸是也 庸非外於中 故朱子曰 中庸只是一理 程子曰 中者正道 庸者定理

사물에 대처하는 것을 '올바른 도리(義)'라 하니 '어느 때고 절도에 맞는 것(時中)'이 이것이요, 사물에 있는 것을 '이치(理)'라 하니 '용(庸)'이 이것이다.[94] '용(庸)'은 '중(中)' 밖에 있는 것이 아니다. 그러기 때문에 주자(朱子) 말하기를 "중용(中庸)은 다만 하나의 이치(一理)"라 하였고, 정자(程子) 말하기를 "중(中)은 (천하의) 올바른 도(道)이고, 용(庸)은 (천하에) 정하여진 이치"[95]라고 하였다.

---

94 『맹자집주(孟子集註)』「고자상(告子上)」第7章 註 "… 程子曰 在物爲理 處物爲義 體用之謂也 …"
95 『중용장구(中庸章句)』(篇題), 『논어(論語)』「옹야(雍也)」第27章 註

第一章 如下十章之標題 自費隱以下 至二十九章 如上十章之演義 其極高明而道中庸[96] 方是破題語 三十章 則從文武周公說下來 而復言仲尼之事 以明道統之有在 最後乃收拾標題語

◇ 破題: 제목의 뜻을 밝히다

제1장은 다음 열 장(十章)의 곁에 쓰인 제목(標題)과 같고「費隱章」으로부터 다음 29장까지는 앞의 열 장(十章)에 사실을 덧붙여서 알기 쉽게 설명한 것과 같다. '(마음을) 지극히 높고 분명하게 하기를 다하고 (행실은) 중용(中庸)으로 말미암아 실행하는 곳'에 이르러서 비로소 제목의 뜻을 밝혀 말해 주었다. 제30장은 문왕(文王), 무왕(武王), 주공(周公)의 일을 따라 말하기 시작하여 다시 공자(仲尼)의 일을 가지고 도학(道學)이 차례로 전하여 온 것(道統)이 남아 있음을 밝혔고, 맨 뒤에서 마침내 곁에 쓰인 제목(標題)이 되는 말로 흩어진 것들을 거둬들여 정리하였다.

中庸之理 元初是性分中本具者 故章句 自天命之性 說下來

중용(中庸)의 이치는 원래 처음부터 본성 가운데에 근본이 갖추어져 있었다. 그러므로『중용장구(中庸章句)』에서는 '하늘이 명(命)하여 부여받은 성(性)'으로부터 설명한 것이다.

君子之中庸者 爲時中故也 此主已發而言 然用未嘗離乎體 故 章句 兼不

---
96 『중용장구(中庸章句)』第27章

偏不倚言 非仲尼已兼說未發也

 '군자(君子)가 중용(中庸)을 실천하는 것'은 어느 때고 절도(節度)에 맞는 것이라고 여기기 때문이다. 이것은 '이미 드러난 것(情)'을 위주로 말한 것이다. 그러나 작용은 아직 본체를 떠난 적이 없다. 그러므로 『중용장구(中庸章句)』에서는 '치우치거나 기울지 않는 것'을 함께 말한 것이고, 공자(仲尼)가 이미 '아직 드러나지 않은 것(性)'을 함께 말했던 것은 아니다.

 以和爲時中 則可 以時中爲和 則不可 和不可該時中也 喜怒之中節 亦可謂時中 而如日用事爲之中其節者 與情之和不同 故曰 以性情言 則曰中和 以理言 則曰中庸 禹之過門 顏之在巷 非和所可包矣 君子小人 以心言 中庸反中庸 以事言 或有君子而未必皆由於中庸 又或有小人而未必皆反於中庸 君子之稱 非己有之不可 故章句下德字[97]

◇ 該(해): 겸하다

 '화(和)'를 가지고 '어느 때고 절도에 맞는 것(時中)'으로 여기는 것은 옳다 할 수 있겠으나, '어느 때고 절도에 맞는 것(時中)'을 가지고 '화(和)'라고 여기는 것은 옳지 않다. '화(和)'는 '어느 때고 절도(節度)에 맞는 것(時中)'을 겸할 수 없다. '기뻐하고 노여워함'이 절도(節度)에 맞는

---

97 『중용장구(中庸章句)』第2章 註: "君子之所以 爲中庸者 以其有君子之德 而又能隨時以處中也 (군자가 중용(中庸)을 실천하는 까닭은 그가 군자의 덕(德)을 지니고 있으면서 또 때에 따라 중도(中道)에 처할 수 있기 때문이다.)"

것도 '어느 때고 절도에 맞는 것'이라 할 수 있어서 이를테면 일상적인 일 처리가 절도(節度)에 맞는 것과 '이미 드러나서 모두가 절도에 맞는 것(情之和)'과 같지 않다. 그러므로 (유초(游酢)가) "성(性)과 정(情)을 가지고 말하면 '중화(中和)'라 하고, 이치(理)를 가지고 말하면 '중용(中庸)'이다."[98]라고 한 것이다. 우(禹)임금이 자기 집 대문 앞을 지나면서도 집에 들어가지 않은 일과 안회(顏回)가 누항(陋巷)에 살면서도 도(道)를 즐겼던 일은 화(和)에 포함되는 것이 아니다. 군자와 소인은 마음(心)을 가지고서 말하였고 '중용(中庸)'과 '중용에 어긋남(反中庸)'은 일 처리(事)하는 것을 가지고 말한 것이다. 혹 군자(君子)이면서도 반드시 중용(中庸)을 모두 따르지 못함이 있고, 또 혹은 소인(小人)이면서도 반드시 모두 중용(中庸)에 어긋나지 않음이 있다. 군자(君子)라고 불리는 것은 자기가 (군자의 德을) 지니지 아니하고서는 허용될 수가 없다. 그러기 때문에 『중용장구(中庸章句)』에서는 '덕(德)' 자를 쓴 것이다.

中字 兼中和之義 而中庸 德行也 中和 性情也 則德乃性情之德也 中庸 雖主時中而言 亦未嘗不本於未發之體 且性情之中節 便只是時中 故曰兼中和之義

'중(中)' 자는 '중화(中和)'의 의미를 겸하였으니, '중용(中庸)'은 덕(德)을 실행하는 것이요, '중화(中和)'는 성정(性情)이니, '덕(德)은 곧 성정(性情)의 덕'이다. 중용(中庸)이 비록 '어느 때고 절도에 맞는 것(時中)'을 위주로 하여 말하였지만, 일찍이 아직 드러나지 않은 본체를 근본으로

---

98 『중용장구(中庸章句)』 第2章 註 "遊氏曰 以性情言之 則曰中和 以德行言之 則曰中庸…" '以德行言之 則曰中庸'이 여기는 '以理言'으로 되어 있다.

하지 않은 적은 없다. 또한 성정(性情)이 절도(節度)에 맞는 것은 바로 다만 '어느 때고 절도에 맞는 것(時中)'이다. 그러기 때문에 중화(中和)의 의미를 겸하였다고 한 것이다.

**此下十章 章句皆作夫子之言 註家或以君子之中庸 爲子思之言 非是**

여기부터 다음 열 장(十章)을 『중용장구(中庸章句)』에서는 모두 선생님(孔子)의 말씀이라고 했다. 주석(註釋)하는 사람들이 혹 '군자(君子)의 중용(中庸)'을 가지고 자사(子思)의 말이라고 여기는데 옳지 않다.

# 第 3 章

**[槪觀]**

　공자(孔子)가 중용(中庸)의 덕(德)을 지극히 아름답다며 감탄한 대목이다. 그런데 춘추시대(春秋時代)에 이르러 위정자(爲政者)들이 중용(中庸)의 덕(德)을 망각하고 사사로운 욕심을 취하기 시작하자 천하는 어지러워지고, 백성들은 덕행(德行)을 잃게 된 현실을 한탄(恨歎)한 것이다.

> 子曰 中庸은 其至矣乎인져 民鮮能이 久矣니[99]
> 자 왈 중 용　　기 지 의 호　　　민 선 능　　구 의
>
> 공자(孔子) 말씀하시기를 중용은 아마도 (그 덕의 아름다움이) 지극한 듯하구나! (중용을) 잘 실천하는 백성들이 드문 지가 오래되었다.

◇ 其~乎: 아마도 ~듯하다

**章句大全**

　過則失中이요 不及則未至라 故 惟中庸之德이 爲至 然이나 亦人所同得이라 初無難事로대 但 世敎衰하여 民不興行이라 故 鮮能之

---

99　"民鮮能 久矣"에 대한 朱子와 鄭玄의 견해

| 朱子 | 民鮮能 久矣 (중용을 잘 실천하는 백성들이 드문 지가 오래되었다.) |
|---|---|
| 鄭玄 | 民鮮能久矣 (중용을 오래도록 잘 실천하는 백성들이 드물다.)<br>* '能'과 '久'를 붙임 |

今已久矣라 論語에 無能字라 北溪陳氏曰 至者 天下之理 無以加之謂

◇ 惟(유): 이 (어조사늑伊, 是)

  (일을 처리할 때) **지나침은 중용(中庸)에 어긋나는 것이요, 미치지 못하는 것은** (중용에) **이르지 못한 것이다. 그러기 때문에 이 중용(中庸)의 덕(德)이 지극한 것이다. 그러나** (중용의 덕은) **또 사람들이 다 같이 얻은 것이라 처음에는** (중용의 덕을 실천하는 것이) **어려운 일이 없었는데 다만 세상의 교화(敎化)가 쇠퇴(衰頹)**[100]**하여 백성들이 중용(中庸)의 도(道)를 일으켜 실행하지 않는다. 그러므로** (중용의 덕을 알고) **잘 실천함이 드문 지가 지금은 이미 오래이다.『논어(論語)』「옹야(雍也)」편에는 '能' 자가 없다.**[101] 북계 진씨 말하기를 (經文의) '至'는 천하의 이치이니 덧붙일 것이 없음을 말한다.

### 右 第三章

이상은 제3장이다.

---

100  이상정치(理想政治)를 베풀어 백성들을 평화롭게 했던 요순시대(堯舜時代)와 달리 온갖 패륜(悖倫)과 극악무도(極惡無道)한 정치로 백성들을 도탄(塗炭)에 빠뜨렸던 걸주시대(桀紂時代)를 가리킨다.

101  『논어(論語)』「옹야(雍也)」第27章 "子曰 中庸之爲德也 其至矣乎 民鮮久矣"

## 中庸疾書 第三章

人所同得 帖天命之性 初無難事 帖率性之道 世敎衰 帖修道之敎

◇ 帖(첩): 붙여 연관시키다, 결부(結付)시키다

　(『중용장구(中庸章句)』)에서 '사람들이 다 같이 얻은 것'이라 한 것은 '하늘이 부여하여 받은 본성'에다 붙여 연관(聯關)시킨 것이고, "처음에는 (중용의 덕을 실천하는 것이) 어려운 일이 아니었다."라고 한 것은 '본성을 따라 행하는 도(道)'에다 붙여 연관(聯關)시킨 것이고, "세상의 교화(敎化)가 쇠퇴(衰頹)하였다."라고 한 것은 '도(道)를 등급에 맞게 마름질하여 가르치는 것'에다 붙여 연관(聯關)시킨 것이다.

　章句云 論語無能字 按或問 人或以能久爲句 而以不能期月守者爲證 故此蓋引彼之無能字 以明鮮能之爲句也 此承小人之反中庸 而泛論之 未遽及夫不能久 故興不能期月守者 當各爲一義 則固似至矣 而然彼雖無能字 亦不害其能久之義 而只以一鮮字 爲鮮能中庸之意 均之爲未穩 且下文云 鮮能知味 語脉相似 而以鮮能爲句 未知何如也 更詳之

◇ 興(흥): 시작하다　　　　　◇ 均(균): 모두, 두루

『중용장구(中庸章句)』에서 "『논어(論語)』에는 '민선능구의(民鮮能久矣)'라는 구절에 '능(能)' 자가 없다 하였다."[102] 살펴보니『중용혹문(中庸或問)』에 어떤 사람(鄭玄)이 '오래도록 잘 실천하는 것(能久)'을 한 구(句)로 삼고서 '한 달도 잘 지키지 못하는 것(不能期月守者)'을 가지고 증거로 삼았다. 그러기 때문에 여기(『중용장구(中庸章句)』)에서는 『논어(論語)』에 '能' 자가 없는 것을 끌어다 써서 '잘할 수 있는 백성이 드물다(民鮮能)'를 한 구(句)로 삼았음을 밝힌 것이다. 이것은 '소인은 중용에 어긋나게 한다(小人之反中庸)'는 것을 이어서 뭉뚱그려 일반적으로 논(泛論)한 것이어서 '오래 할 수 없는 것(不能久)'에는 아직 군색(窘塞)하여 미치지 못한다. 그러기 때문에 '한 달도 지키지 못하는 것(不能期月守者)'으로 시작해서 각각 합당한 하나의 의미로 삼았으니, 진실로 지극하여 비슷한 듯하다. 그러나 『논어(論語)』에는 비록 '능(能)' 자가 없지만, 또한 '오래도록 잘할 수 있는 사람이 드물다(民鮮能久)'는 의미에는 해(害)가 될 것이 없다. 단지 '드물다(鮮)'는 한 글자를 가지고 '중용(中庸)을 잘할 수 있는 사람이 드물다는 뜻(鮮能中庸之意)'으로 여기는 것은 모두 온당치 않다. 또 다음 글에서는 "맛을 잘 알 수 있는 사람이 드물다. (鮮能知味)"[103]라고 하였는데, 말의 맥락이 서로 비슷한데도 '잘할 수 있는 사람이 드물다(鮮能)는 것'을 가지고 구절(句)로 삼은 것[104]은 무엇 때문인지 모르겠다. 다시 자세히 살펴보아야 할 것이다.

---

102 『중용장구(中庸章句)』第3章 註 참조
103 『중용장구(中庸章句)』第4章 "人莫不飮食 **鮮能知味也**"
104 『중용장구(中庸章句)』第3章 "… **民鮮能 久矣**", 『예기정의(禮記正義)』「中庸」 31 "… **民鮮能久矣**" 참조

# 第4章

## 4-1

**[槪觀]**

　중용(中庸)의 도(道)는 지나침이나 미치지 못함이 없는 뒤라야 얻을 수 있는 자연의 도(道)이다. 그런데 지혜가 뛰어나고 현명한 사람은 중용(中庸)의 도(道)가 부족하다고 여겨 도교(道敎)나 불교(佛敎)의 도(道)까지 찾아 밝히는 데에 전념하면서도 중용(中庸)의 도(道)를 실행하는 데는 게을리하고, 못나고 어리석은 사람은 도(道)를 실천하려고만 하였지 정작 중용(中庸)의 도(道)를 찾는 데에는 게을리한다. 그러기 때문에 공자(孔子)도 "지나침은 미치지 못함과 같다. (過猶不及)"[105]라고 한 것이다.

> 子曰 道之不行也를 我知之矣로라 知者는 過之하고 愚者는 不及
> 자왈 도지불행야　　아지지의　　　지자　　과지　　　우자　　불급
> 也니라 道之不明也를 我知之矣로라 賢者는 過之하고 不肖者는
> 야　　　도지불명야　　아지지의　　　현자　　과지　　　불초자
> 不及也니라
> 불급야

---

105　『논어(論語)』「선진(先進)」第15장 "자공(子貢)이 묻기를 '자장(師)과 자하(商)는 누가 더 현명합니까?' 공자(孔子)께서 '자장(師)은 지나치고 자하(商)는 미치지 못한다.'라고 하자, 자공(子貢)이 '그렇다면 자장(師)이 더 현명합니까?'라고 묻자, 공자(孔子)께서 '지나침은 미치지 못함과 같다.'라고 하였다. (子貢 問師與商也 孰賢 子曰 師也過 商也不及 曰然則師 愈與 子曰 過猶不及)"

> 공자(孔子) 말씀하시기를 (중용의) 도(道)가 행하여지지 않을 것을 나는 알겠다. 지혜로운 사람은 (아는 것이 中道에) 지나치고, 어리석은 사람은 (아는 것이 中道에) 미치지 못하니라. 도(道)가 밝혀지지 않을 것을 나는 알겠다. 현명한 사람은 (실천이 中道에) 지나치고, 못나고 어리석은 사람은 (실천이 中道에) 미치지 못하니라.

◇ 知: (=智) 지혜롭다

### 章句大全

　**道者는 天理之當然이니 中而已矣라** 雲峯胡氏曰 只是一道字 首章釋道也者 曰道者 事物當然之理 皆性之德 而具於心 爲下文 不可須臾離而言也 此章釋 道字 曰道者 天理之當然 中而已矣 爲下文 過不及而言也 然事物當然之理 卽是天理之當然 性之德而具於心 亦中而已矣 特具於心者 是不偏不倚之中 此是無過不及之中 章句錙銖不差也

◇ 錙: 저울눈 치　　　　　◇ 銖: 저울눈 수

　**도(道)는 당연한 하늘의 이치이니 중(中)일 뿐이다.** 운봉호씨 말하기를 단지 '도(道)' 한 글자는 첫 장의 '도라는 것(道也者)'을 해석한 것이다. '도(道)'는 사물의 당연한 이치이니 모두 본성(仁義禮智)의 덕(德)이 마음에 갖추어졌음을 말한다. 다음 글에서 '잠시도 떠날 수 없음(不可須臾離)'을 말하기 위하여 이 장에서 '도(道)' 자를 해석하여 말한 것이니, '도(道)'는 당연한 하늘의 이치인 중(中)일 뿐이다. 다음 글에서는 '지나치고 미치지 못하는 것(過不及)'을 말하였다. 그러나 사물의 당연한 이치는 바로 당연한 하늘의 이치이니 본성(本性)의 덕(德)이 마음속에 갖추어진 것도 역시 중(中)일 뿐이다. 다만 마음속에 갖추어진 것은 '치우침이나 기울어짐이 없는 중(不偏不倚之中)'이다. 이것은 '지나침이나 미치지 못함이 없는 중(無過不及之中)'이니 『중용장구(中庸章句)』는 저울눈만큼의 어긋남도 없다.

**知愚 賢不肖之過 不及은 則生稟之異 而失其中也라 知者는 知之過라 旣以道 爲不足行하고 愚者는 不及知하고 又不(知)求[106] 所以行하니 此道之所以 常不行也라 賢者는 行之過하여 旣以道 爲不足知라 不肖者는 不及行하고 又不求 所以知하니 此道之所以 常不明也라** 三山陳氏曰 世之高明 洞達識見絶人者 其持論常高 其視薄物細 故若浼焉 則必不屑爲中庸之行 如老佛之徒 本知耆也 求以達理 而反滅人類 非過乎 至於昏迷 淺陋之人 則又蔽於一曲 而暗於天理 是又不及矣 二者皆不能行道 …

◇ 洞達: (=通達) 막힘없이 환하게 통함

지혜로움과 어리석음, 현명함과 못나고 어리석음이 지나친 것과 미치지 못하는 것은 하늘로부터 부여받아 태어난 기질(氣質)이 달라서 그 중도(中道)를 잃은 것이다. 지혜로운 사람은 아는 것이 지나쳐서 처음부터 도(道)를 실천하기에 부족하다고 여기

---

106 '愚者 不及知 又不**知** 所以行'을 다음 글의 '不肖者 不及行 又不**求** 所以知'와 붙여 보면 '知'는 '求'가 되어야 한다.

고, 어리석은 사람은 (중용의 도를) **아는 데에 미치지 못하고, 또** (중용의 도를) **실천해야 하는 까닭을 찾지 않는다. 이것이 도(道) 가 항상 행하여지지 않는 이유이다.** (맡은 일을 잘 처리하는) **현명한 사람은 실천이 지나쳐서 처음부터** (중용의) **도(道)를 알기에는 부족하다고 여기고,** (중용의 도를 알지 못하는) **못나고 어리석은 사람은** (중용의 도를) **실천하는 데 미치지 못하고 또** (중용의 도를) **알아야 하는 까닭을 찾지 않는다. 이것이 도(道)가 항상 밝혀지지 아니하는 까닭이다.** 삼산진씨 말하기를 세상에 지혜가 높고 밝아서 '막힘이 없고 환히 통하여 지식과 견문이 남보다 뛰어난 사람'은 자신이 지닌 논리가 항상 높아서 자질구레하고 변변치 못한 사물을 보면 자신을 더럽히는 것처럼 여겨서 모두 중용(中庸)을 실천하는 것을 우습게 여기고 마음에 두지 않는다. 이를테면 노자(道敎)와 부처(佛敎)의 도리를 따르는 무리는 본래 지혜로운 자들이다. 이치에 통달하기를 추구하나 도리어 인류를 멸망하게 하니[107] 지나치지 않은가? 정신이 헛갈리고 흐리멍덩하며, 학문이나 생각이 얕고 말과 행동이 상스러우며 더럽고 지저분한 사람(昏迷 淺陋之人)에 미치어서는 또 한구석에 가려져서 하늘의 이치에 어두우니 이 또한 (중도(中道)에) 미치지 못하니, 두 무리(二者)는 모두 (중용의) 도(道)를 행할 수 없다. …

○ 新安王氏曰 自世俗觀之 過疑勝於不及 自道言之 其不合於中庸 則一也

---

107 노자(老子)와 부처(釋迦牟尼)의 도리(道理)를 따라 이치에 통달할 목적으로 출가(出家)하여 가정을 꾸리지 않는 까닭에 자식(子息)을 얻을 수 없게 되어서 결국 인류를 멸망케 한다는 것이다.

신안왕씨 말하기를 세상 풍속을 말미암아 널리 살펴본다면 지나침은 미치지 못함보다 나은 듯하지만, 도(道)로 말미암아 말한다면 그것이 중용(中庸)에 합치되지 못하는 것은 같다.

## 4-2

[槪觀]

앞에서는 지혜로운 사람과 어리석은 사람, 현명한 사람과 못나고 어리석은 사람을 서로 대비하여 중용의 이치(理致)를 알고, 중용의 도(道)를 실천하는 것이 중도(中道)에 지나치거나 미치지 못하는 까닭을 말하였고, 여기에서는 사람이 일상적으로 먹고 마시는 음식의 담담한 참맛을 제대로 아는 사람이 드문 이유를 가지고 중용의 이치를 알고 중용의 도(道)를 실천하는 것과 중도(中道)에 지나침이나 미치지 못함을 비유하였다.

> 人莫不飮食也이언마는 鮮能知味也니라.
> 인 막 불 음 식 야     선 능 지 미 야
>
> 사람들이 먹고 마시지 않는 이가 없건마는 그 맛을 잘 알 수 있는 이가 드물다.

**章句大全**

道不可離로대 人自不察이라 朱子曰 以飮食譬日用 味譬理 是以 有過不及之弊라

(중용의) **도는 떠날 수 없는 것인데도 사람들은 스스로 살펴 알지 못한다.** 주자(朱子) 말하기를 먹고 마시는 것을 가지고 '일상생활에

쓰는 것(日用)'에 비유하고, 맛을 가지고 '이치(理)'에 비유하였다. **이 때문에 지나치거나 미치지 못하는 폐단이 있다.**

○ 新安陳氏曰 道不可離 又提此句 以爲頭腦 人自不察 如飮食 而不知味 是以 有過不及之弊 又繳上前一節去 知者 氣淸而質欠粹 故知之過 而行不及 賢者 質粹而氣欠淸 故行之過 而知不及也

◇ 繳(교): 얽히다, 연결  ◇ 去: '之'와 同
◇ 欠(흠): 부족하다, 모자라다

　신안진씨 말하기를 '도를 떠날 수 없다'고 한 것도 이 구절을 끌어다가 핵심(頭腦)으로 삼았는데 사람들이 스스로 살펴 알지 못하고 먹고 마시면서도 그 맛을 알지 못하는 것과 같다. 이 때문에 지나치거나 미치지 못하는 폐단이 있는 것이다. 또 앞의 한 구절에 연결되니, 지혜로운 사람은 기질은 맑으나 바탕에 순수함이 부족하다. 그러기 때문에 아는 것은 지나치지만 실천에는 미치지 못하고, 어진 사람은 바탕은 순수하나 기질에 맑음이 부족하다. 그러므로 실천에는 지나치고 아는 것에는 미치지 못한다.

**右 第四章**

**이상은 제4장이다.**

中庸疾書
# 第四章

　聖人 旣曰 我知之矣 旣意非謂但知之而已也 知之 則必有救之道 惜乎 聖人不遇於時 而不能有以施措也 以我知之二字緬想其氣像 其懼抱道德 不忘天下 憫俗之切 救世之急 而不能有爲之意 溢於言外也 旣重歎其不行 而繼之以舜之大知 如舜者 卽知其不明不行之由 而有爲於民者也 故以爲大知 若夫子之知 何嘗不大 而執端用中惠 不及民者 時焉耳

◇ 旣(기): 처음부터　　　　　◇ 溢(일): 드러나다

　성인(聖人)이 처음부터 "(道가 행하여지지 않을 것을) 나는 알겠다."라고 말한 것은 처음부터 단지 그 뜻을 알고 있었을 뿐만이 아님을 이르는 것이다. 알았다면 반드시 구원(救援)할 방도(方道)가 있었을 것인데 안타깝게도 성인(聖人)이 때를 만나지 못하여 베풀어 조처(措處)할 수가 없었다. '我知(나는 알겠다)'의 두 글자를 가지고 그 기상(氣像)을 곰곰이 생각해 보니 성인(聖人)이 도덕(道德)을 (마음속에) 품고 두려워하며 천하를 잊지 않고 풍속을 근심하는 것이 절실하였고, 세상을 구제(救濟)하려는 뜻이 급(急)하였지만, 실행할 수 없었던 뜻이 말 밖으로 넘친다. 처음부터 도(道)가 실행되지 않을 것을 거듭 한탄하고, 순(舜)임금의 위대한 지혜로 이어지게 하였는데 이를테면 순(舜)임금 같은 이는 바로 도(道)가 밝혀지지 않고, 실행되지 않을 이유를 알고서 백성들에게 조처(措處)하였다. 그러므로 위대한 지혜라고 하는 것이다. 선생님(孔子)의 지혜가 어찌 위대하지 않은 적이 있었겠는가마는 (순임금처럼 좋은 것의) 양쪽 끝단을 잡고서 그 중도(中道)를 시행한 혜택이 백성들에게 미치지 못했던 것은 때(時)가 그러하였을 뿐이다.

　大學論德之不明云 氣禀也 物欲也 此但云生禀之異者 何也 此兼過與不及爲解 故物欲之蔽 特愚不肖之不及者爲然 不屬於賢知也 然其所謂賢知 畢竟 當行而不行 當知而不知 則其歸與愚不肖 何別

『대학(大學)』에서는 덕(德)이 밝혀지지 않음을 논(論)하면서 타고난 기질과 외물에 대한 욕심을 말하였는데, 여기에서는 단지 타고난 기질이 다른 것만 말하는 것은 무엇 때문인가? 여기서는 지나침과 미치지 못함을 겸하여 해석하였기 때문에 외물의 유혹에 가려지는 것은 단지 어리석고 못나서 미치지 못하는 사람들이 그러하고, 현명하고 지혜로운 사람들은 거기에 속하지 않는다. 그러나 그것을 현명하고 지혜롭다고 하는 것도 결국에는 당연히 실행해야 하는 데도 실행하지 않으며 당연히 알아야 하는 데도 알려고 하지 않는다면, 현명하고 지혜로운 사람이라도 못나고 매우 어리석은 데로 돌아가게 되는 것과 무엇이 다르겠는가!

　○ 中庸 平常之理也 如日用茶飯 人未有知其爲味之至也 若珍異之饌 人豈有飮食 而不知味者 朱子以平常訓庸 可謂得其旨矣

◇ 豈(기): (≒其) 그

  중용(中庸)은 평상의 이치이다. 이를테면 날마다 차(茶)를 마시고 밥을 먹으면서도 사람들은 그 맛이 지극하다는 것을 아직 알지 못하는 것과 같다. 유별나고 진기한 반찬을 사람들은 그것을 먹고 마시면서도 맛을 알지 못하는 것과 같으니, 주자(朱子)가 '평상(平常)'으로써 '용(庸)'을 주해(註解)한 것은 그 뜻을 터득했다고 할 수 있다.

  此云鮮知 則不明也 賢不肖之過不及在其中 下文云 不行 則智愚之過不及在其中

  여기에서 "(맛을) 아는 사람이 드물다. (鮮知)"라고 한 것은 '(道가) 밝혀지지 않는다(不明)'는 것이니, '현명한 사람과 못나고 어리석은 사람의 지나침과 미치지 못함'이 그 가운데 달려 있다. 다음 글에 "(道가 아마도) 행하여지지 않을 것이다. (不行)"라고 한 것은 '지혜로운 사람과 어리석은 사람의 지나침과 미치지 못함'이 그 가운데 달려 있다.

# 第 5 章

**[槪觀]**

   매일 음식을 먹고 마셔야 하듯 사람은 도(道)를 떠나서는 살 수가 없는데 중용(中庸)의 이치(理致)를 알고 실천함이 중도(中道)에 지나치거나 미치지 못한다. 그러기 때문에 중용의 도(道)가 밝혀지지 못하고 실행되지 못하는 까닭을 공자(孔子)가 한탄하여 앞 장을 이어서 결론한 것이다.

> **子曰 道其不行矣夫인져**
> 자 왈 도 기 불 행 의 부
>
> **공자(孔子) 말씀하시기를** (중용의) **도(道)가 아마도 실행되지 못할 듯하구나**

◇ 其~矣夫: (≒其~乎) 아마도 ~일 듯하다

**章句大全**

  **由 不明故로 不行이라** 雙峯饒氏曰 此章承上章 鮮能知味之知而言 道由不明 所以不行

  (중용의 도가) **밝혀지지 못했기 때문에** (중용의 도가) **실행되지 못한 까닭이다.** 쌍봉요씨 말하기를 이 장은 앞 장을 이어받아서 "맛을 잘 아는 사람이 드물다. (鮮能知味)"의 '아는 것(知)'을 말하여 도(道)

150  中庸의 精解

가 밝혀지지 못한 것으로 말미암아 도(道)가 실행되지 못하는 까닭을 말하였다.

**右 第五章이라 此章은 承上章 而擧其不行之端하여 以起下章之意라**

**이상은 제5장이다. 이 장은 앞 장을 이어서 중용의 도(道)가 실행되지 못하는 단서를 들추어서 다음 장의 뜻을 시작하였다.**

○ 雲峯胡氏曰 前章 民鮮能 是兼知行言 鮮能知味 是指知而言 此章 道其不行 又指行而言

운봉호씨 말하기를 앞 장의 "백성들이 잘하는 이가 드물다. (民鮮能)"라고 한 것은 (중용의 도를) '아는 것과 실행하는 것(知行)'을 겸하여 말하였고, "맛을 잘 아는 이가 드물다. (鮮能知味)"라고 한 것은 '알고 있는 것(知)'을 가리켜서 말한 것이다. 이 장의 "(중용의) 도가 아마도 행하여지지 않을 것이다. (道其不行)"라고 한 것은 또 (중용의) '실행(行)'을 가리켜서 말한 것이다.

中庸疾書

# 第五章

　　上章言 道之不行 據今之不行而言也 此章言 道其不行 是推將來之必然也 看之字 其字可見 孔子雖知其弊之所由 下以爲臣 無可爲之勢 故歎其終不可復行也 此章 總結上三章 下章又擧古昔行道之事爲證

　　앞 장에서 "(중용의) 도(道)가 실행되지 않을 것(道之不行)"이라고 말한 것은 지금 행하여지지 않는 것을 근거로 말한 것이다. 이 장에서 "(중용의) 도(道)가 아마도 실행되지 못할 것이다. (道其不行)"라고 한 것은 앞으로 반드시 그러할 것이라고 미루어 말한 것이다. (앞 장 '道之不行'의) '지(之)' 자와 (이 장 '道其不行'의) '기(其)' 자를 보면 알 수 있다. 공자(孔子)는 비록 중용의 도(道)가 실행되지 못하는 폐단(弊端)의 이유를 알았으나, 지위가 낮은 신하였기 때문에 (중용의 도를) 실행할 수 있는 권세(權勢)가 없었다. 그러므로 중용(中庸)의 도(道)가 끝내는 다시 실행될 수 없음을 탄식한 것이다. 이 장은 앞의 세 장을 총괄하여 결론지었고, 다음 장은 또 오랜 옛날에 도(道)가 실행되었던 일을 들추어서 증거로 삼았다.

# 第 6 章

**[槪觀]**

앞 장에서는 중용의 도(道)가 밝혀지지 못하여 다시 실행되지 못하게 된 것을 한탄(恨歎)했던 반면, 여기에서는 순(舜)임금이 일상에서도 중용의 도(道)를 실천하여 성인(聖人)이 된 까닭을 찬탄(讚歎)하여 중용의 도(道)를 아는 일을 말하였다.

子曰 舜은 其大知也與신져 舜이 好問而好察邇言하사대 隱惡而揚善하시며 執其兩端하사 用其中於民하시니 其斯以爲舜乎신져
자왈 순  기대지야여    순   호문이호찰이언    은악이 양선       집기양단        용기중어민      기사이위순호

공자(孔子) 말씀하시기를 순(舜)임금은 아마도 크게 지혜로우셨을 것이다. 순(舜)임금은 묻기를 좋아하고 평범한 말의 이치를 살펴 알기를 좋아하였으며, 좋지 않은 것은 숨겨 주고, 좋은 것은 드러내어 밝히고 칭찬하였으며, (좋은 것의) 양 끝단을 잡고서 백성들에게 그 중도(中道)를 쓰셨으니, 아마도 이러한 것이 순(舜)임금이 된 까닭일 것이다.

◇ 知: (≒智) 지혜롭다   ◇ 其~也與: (≒其 ~ 乎) 아마도 ~일 것이다

**章句大全**

舜之所以 爲大知者는 以其 不自用 而取諸人也라 朱子曰 舜本自知

又能合天下之知 爲一人之知 而不自用其知 此其知之 所以愈大也 若只據一己所有 便有窮盡 **邇言者는 淺近之言이로되 猶必察焉하니 其無遺善을 可知라** 伊川先生曰 造道深後 雖聞常人言語 莫非至理 **然 於其言之未善者에는 則隱而不宣하고 其善者에는 則播而不匿하니 其廣大光明 又如此 則人孰 不樂告以善哉아** 朱子曰 言之善者播揚之 不善者隱匿之 則善者愈樂告以善 而不善者 亦無所愧 而不惜言也 求善之心 廣大光明如此 人安得不盡言來告 而吾亦安得不盡 聞人之言乎

**순(舜)임금이 크게 지혜로운 사람이 되는 까닭은 자신의 지혜만을 사용하지 않고, 천하 여러 사람의 지혜를 모을 수 있었기 때문이다.** 주자(朱子) 말하기를 순(舜)임금은 본래 지혜로운 사람인데 또 천하의 지혜를 모아서 한 사람의 지혜로 삼을 줄 알았고, 자신의 지혜만을 쓰지 않았으니 이것이 그 지혜가 더욱 큰 까닭이다. 만약 단지 자기 한 사람이 지닌 지혜에만 의지했더라면, 바로 지혜가 다하여 없어져 버렸을 것이다. **'평범한 말'이란 천박하며 평범한 말이지만, 오히려 반드시 그 이치를 살펴 알았으니, 순(舜)임금이 좋은 것은 버리지 않았다는 것을 알 수 있다.** 이천(伊川) 선생 말하기를 "도(道)에 깊게 나아가고 난 뒤에는 비록 보통 사람들의 주장이나 말을 듣게 되더라도 지극한 이치가 아닌 것이 없게 된다."라고 했다. **그러나 그 말이 좋지 않은 것은 숨겨 주기는 하면서도 드러내지 않았고, 그 말이 좋은 것은 퍼뜨리기는 하면서도 숨기지 않았으니, 순(舜)임금의 선(善)을 추구하는 마음이 넓고 크며, 좋은 일을 퍼뜨려 숨기지 아니함이 밝고 환하기가 또 이와 같았으니, 그 누가 좋은 말로써 즐거이 말해 주지 않았겠는가?**

○ 新安陳氏曰 隱惡 見其廣大 能容揚善 見其光明 不蔽

신안진씨 말하기를 선(善)하지 않은 것을 숨겨 주는 것은 순(舜)임금의 지혜가 넓고 큰 것이 드러난 것이고, 좋은 것을 받아들여 드러내어 밝히고 칭찬하는 것은 밝게 빛나는 순(舜)임금의 지혜가 드러나서 가릴 수 없는 것이다.

**兩端은 謂衆論不同之極致라 蓋凡物이 皆有兩端하니 如 小大厚薄之類라 於善之中에 又執其兩端 而量度(탁)以取中 然後에 用之하니 則其擇之審 而行之至矣라 然非在我之權度가 精切不差면 何以與(예)此요 此는 知之所以 無過不及 而道之 所以行也**

'양쪽 끝(兩端)'은 여러 주장이 같지 않은 것이 지극한 데에 이른 것을 말하니, 대개 보통의 사물에는 모두 양쪽 끝이 있다. 이를테면 크고 작음과 얇고 두터움 따위다. 좋은 것의 가운데에서도 양쪽 끝을 잡고 헤아려서 중도(中道)를 취한 다음에 썼으니 그 선택이 매우 자세하고 실천이 지극한 것이다. 그러나 자신에게 있는 규칙이나 법도(法度)가 정밀하고 적절하여 어긋남이 없는 사람이 아니면 어떻게 이(舜임금)에 나란히 하겠는가. 이것은 아는 것이 지나침이나 미치지 못함이 없는 까닭에 도(道)가 행하여지게 된 이유이다.

右 第六章이라 此章言 知之事

**이상은 제6장이다.** 이 장은 (舜 임금이 중도를 행한) 지혜로운 일을 말하였다.

中庸疾書
# 第六章

舜有聖人之德 而得君師之位也 故曰 用其中於民 言民 則已與耕稼陶漁時異矣 至於孔子 道旣不行 則特擧古之事 見今之不然 自舜以後 至於文武周公 道統有在 而其行事者也 其有德無位 惟吾夫子爲然 子思編此於道其不行之下 其旨微哉 然論舜之德 而乃以知爲言 則其爲建德之一可見 故章句云然

순(舜)은 성인의 덕(德)을 지니고서 임금과 스승의 지위를 얻었다. 그러기 때문에 "백성들에게 그 중도(中道)를 썼다. (用其中於民)"라고 말한다. '백성'이라고 말한 것은 자기가 밭을 갈아 농사를 짓고 그릇을 구우며 고기잡이하던 때와는 다르다. 공자(孔子)에 이르러서는 도(道)가 이미 행하여지지 않아서 단지 옛일을 들추어서 지금은 그렇지 못함을 드러낸 것이다. 순(舜)으로부터 이후로 문왕(文王)과 무왕(武王), 주공(周公)에 이르기까지는 도(道)를 전(傳)하는 계통이 남아 있어서 도(道)를 전하는 일을 한 사람들이다. 덕(德)을 지녔으면서도 지위가 없었던 것은 오직 우리 선생님(孔子)만이 그러하셨다. 자사(子思)가 "도(道)가 아마도 행하여지지 않을 것 같구나. (道其不行)"라고 한 다음에 이 장(章)을 배열한 것은 그 뜻이 어렴풋하여 드러나지 않는다. 그러나 순(舜)임금의 덕(德)을 논하면서 비로소 지혜를 가지고 말하였으니, 그것은 덕(德)을 세우는 것과 같다는 것을 알 수 있다. 그러기 때문에 『중용장구(中庸章句)』에서 그렇게 말한 것이다.

中庸 是日用常行者 五倫是也 五教之備 自舜始 孟子云 舜使契爲司徒 教人以人倫 又各羣聖之所長 而曰舜明於庶物 察於人倫 故於此 特以舜爲言 所謂執端用中 無非五倫中事

◇ 中(중): 부합(符合)하다, 들어맞다

중용(中庸)은 날마다 쓰고 평상적으로 실행하는 것이니 오륜(五倫)이다. 오륜의 가르침(五教)이 갖추어진 것은 순(舜)임금으로부터 시작되었다. 맹자(孟子)가 말하기를 "순(舜)임금은 설(契)을 사도(司徒)로 삼아 인륜(人倫)을 가지고 사람들을 가르치게 하였다."[108] 또 각각 성인(聖人)들의 좋은 것에서 "순(舜)은 여러 사물의 이치에 대하여 분명히 알 수 있었고, 인륜의 이치를 상세히 살펴서 알 수 있었다."[109] 그러므로 여기에서는 단지 순(舜)임금의 일을 가지고 말해 준 것이다. 이른바 "좋은 것

---

108 『맹자(孟子)』「등문공상(滕文公上)」第4章 "… 使契爲司徒 教以人倫 父子有親 君臣有義 夫婦有別 長幼有序 朋友有信 …"
109 『맹자(孟子)』「이루하(離婁下)」第19章

의 양쪽 끝단을 잡고 그 중(中)을 백성들에게 썼다. (執其兩端 用其中於 民)"라고 한 것은 오륜(五倫)에 들어맞는 일이 아닌 것이 없다.

孟子曰 大舜 有大焉 善與人同 舍己從人 樂取於人以爲善 自耕稼陶漁 以至爲帝 無非取於人者 取諸人以爲善 是與人爲善者也 故君子莫大乎與人爲善 此承子路之喜聞過 大禹之拜善言 則其要 只是好聞察言之事也 又曰 聞一善言 見一善行 若決江河 沛然莫之能禦也 與此章之文 合以觀之 可見其有天下 而不與之氣像也 而好問察言 雖若小然 然大舜之 所以爲大 只存乎與人爲善 則舜之治天下 其道不過如是而已

맹자(孟子)는 "위대한 순(舜)임금은 더욱 훌륭하였으니, 좋은 것은 다른 사람들과 함께하며 자신의 (좋지 않은 점을) 버리고 다른 사람의 (좋은 점을) 따랐으며, 다른 사람이 좋은 일을 행하는 것을 받아들여 즐겼다. 밭 갈고 농사지으며 그릇을 굽고 고기잡이할 때로부터 천자(天子)가 되기에 이르기까지 다른 사람의 (좋은) 것을 받아들이지 않은 적이 없었다. 모든 다른 사람이 행하는 좋은 일을 받아들이는 것은 다른 사람과 같이 좋은 일을 행하는 것이다. 그러므로 군자(君子)가 다른 사람과 함께 좋은 일(善)을 행하는 것보다 더 큰 것은 없다."[110]라고 하였다. 이것은 자로(子路)가 '자신의 잘못을 들으면 기뻐하였고', 우(禹)임금은 '좋은 말을 들으면 절(拜)을 한 것'의 요점은 단지 '(남에게) 듣기를 좋아하고 평범한 말이라도 상세히 살펴 알았던 일'을 이은 것이다. 또 "한 마디 좋은 말을 듣거나, 한 가지 좋은 행실을 보면 (실행에 옮기

---

110 『맹자(孟子)』「공손추상(公孫丑上)」第8章

는 것이) 마치 큰 강물을 터뜨리는 것 같아서 매우 세차게 쏟아지는 물을 (아무도) 막을 수가 없다."[111]라고 했으니, 이 장(章)의 글과 짝지어서 살펴본다면 순(舜)임금이 천하를 소유하였으면서도 (의심하거나) 간여(干與)하지 않은 타고난 성품과 몸가짐을 알 수 있다. 묻기를 좋아하고 평범한 말도 상세히 살피고 아는 것이 비록 작은 것 같기는 하지만, 그러나 위대한 순(舜)임금을 훌륭하다고 여기는 이유는 단지 다른 사람과 좋은 일을 함께하는 것을 간직하고 있었다는 것이니, 순(舜)이 천하를 잘 다스렸던 방법도 이와 같은 데에 지나지 않았을 뿐이다.

**揚善 便是與人爲善也**

'좋은 것을 드러내어 밝히고 칭찬하는 것'은 바로 다른 사람과 함께 좋은 일을 행하는 것이다.

凡事 有大小厚薄之兩端 若就其中而執之 爲大小厚薄之間 則旣謂執中無權者也 如墨氏[112] 厚之極也 而忠臣孝子 當危亂之際 有摩頂放踵 而爲之也 楊氏[113] 薄之極也 而避世遐遯 亦有不必拔一毛者 當此之時 則此皆爲執中 故量其厚薄 取其可而已矣 執其兩端者 亦謂兼總兩端 隨時處中 當厚而厚

---

111　『맹자(孟子)』「진심상(盡心上)」第16章
112　『맹자(孟子)』「진심상(盡心上)」第26章 "墨子는 모두를 사랑하니 이마를 부딪치고 갈아서 발끝까지 이르게 되더라도 천하가 이롭다면 실행한다. (墨子兼愛 摩頂放踵 利天下爲之)"라는 것이니 너무 지나쳐서 중도를 잃은 것(失於太過者)이다.
113　위와 같은 곳 "楊子는 나를 위하는 것에 겨우 만족하니 터럭 한 가닥을 뽑으면 천하가 이롭다 해도 실행하지 않는다. (楊子取爲我 拔一毛而利天下 不爲也)"라는 것이니 미치지 못하여 중도를 잃은 것(失之不及者)이다.

當薄而薄 當大而大 當小而小 不使滯於執一也 章句云 量度(而就)以取[114]中 宜以此意看也 或問則云 執其不同之極處 而求其義理之至當 若其未然 則又 安能先識彼兩端之爲過不及 而不可行哉 此說未然 語類有七條所論 姑擧其 一 曰 或極厚者說得是 則用極厚 而極薄者說得是 則用極薄 厚薄之中者說 得是 則用厚薄之中 不是 棄其兩頭不用 而但取兩頭之中也[115] 乃以折中之 說 爲子莫執中[116] 而謂或問所論意都錯 則此乃後出之定論 不可不察

　보통 일에는 크고 작은 것, 두텁고 야박함의 두 끝이 있다. 만약 그것의 중(中)을 따라서 크고 작은 것, 두텁고 야박함의 사이를 잡았다고 한다면, 이미 중(中)을 잡아서 저울질할 것도 없다는 말이다. 이를테면 묵씨(墨翟)는 (남을 사랑함이) 지나치게 두터워서 충신과 효자는 위태롭고 어지러울 때를 당하여서는 이마부터 갈아서 발꿈치에까지 이르게 되더라도 실행하여야 한다고 하고, 양씨(楊朱)는 (남을 사랑함이) 지나치게 야박하여 어지러운 세상을 피하여 먼 곳에 숨어 살면서도 (남을 위해서는) 굳이 털 한 가닥도 뽑지 않는다. 이때를 당하면 이들은 모두 중(中)을 지킨다. 그러므로 그 두텁고 야박함을 헤아려 실행이 가능한 것을 취할 뿐이다. '(좋은 것)의 양쪽 끝을 잡는다(執其兩端)'는 것은 또 (좋은 것의) 양쪽 끝을 모두 겸하여 때에 따라 (좋은 것의) 중(中)에 머무르며 두텁게(厚) 할 때를 만나면 두텁게(厚) 하고, 야박하게(薄) 할 때를 만나면 야박하게(薄) 하고, 크게 해야 할 때를 만나면 크게 하고, 작게 해야 할 때를 만나면 작게 하여서 한 가지만 굳게 지키는 데에 머무

---

114　'而就'는 『중용장구(中庸章句)』의 '以取'를 잘못 옮긴 듯하다.
115　『주자어류(朱子語類)』 卷 63-25
116　『맹자(孟子)』「진심상(盡心上)」第26章

르지 않도록 하는 것이다. 『중용장구(中庸章句)』에서 "헤아려서 중도(中道)를 취한다. (量度以取中)"라고 한 것도 마땅히 이러한 뜻으로 보아야 한다. 『중용혹문(中庸或問)』에 "(좋은 것의 양쪽 끝이 아닌) 다른 끝을 잡고서 올바른 이치의 지극히 당연함을 찾는다. 만약 그것이 그렇지 않다면 또 어찌 저 양쪽 끝이 지나치거나 미치지 못하게 되어서 행하여지지 않을 것을 먼저 알 수 있겠는가?"라고 했는데 이 말은 그렇지 않다. 『주자어류(朱子語類)』에 일곱 조목(條目)으로 논(論)한 것이 있는데 우선 그 한 가지를 말하자면 "가령 지극히 두텁게(厚) 하자는 주장이 옳으면 지극히 두터운(厚) 것을 쓰고, 지극히 야박(薄)하게 하자는 주장이 옳으면 지극히 야박(薄)한 것을 쓰며, 두텁고 야박함의 중(中)을 주장하는 것이 옳으면 두텁고 야박함의 중(中)을 쓰는 것은 옳지 않다. 그 양쪽 끝을 버리고 쓰지 않고서 단지 양쪽 끝의 중(中)만을 취하는 것이다." 하였다. 더구나 여러 학설을 모으고 선택하여 중(中)을 판단하는 주장을 '자막의 집중(子莫執中)'[117]으로 여겨서 『중용혹문(中庸或問)』에서 논(論)한 뜻을 모두 잘못이라 한다면 이것은 곧 뒤에 확정된 이론이 나올 것이니 자세히 살펴 알아보지 않을 수가 없다.

善則播之 惡亦容焉 故廣大 至於察其善惡 則光明

좋은 것은 널리 퍼뜨리고, 좋지 않은 것도 (너그러운 마음으로) 받아

---

117 『맹자(孟子)』「진심상(盡心上)」 제26장 "자막(子莫)은 '中'을 선택하여 지켰으니 (성인의 도에) 가깝기는 하였으나, 저울질하여 헤아림 없이(융통성 없는) '中'만을 지켰으니 오히려 하나만을 굳게 지킨 것과 같음이니라. 子莫 執中 執中 爲近之 執中無權 猶執一也" 참조

들인다. 그러기 때문에 (좋은 것을 찾는 마음이) 넓고 커서 그 좋고 좋지 않음을 상세히 살펴 아는 데에 이르면 (좋은 것을 드러내어 밝히고 칭찬하는 마음이) 밝게 빛나고 분명하게 된다.

○ 權然後知輕重 度(탁)然後知長短 輕重長短 卽物之兩端 而我所以別之者 權度也 察則精 執則切

◇ 度(탁): (자로) 재다, 헤아리다　　　◇ 精(정): 총명하다
◇ 切(절): 정성스럽다

저울질한 다음에 무게를 알고 (자로) 재어 본 다음에 길이를 안다. 가볍고 무거움, 길고 짧음은 바로 사물의 두 끝이니, 내가 구별하는 방법은 저울질하고 (자로) 재어 보는 것이다. 이치를 상세히 살펴 아는 것은 총명(聰明)함이요, (좋은 것을 택하여) 잘 지키는 것은 정성(精誠)스러운 것이다.

# 第 7 章

**[概觀]**

　공자(孔子)가 "지나침은 미치지 못함과 같다. (過猶不及)"[118]라고 했다. 지혜가 지나친 나머지 자신의 지혜를 믿고 중용(中庸)의 도(道)를 벗어나 권모술수(權謀術數)로 부귀영화(富貴榮華)를 꾀하지만, 자신이 그물과 함정 속에 빠져드는 재앙(災殃)을 불러오게 된다는 것은 모른다. 뒤늦게 중용(中庸)의 도(道)를 깨달았다 할지라도 결국은 한 달도 지켜 내지 못하고 또다시 그물과 함정 속을 향하고 만다

子曰 人皆曰予知로대 驅而納諸(저) 罟擭(확)陷阱之中 而莫之知辟
자왈 인개왈여지　　　　구이납　　　고　확　함정지중 이막지지피
也하며 人皆曰予知로대 擇乎中庸 而不能期月守也니라
야　　　인개왈여지　　택호중용 이불능기월수야

　공자(孔子) 말씀하시기를 "사람들은 모두 '나는 지혜롭다.'라고 말하지만, 몰아서 그물과 함정 속에 집어넣는 데도 피할 줄을 모르고, 사람들은 모두 '나는 지혜롭다.'라고 말하지만, 중용(中庸)을 선택하였으면서도 한 달을 지켜 내지 못하느니라."

◇ 知: 智와 同　　◇ 擭(확, 화): 덫　　◇ 辟(피): 避와 同

---

118 『논어(論語)』 「선진(先進)」 第15章 참조

### 章句大全

罟는 網也[119]요 擭은 機檻(함)也요 陷阱은 坑坎也니 皆所以 掩取 禽獸者也라 格庵趙氏曰 此譬 禍機所伏 擇乎中庸은 辨別衆理하여 以求所謂中庸이니 即上章 好問用中之事也라 期月은 匝一月也라 新安陳氏曰 匝 周也 期年 是周一年 期月 是周一月 **言知禍而不知辟하여 以況能擇 而不能守하니 皆不得爲知也라**

◇ 周: 週와 同
◇ 以況: 比와 同 (~에 비유하다)
◇ 坑: 가로 방향의 함정
◇ 坎: 세로 방향의 함정
◇ 匝(잡): 周와 同 (한 바퀴) 돌다

'罟'는 그물이요 '擭'은 덫의 기틀이요 '함정(陷阱)'은 갱도와 구덩이이니 모두 숨겨 가리고서 짐승을 잡는 방법이다. 격암조씨는 이것을 비유하자면 화(禍)의 기틀이 엎드려 숨어 있는 것이라고 했다. '중용(中庸)을 선택하는 것'은 여러 가지 이치를 가지고 변별하여 중용(中庸)을 찾는 것을 말하니, 바로 앞 장(章)의 '묻기를 좋아하고 (좋은 것의) 중(中)을 쓰는 일(好問用中之事)'이다. '기월(期月)'은 한 달이 한 바퀴 돈 것이다. 신안진씨는 '잡(匝)'은 '(한 바퀴) 도는 것(周)'이다. '기년(期年)'은 일 년이 (한 바퀴) 돈 것이고, '기월(期月)'은 한 달이 (한 바퀴) 돈 것이라고 했다. **'화(禍)를 알면서도 피할 줄 모르는 것'을 말하여서 '중용(中庸)을 잘 선택하고서도 잘 지켜 내지 못하는 것'에 비유한 것이니,** (이들은) **모두 지혜가 될 수 없는 것**

---

119  '고(罟)'는 고기를 잡는 그물이고 '망(網)'은 새를 잡는 그물이다.

들이다.

○ 雙峯饒氏曰 知屬貞 貞者正而固 正固二字 方訓得貞字 知得雖是正了 仍舊要固守 所以說貞者事之幹 又曰分而言之 則擇固謂之知 然能擇而不能守 亦不得謂之知 此章 雖引起下章 仁能守之說 然仍舊重在知字

◇ 仍舊: 여전히, 예전처럼

쌍봉요씨 말하기를 '지혜롭다는 것'은 '정(貞)'에 속하니 '貞'은 바르면서 견고한 것이다. '正固(바르고 견고하다)' 두 글자가 있어야 비로소 '貞' 자를 풀이할 수 있다. 지혜가 비록 바름을 얻었을지라도 여전히 굳게 지키려고 해야 하니, '貞'을 일의 근간(根幹)이라고 말하는 이유이다. 또 이것을 나누어서 말한다면 '선택해서 굳게 지키는 것을 지혜(知)'라고 말할 수 있다. 그러나 '잘 선택하였지만 잘 지켜 내지 못하는 것' 역시 지혜라고 말할 수 없다. 이 장(章)은 비록 다음 장(章)의 인(仁)을 잘 지킨다는 말을 끌어다 시작하였다. 그러나 여전히 중요한 것은 '知' 자에 달려 있다.

**右 第七章이라 承上章 大知而言하고 又擧 不明之端하여 以起下章也라**

이상은 제7장이다. 앞 장을 이어서 크게 지혜롭다는 것을 말하였고, 또 (중용의 道가) 밝혀지지 못한 단서를 들추어서 다음 장을 시작하였다.

中庸疾書
# 第七章

    章句曰 言知禍而不知避[120] 以況能擇而不能守 然則予知駈而納之[121]罟擭陷阱之中十二字 屬之知禍 予知擇乎中庸六字 屬之能擇 兩知字 皆作平聲讀也[122] 章句何不曰 知擇也 禍自外至 而擇在吾身 且下文云 不能期月守 則是能擇而不能守者也 故對勘而云爾

◇ 避(피): 辟과 同    ◇ 駈(구): '驅'의 俗字    ◇ 讀(독): 이해하다

    『중용장구』에서 "화(禍)가 (닥쳐올 것을) 알면서도 피할 줄 모른다."라고 말하여 (中庸을) 잘 선택하고도 지켜 내지 못함에 비유하였다. 그렇다면 "몰아서 그물과 함정 속에 집어넣는 것을 나는 안다."라는 열두 글자는 '화(禍)가 닥쳐올 것을 안다.'에 속하고 "나는 중용을 선택할 줄 안다."라는 여섯 글자는 '선택을 잘하는 것'에 속한다. 두 '(予知의) 지(知)' 자는 모두 (거성(去聲)인 '지혜'가 아니고) 평성(平聲)인 '알다'의 뜻

---

120  『중용장구(中庸章句)』의 '辟'가 여기에서는 '避' 자로 되어 있다.
121  『중용장구(中庸章句)』의 '諸'를 여기에서는 '之' 자로 썼다.
122  『중용장구(中庸章句)』에서 朱子는 '予知'의 '知' 자는 거성(去聲)으로 읽어야 한다(予知之知 去聲)고 하였으니 '지혜롭다(智)'의 뜻이다. 그러나 『중용질서(中庸疾書)』에서 星湖 李瀷은 평성(平聲)으로 읽어야 한다고 하였으니 '안다(知)'의 뜻이다.

으로 이해하여야 한다. 『중용장구(中庸章句)』에서는 무엇 때문에 "선택할 줄 안다."라고 말하지 않았는가? 화(禍)는 밖으로부터 이르는 것이고 선택하는 것은 나 자신에 달려 있기 때문이다. 또 다음 글에서 "한 달을 지켜 낼 수 없다."라고 한 것은 (중용을) 잘 선택하고서도 지켜 내지 못하는 것을 말한 것이다. 그러므로 맞추어 보고 헤아려서 말했을 뿐이다.

中庸 君子之所難 而利害衆人之所明也 利害之中 利或商量而不趨 害 則急切 而未有不避 故其衆人 所同情者 又莫如避禍 然罟擭陷阱 察之甚易 而猶莫避 則況於中庸之難乎

◇ 莫如~: ~만한 것이 없다

'중용(中庸)'은 군자(君子)라도 실천하기 어려운 것이고 '이득과 손해(利害)'는 보통 사람도 밝은 것이다. 이해(利害) 가운데에는 어떤 경우에는 이득을 헤아려 잘 생각하고서도 따르지 않고, 손해(損害)에 대하여는 다급하고 절박하여도 피하지 못하는 경우가 있다. 그러므로 보통 사람들이 다 같이 생각하기로는 화(禍)는 피하는 것만 한 것이 없다는 것이다. 그러나 그물과 덫과 함정은 상세히 살펴 알기가 매우 쉬운데도 오히려 피하지 못하니, 하물며 중용(中庸)을 실천하기 어려움에 비유하겠는가!

# 第 8 章

**[槪觀]**

『논어(論語)』에 공자(孔子)가 제자들의 사람 됨됨이를 말하면서 수제자(首弟子)였던 안연(顏淵)에 대하여 "그 마음이 석 달 동안이나 인(仁)에서 떠나가지 않았다. (回也 其心三月不違仁)"[123]라고 했다. 석 달은 사계절(四季節) 가운데 한 계절(季節)이니, 한 계절을 지켜 낼 수 있다면 평생토록 중용(中庸)의 도(道)를 지켜 실천할 수도 있음을 말해 주는 대목이다.

子曰 回之爲人也 擇乎中庸하여 得一善 則拳拳腹膺 而弗失之矣
자왈 회지위인야 택호중용   득일선 즉권권복응 이불실지의
니라

공자(孔子) 말씀하셨다. 안회(顏回)의 사람됨은 중용(中庸)을 선택하여 한 가지 좋은 것(중용의 이치)을 깨달았으면 잘 받들어 가슴속에 간직하고서 잃지 않았느니라.

◇ 得(득): 깨닫다

**章句大全**

回는 孔子弟子顏淵 名이라 拳拳은 奉持之貌라 服은 猶著(착)也요 膺은 胸也니 奉持 而著(착)之心胸之間이니 言 能守也라 顏子 蓋

---
123  『논어(論語)』「옹야(雍也)」第5章

**眞知之라 故 能擇能守가 如此라 此는 行之所以 無過不及 而道之 所以明也라** 程子曰 大凡於道 擇之則在乎知 守之則在乎仁 斷之則在乎勇

◇ 著(착): 붙이다

'회(回)'는 공자(孔子)의 제자 안연(顏淵)의 이름이다. '拳拳'은 받들어 지키는 모습이다. '服'은 '붙이는 것(著)'과 같다. '膺'은 가슴이니, (拳拳服膺은) 받들어 지키는 것을 가슴속에 붙여 두게 되니 '잘 지킨다(能守也)'고 말하는 것이다. 안자(顏淵)는 아마도 진실로 중용(中庸)을 알았던 것 같다. 그러므로 (중용을) 잘 선택하고 잘 지키는 것이 이와 같았다. 이것은 실천하는 데에 지나침이나 미치지 못함이 없는 까닭이고 (중용의) 도(道)가 밝혀지게 된 까닭이다. 정자(程子) 말하기를 "대체로 보아 도(道)를 선택하는 것은 지(知)에 달려 있고, 지켜 나가는 것은 인(仁)에 달려 있고, 결단하여 실천하는 것은 용(勇)에 달려 있다."라고 하였다.

○ 朱子曰 舜大知章 是行底意多 回擇中章 是知底意多 用其中者舜也 擇乎中庸得一善 拳拳服膺 而不失者 顏子也 夫顏子之學 所以求爲舜者 亦在乎精擇 而敬守之耳 蓋擇之不精 則中不可得 守不以敬 則雖欲其 一日 而有諸己 且將不能 尙何用之可致哉

◇ 精(정): 가장 좋다

주자(朱子) 말하기를 「순대지장(舜大知章)」[124]은 '실천(行)'하려는 뜻이 많고, 안회(顔回)의 「회택중장(回擇中章)」[125]은 '지혜롭다(知)'는 뜻이 많다. (좋은 것의) 중(中)을 쓴 것은 순(舜)임금이고, 중용을 택하여 한 가지 좋은 이치를 깨달았으면 받들어서 가슴속에 간직하고 잃지 않으려고 한 사람은 안자(顔子)이다. 안자(顔子)의 학문은 순(舜)임금처럼 되는 방법을 찾는 것이고, 또 가장 좋은 것을 선택해서 공경히 지키는 데에 달려 있었을 뿐이다. (중용의 도를) 선택한 것이 가장 좋은 것이 아니면 중(中)을 얻을 수가 없다. 공경으로 지키지 않으면 비록 하루 동안이라도 그 중(中)을 자신이 지니려 해도 또 장차 지닐 수가 없을 것이니 오히려 어느 곳에 중용의 도(道)를 써서 이를 수가 있겠는가!

**右 第八章이라** 新安陳氏曰 此章言 仁之事 擇中庸 知之意 弗失 勇之意也

**이상은 제8장이다.** 신안진씨 말하기를 이 장은 '인(仁)을 실천하는 일'을 말하였으니, '중용을 선택하는 것은 지혜롭다(知)는 뜻'이요, '잃지 않는 것은 용(勇)의 뜻'이다.

---

124 『중용장구(中庸章句)』 제6장
125 『중용장구(中庸章句)』 제8장

## 中庸疾書
# 第八章

　爲人者 非以一段言 即擧其身之大體 而總言之 則顔子之所以好學 其要不過 如此章之言也 擇而有得 則其益無方 服膺勿失 則其積愈厚 故知新溫故 合衆善而爲中庸之德 此所謂學而至於聖人之道也 然 拳拳服膺 豈留滯不捨者耶 心之體 未來而不迎 方來而畢照 既去而不留 敬而無間而已 唯敬 故所得之善 雖不芥於胷次 而亦未嘗牿亡 常存而不失 比如篋藏(去聲)中有許多物件 守之者不必逐物看護 只合固持其縢緘 而物自不失 待用無乏 此顔子服膺心法

◇ 留: 붙잡다, 만류하다　　　　◇ 藏(장): 숨기다, 감추다

　'사람됨(爲人)'은 한 부분을 가지고 말하는 것이 아니다. 바로 그 몸의 전체를 들추어서 총괄하여 말한 것이다. 안자(顔子)가 학문을 좋아했던 이유는 그 요점이 이 장(章)에서 말한 것과 같은 데에 지나지 않는다. (좋은 것을) 선택하여 깨달은 것이 있으면 그 유익함은 한이 없고, '가슴속에 간직하여 잃지 않는 것'은 중용(中庸)의 덕(德)을 더욱 두텁게 쌓는 것이다. 그러므로 새로운 것을 알고 옛것을 익히며 좋은 것을 많이 모아서 중용의 덕(德)으로 삼았으니, 이것을 이른바 "배워서 성인의 도(道)에 이른다."라고 하는 것이다. 그러나 '잘 받들어 가슴속에

간직하고 잃지 않는다(拳拳服膺)'는 것이 어찌 붙잡아 남겨 두고서 버리지 아니하는 것이겠는가! 마음의 본체는 아직 (일이 닥쳐) 오지 않았으면 맞이하지 않고, 비로소 (일이 닥쳐) 오면 반드시 환하게 알며, 이미 떠났으면 붙잡지 않고, 공경히 하기를 그치지 않을 뿐이다. 오직 공경히 한 까닭에 깨닫게 된 좋은 것이 비록 가슴속의 티끌에 이르지 아니하더라도 미리 막아서 달아나지 않게 하고 항상 보존하여 잃지 않는다. 비유하자면 상자 속에 숨겨 둔 많은 물건이 있는데 지키는 사람이 반드시 물건마다 살피고 보호하지 아니하더라도 다만 그것을 묶어서 봉함(封緘)하여 굳게 지키면 저절로 잃지 않을 것이니 오래도록 사용해도 모자람이 없을 것이다. 이것이 안자(顏子)의 가슴속에 간직하여 잃지 않는 심법(心法)이다.

拳拳服膺者 是從他人形容其氣像 非顏子之存心如此也 膺者 人之胷也 而胷中有心 所以存善不失者 心之爲也 然胷可見 而心不可見 故夫子指之 謂常著(착)在胷中云爾 拳拳 亦是手持之貌 亦以眼前持物以手者爲喩

"잘 받들어 가슴속에 간직한다."라고 한 것은 다른 사람들이 안자(顏子)의 타고난 성품과 몸가짐을 따라 형용한 것이고, 안자(顏子)가 마음을 보존한 것이 이와 같다는 것은 아니다. '膺'은 사람의 가슴이니 가슴속에 마음이 있다. 마음에 좋은 것(善)을 보존하고 잃지 않는 것이 마음이 되는 까닭이다. 그러나 가슴은 볼 수 있지만, 마음은 볼 수 없다. 그러므로 선생님(孔子)께서는 그것을 가리켜 "항상 가슴속에 붙여 지니고 있다."라고 말씀하셨을 뿐이다. '잘 받드는 것(拳拳)'도 손으로 받쳐 주는 모습이니, 또한 눈앞에서 손으로 물건을 받쳐 주는 것을 가지고 비유한 것이다.

存養[126]所以去惡 夫子釋復之初爻曰 顔氏之子 其殆庶幾乎 有不善未嘗不知 知之未嘗復行 此去惡不留也 此章 以得善不失爲言 則有善未嘗不擇 得之 未嘗有失 此存善無間也 可以彼此互盡

◇ 殆(태): 거의　　　　　　◇ 復(부): 다시

착한 성품을 기르는 것(보존하는 것)은 좋지 않은 것(惡)을 물리치는 방법이다. 선생님(孔子)께서 『주역(周易)』「복괘(復卦)」의 초효(初爻)를 해석하기를 "안씨(顔氏)의 자식이 아마도 거의 (성인에) 가까울 것이다. 좋지 않은 것이 있으면 일찍이 알지 못했던 적이 없고 (좋지 못한 것을) 알면서 다시 실행한 적이 없다."[127] 이것이 좋지 않은 것을 물리쳐서 머물지 못하게 하는 것이다. 이 장(章)에서는 좋은 것(善)을 얻으면 잃지 않는 것을 가지고 말해 주었으니, 좋은 것(善)을 선택하지 않은 적이 없고 (좋은 것을) 얻으면 잃은 적이 없다는 것이다. 이것은 좋은 것(善)을 보존하는 데는 틈새가 없어야 하고, 좋은 것은 보존하고(存善) 좋지 않은 것을 물리치는 것(去惡)이 서로 극진(極盡)하다고 할 만하다.

王道之興 自堯舜至文武而止 周公猶能得君行道 自此以後 中庸之道 不復施於天下矣 堯雖至盛 舜承其治 故其績尤廣 下及文武 莫非緖餘 則擧舜而

---

126　"存養所以去惡"의 '養'은 문장 말미의 "… 此存善無間也 可以彼此互盡"으로 본다면 '善'이 되어야 할 듯하다.
127　『주역(周易)』「계사하전(繫辭下傳)」 第5章

餘皆可包也 至七章 言人皆不能 則擧一世而言 周公旣沒 天下貿貿 由治敎
之未行也 道旣不普於天下 孔子思以此道 傳之後學 欲得中行而與之 當時門
人之賢者 其於中庸 未必全無 所得 雖或擇焉 而皆不能有以守之 亦未可以
當此責矣 詳味不能期月守一句 則其庶幾有望 而惜其不能之意 可以想像也
又至八章 則門人賢者 惟回爲庶幾 然守之也 非化之也 可以當復之初爻 不
可以當乾之初爻矣 至遯世不悔 則正是夫子之自道也 易曰 遯世無悶 不見是
而無悶 樂則行之 憂則違之 惟夫子能之

◇ 貿貿(무무): 교양이 없어 말과 행동이 서툴고 무식함
◇ 違(위): 피(避)하다

　왕도정치(王道政治)는 요(堯)임금과 순(舜)임금으로부터 시작하여 문왕(文王), 무왕(武王)에 이르러 끝났다. 주공(周公)은 다만 임금의 지위를 얻어서 도(道)를 시행(施行)할 수 있었으나, 이로부터 이후로는 중용(中庸)의 도(道)가 천하에 다시 시행되지 않았다. 요(堯)임금의 정사(政事)가 비록 지극히 융성하였으나 순(舜)임금이 그 다스림을 이어받았기 때문에 그 업적이 더욱 넓어졌고, 그 뒤로 문왕(文王), 무왕(武王)에까지 미쳐서 요(堯)임금이 행한 정사(政事)의 나머지가 아닌 것이 없으니, 순(舜)임금의 치적(治績)을 들추게 되면 (요임금이 행한 정사의) 나머지가 모두 포함된다. 제7장에 이르러 "사람들이 모두 잘할 수 없다."라고 말한 것은 온 세상을 들추어서 말한 것이다. 주공(周公)이 죽고 난 뒤로는 온 세상이 교양이 없어 말과 행동이 서툴고 무식(無識)함으로 말미암아 정치와 교화가 시행되지 아니하였다. 이미 도(道)가 천하에 두루 미치지 못하여 공자(孔子)가 생각하기를 이 도(道)를 후학들에게 전하

는 것을 중도(中道)를 얻어서 잘 실천할 수 있는 사람과 같이하고자 했다. 당시 문인(門人)들로 현명하여 사리에 밝은 사람이 중용(中庸)의 도(道)를 깨우친 사람이 전혀 없는 것은 아니었다. 비록 어떤 사람은 중용(中庸)을 선택하고 모두 지킬 수 있었는데도 지키지 못하고 또 이 책임을 감당할 수가 없었다. '한 달을 지키지 믓한다(不能期月守)'는 구절을 상세히 음미해 보면 거의 지켜 내는 것을 바라고 기대하지만 안타깝게 실행할 수 없었던 뜻을 미루어 생각할 수 있다. 또 제8장에 이르러서는 문인(門人)들로 현명하고 사리에 밝은 사람으로는 오직 안회(顏回)가 (聖人에) 거의 가깝다. 그러나 지켜 낸 것이고 변화한 것은 아니니 「복괘(復卦)」의 초효(初爻)에 해당할 수는 있겠으나, 「건괘(乾卦)」의 초효(初爻)에는 해당할 수가 없다. "종신토록 세상을 피해 살아도 후회하지 않는다."라는 데에 이르러서는 바로 선생님(孔子) 자신을 말한 것이다. 『주역(周易)』에 "세상을 피해 살아도 답답하여 괴로워하지 않으며, 옳음을 알아주지 않아도 답답하여 괴로워하지 않고, 즐거우면 (道를) 행하고 걱정되면 피한다."[128]라고 하였는데 오직 선생님(孔子)만이 잘할 수 있었다.

---

128 『주역(周易)』「건괘, 문언전(乾卦, 文言傳)」 "初九曰 潛龍勿用 何謂也 子曰 龍德而隱者也 不易乎世 不成乎名 遯世无悶 不見是而无悶 樂則行之 憂則違之 確乎其不可拔 潛龍也" (초구에 말하기를 잠룡(潛龍)은 쓰지 말라는 것은 무엇을 이르는 것인가? 공자(孔子) 말씀하시되 용(龍)의 덕(德)이 숨어 있는 것이니 세상을 바꾸려 하지 않으며, 명성(名聲)을 이루려 하지 않아서 세상을 피해 살아도 답답하여 괴로워하지 않으며, 옳음을 (남이) 알아주지 아니하여도 답답하여 괴로워하지 않고, 즐거우면 행하고 걱정되면 피하니 그 지킴이 확고하여 공략할 수 없는 것이 잠룡(潛龍)이다.)

# 第 9 章

**[概觀]**

　　중용(中庸)의 도(道)를 실천하는 데에 필요한 삼달덕(三達德), 즉 지·인·용(知·仁·勇)을 제시하였다. 밝은 지혜(知)를 타고난 사람이 온 마음으로 노력한다면 천하(天下)와 국가(國家)를 고르게 잘 다스리는 일도 가능할 것이요, 의(義)를 존숭(尊崇)하는 어진(仁) 사람이라면 높은 지위도 사양할 수 있을 것이요, 용기(勇)를 좋아하는 사람이라면 자신의 목숨을 버리는 시퍼런 칼날을 밟는 것도 가능할 것이다. 그러나 삼달덕(三達德)이 한쪽에 치우치거나 기울지 않으며, 지나침이나 미치지 못함이 없는 조화(調和)를 이루지 않고서는 중용(中庸)을 이룰 수 없음을 밝히고 있다.

> 子曰 天下國家도 可均也이며 爵祿도 可辭也하며 白刃도 可蹈也
> 자왈 천하국가 　　가균야　　　작록　　가사야　　　백인　　가도야
> 로대 中庸은 不可能也니라
> 　　　중용　　불가능야
>
> 공자(孔子) 말씀하시기를 천하와 국가도 고르게 다스릴 수 있으며, 높은 벼슬자리와 녹봉도 사양할 수 있으며, 시퍼런 칼날도 밟을 수 있지만, 중용(中庸)은 잘할 수가 없느니라.

**章句大全**

　　均은 平治也라 三者는 亦知仁勇之事니 天下之至難也라 陳氏曰 可均似知 可辭似仁 可蹈似勇 然 皆倚於一偏이라 故 資之近 而力能勉者

는 皆足以能之어니와 至於中庸하야는 雖若易能이라 然 非義精仁
熟 而無一毫人欲之私者면 不能及也라 三者는 難而易하고 中庸은
易而難하니 此은 民之所以 鮮能也라 朱子曰 中庸便是三者之間 非是
別有一箇道理 只於三者 做得恰好處 便是中庸 ○ 三者 亦就知仁勇上說來
蓋賢者過之之事 只是就其所長處 著力做去 而不擇乎中庸耳 ○ 三者 也是
知仁勇之事 只是不合中庸 若合中庸 便盡得知仁勇

'균(均)'은 고르게 잘 다스리는 것이다. 세 가지(可均, 可辭, 可蹈)는 또한 지(知), 인(仁), 용(勇)의 일이니 천하에 지극히 어려운 것이다. 진씨 말하기를 '고르게 다스릴 수 있다는 것(可均)'은 '지(知)'와 비슷하고, '사양할 수 있다는 것(可辭)'은 '인(仁)'과 비슷하고, '시퍼런 칼날도 밟을 수 있다는 것(可蹈)'은 '용(勇)'과 비슷하다. 그러나 모두 한쪽에 치우친 것이다. 그러기 때문에 타고난 성품(性稟)이나 소질(素質)은 지(知), 인(仁), 용(勇)에 가까워서 힘써 노력하는 사람이라면 모두가 (知, 仁, 勇을) 충분히 실행할 수 있거니와, 중용(中庸)에 이르러서는 비록 쉽게 실행할 수 있을 것 같지만, 그러나 '義'의 선택이 자세하며 밝게 규명되고 '仁'의 실천이 익숙하여서 털끝만큼이라도 사사로운 인욕(人欲)이 없는 사람이 아니라면 (중용의 도에) 미칠 수가 없다. 세 가지(可均, 可辭, 可蹈)는 어려우면서도 쉽고, 중용(中庸)은 쉬우면서도 어려우니 이것이 사람들이 (중용을) 잘 실행할 수 있는 이가 드문 이유이다. 주자(朱子) 말하기를 중용(中庸)은 바로 (知, 仁, 勇) 세 가지의 가운데에 있고 따로 하나의 도리가 있는 것이 아니다. 다만 (知, 仁, 勇) 세 가지를 알맞게 실천하는 것이 바로 중용(中庸)이다. ○ 세 가지(可均, 可辭, 可蹈)도 지

(知), 인(仁), 용(勇)에 나아가 말한 것이니, 현명하여 사리에 밝은 사람(賢者)이 일 처리에 지나치다는 것은 다만 자신이 잘하는 곳에 나아가 힘써 실천하면서도 중용(中庸)을 선택하지 않았기 때문이다. ○ 세 가지(可均, 可辭, 可蹈)는 또한 지(知), 인(仁), 용(勇)의 일이다. 다만 중용(中庸)에는 합치하지 않았으나 만약 중용(中庸)에 합치된다면, 바로 지(知), 인(仁), 용(勇)이 극진하게 될 수 있다.

○ 雲峯胡氏曰 即論語中 如管仲一匡天下 是天下國家可均也 如晨門荷蓧之徒 是爵祿可辭也 如召忽死子糾之難 是白刃可蹈也 然夫子 則以爲民鮮能於中庸 久矣 蓋深嘆夫中庸之不可能也

운봉호씨 말하기를 바로 『논어(論語)』 가운데 이를테면 관중(管仲)이 한 번 천하를 바로 잡았다는 것은 천하와 국가를 고르게 다스릴 수 있다는 것이고, 신문(晨門), 하조(荷蓧) 같은 무리는 벼슬자리와 녹봉도 사양할 수 있으며, 소홀(召忽)과 같은 이는 자규(子糾)의 난(難)에 죽었으니 시퍼런 칼날도 밟을 수 있다는 것이다. 그러나 선생님(孔子)께서는 중용(中庸)을 잘할 수 있는 사람이 드문 지가 오래되었다고 하셨으니 아마도 중용(中庸)을 잘 실천할 수 없음을 깊이 탄식하신 것이다.

### 右 第九章이라 亦承上章하여 以起下章이라

**이상은 제9장이다. 역시 앞 장을 이어서 다음 장을 시작하였다.**

中庸疾書
# 第九章

　此章 承顏回之後 顏回雖曰庶幾 而猶未至於傳道之任也 故先言三者 以見中庸之至難 而悼 道之無託也

　이 장(章)은 안회(顏回)의 지난 일을 이은 것이다. 안회(顏回)가 비록 (聖人에) 거의 가까웠다고는 하나, 오히려 도(道)를 전(傳)하는 일을 맡는 데에는 이르지 못하였다. 그러므로 먼저 세 가지(可均, 可辭, 可蹈)의 일을 말하여서 중용(中庸)을 실천하는 것이 지극히 어렵다는 것을 드러내 보이고, 도(道)를 전(傳)하는 일을 맡길 곳이 없음을 슬퍼한 것이다.

　事事物物上 莫不有正當道理 是謂中庸 天下國家可均而均 爵祿可辭而辭 白刃可蹈而蹈 此莫非中庸也 然三者可能 而惟中庸不可能 則彼三者 容有不盡合理者也 若堯舜之均 孔孟之辭 逢干[129]之蹈 寧復有可於此 而不能於彼之理哉 程子曰 天之大命在夫子 故曾顏得以自善其身而不出 不然 亦有不私其身 應時而作者 如漢之諸葛亮是也 若是者 材智雖可以均天下 而其於中庸

---

129　봉간(逢干): 용봉(龍逢)과 비간(比干)을 이른다. 용봉(龍逢)은 포악한 하(夏)나라의 걸(桀)왕을 섬기면서 간언(諫言)하다가 참수(斬首)를 당하였다. 또 비간(比干)은 은(殷)나라 왕실의 종친이었는데 포악한 주(紂)왕에게 간언(諫言)하다가 심장을 도려내는 죽임을 당하였다.

鮮乎未有得也 且若果忘之遯遜 慷慨之殺身 何足以與於此哉

◇ 容有: 혹 ~일 수도 있다　　　　　◇ 不盡合理者: 이치에 맞지 않는 것
◇ 大命: 위대한 가르침

　모든 일과 온갖 사물에는 정당한 도리(道理)가 있지 않은 것이 없으니 이것을 중용(中庸)이라 한다. 천하 국가를 고르게 다스릴 수 있다면 고르게 하고, 높은 지위와 녹봉을 사양할 수 있다면 사양하고, 시퍼런 칼날도 밟을 수 있다면 밟는 것이니, 이것은 중용(中庸)이 아닌 것이 없다. 그러나 세 가지(可均, 可辭, 可蹈)는 할 수 있으면서 오직 중용(中庸)만은 잘할 수 없다면, 저 세 가지(知, 仁, 勇)는 혹 이치에 모두 맞지 않는 것일 수도 있다. 만약 요(堯)임금, 순(舜)임금이 천하를 고르게 잘 다스린 것이나, 공자(孔子)와 맹자(孟子)가 벼슬을 사양한 것이나, 용봉(龍逢)과 비간(比干)이 (죽음을 두려워하지 않는 길을) 밟았던 것은 차라리 여기에서 다시 할 수 있거니와 저 중용(中庸)의 도리(道理)에 대해서는 잘할 수가 없다. 정자(程子) 말하기를 "하늘의 위대한 가르침이 선생님(孔子)에게 있었다. 그러므로 증자(曾子)와 안자(顔子)는 스스로 자신을 선(善)하게 하면서도 세상에 나아가지 않을 수 있었다. 그렇지 않았다면 또한 자신을 돌보지 않았을 것이다."라고 하였다. 시대의 요구를 따라서 일어나 행동한 사람은 한(漢)나라의 제갈량(諸葛亮)[130] 같은 사람이다. 이런 사람은 재능과 지혜가 비록 천하를 다스릴 만하였으나, 그것이 중용(中庸)에 대해서는 대부분 아직 깨우친 것이 없었다. 또 만약

---

130　제갈량(諸葛亮, A.D. 181-234): 자는 孔明. 촉한(蜀漢)의 제1대 황제 유비(劉備)를 도와 익주(益州)를 평정하여 승상(丞相)이 되었다.

과감하게 세상을 잊고 멀리 떠나가 은둔하거나 의롭지 못한 것을 보고서 정의감에 슬퍼하며 한탄하여 자신을 희생함이 어찌 여기의 중용(中庸)에 함께한 것이겠는가!

# 第 10 章

**[概觀]**

　　중용(中庸)의 도(道)는 지(知), 인(仁), 용(勇)의 삼달덕(三達德)이 조화를 이루었을 때 얻을 수 있다. 자로(子路)가 공자(孔子)에게 강함에 대해서 질문한 것은 자신이 용기를 좋아하였기 때문이다. 그러나 자로(子路)는 용(勇)에 치우치고 강직하기만 하였을 뿐, 지(知)와 인(仁)이 부족했던 까닭에 공자(孔子)는 자로(子路)에게 군자가 지녀야 할 진정한 용기에 대하여 항상 깨우쳐 주셨다. 특히 "자로는 제명에 죽기 어렵겠구나. (若由也 不得其死然)"[131]라고 한탄하였는데 과연 자로(子路)는 64세의 나이로 위(衛)나라의 공회(孔悝)의 난(亂)[132]에 끼어들어 전사(戰死)하고 말았다.

## 10-1

> 子路가 問强한대
> 자로　문 강
>
> 자로(子路)가 강함에 대하여 물었다.

**章句大全**

　子路는 孔子弟子니 仲由也라 子路 好勇故로 問强이라

---

131　『논어(論語)』「선진(先進)」第12章
132　『춘추좌전(春秋左傳)』「애공(哀公)」15년 참조

자로(子路)는 공자(孔子)의 제자이니 이름은 仲由(仲由)이다. 자로(子路)는 용맹한 것을 좋아하였기 때문에 '강한 것'에 대하여 질문한 것이다.

## 10-2

**子曰 南方之强與아 北方之强與아 抑而强與아**
자왈 남방지강여 북방지강여 억이강여

공자(孔子) 말씀하시기를 남쪽 지방의 강함인가? 북쪽 지방의 강함인가? 아니면 (자로) 네가 추구하는 강함인가?

### 章句大全

**抑은 語辭요 而는 汝也라**

'抑'은 되묻는 말(轉語辭)이요, '而'는 '너'이다.

○ 新安陳氏曰 汝之强謂學者之强也 下文四强哉矯 照應結束此句

신안진씨 말하기를 '너의 강함(汝之强)'은 배우는 사람의 강함을 이르는 것이다. 다음 글의 네 가지[133] '강하도다, 꿋꿋함이여(强哉矯)'는 이 구절과 묶여서 일치되어 잘 어울린다.

---

133　和而不流, 中立而不倚, 不變塞焉, 至死不變

## 10-3

> 寬柔以敎요 不報無道는 南方之强也니 君子居之니라
> 관유이교    불보무도   남방지강야   군자거지
>
> 너그러움과 부드러움으로 가르쳐 주고, 도리(道理)를 어기는 막된 행위에 대하여 보복하지 않는 것은 남쪽 지방의 강함이니 군자가 살고 있다.

### 章句大全

寬柔以敎는 謂含容巽順하여 以誨人之不及也라 不報無道는 謂橫逆之來에 直受之 而不報也라 南方은 風氣柔弱이라 故 以含忍之力이 勝人爲强이니 君子之道也라 朱子曰 此雖未是理義之强 然近理也 人能寬柔以敎 不報無道 亦是箇好人 故爲君子之事

◇ 直(직): 다만

'너그러움과 부드러움으로 가르쳐 주는 것'은 너그럽게 용납(寬容)하고 부드럽게 순응(順應)하여서 (자신에) 미치지 못하는 사람을 가르쳐 주는 것이다. '도리(道理)를 어기는 막된 행위에 대하여 보복하지 않는 것'은 도리(道理)에 맞지 않는 일이 닥쳐왔을 때 다만 받아들이기는 하되 앙갚음(報復)하지 않는 것이다. 남방(南方)은 풍채와 용모는 부드럽고, 바탕을 이루는 성질(氣質)은 나약하다. 그러기 때문에 마음속에 간직하고 참아 내는 능력이 남보다 나은 것을 강함으로 여기니 군자(君子)의 도(道)이다. 주자(朱子) 말하기를 이것은 비록 의리의 강함은 아니다. 그러나 이치에는 가깝다. 사람이 관용과 부드러움으로써 가르쳐 주고 무도(無道)한 행위에 대하여 보복(앙갚음)하지 않는 것도 성질(性質)이나 인품(人品)이 좋은 사람이기 때문에 군자(君子)의 일이라고 여기는 것이다.

○ 雲峯胡氏曰 此君子是泛說 下文 君子和而不流 是說成德之君子 如論語首章 不亦君子乎 是說成德 後章 君子不重則不威 是泛說也

운봉호씨 말하기를 이곳의 군자(君子)는 일반적인 설명이다. 다음 글의 "군자는 조화를 이루면서도 휩쓸리지 않는다."라고 한 것은 '덕(德)을 완성한 군자'를 말한다. 이를테면 『논어(論語)』 첫 章에서 "남들이 알아주지 않더라도 성내지 않으면 군자가 아니겠는가! (人不知而不慍 不亦君子乎)"[134]라고 한 것은 덕(德)이 완성된 군자를 말한 것이고, 뒷장의 "군자가 중후하지 못하면 위엄이 없다."[135]라고 한 것은 일반적인 설명이다.

## 10-4

袵金革하여 死而不厭은 北方之强也니 而强者가 居之니라
임 금 혁      사 이 불 염   북 방 지 강 야   이 강 자   거 지

병기와 갑옷을 깔고 (누워) 죽을지라도 싫어하지 않음은 북쪽 지방의 강함이니 (子路) 너와 같은 강한 사람이 살고 있다.

---

134 『논어(論語)』「학이(學而)」第1장
135 『논어(論語)』「학이(學而)」第8장

◇ 衽(임): (요를) 깔다

### 章句大全

**衽은 席也요 金은 戈兵之屬이요 革은 甲冑之屬이라** 衽金革 如云 枕戈

'衽'은 자리를 까는 것이요, '金'은 창과 병기 종류이다. '革'은 갑옷과 투구 종류이다. '창과 병기를 까는 것(衽金革)'은 이를테면 창을 베개 삼는 것과 같은 말이다.

○ 三山陳氏曰 臥席曰 衽

삼산진씨 말하기를 자리에 눕는 것을 '衽'이라고 한다.

○ 倪氏曰 衽 衣衽也 金 鐵也 革 皮也 聯鐵爲鎧甲 被之於身 如衣衾然 故曰衽

예씨 말하기를 '衽'은 옷을 (요처럼 자리에) 까는 것이다. '金'은 쇠이다. '革'은 가죽이다. 쇠를 연결하여 갑옷을 만들고 몸을 덮는 것이니, 이를테면 옷이나 이불이 그러하다. 그러기 때문에 '衽'이라고 한다.

**北方은 風氣剛勁이라 故 以果敢之力이 勝人爲强이니 强者之事也라** 雙峯饒氏曰 陽剛陰柔 理之常也 而南方風氣反柔弱 北方風氣反剛勁 何也 蓋陽體剛而用柔 陰體柔而用强 如 坤至柔而動也剛 便見得陰體柔而用剛矣

북방(北方)은 풍채와 용모가 강직하고 바탕을 이루는 기질(氣質)이 굳세다. 그러므로 과감한 능력이 남보다 나은 것을 강함으로 여기니 강한 사람의 일이다. 쌍봉요씨 말하기를 양(陽)은 억세고(剛) 음(陰)은 부드러운 것(柔)은 평범한 이치이다. 남방(南方)의 풍채, 용모와 바탕을 이루는 성질(氣質)은 도리어 부드럽고 나약하며 북방(北方)의 풍채, 용모와 바탕을 이루는 성질(氣質)은 도리어 억세고 강한 것(剛勁)은 무엇 때문인가? 양(陽)의 본체는 억세면서 작용은 부드러우며, 음(陰)의 본체는 부드러우면서 작용은 억세니(剛) 이를테면 땅(坤)은 지극히 부드러우면서 발동하는 것은 또 억세다. 바로 음(陰)의 본체는 부드러우면서 작용은 억세다는 것을 알 수 있다.

# 10-5

**[概觀]**

　　군자(君子)가 지녀야 할 진정한 용기란 무엇인가? 조화(調和)를 이루면서도 휩쓸리지 않으며, 기울거나 치우치지 않는 중용(中庸)의 도(道)와 빈천(貧賤)하던 시절의 검약과 겸손을 부귀(富貴)하게 된 뒤에도 변하거나 바꾸지 않는 것과 나라에 정도(正道)가 없어지고 어지러우면 물러나서 자신의 절개를 지키는 용(勇)을 실천하는 네 가지의 방도를 가지고 공자(孔子)가 자로(子路)를 일깨워 준 대목이다.

故로 君子는 和而不流하나니 强哉矯여 中立而不倚하나니 强哉
고   군자   화이불류         강재교   중립이불의         강재
矯여 國有道에 不變塞焉하나니 强哉矯여 國無道에 至死不變하
교   국유도   불변색언         강재교   국무도   지사불변
나니 强哉矯여
     강재교

그러므로 (덕을 완성한) 군자는 조화를 이루면서도 휩쓸리지 않으니 강하고도 꿋꿋하도다. 가운데에 서 있으면서 (한쪽으로) 치우치지 않으니 강하고도 꿋꿋하도다. 나라에 도(道)가 있을 때는 (미천했을 때의 뜻을) 바꾸지 않으니 강하고도 꿋꿋하도다. 나라에 도(道)가 없을 때는 죽음에 이르더라도 (평소에 지닌 뜻을) 바꾸지 아니하니 강하고도 꿋꿋하도다.

◇ 矯(교): 꿋꿋하다　　　　　　　◇ 變(변): 바꾸다

### 章句大全

　此四者는 汝之所當强也라 新安陳氏曰 此乃君子之事 中庸之道 是汝之所當强 應抑而强與一句 矯는 强貌니 詩曰矯矯虎臣이 是也라 詩 泮水篇云 明明魯侯 克明其德 旣作泮宮 淮夷攸服 矯矯虎臣 在泮獻馘[136] 傳云 矯矯武貌

이 '네 가지'[137]는 (子路) 네가 마땅히 강하게 행하여야 할 것이

---

136　헌괵(獻馘): 『시전(詩傳)』「노송(魯頌), 반수(泮水)」편의 註에 "馘 所格者之左耳也"라 했으니 괵(馘)은 전장(戰場)에서 베어 온 적군(敵軍)의 왼쪽 귀이다. 전장(戰場)에서 상대의 목을 벤 전공(戰功)의 증거로 죽인 적군(敵軍)의 왼쪽 귀를 잘라다 바치는 것을 말한다.
137　和而不流, 中立而不倚, 不變塞焉, 至死不變

다. 신안진씨 말하기를 이것은 바로 군자가 해야 하는 일이고 중용(中庸)의 도(道)이며 (子路) 네가 마땅히 강하게 행하여야 할 것이니, '아니면 네가 추구하는 강함이냐'의 한 구절과 호응한다. **'矯'는 강한 모습이다.『시경(詩經)』에 말하기를 "굳세어 범과 같은 신하"라고 하였으니 이것이다.**『시경(詩經)』「노송(魯頌), 반수(泮水)」편에 이르기를 "밝고 밝은 노(魯)나라 임금이여 능히 자신의 덕(德)을 밝히셨도다. 이미 반궁(泮宮)을 지어 놓으니 회수(淮水) 근방의 오랑캐(淮夷)들이 복종해 오도다. 굳세어 범과 같은 용맹한 장군(虎臣)들이 반궁(泮宮)에서 베어 온 오랑캐의 왼쪽 귀를 바치네."라 하였다.『시전(詩傳)』에 "교교(矯矯)는 용맹한 모습이다."라고 풀이하였다.

○ 朱子曰 強哉矯 贊歎之辭

주자(朱子) 말하기를 "강하고도 꿋꿋하도다."라는 것은 (군자의 용기를) 기리어 깊이 감탄하는 말이다.

**倚는 偏著(착)也라 塞은 未達也라 國有道에 不變未達之所守하고 國無道에 不變平生之所守也니 此則所謂 中庸之不可能者니 非有以自勝其 人欲之私에 不能擇而守也라 君子之強이 孰大於是리요 陳氏曰 此君子 指成德之君子 與前泛言 君子居之者 不同 夫子가 以是告 子路者는 所以抑其氣血之剛하여 而進之以 德義之勇也라**

'倚'는 (한쪽으로) 치우쳐서 붙어 있는 것이다. '塞'은 아직 벼슬과 명망이 높아지지 않아 세상에 드러나지 못한 것이다. 나라에

도(道)가 있을 때는 아직 벼슬과 명망이 높아지지 않아 세상에 드러나지 못했을 때 지켜 왔던 뜻을 바꾸지 않으며, 나라에 도(道)가 없을 때는 살아오는 동안 지켜 왔던 뜻을 바꾸지 않는 것이다. 이것은 중용(中庸)은 잘할 수 없다는 것을 말한 것이니, 자신이 스스로 사사로운 욕심을 이길 수 있는 사람이 아니면 중용(中庸)을 잘 선택하여 지켜 나가지 못할 것이다. 군자의 강함이 무엇이 이보다 크다고 하겠는가! 진씨 말하기를 여기의 군자는 '덕(德)을 완성한 군자(成德之君子)'를 가리키니 앞에서 일반적으로 "군자가 그곳에 살고 있다."라고 말한 것과는 다르다. **선생님(孔子)께서 이 네 가지**[138]**를 가지고서 자로(子路)에게 말씀하여 준 것은 기혈(氣血)이 억센 것을 억눌러 제지하여서 사람으로서 마땅히 지켜야 할 도덕상의 의리와 용기를 가지고 나아가게 하려는 이유에서이다.**

○ 陳氏曰 和則易至於流 和光同塵 易太軟而流蕩 和而不流 方謂之强 中立在無所依倚 弱則易至 到東墜西 惟剛勁底人 則能獨立於中 而無所倚也 國有道 達而在上 則不變未達時所守 是富貴不能淫 國無道 窮而在下 守死而不變平生所守 是貧賤不能移 威武不能屈

진씨 말하기를 어울리면(和) 휩쓸리는 데에 이르기 쉽고 '자신의 지혜를 감추고 세속을 따라 함께 어울리는 것(和光同塵)'은 너무 유연해서 휩쓸려 방탕하기 쉽다. '조화를 이루어도 휩쓸리지 않는 것(和而不流)'을 바로 강(强)이라 한다. 중도(中道)를 세우는 것은 기대거나 치우

---

138  和而不流, 中立而不倚, 不變塞焉, 至死不變

침이 없게 하는 것에 달려 있다. 유약하면 동쪽으로 가다 서쪽으로 떨어지는 데에 이르기 쉽다. 오직 성품이 억세며 강한 사람이라야 홀로 중도(中道)를 세워서 치우침이 없을 수 있다. 나라에 도(道)가 있으면 벼슬과 명망이 높아져 윗자리에 있으면서도 아직 벼슬과 명망이 높아지지 못했을 때 지켜 왔던 뜻을 바꾸지 않으니 부귀에 빠질 수가 없다. 나라에 도(道)가 없으면 곤궁하여 아랫자리에 있으면서 죽음으로 지켜서, 살아오는 동안 지켜 온 뜻을 바꾸지 않으니 이것은 빈천(貧賤)도 바꿀 수 없고 위세(威勢)와 무력(武力)으로도 굽힐 수 없다.

**右 第十章** 此章言 勇之事

**이상은 제10장이다.** 이 장은 '용(勇)의 일'을 말하였다.

中庸疾書
# 第十章

此章 雖勇之事 勇與强 亦當有別 夫果敢直前曰勇 不爲物奪曰强 强者所以守也 其能擇而不能守 不强故 也緊要都在四者之强 而四者之中 不流不倚

爲體 下二者爲用 旣有此中德 而有道無道不失吾守 斯爲難能也

◇ 也(야): 또한, 또

  이 장은 비록 '용(勇)의 일'이나 '용기(勇)'와 '강함(强)'은 또한 구별이 있다. 과감하게 곧장 앞으로 나아가는 것을 '용(勇)'이라 하며, 상대에게 (意志를) 빼앗기지 않는 것을 '강함(强)'이라 한다. '강한 것'은 지키는 방법이다. 중용(中庸)을 잘 선택하고도 잘 지켜 내지 못함은 강(强)하지 못하기 때문이다. 또 중요한 것은 모두 네 가지[139]의 강(强)함에 달려 있으니 네 가지 가운데서 휩쓸리지 않고 기울지 않는 것이 '본체(體)'가 되고, 다음의 두 가지[140]는 '작용(用)'이 된다. 이미 이러한 '중(中)의 덕(德)'을 지니고 있다면 (세상에) 도(道)가 있거나 없거나 내가 지키는 것을 잃지 않을 것이니 이것이 잘하기 어려운 것이다.

內則云 將衽奉席請何趾 士昏禮 媵衽良席 謂使媵布夫席也 衽 臥席也 以金革爲衽 軍旅之事也

◇ 衽(임): 袵과 同, (요를) 깔다

  『예기(禮記)』「내칙(內則)」에 "(부모가 누우려 하시면) 자리를 깔아 드리며 발을 어느 쪽으로 하실 것인가를 묻는다." 하였고, 『의례(儀禮)』「사혼례(士昏禮)」에 "잉첩(媵妾)[141]이 신랑의 자리를 깐다."라고 한 것은

---

139 和而不流, 中立而不倚, 不變塞焉, 至死不變
140 不變塞焉, 至死不變
141 잉첩(媵妾): 예전에 시집가는 여인이 함께 데려가던 계집종(侍妾)

잉첩(媵妾)으로 하여금 신랑의 잠자리를 펴게 하는 것을 말한다. '衽'은 눕는 자리이다. 무기와 갑옷을 가지고 눕는 자리로 삼는 것은 군대(軍隊)의 일이다.

  子路 勇者也 雖泛以强爲問 其意實在於金革一事 其語意亦如行三軍 誰與之問 夫子於彼 旣以死而無悔斥之 此章所答 又如此 不厭者 卽無悔也 故曰 而强者居之 而强者 指子路之强也 如爾之强者所居 而非君子所居也 夫子固明燭而洞辨之 家語云 子路鼓瑟 有北鄙殺伐之聲 北方之强 乃子路之所存歟

자로(子路)는 용기 있는 사람이다. 비록 일반적으로 '강함'을 가지고 질문하였으나 그의 생각은 실제로 무장을 하고자 하는 한 가지 일에 있었으니, 그 말의 뜻도 "만약 (선생님이) 삼군을 거느려 출동하신다면 누구와 같이하시겠습니까?"[142] 하고 질문한 것이다. 선생님(孔子)께서 그 질문에 대하여 이미 "죽게 되더라도 후회하지 않는 것(死而無悔)"[143]을 가지고 물리치셨는데 이 장(章)에서 대답하신 것도 이와 같다. '싫어하지 않는 것(不厭者)'은 곧 '후회가 없는 것(無悔也)'이다. 그러므로 "너와 같은 강한 사람이 살고 있다. (而强者 居之)"에서 '너와 같은 강한 사람(而强者)'은 자로(子路)의 강함을 가리키는 것이다. 이를테면 "너와 같은 강한 사람이 사는 곳이지 군자(君子)가 사는 곳이 아니다."라고 하여 선생님(孔子)께서는 분명하게 가리어 확고하고 명확하게 밝혔다. (程子가) "『공자가어(孔子家語)』에 이르기를 자로(子路)의 거문고 타는 소리

---

142  『논어(論語)』「술이(述而)」제7장
143  위와 같은 곳

에 북쪽 변경의 거칠고 무시무시한 소리가 (섞여) 있다."[144]라고 하였는데 북방의 강함은 바로 자로(子路)가 지닌 것일 것이다.

夫子欲抑其氣血之强 而南方之强者 此與袵金革者正相反也 其事大 似不强者之所爲 而强在其中 其庶乎子路之有悟

선생님(孔子)께서는 자로(子路)의 강한 혈기를 누르고자 하여 '남방의 강한 것'을 말씀하셨으니, 이것은 병기와 갑옷을 자리에 깔고 누워 죽더라도 싫어하지 않는 북방의 강한 것과는 서로 정반대이다. 그 ('남방의 강한 것'을 말씀하신) 일이 크게는 강하지 못한 사람이 하는 것과 비슷하나 강함이 그 가운데 있으니, 아마도 자로(子路)가 깨우치는 데에 거의 가까웠을 것이다.

章內 兩而字相帖 則而强者 皆指子路也 兩君子字相帖 則君子居之者 則中庸之君子也 寬柔以敎 不報無道 固非恰好 而惟是近理 故君子居之 夫子嘗曰 君子居之何陋之有 居之者欲因其近理 而變其俗也 而强者 居之 亦氣味之相似歟

이 장(章) 안에 '而' 자가 두 군데[145]인데 서로를 붙여 연관시키면 '너의 강한 것(而强者)'은 모두 자로(子路)를 가리킨다. 두 곳의 '君子'라는 단어를 서로 붙여 연관시켜 보면 '군자가 살고 있다고 한 것(君子居之者)'의 (군자는) 중용(中庸)을 실천하는 군자이다. '너그럽고 부드러움으

---

144 『논어(論語)』「선진(先進)」第14章 註
145 "抑而强與"의 '而'와 "而强者 居之"의 '而'

로 가르치고 무도한 행위에 대하여 앙갚음하지 않는 것'이 진실로 좋은 것은 아니지만 도리(道理)에는 가깝다. 그러기 때문에 "군자가 살고 있다. (君子居之)"라고 한 것이다. 선생님(孔子)께서는 일찍이 "군자가 살고 있는데 무슨 누추함이 있겠는가?"[146]라고 하신 적이 있는데, '살고 있다는 것'은 도리(道理)에 가까운 것을 따라서 그 풍속을 바꾸고자 한 것이다. "너와 같은 강한 사람이 살고 있다. (而强者 居之)"라고 한 것 역시 타고난 기질(氣質)과 취미(趣味)가 서로 비슷해서일 것이다.

君子居之 亦欲九夷之意 若得中行 而與之奚 必南方哉

"군자가 살고 있다. (君子居之)"라고 한 것도 동쪽의 땅(九夷)에 살고자 한 뜻이니, 만약 중(中)을 얻어서 실행하게 된다면 어디에서 함께한다는 것인가? 반드시 남방(南方)에서일 것이리라.

國有道則通 通之反則塞 身有通塞 道固自若 富貴不能淫也

◇ 通(통): 출사(出仕)하다, 오가다(來往)

나라에 도(道)가 있으면 벼슬에 나아가고, 벼슬에 나아가는 것과 반대일 때에는 자신을 숨기게 되니, 벼슬에 나아가거나 자신을 숨기더라도 도(道)가 견고하여 그대로 부귀의 유혹에 빠져들지 않는다.

國無道則塞而已 以道殉身 至老死不變 貧賤不能移也 至死不變 亦不變塞

---

146 『논어(論語)』 「자한(子罕)」 제13장

也 國有道 則雖不言通 而通在其中 旣通 則非塞 故特言不變塞 國無道 則
其塞未嘗變也 故蒙上文 只言不變 謂以此塞終身也 已爲下章不悔張本

◇ 塞(색): 가리다, 엄폐(掩蔽)하다

　나라에 도(道)가 없으면 자신을 숨길 뿐이니 도(道) 때문에 자신의 목
숨을 바친다는 것은 늙어서 죽음에 이르더라도 가난하고 미천(微賤)했
을 때 지키던 뜻을 바꾸지 않으며, '죽음에 이르러도 변하지 않는 것'
또한 하찮고 천한(微賤) 지위에 있을 때 지키던 뜻을 바꾸지 않고 숨기
는 것이다. 나라에 도(道)가 있으면 비록 벼슬에 나아가는 것을 말하지
는 않았지만, 벼슬에 나아감이 그 안에 있으니, 이미 벼슬에 나아간 것
(出仕)을 숨기는 것은 아니다. 그러기 때문에 단지 '빈천하였을 때 지키
던 뜻을 바꾸지 않고 숨기는 것'만을 말한 것이다. 나라에 도(道)가 없
으면 자신을 숨기는 것을 아직 바꾼 적이 없다. 그러므로 앞의 글을 받
아서 다만 '바꾸지 않는다(不變)'고 말한 것이다. 이것을 가지고 일생을
마치도록 자신을 숨긴다고 한 것이니, 이미 다음 장(章)의 '후회하지 않
는다(不悔)'의 발단이 되는 근원을 삼은 것이다.

其論智仁勇者 止此 下章別是一義

　그래서 지(智), 인(仁), 용(勇)을 논(論)한 것은 여기서 그친다. 다음 장
(章)은 따로 하나의 의미이다.

# 第 11 章

## 11-1

**[槪觀]**

여기에서는 중용(中庸)의 도(道)가 지나친 것을 말하였다. 깊이 숨겨져 있어 사람으로서는 알 수 없는 귀신(鬼神)의 이치(理致)나 다가올 시대의 기적 같은 것을 찾는 기이(奇異)한 행동은 사람들의 이목(耳目)을 끌게 되고, 더구나 다음 세대 사람들이 이를 옳다고 믿고 받들어 계승(繼承)하고자 할 것이다. 그러나 0 것은 세상을 어지럽히고 백성을 속이는(惑世誣民) 것이니 덕(德)을 완성하고자 하는 군자(君子)가 해서는 안 될 일이다.

> 子曰 素(색)隱行怪를 後世有述焉하나니 吾弗爲之矣로라
> 자왈　　　은행괴　　　후세유술언　　　　오불위지의
>
> 공자(孔子) 말씀하시기를 깊이 숨겨져 겉으로 드러나지 않는 이치를 찾고 괴이하고 특이한 짓을 하는 것을 다음 세대 사람들이 칭송하며 기술하는 사람이 있을지라도 나는 (그러한 짓을) 하지 않으리라

**章句大全**

素(색)은 按漢書호니 當作索하니 蓋字之誤也라 前漢藝文志 孔子索隱行怪 後世有述焉 吾不爲之矣 顔師古曰 索隱 求索隱暗之事

'素' 자는 『한서(漢書)』를 살펴보면 마땅히 '색(索)' 자로 되어야 하니 아마도 글자가 잘못된 듯하다. 전한(前漢)의 『한서(漢書)』「예문지(藝文志)」에 "공자(孔子)는 깊이 숨겨져 겉으로 드러나지 않는 이치를 탐구하고 괴이하고 특이한 짓을 하는 것을 다음 세대에서 칭송하며 기술하는 사람이 있을지라도 나는 하지 않겠다."라고 하였는데, 안사고(顏師古)[147]가 말하기를 '색은(索隱)'은 깊숙이 숨겨져 드러나지 않는 일을 찾는 것이라고 했다.

**索隱行怪는 言深求隱僻之理하고 而過爲詭異之行也라** 朱子曰 深求隱僻 如戰國 鄒衍 推五德之事 後漢 讖緯之書 便是

**'깊이 숨겨져 드러나지 않은 것을 찾고 괴이한 행실을 한다는 것(索隱行怪)'은 구석지고 깊숙하여 겉으로 드러나지 않는 이치를 깊이 탐구하고 괴이하고 특이한 행실을 지나치게 행하는 것을 말한다.** 주자(朱子) 말하기를 구석지고 깊숙하여 겉으로 드러나지 않는 이치를 깊이 탐구하는 것은 이를테면 전국시대(戰國時代) 추연(鄒衍)[148]이 오덕(五德)의 일을 미루어 탐구한 것과 같은 것이니, 후한시대(後漢時代)에 음양오행설(陰陽五行說)을 따라 인간사회의 길흉화복(吉凶禍福)을 점치거나 예언한 것들을 기록한 책(讖緯之書)이 바로 이것이다.

---

147　안사고(顏師古, 581-645): 중국 당(唐)나라의 학자. 師古는 字이며 이름은 주(籒)이다.
148　추연(鄒衍): 중국 전국시대(戰國時代) 제(齊)나라의 음양오행가(陰陽五行家). 왕조(王朝)의 흥망이 토(土), 목(木), 금(金), 화(火), 수(水) 오행(五行)의 순서에 따른다는 '오덕종시설(五德終始說)'을 주창했다.

○ 三山陳氏曰 詭異之行 如荀子所謂苟難者 於陵仲子 申屠狄 尾生之徒 是也

삼산진씨 말하기를 괴이하고 특이한 행실을 한다는 것은 이를테면 순자(荀子)가 말한 "구차하고 어려운 것(苟難者)"[149]과 같으니, 오릉중자(於陵仲子)[150], 신도적(申屠狄)[151], 미생(尾生)[152] 같은 무리이다.

**然 以其足以 欺世而盜名이라 故 後世에 或有稱述之者니 此은 知之過而不擇乎善이요 行之過而不用其中이니 不當强而强者也라 聖人이 豈爲之哉아** 朱子曰 索隱 是知者過之 行怪 是賢者過之

그러나 '깊이 숨겨져 드러나지 않는 것을 찾고 괴이한 행실을 하는 것(索隱行怪)'으로 충분히 세상을 속이고 명예를 훔칠 수 있었다. 그러기 때문에 다음 세대에서 또 그것을 칭송하여 기술하는 사람이 있을 것이다. 이것은 지혜가 지나쳐서 (中庸의) 선(善)

---

149 "군자는 구차하게 실행하기 어려운 것만을 귀하게 여기지 않고, 자신의 주장은 구차하게 잘 살펴 아는 것만 귀하다 여기지 않으며, 명성이 구차하게 세상에 전하여지는 것을 귀하다 여기지 않는다. 오직 (禮儀에) 합당한 것만을 귀하다 여긴다. (君子 行不貴苟難 說不貴苟察 名不貴苟傳 唯其當之爲貴)" 『순자(荀子)』「불구(不苟)」 참조

150 오릉중자(於陵仲子): 『맹자(孟子)』「등문공하(滕文公下)」 第10章 참조

151 신도적(申屠狄): 은(殷)나라 말엽의 선비. 세상이 옳지 않다고 여겨서 친구의 만류를 뿌리치고 돌을 끌어안고 강물에 뛰어들어 죽었다. 『순자(荀子)』「불구(不苟)」

152 미생(尾生): 춘추시대(春秋時代) 노(魯)나라 사람. 한 여자와 다리 밑에서 만나기로 한 약속을 지키기 위해 강물이 넘쳐 나는 홍수에도 다리 밑에서 교각을 붙잡고 여자를 기다리다 죽었다. 『사기(史記)』「소진열전(蘇秦列傳)」

을 선택하지 못한 것이고, 실천이 지나쳐서 그 중용(中庸)의 이치(理致)를 쓰지 못한 것이니, 강(强)하지 않아야 할 때 강(强)한 사람이다. 성인(聖人)이 어찌 그러한 짓을 하겠는가! 주자(朱子) 말하기를 '색은(索隱)'은 지혜가 지나친 것이고 '행괴(行怪)'는 현명함이 지나친 것이다.

## 11-2

[概觀]

중용(中庸)의 도(道)를 실천해 나아가다 중도(中塗)에서 그만두고 제멋대로 행동하여 결국에는 방탕함에 이르게 되니, 이것은 자신을 수양(修養)하고자 하는 의지가 부족하였기 때문이다. 그러므로 군자(君子)가 중용(中庸)의 도(道)를 실천해 나아가는 일을 중간에서 그만둘 수 없음을 말하고 있다.

> 君子 遵道而行하다가 半塗而廢하나니 吾弗能已矣로라
> 군자 준도이행          반도이폐         오불능이의
>
> (일반적으로) 군자가 (중용의) 도리를 따라서 실행하다가 중도(中塗)에서 그만두는데, 나는 그만둘 수가 없노라.

**章句大全**

遵道而行은 則能擇乎善矣요 半塗而廢는 則力之不足也라 此其知雖足以及之나 而行有不逮니 當强而不强者也라 雙峯饒氏曰 此智 足以擇乎中庸 而仁不足以守之 蓋君子而未仁者也 冉求自謂說夫子之道 而力

有不足 正夫子之 所謂畫者[153]

'중용의 도리를 따라 행한다는 것'은 중용의 도리(善)를 잘 선택한다는 것이고 '중도(中塗)에서 그만둔다는 것'은 노력이 부족한 사람이다. 이것은 그의 지혜가 비록 (중용을 선택하는 데에는) **충분히 미칠 수 있겠으나, 실천이** (중용의 도(道)에) **미치지 못하는 바가 있는 것이니 마땅히 힘을 써야 하는 데도 힘을 쓰지 않는 사람이다.** 쌍봉요씨가 이것은 지혜가 충분히 중용을 선택할 수는 있었으나 인(仁)이 중용을 지키지 못한 것이니 군자이기는 하나 인자(仁者)는 아니다. 염구(冉求)가 스스로 공자(孔子)의 (道)를 좋아하지만, 힘이 부족하다고 말하였으니 이것이 바로 선생님(孔子)께서 (스스로) 한계를 짓는다고 말한 것이다.

○ 雲峯胡氏曰 此君子 亦是泛說 下文 君子依乎中庸 方是說成德

운봉호씨 말하기를 여기의 군자(君子)도 역시 일반적으로 하는 말이다. 다음 글에서 "군자는 중용의 도리를 따라 행한다."라고 한 것은 바로 덕(德)을 완성한 군자를 말한다.

**已는 止也라 聖人於此에 非勉焉而不敢廢요 蓋至誠無息하여 自有所不能止也라**

---

153  『논어(論語)』「옹야(雍也)」 제10장 "冉求曰 非不說 子之道 力不足也 子曰 力不足者 中道而廢 今女 畫"

'이(己)'는 그만두는 것이다. 성인(聖人)이 (중용의 도리를 실천하는 것)에 대하여 힘써 노력하면서도 감히 그만두지 못하는 것이 아니라, 지극히 진실하고 중단함이 없어서 저절로 그만둘 수 없는 것이 있다는 것이다.

## 11-3

[概觀]

  덕(德)을 완성한 군자는 나라(세상)에 올바른 도가 행하여지게 되면 자신을 드러내어 도(道)를 행하고, 나라에 올바른 도(道)가 행하여지지 않으면 물러나 자신을 숨기며 도(道)를 지킨다. 이것은 군자가 중용(中庸)에 의지하여 잠시도 중용의 도(道)를 떠나지 않기 때문이다. 그러므로 군자는 중용의 도리를 따라서 실행하고 생(生)을 마치도록 알아줌을 받지 못하여 등용(登用)되지 못할지라도 후회하지 않는 것이니 오직 성인(聖人)이라야 그렇게 할 수 있다는 것이다.

> 君子는 依乎中庸하여 遯世不見知而不悔하나니 唯聖者아 能之니라
> 군자   의호중용    둔세불견지이불회    유성자  능지
>
> (덕을 완성한) 군자는 중용의 도(道)를 따라 실행하여 생(生)을 마치도록 알아줌을 받지 못할지라도 후회하지 아니하니 오직 성인이라야 그렇게 할 수 있다.

◇ 遯世(둔세): 생을 마치도록(終身), '遯'의 음(音)이 언해(諺解)에는 '돈'으로 되어 있다. (세상을 피해 숨는다는 뜻이 아니다)

### 章句大全

不爲 索隱行怪하니 則依乎中庸而已요 不能半塗而廢니 是以 遯世不見知 而不悔也라 程子曰 索隱行怪 是過者也 半塗而廢 是不及者也 不見之不悔 是中者也

깊이 숨겨져 드러나지 않는 이치를 찾고 괴이한 행실을 하지 않으며 중용의 도를 따라 행할 뿐 중도(中塗)에서 그만두지 않으니, 이것 때문에 생(生)을 마치도록(遯世) 알아줌을 받지 못할지라도 후회하지 않는 것이다. 정자(程子) 말하기를 '깊이 숨겨져 드러나지 않는 이치를 찾고 이상한 행실을 하는 것'은 (중용의 도에) 지나침이고, '중도(中塗)에서 그만두는 것'은 (중용의 도에) 미치지 못함이다 '알아줌을 받지 못할지라도 후회하지 않는 것'이 중용(中庸)의 도(道)에 맞는 것이다.

○ 朱子曰 此兩句 結上文意 依乎中庸 便是吾弗爲之意 遯世不見知而不悔 便是吾弗能已之意

주자(朱子) 말하기를 이 두 구절은 윗글의 뜻을 결론지은 것이다. '중용의 도리를 따라서 행하는(依乎中庸) 것'은 바로 '나는 그러한 짓을 하지 않는다는 뜻'이고, '생을 마치도록 알아줌을 받지 못할지라도 후회하지 않는 것(遯世不見知而不悔)'은 바로 '나는 중도에 그만둘 수가 없다는 뜻'이다.

○ 陳氏曰 不見知而或悔 則將半塗而廢矣

진씨 말하기를 알아줌을 받지 못해서 혹시라도 후회한다면 장차 중도에서 그만두게 될 것이다.

**此는 中庸之成德이니 知之盡 仁之至하여 不賴勇 而裕如者니 正吾夫子之事로대 而猶不自居也라 故 曰唯聖者라야 能之而已니라**

이것은 중용의 덕(德)을 완성하여서 지혜(知)가 극진하고 인(仁)이 지극하여 용(勇)의 도움을 받지 않아도 넉넉한 것이니, 바로 우리 선생님(孔子)의 일에 해당하는데도 오히려 스스로 그러한 사람인 척[154]하지 않았다. 그러기 때문에 "오직 성인(聖人)이라야 그렇게 할 수 있을 뿐이다."라고 말한 것이다.

○ 蔡氏曰 此再辨知仁勇 而總結之 索隱之知 非君子之知 行怪之行 非君子之仁 半塗而廢 非君子之勇 君子之知仁勇 則依乎中庸 遯世不見知 而不悔者 是也

채씨 말하기를 이 장(章)은 지(知), 인(仁), 용(勇)을 다시 나누고 총괄하여 결론지은 것이다. 깊이 숨겨져 드러나지 않는 것을 찾아서 알려고 하는 것은 군자의 지혜(知)가 아니며, 괴상하고 특이한 행실을 하는 것은 군자의 인(仁)이 아니요, 중도에 그만두는 것은 군자의 용(勇)이 아니다. 군자의 지(知), 인(仁), 용(勇)은 중용의 도리를 따라 실천하다가 생(生)을 마치도록 세상의 알아줌을 받지 못하더라도 후회하지 않는 것

---

154 '오직 나만이 그렇게 할 수 있다(唯吾能之)'고 하지 않고, "오직 성인이라야 그렇게 할 수 있다. (唯聖者能之)"라고 한 것을 말한다.

이 옳다.

○ 新安陳氏曰 依乎中庸 知仁兼盡 不見知而不悔 不待勇而自裕如也

신안진씨 말하기를 '중용의 도리를 따라 실천한다는 것'은 지(知)와 인(仁)을 함께 극진히 하는 것이고, '(세상의) 알아줌을 받지 못하더라도 후회하지 않는 것'은 용(勇)의 실천을 기다리지 않고 스스로 여유로운 것과 같은 것이다.

**右 第十一章이라 子思가 所引 夫子之言하여 以明 首章之義者가 止此라 蓋此篇大旨는 以知仁勇 三達德으로 爲入道之門이라 故 於篇首에 即以大舜 顏淵 子路之事로 明之하니 舜 知也요 顏淵 仁也요 子路 勇也니 三者에 廢其一 則無以造道 而成德矣라 餘見第二十章이라** 三山潘氏曰 中庸之道 至精至微 非知者 不足以知之 至公至正 非仁者 不足以體之 其爲道也 非須臾可離 非一蹴可到 故唯勇者然後 有以自強 而不息焉 大抵 知仁勇三者 皆此性之德也 中庸之道 即率性之謂者也 非有是德則 無以體是道

이상은 제11장이다. 자사(子思)가 선생님(孔子)의 말씀을 끌어다 쓴 것을 가지고 첫 장(章)의 뜻[155]을 밝힌 것이 여기서 끝난다. 이 편(篇)의 큰 뜻은 지(知), 인(仁), 용(勇)의 세 가지 천하에 공통되는 덕(三達德)을 가지고서 도(道)에 들어가는 문(門)으로 삼

---

155 지정지미(至精至微)이니 지극히 정밀(精密)하고 자세(仔細)한 중용의 도(道)를 말한다.

은 것이다. 그러기 때문에 이 편(篇)의 첫머리에 바로 위대한 순임금(大舜), 안연(顔淵), 자로(子路)의 일을 가지고 밝혔으니, 순임금(舜)은 지혜(知)요, 안연(顔淵)은 인(仁)이요, 자로(子路)는 용기(勇)이니 세 가지 중에서 하나라도 버리게 된다면, 중용(中庸)의 도(道)에 나아가서 덕(德)을 완성할 수가 없다. 나머지는 제20장에 보인다. 삼산반씨 말하기를 중용의 도는 지극히 정밀하고 자세하여서 지혜로운 사람이 아니면 그것(중용의 도)을 알 수 없고, 지극히 공명(公明)하고 정대(正大)하여서 인(仁)한 사람이 아니면 그것을 몸소 체득하여 실행할 수가 없다. 중용의 도(道)는 잠시라도 떠날 수 있는 것이 아니며 한 번에 쫓아가서 도달할 수 있는 것이 아니다. 그러므로 오직 용기 있는 사람이 되고 난 다음에 스스로 힘써 노력하면서 중단하지 않을 수가 있는 것이다. 무릇 지(知), 인(仁), 용(勇) 세 가지는 모두 본성(本性)의 덕(德)이다. 중용의 도(道)는 바로 성(性)을 따라 행하는 것을 이르는 것이니, 이러한 덕(德)을 지니지 않았다면 이러한 도(道)를 몸소 체득하여 실행할 수가 없다.

○ 雲峯胡氏曰 自第二章 至此大要 欲人由知仁勇 以合乎中 知則能知此中 仁則能體此中 勇則能勉而進於此中 然 夫子 於舜之知 讚之也 於回之仁 許之也 於由之勇 抑而進之也

운봉호씨 말하기를 제2장부터 이 장에 이르기까지의 대략적인 줄거리는 지(知), 인(仁), 용(勇)을 사람들이 실천하게 함으로 말미암아서 중(中)에 합치시키고자 하였다. '지(知)'는 중용의 도를 아는 것이요, '인(仁)'은 중용의 도를 몸에 지니는 것이요, '용(勇)'은 힘써 실천하여서 중용의 도에 나아가는 것이다. 그러므로 선생님(孔子)은 순(舜)임금의 지혜(知)에 대하여 찬양(讚揚)하셨고, 안회(顔回)의 인(仁)에 대해서는 편들어 칭찬하고(許之), 자로(子路)의 용기(勇)에 대해서는 억눌러서 (중용의 도에) 나아가게 한(抑而進之) 것이다.

中庸矢書
# 第十一章

　二章言 君子之中庸 此章言 君子依乎中庸 仲尼之言 首尾關鎖 爲中庸之始終也 中間言 此道之廢興 而以聖人無位之事終之 是豈非夫子之自道乎 子思所編 其旨深哉

　2장에서는 '군자(君子)의 중용(中庸)'을 말하였고 이 장(章)에서는 '군자(君子)가 중용(中庸)의 도(道)를 따라 일을 처리함'을 말하였다. 공자(仲尼)의 말은 첫머리와 끝이 서로 연결되고 맞물려서 『중용(中庸)』의 시작과 끝이 되었다. 중간에 이 중용(中庸)의 도(道)가 일어나고 무너지게 되었던 일을 말하여서 성인(聖人)이 임금이며 스승인 군사(君師)의 지위를 얻지 못한 일로써 끝맺었으니 이것이 어찌 선생님(夫子) 자신을 말한 것이 아니겠는가? 자사(子思)가 『중용(中庸)』을 편집한 뜻이 매우 깊다.

**深索隱僻 則與費而隱者異 過爲詭怪 則與夫婦之能行者異**

구석진 곳에 숨겨져서 드러나지 않으며 간사하여 한쪽에 치우치는 이치를 깊이 탐구하는 것은 '작용이 광대하고 본체는 깊이 숨겨져 드러나지 않는 것(費而隱者)'과 다르고, 지나치며 괴이한 짓으로 사람을 속이는 것은 '평범한 사람들이라도 잘할 수 있는 것(夫婦之能行者)'과 다르다.

**言後世 以見古之不然 盖古者 容或有此 而無傳述 故無異端之名 至周末世 敎衰 其學始傳 吾不[156]爲之 亦攻乎斯善之意**

다음 세대를 말하여서 예전에는 그러하지 않았음을 드러낸 것이다. 아마도 예전에는 혹시 이런 사람이 있을 수도 있었겠으나 기술(記述)하여 전(傳)한 것은 없었다. 그러기 때문에 '이단(異端)'이라는 명칭이 없었는데, 주(周)나라 말기에 이르러 세상의 교화(敎化)가 쇠퇴하면서 옳지 아니한 이단(異端)의 학문이 비로소 전(傳)하여졌다. "나는 하지 않겠다. (吾弗爲之)"라고 한 것은 다만, 이것(이단의 학문)을 좋아하는 뜻을 꾸짖은 것이다.

---

156 『중용장구(中庸章句)』의 '弗'이 여기에는 '不'로 되어 있다. 뜻은 같다.

或曰 已 語辭 言君子當 遵道而行 半塗而廢 則吾所不能也 表記 有此語 而亦與章句不同

어떤 사람은 '이(已)'를 어사(語辭)라고 한다. "군자가 당연히 중용의 도(道)를 따라 실천하다가 중도(中塗)에서 그만두는 것을 나는 하지 않겠다."라고 말한 것인데, 이 말을 표시한 기록이 있는 것도 『중용장구(中庸章句)』와는 같지 않다.

中者 時中之正道 故不爲索隱 庸者 平常也 故不爲行怪

'중(中)'은 어느 때고 절도(節度)에 맞는 올바른 도(道)이다. 그러므로 깊이 숨어 드러나지 않는 이치를 찾지 않는다. '용(庸)'은 평범하면서 일상적이다. 그러므로 이상하고 괴이한 짓을 하지 않는다.

至死不變 猶有守之之意 若遯世不見知而不悔 則守又不足言矣 此兩章緊要 皆在末一句 不遇於時者之所爲也

'죽음에 이를지라도 (평소에 지켜 온 뜻을) 바꾸지 않는 것'은 오히려 평소에 지켜 오던 뜻을 바꾸지 않으려는 뜻이 있다. '생(生)'을 마치도록 알아줌을 받지 못할지라도 후회하지 않는 것'은 '지키는 것(守)'을 거듭 말해도 부족하다는 것과 같다. 이 두 장(章)의 요점은 모두 마지막 한 구절에 있으니, 때를 만나지 못한 사람들이 행하는 것이다.

乾之初爻曰 遯世無悶 龍德而隱者也 非吾夫子 不敢當此 如顏子服膺地位

**即不遠復者歟**

「건괘(乾卦)」 초효(初爻)에 "세상을 피해 살아도 근심함이 없으며, 용(龍)의 덕(德)을 갖추고서 숨어 있는 사람이다."[157]라고 한 것은 우리 선생님(孔子)이 아니면 감히 여기에 해당할 사람이 없다. 이를테면 안자(顔子)가 가슴속에 간직하였던 단계는, 바로 "멀리 떠나가지 아니하고 되돌아오는 것"[158]과 같은 것이다.

**章句云 入道之門 道者 第二十章 所謂達道之道**

『중용장구(中庸章句)』에 '도(道)에 들어가는 문(門)'이라 하였는데, '도(道)'는 제20장의 '천하에 공통되는 도(達道)의 도(道)'를 이르는 것이다.

---

157 『주역(周易)』「건괘(乾卦), 문언전(文言傳)」初九
158 『주역(周易)』「복괘(復卦), 상전(象傳)」初九 "복괘(卦) 초구효(初九爻)에 이르기를 멀리 떠나가지 아니하고 되돌아오므로 뉘우치는 데에 이르지 않으니 크게 길하다. (復之初九曰 不遠復 无祇悔 元吉)"

# 第 12 章

## 12-1

**[概觀]**

여기서부터 제20장까지는 공자(孔子)의 말씀과 시(詩)를 인용하여 중용의 도(道)의 이치(理致)와 그 도(道)를 잠시라도 떠날 수 없음을 밝혀 주는 내용이다. 군자(君子)의 도(道)는 바로 중용(中庸)의 도(道)를 가리키는 것으로 그 작용이 넓고도 커서 명백히 드러나며 미치지 아니하는 곳이 없고, 본체는 숨겨져 겉으로 드러나지 않아서 볼 수가 없는 것이다.

> **君子之道는 費而隱이니라**
> 군자지도     비이은
>
> 군자가 행하는 도는 (그 작용이) **넓고 크며** (본체는) **어렴풋하여 드러나지 않느니라**

### 章句大全

**費**는 **用之廣也**요 雲峯胡氏曰 費字 當讀作 費用之費 芳味反 說文 散財 用也 **隱**은 **體之微也라** 朱子曰 道者 兼體用 該費隱而言也 費是道之用 隱 是道之所以然 而不見處

**'費'는 작용이 넓은 것이다.** 운봉호씨 말하기를 '費' 자는 당연히 널리 쓴다고 할 때의 '비(費)'이고, 음(音)은 '방(芳)'의 초성(初聲) 'ㅂ'과 '미(味)'의 종성(終聲) 'ㅣ'이니 '비'로 읽어야 한다. 『설문(說文)』에 재물(財物)을 흩어서 이리저리 쓰는 것이라고 했다. **'隱'은 (중용의) 본체가 어렴풋하여 드러나지 않는 것이다.** 주자(朱子) 말하기를 '도(道)'는 중용의 본체(體)와 작용(用)을 겸(兼)하였으니, 비(費)와 은(隱)을 모두 말한 것이다. '비(費)'는 도(道)의 작용(作用)이고, '은(隱)'은 도(道)가 그렇게 된 까닭이지만 볼 수 없는 곳이다.

○ 新安陳氏曰 斯道廣大之用 昭著於可見 而其體藏於用之中者 則隱微而不可見

신안진씨 말하기를 중용(中庸)의 도(道)의 넓고 큰 작용은 훤히 드러나서 볼 수가 있으나, 그 본체(體)는 작용의 가운데에 갈무리된 것이어서 숨겨져 어렴풋하여 볼 수가 없다.

# 12-2

[槪觀]
　중용(中庸)의 도(道)는 누구나 알 수 있고 실천할 수도 있겠으나, 지극한 경지에 이르러서는 비록 성인(聖人)이라 할지라도 잘 알지 못하는 것이 있고, 잘 실행하지 못하는 것이 있다. 만물을 낳고 자라게 하는 하늘과 땅일지라도 때로는 재앙(災殃)을 내려 사람들을 원망하게 한다. 이처럼 하늘과 땅도 중용(中庸)의 도(道)에 어긋나는 경우가 있으니 군자(君子)의 도(道)야말로 크기로 말하자면 천하의 어떤 땅이라도 다 실을 수 없을 만큼

넓고 크며, 작기로 말하자면 그 무엇도 이보다 더 작게 쪼갤 수가 없다.

夫婦之愚로도 可以與知焉이로대 及其至也하야는 雖聖人이라도
부부지우    가이여지언        급기지야      수성인
亦有所不知焉하며 夫婦不肖로도 可以能行焉이로대 及其至也하
역유소부지언    부부불초      가이능행언      급기지야
야는 雖聖人이라도 亦有所不能焉하며 天地之大也에도 人猶有所
    수성인      역유소불능언      천지지대야      인유유소
憾이니 君子語大인댄 天下莫能載焉이요 語小인댄 天下莫能破焉
감    군자어대      천하막능재언    어소      천하막능파언
이니라

평범한 부부의 어리석음으로도 (중용의 평범한 이치를) 더불어 알 수 있는 것이로되, 도(道)의 지극함에 이르러서는 비록 성인(聖人)이라도 잘 알지 못하는 바가 있으며, 못난 부부라도 잘 실천할 수 있는 것이로되, 도(道)의 지극한 경지에 이르러서는 비록 성인(聖人)이라도 잘 실천하지 못하는 바가 있으며, 천지화육(天地化育)의 위대한 이치에 대해서도 사람들은 오히려 원망하는 것이 있다. 군자(君子)의 도(道)를 크기로 말하자면 천하도 다 실을 수가 없고, 작기로 말하자면 천하도 더 쪼갤 수가 없느니라.

### 章句大全

君子之道 近自夫婦居室之間으로 遠而至於聖人天地之所不能盡하여 其大無外하고 其小無內하니 可謂費矣라 然 其理之所以然은 則隱而莫之見也라

第 12 章  213

군자의 도(道)는 가깝게는 부부가 가정생활 하는 곳으로부터 멀게는 성인(聖人)이 천지에 극진하게 할 수 없는 데까지 이르러서 도(道)의 작용의 크기로는 밖이 없고, 도(道)의 이치의 작기로는 안(內)이 없는 것이니, 도(道)의 작용이 넓고 크다고 할 수 있다. 그러나 도(道)의 이치가 그렇게 된 까닭은 숨겨져 드러나지 않는다.

蓋可知可能者는 道中之一事요 及其至而聖人 不知不能은 則擧全體而言이니 聖人도 固有所 不能盡也라 ○ 夫婦之與知能行 是萬分中有一分 聖人不知不能 是萬分中欠一分

아마도 (어리석은 부부도) 알 수 있고 잘할 수 있다는 것은 도(道) 가운데 한 가지 일이요, 그 지극한 데에 이르면 성인(聖人)도 알지 못하고 잘할 수 없다는 것은, 전체를 들추어서 말한 것이니 성인(聖人)도 진실로 다할 수 없는 것이 있다. ○ (어리석은) 부부라도 (중용의 평범한 이치를) '더불어 알 수 있으며 잘할 수 있다는 것'은 만(萬)으로 나눈 가운데 1%를 지녔다는 것이고, 성인(聖人)도 '알 수 없고 잘할 수 없다는 것'은 만(萬)으로 나눈 가운데 1%가 부족한 것이다.

侯氏[159]曰 聖人所不知는 如孔子問禮 問官之類요 家語觀周篇 孔子

---

159 후중량(侯仲良, ?-?): 北宋 山西省 사람. 자는 사성(師聖), 정이(程頤)와 주돈이(周敦頤), 호안국(胡安國)에게서 배웠다.

謂 南宮敬叔[160]曰 吾聞老聃 博古知今 則吾師也 今將往矣 敬叔與俱至周 問禮於老聃 ○ 左傳 昭公十七年秋 郯子來朝 公與之宴 昭子問焉曰 少昊氏 鳥名官何故也 郯子曰 吾祖也我知之 昔者 黃帝氏 雲紀故爲雲師 而雲名 炎 帝氏 火紀故 … 仲尼聞之 見於郯子而學之 旣而告人曰 吾聞之 天子失官 學在四夷 猶信

**후중량(侯仲良)이 말하기를 성인(聖人)도 알 수 없다는 것은 이를테면 공자(孔子)께서 (老聃에게) 예(禮)를 묻고, (郯子에게) 관직(官職) 따위를 물은 것과 같다.** 『공자가어(孔子家語)』「관주(觀周)」편에 공자(孔子)께서 남궁경숙(南宮敬叔)에게 이르시기를 "내가 노담(老聃)에 대하여 듣기로는 옛날의 법도에 해박하고 오늘날의 일도 잘 알고 있다 하니 나의 스승이다. 지금 가서 배우려고 한다."라고 하면서 남궁경숙(南宮敬叔)과 함께 주(周)나라에 가서 노담(老聃)에게 예(禮)를 물었다. ○ 『춘추좌전(春秋左傳)』「소공(昭公)」17년 가을 담자(郯子)가 와서 조회하였다. 노(魯)나라 소공(昭公)이 연회를 베풀었다. 이때 소공(昭子)이 물었다. "소호씨(少昊氏)의 시대에는 새의 이름(鳥名)을 관직의 명칭으로 한 것은 무슨 까닭입니까?" 담자(郯子)가 말하기를 "그는 나의 선조(先祖)이니 내가 알고 있습니다. 옛날 황제씨(黃帝氏)는 구름(雲)으로 일을 기록했기 때문에 관명(官名)을 '雲' 자로 명명(命名)했던 것이요, 염제씨(炎帝氏)는 불(火)을 가지고 일을 기록… (중략)" 중니(仲尼)께

---

160 남궁경숙(南宮敬叔, ?-?): 춘추시대 末期 노(魯)나라 사람. 성은 남궁(南宮)이고 이름은 괄(括)이다. 자(字)는 자용(子容) 또는 남용(南容), 공자(孔子)의 제자이며 조카사위이다. 공자(孔子)와 함께 주(周)나라에 가서 노담(老聃)으로부터 예(禮)에 대한 가르침을 받았다는 '문례노담(問禮老聃)'의 고사(古事)가 있다.

서 이 얘기를 듣고 곧 담자(郯子)를 만나서 (관직과 제도를) 배웠다. (관직과 제도를) 배우고 나서 사람들에게 말씀하시기를 "내가 들으니 '천자(天子)가 고대의 관직과 제도를 잃어버렸는데 그에 관한 학문이 주변국(四夷)에 보존되어 있다.'라고 했다." 가히 믿을 만하다.

### 所不能은 如孔子不得位와 堯舜 病博施之類라

'잘할 수 없다는 것'은 이를테면 공자(孔子)께서 (임금과 스승(君師)의) 지위를 얻지 못하신 것과 요(堯)임금이나 순(舜)임금이 널리 은혜를 베풀지 못함을 근심했던 것과 같은 것들이다.

### 愚謂 人所憾於天地는 如覆載生成之偏과 及寒暑災祥之 不得其正者라

내가(朱子) 생각하기로는 사람들이 천지에 대하여 원망스러워하는 것은, 이를테면 (하늘이) 덮어 주고 (땅이) 실어 주며 낳고 길러 주는 것이 한쪽에 치우친 것과 또 추위와 더위, 재앙과 상서로움이 올바름을 얻지 못함과 같은 것이다.

○ 新安陳氏曰 天覆而生物 地載而成物 以天地之 無私而生成之物 或有偏而不均者 當寒而寒 當暑而暑 作善降祥 作不善降災 正也 乃有當寒而不寒 當暑而不暑 善而不祥 不善而不災者 是不得其正也 是皆人所不能 無憾於天地者

신안진씨 말하기를 하늘이 덮어 주어 만물을 낳게 하고 땅이 실어 주어 만물을 길러 주는 것은 천지가 사사로움이 없어서 만물을 낳고 길러 주는데 혹 치우쳐서 고르지 못한 것이 있다. 당연히 추워야 할 때 춥고, 더워야 할 때 더우며, 선(善)을 행하면 상서로움을 내리고, 불선(不善)을 행하면 재앙을 내리는 것이 옳다. 더구나 당연히 추워야 할 때 춥지 않고, 더워야 할 때 덥지 않으며, 선(善)을 행하였는데도 상서로움이 내리지 않고, 불선(不善)을 행하는 데도 재앙(災殃)을 내리지 않는 것, 이것은 올바름을 얻지 못한 것이다. 이것은 모두 사람이 할 수 없는 것이라서 천지에 대하여 원망스러워함이 없는 것이다.

# 12-3

[概觀]

솔개와 물고기가 각각 제자리를 얻어 자신의 본성(本性)을 따라 즐기고 있는 것을 노래한 시(詩)이다. 『시경(詩經)』에서는 주(周)나라 왕실(王室)의 덕(德)을 칭송한 시(詩)라 하였는데 자사(子思)가 이 시(詩)를 끌어다가 천지화육(天地化育)의 이치와 작용을 설명하였다.

詩云 鳶飛戾天이어늘 魚躍于淵이라 하니 言其上下察也니라
시 운 연 비 려 천      어 약 우 연           언 기 상 하 찰 야

시(詩)에 "솔개가 날아올라 하늘에 이르고 물고기가 깊은 연못에서 뛰어오른다."라고 하니, 천지의 이치와 작용이 위아래로 자연스럽게 드러남을 말하는 것이다.

### 章句大全

詩는 大雅 旱麓之篇이라 鳶는 鴟類요 戾는 至也라 察은 著也라
雙峯饒氏曰 察是自然昭著 便是誠之不可揜 子思 引此詩하여 以明化育
流行하여 上下昭著가 莫非此理之用이니 所謂費也라 然 其所以然
者는 則非見聞所及이니 所謂隱也라 問 鳶飛魚躍 必氣使之然 朱子曰
所以飛 所以躍者 理也 氣便載得 許多理出來 若不就 鳶飛魚躍上看 如何見
得 此理 ○ 事地察 天地明察 與此上下察 察乎天地 皆明著之意

시(詩)는 『시경(詩經)』「대아(大雅), 한록(旱麓)」편이다. '鳶'은 '수리'의 종류이다. '戾'는 '이르는 것'이다. '察'은 '드러나는 것'이다. 쌍봉요씨 말하기를 '察'은 저절로 밝게 드러나는 것이니, 바로 진실함은 숨길 수 없는 것이다. 자사(子思)가 이 시(詩)를 끌어다 써서 천지자연이 만물을 낳고 길러 주는 기운이 두루 행하여지는 것을 밝혔다. '위아래로 밝게 드러난다는 것'은 이러한 이치의 작용이 아닌 것이 없으니 이른바 작용이 넓고 크다는 것이다. 그러나 위아래로 밝게 드러나는 까닭은 보고 듣는 데에 미치는 것이 아니니, 이치가 숨겨져 드러나지 않는다고 하는 것이다. "솔개가 날아올라 하늘에 이르고 물고기가 깊은 연못에서 뛰어오르는 것은 반드시 기(氣)가 그렇게 하도록 하는 것입니까?"라고 물었다. 주자(朱子) 말하기를 "하늘을 나는 까닭과 연못에서 뛰어오르는 까닭은 (천지자연의) 이치이다. 기(氣)가 바로 매우 많은 이치가 나오는 것을 싣는 것이니, 만약 솔개가 하늘에 이르고 물고기가 뛰어오르는 데에 나아가 보지 않으면 어떻게 이러한 이치를 알 수 있겠는가?" ○ "땅을 섬기니 자연의 이치와 작용이 밝게 드러나며, 천지신명(神明)이 자연히 밝게 드러난

다."[161]라고 한 것은 이 장(章)의 '위아래로 밝게 드러난다는 것'과 함께 천지에 자연히 밝게 드러나는 것이니, 모두 밝게 드러난다는 뜻이다.

**故 程子曰 此一節은 子思喫緊爲人處니 活潑潑地라 하니 讀者 其致思焉이니라**

그러므로 정자(程子)가 말하기를 이 한 구절은 자사(子思)가 다음 세대의 사람들을 위하여 긴요하게 말한 곳이니 생기 있고 힘차며 살아 움직이는 듯한 느낌이 있는 곳이다. 공부하는 사람들은 그것을 찬찬히 생각해야 한다.

## 12-4

**[槪觀]**

중용(中庸)의 도(道), 즉 군자(君子)의 도(道)는 평범한 부부의 일상적인 생활로부터 시작되는 것이다. 따라서 누구라도 알아서 잘 실천할 수 있는 것이다. 그러나 지극한 경지에 이르러서는 천지사방(天地四方)에 드러나는 지극히 넓고 큰 것이어서 무한(無限)한 것임을 말해 주고 있다.

**君子之道는 造端乎夫婦니 及其至也하야는 察乎天地니라**
군자지도    조단호부부    급기지야    찰호천지

군자의 도는 평범한 부부로부터 시작하니 도의 지극한 곳에 이르러서는 천지에 (밝게) 드러나느니라

---

161 『효경(孝經)』「전(傳)」제10장

◇ 造(조): 시작하다  ◇ 察(찰): 드러나다

## 章句大全

　結 上文이라 朱子曰 君臣父子人倫 日用間 無所不該 特擧夫婦而言 以見其尤 切近處 ○ 夫婦 人倫之至親至密者也 人之所爲 蓋有不可以告其父兄 而悉以告其妻者 人事之至近 而道行乎其間 非知幾謹獨之君子 其孰能體之

　**윗글을 결론지은 것이다.** 주자(朱子) 말하기를 임금과 신하, 부모와 자식의 관계는 인륜이니 일상생활에 해당하지 않은 것이 없다. 특별히 부부(夫婦)만을 들추어서 말한 것은 부부는 인륜에서 더욱더 가깝고 절실함을 드러낸 곳이다. ○ 부부는 인륜 가운데에 지극히 가깝고 지극히 긴밀한 사이이다. 사람들은 자신이 하는 일을 부모나 형제에게도 말할 수 없는 것이 있으나, 자신의 처(妻)에게는 모두 다 말하기 때문이다. 그것은 사람의 일에 지극히 가까워서 도(道)가 그 사이에서 행하여진다. 그러한 낌새를 알고 자신만이 홀로 알고 있는 곳이라도 삼가는 군자가 아니라면 그 누가 중용(中庸)의 도(道)를 몸소 체험하여 실행할 수 있겠는가!

　右 第十二章이니 子思之言이라 蓋以申明 首章道不可離之意也요 其下八章은 雜引 孔子之言 以明之라

　이상은 제12장이다. 자사(子思)의 말이니 첫 장(章)의 "중용(中庸)의 도(道)를 잠시도 떠날 수 없다는 뜻"을 거듭 밝힌 것이다. 그다음의 여덟 장(八章)은 공자(孔子)의 말씀을 이것저것 끌어다가 그 뜻을 밝힌 것이다.

中庸疾書
# 第十二章

此章言 道本於天

이 장(章)은 도(道)가 하늘에 근본을 두고 있다는 것을 말하였다.

　二章言 中庸不過在時中 而三章言 其至矣 則此由淺而推深也 故十二章 先言夫婦之與知能行 而以至於鳶飛魚躍 結之曰 造端乎夫婦 而察乎天地也 四章言 智愚賢不肖之皆不能得中 而繼之云 人莫不飮食 則此據深而著淺也 故十三章 承上文察乎天地等語 重明其道之不遠 而不可以厭其卑近 其要不出於五倫常行之道 以至於十六章 皆所以釋 日用常行之道也 卽因人莫不飮食之意 而推演 如此 也時中則費 民鮮能則隱

　제2장에서는 중용은 "어느 때고 절도(節度)에 맞는 시중(時中)에 달려 있음에 불과하다."라는 것을 말하였고, 제3장에서는 그 지극한 경지를 말하였으니, 이것은 얕은 곳으로 말미암아서 깊은 곳으로 미루어 나아간 것이다. 그러므로 제12장에서는 먼저 보통의 부부라도 잘 알 수 있고 잘 실행할 수 있는 것을 말하였고, "(하늘에는) 솔개가 날고 (연못에서는) 물고기가 뛰어오른다."라고 한 데에 이르러서는 "보통의 부부에서 출발해서 하늘과 땅의 이치를 잘 살펴 안다."라고 결론지어 말하였

다. 제4장에서 지혜로운 사람, 어리석은 사람, 현명한 사람, 못난 사람은 모두가 '중(中)'을 얻지 못하였음을 말한 것이고, 이어서 "먹고 마시지 않는 사람이 없다."라고 말하였으니, 이는 깊은 곳에 근거하여 얕은 곳을 나타낸 것이다. 그러기 때문에 제13장에서도 윗글의 "하늘과 땅의 이치를 잘 살펴 안다."라고 한 말들을 이어받아 중용의 도(道)는 멀리 있지 않은 것이며, 그것이 하찮은 일이라고 하여 싫어할 수도 없음을 거듭 밝혔으니, 그 요점은 오륜(五倫)과 같은 일상생활의 도리(道理)를 벗어나지 않는다. 이로부터 제16장에 이르기까지는 모두 일상적으로 생활하는 도리(道理)를 설명한 것이다. 바로 먹고 마시지 않는 사람이 없다는 뜻으로 말미암아 미루어 덧붙여 설명한 것이다. 이것은 또한 '어느 때고 절도(節度)에 맞다(時中)'는 것은 도(道)의 작용이 넓고 큰 것이요, '백성들이 잘할 수 있는 사람이 드물다는 것(民鮮能)'은 중용의 도(道)의 본체는 어렴풋하여 드러나지 않아 볼 수가 없다는 것과 같은 것이다.

聖人之道 洋洋乎發育萬物 峻極乎天 則道之極於至大而無外也 凡物有外者 爲其外者所載 若與天爲一 則誰得以載之 禮儀三百 威儀三千 則道之入於至小而無間也 凡物有內者 爲其內者所間 間則可破開而入也 若至細 而更無可間隙之 則誰得以破之 聖人所以存心而極乎大 致知而盡乎細也 如此 然則語大語小 聖人之能事也 或問以夫婦 與能爲小而莫能破 以聖人天地所不能盡爲大而莫能載 然則其所不知不能 都屬之大 而夫婦之所與能 則三百三千中一事也 以其至細至密 不復可以分開 故曰無內 如一條麻 析之又析 至於秋毫之細 則方無內也

"성인(聖人)의 도(道)가 천지에 드넓고 아득하게 차서 만물을 낳고 길러 주어 지극히 높고 큰 이치가 천지에 가득 차는 데에 이르렀다."[162]라고 한 것은 도(道)가 지극히 큰 데에 이르러서 (밖으로) 한계가 없는 것이다. 모든 사물은 한계가 있어서 한계가 있는 것에 실리게 된다. 만약 하늘과 같게 되어 버린다면 어디에다 실을 수가 있겠는가? 예절과 의리가 삼백 가지이고 예절과 의리에 따른 거동이나 몸가짐이 삼천 가지인 것은 도(道)가 지극히 작은 데에까지 간여하여 들어갈 틈이 없는 것이다. 모든 사물에는 안(內)이 있다. 그 안에는 틈(間)이 있는데 틈은 쪼개고 열어서 들어갈 수가 있다. 만약 그 틈이 너무 가늘어서 다시 틈을 낼 수가 없다면 누가 깨트려서 열 수 있겠는가! 성인(聖人)은 마음을 보존하는 방법이 지극히 커서 지각과 식견을 끝까지 미루어 알지 못함이 없게 하고자 세밀한 곳까지 마음을 다하기를 이같이 하였다. 그렇다면 큰 것을 말하고, 작은 것을 말하는 것도 성인(聖人)이 잘할 수 있는 일이다. 『중용혹문(中庸或問)』에 '평범한 부부도 잘할 수 있다고 한 것'을 '작아서 쪼갤 수 없는 것'으로 여기고, '성인(聖人)과 천지도 다할 수 없다는 것'은 '커서 실을 수 없는 것'으로 여겼다. 그렇다면 '알지 못하고, 잘하지 못하는 것'은 모두 큰 것에 속하고, '평범한 부부도 잘할 수 있다는 것'은 예절과 의리 삼백 가지와 예절과 의리에 따른 거동이나 몸가짐 삼천 가지 가운데 한 가지 일이다. 그것은 지극히 가늘고 지극히 빽빽하여 다시 나누거나 열 수가 없다. 그러기 때문에 '안으로 한계가 없다(無內)는 것'이니 이를테면 삼 실(麻) 한 가닥을 쪼개고 또 쪼개어 털끝처럼 몹시 가늘어지는 데에 이르게 되면 비로소 안으로 한계가

---

162  『중용(中庸)』 제27장

없게 되는 것이다.

　以天地之憾爲比 却親切明曉 天地何嘗過差 以其至大 故不能無寒暑 災祥之偏 而所感者 人爾 非天地實有所錯謬 以此見得聖人之不知不能 初不妨於道也

　낳아 주고 길러 주는 하늘과 땅의 이치에 대하여 원망스러워하는 것을 가지고 비유한 것은 도리어 친절하여 분명하게 깨달을 수 있다. 하늘과 땅이 잠시라도 잘못되거나 그릇된 적이 있었던가! (낳아 주고 길러 주는 하늘과 땅의 이치는) 지극히 크다. 그러므로 추위와 더위, 재난과 상서로움이 치우칠 수가 없는데도 원망스럽게 여기는 것은 사람이 그러할 뿐이지 하늘과 땅이 실제로 잘못되거나 그릇된 것은 아니다. 이로써 '성인(聖人)이 알지 못하고 잘하지 못하는 것'이 처음부터 도(道)에 방해되는 것이 아님을 알 수 있다.

　莫能載 莫能破 繳聖人不能一句 道之全體 無物不該 則聖人或 有所不能盡載 析之於三百三千 則聖人亦不復可破 凡事之精察者曰 細入秋毫 此小而無內之說也

◇ 繳(교): 얽히다

　"실을 수도 없고, 쪼갤 수도 없다."라고 한 것은 "성인(聖人)도 잘할 수 없다."라는 한 구절과 얽힌다. 도(道)의 전체는 해당하지 않는 사물이 없어서 성인(聖人)도 어떤 때는 모두 실을 수 없는 것이 있다. 예절

(禮節)과 의리(儀理) 삼백 가지와 예절과 의리에 따른 거동이나 몸가짐 삼천 가지에 대하여 분석하면 성인(聖人)도 다시 쪼갤 수가 없다. 모든 일을 정밀하게 잘 살펴서 아는 것을 "털끝처럼 자세하고 빈틈이 없어 꼼꼼하다."라고 하는데 이것은 작으면서도 속(內)이 없다는 말이다.

小而無內 在大而無外之內

'작으면서도 속(內)이 없는 것'은 '크면서도 (밖으로) 한계가 없는 것'의 안(內)에 있다.

無外無內 朱子引 其小無內 其大無垠之語 謂出於楚辭 然據莊子 天下篇云 至大無外 謂之大一 至小無內 謂之小一 其無外字 又出於此也 易曰 富有之謂大業 本義 引橫渠說云 大而無[163]外也 朱子又曰 大業以人言之 須是天下事 無[164]不理會 方得 若纔功[165]夫不到 業無[166]由大 小[167]間措置事業 便有欠闕 據此 則君子語大者 即聖人之大業 而無不措置者也 章句云 遠而至於聖人 天地之所不能盡 其大無外也 然則聖人固有所不能也 二說似不同 然彼以緊要處言 此以沒緊要底言 所以不同

'겉으로는 (커서) 한계가 없고, 안으로는 (작아서) 속(內)이 없는 것'

---

163 『주역(周易)』「계사상전(繫辭上傳)」第5章 (本義)에는 '无'인데 이곳은 '無'로 되어 있다. 뜻은 같다.
164 위와 같은 곳 小註에는 '无'인데 이곳은 '無'로 되어 있다. 뜻은 같다.
165 위와 같은 곳 小註에는 '工'인데 이곳은 '功'으로 되어 있다. 쓰임은 같다.
166 위와 같은 곳 小註에는 '无'인데 이곳은 '無'로 되어 있다. 뜻은 같다.
167 위와 같은 곳 小註에는 '少'인데 이곳은 '小'로 되어 있다. 쓰임은 같다.

을 주자(朱子)는 "그것이 작아서 속이 없고 그것이 커서 가장자리(無垠)가 없다."라는 말을 끌어다가 『초사(楚辭)』에서 나왔다고 하였다. 그러나 『장자(莊子)』 「천하(天下)」 편에 따르면 "지극히 커서 밖으로 한계가 없는 것을 크게 하나(大一)라 하고, 지극히 작아서 더 쪼갤 속이 없는 것은 작게 하나(小一)라고 한다." 하였으니, 아마도 '無外(밖으로 한계가 없다)'라는 글자는 또한 여기(『장자(莊子)』)에서 나온 듯하다. 『주역(周易)』에서는 "풍부하게 가지고 있는 것을 대업(大業)이라 한다."[168] 하고, 「본의(本義)」에서는 장횡거(張橫渠)의 주장을 끌어다가 "커서 밖으로 한계가 없다."[169]라고 하였다. 주자(朱子)는 또 "큰 사업이란 사람을 가지고 말한 것이다. 모름지기 천하의 일에 대하여 이치를 깨달아 알지 못하거나 실행하지 못함이 없어야 비로소 이루어진다. 만약 배우고 익힘(工夫)이 조금이라도 미치지 못하면 사업이 크게 행하여질 수가 없어서 잠깐 사이에 일을 처리하는 데도 바로 모자람이 있게 된다."[170]라고 하였다. 이에 따르면 '군자를 크기로 말한다는 것'은 바로 성인(聖人)의 큰 사업이면서도 처리하지 않는 것이 없음을 말한다. 『중용장구(中庸章句)』에서 "멀게는 성인(聖人)이 천지에 대하여 극진히 할 수 없는 지경에 이르기까지 도(道)의 작용은 커서 밖으로 한계가 없다."[171]라고 하였다. 그렇다면 성인(聖人)도 본래 잘할 수 없는 것이 있으니, 두 가지 주장은 서로 같지 않은 듯하다. 그러나 저 『주역(周易)』은 꼭 필요한 것을 가지고 말하였고, 여기 『중용장구(中庸章句)』는 꼭 필요하지 않은 것을

---

168 『주역(周易)』 「계사상전(繫辭上傳)」 第5章
169 위와 같은 곳 (本義) "장자(횡거橫渠) 말하기를 풍부하게 지니고 있다는 것은, 커서 밖으로 한계가 없고 … (張子曰 富有者 大而无外 …)"
170 위와 같은 곳(小註)
171 『중용장구(中庸章句)』 第12章

가지고 말하였으니 서로 같지 않은 이유이다.

**天地之大也 猶有所憾 況於人乎 若必以盡知盡能爲心 於道有妨**

하늘과 땅은 큰데도 오히려 원망스러워하는 것이 있는데, 하물며 사람에게서이겠는가? 만약에 다 알 수 있고 다 잘할 수 있는 것만 가지고 생각한다면 반드시 도(道)에 방해가 될 것이다.

**鳶飛魚躍 詳著于孟子疾書 勿忘勿助章 此不復論 而程子本意 與此有小不同 更詳之**

'하늘에 솔개가 날고 연못에 물고기가 뛰어오르는 것'에 대하여는 『맹자질서(孟子疾書)』[172]의 "잊지도 말고 억지로 자라게 하지도 말라는 장(勿忘勿助章)"[173]에서 자세히 밝혔으므로 여기서는 다시 논하지 않는다. 정자(程子)의 본뜻과 여기는 조금 다른 것이 있으니 다시 상세히 살펴보아야 한다.

**天地之化育流行 因鳶魚而可察 如見飛葉而知風也**

하늘과 땅이 만물을 낳고 길러 주는 것이 두루 행하여지는 것은 솔개가 하늘을 날고 물고기가 연못에서 뛰어오르는 것으로 말미암아 살

---

172  성호 이익(星湖 李瀷)이 33세이던 1713년에 『맹자집주(孟子集註)』를 재해석하여 저술한 저서
173  『맹자질서(孟子疾書)』「공손추상(公孫丑上)」제2장 참조

펴 알 수 있다. 이를테면 나뭇잎이 날리는 것을 보고 바람이 부는 것을 아는 것과 같은 것이다.

抱朴子[174]曰 鳶之在下 無力 及至乎上 聲(聳)[175]身直翅而已 李氏[176]曰 鳶之飛 全不用力 亦如魚之躍 恰然自得 而不知其所以然也 此說甚好 而朱子之所取也 今不必更取 騰躍出淵之義也

『포박자(抱朴子)』에서 "솔개는 낮은 곳에 있을 때는 힘이 없다가 하늘 위에 이르면 몸을 솟구치고 날개를 곧게 펼 뿐이다."라고 하였고, 이씨(李氏)도 "솔개가 하늘을 나는 데 아무런 힘을 쓰지 않는 것도 물고기가 연못에서 뛰어오르는 것과 같아서 마치 그렇게 저절로 이루어지는데도 그것이 그렇게 되는 까닭을 알지 못하는 것과 같다."[177] 하였는데 이 말이 매우 좋아서 주자(朱子)가 받아들인 것이니, 이제 물고기가 연못에서 뛰어오른다는 의미를 다시 고쳐 받아들일 필요가 없겠다.

魚 水族之總名也 凡水族之躍于淵 其恰然自得 莫不同然也 凡鳥之中 其聳身直翅 全不用力者 鷹鵰之類皆然 非獨鳶也 故 章句云 鳶鵰類

물고기는 물에서 사는 무리 전체를 몰아서 부르는 이름이다. 대체로

---

174  『포박자(抱朴子)』 중국, 東晉시대 학자 葛洪의 저서, 도교(道敎)에서 춘추전국시대 이후 전해 오는 신선(神仙)에 관한 이론서로 알려져 있다.
175  '聲'은 '聳'을 잘못 기록한 듯하다.
176  이저(李樗, ?-?): 송(宋)나라 복주(福州) 사람, 자는 우중(迂仲) 또는 약림(若林), 『모시(毛詩)』에 주석을 달았다. 저서로『모시상해(毛詩詳解)』가 있다.
177  『시경집전(詩經集傳)』「대아(大雅), 한록(旱麓)」편의 註 참조

물에서 사는 무리가 연못에서 뛰어오르는 것도 그것이 마치 그렇게 저절로 이루어지는 것이 같지 않음이 없다. 대체로 새들 가운데 그렇게 솟아올라 날개를 곧게 펴는 데에 아무런 힘을 쓰지 않는 것도 매와 수리의 무리가 모두 그러하고, 솔개만이 홀로 그런 것은 아니다. 그러므로 『중용장구(中庸章句)』에서 "'솔개(鳶)'는 '수리(鵰)'의 무리"라고 말한 것이다.

中庸 以近者言 則愚不肖之所與能 及其至也 非愚不肖之所能及 故 第四章言 愚不肖之不及 則或恐以日用常行 而與衆人共之者爲非中庸 故此章 却從至近至易處說起

중용(中庸)을 가까운 것을 가지고 말하자면 어리석고 못난 사람들도 더불어 잘할 수 있으나, 그 지극한 곳에 이르러서는 어리석고 못난 사람들이 미칠 수 있는 것이 아니다. 그러므로 제4장에서 "어리석고 못난 사람은 미치지 못한다."라고 말한 것은, 혹시라도 일상생활에서 여러 사람이 함께하는 것을 중용(中庸)이 아니라고 여길까 염려한 까닭이다. 그러기 때문에 이 장(章)에서는 도리어 매우 가깝고 실천하기 매우 쉬운 곳을 따라서 말을 시작한 것이다.

造端夫婦 能知能行也 察乎天地 鳶飛魚躍也 謂之造端 則五倫包之矣 謂之天地 則究極大原矣 修道之敎 本於天命 欲知倫常之道 須察天地之化育 費隱言其理 鳶魚言其跡 序卦云 有天地然後 有萬物 有萬物然後 有男女 有男女然後 有夫婦 欲知夫婦之造端 而不察天地之化育 非君子之道也

"부부에게서 시작된다."라고 한 것은 '(평범한 사람들도) 잘 알 수 있고 잘 실행할 수 있는 것'이며 "하늘과 땅의 이치가 자연히 밝게 드러난다."라고 한 것은 '솔개가 날고 물고기가 뛰어오르는 것'이다. "시작된다."라고 한 것은 오륜(五倫)이 포함된 것이고, '하늘과 땅'이라고 말한 것은 (道의) 큰 근원을 끝까지 헤아리는 것이다. '인도(人道)를 등급에 맞게 마름질하는 교육(修道之敎)'은 천명(天命)을 바탕으로 하는 것이니, 일상적인 오륜(五倫)의 도(道)를 알고자 하면 모름지기 만물을 낳고 길러 주는 하늘과 땅의 자연스러운 이치를 잘 살펴서 알아야 할 것이다. 작용이 넓고 크며 본체가 숨겨져 드러나지 않는다는 것은 그 이치를 말하는 것이고, 하늘을 나는 솔개와 물에서 뛰어오르는 물고기는 그 자취를 말하는 것이다. 『주역(周易)』「서괘전(序卦傳)」에 "천지가 있고 난 뒤에 만물이 있고, 만물이 있고 난 뒤에 남녀가 있으며, 남녀가 있고 난 뒤에 부부가 있다." 하였으니 부부에서 시작하는 도리(道理)를 알고자 하면서도 만물을 낳고 길러 주는 하늘과 땅의 자연스러운 이치를 잘 살펴서 알지 못하는 것은 군자의 도(道)가 아니다.

此下 子思 間引孔子之言 以釋上十章也 自此以上 節節言中庸 而自此以下 未嘗言也 然原其指 亦莫非中庸之解 則其爲上十章之傳者無疑 比之費隱以下 猶易之有繫辭也 孔子於二章 先言時中 三章言 至矣 則高且難也 四章言 莫不飮食 則釋近且易也 子思於十二章 先言費隱飛躍 則釋高且難也 十三章言 忠恕庸行 則釋近且易也 十四章 方釋時中 蓋中庸以時中爲要 孔子爲經 則先其要 而後其所以也 子思爲傳 則先其所以 而遂及其要也

이다음은 자사(子思)가 사이사이 공자(孔子)의 말씀을 끌어다가 앞의 열 장(十章)을 해석한 것이다. 여기로부터 앞부분은 구절마다 중용(中庸)을 말하였으나 여기로부터 다음은 말한 적이 없다. 그러나 그 근원을 가리키는 것도 『중용(中庸)』을 풀이한 것이 아닌 것이 없어서 그것이 앞의 열 장(十章)의 전(傳)이 된다는 것에 의문이 없다. 비유하자면 「비은장(費隱章)」의 다음은 『주역(周易)』에 「계사전(繫辭傳)」이 있는 것과 같다. 공자(孔子)는 제2장에서 먼저 '어느 때고 절도(節度)에 맞는 것(時中)'을 말하였고, 제3장에서는 '중용(中庸)의 지극함(至)'에 대해서 말한 것이니 차원이 높고 또 이해하기가 어렵다. 제4장에서는 '먹고 마시지 않음이 없는 것(莫不飮食)'을 말하여 가깝고도 쉽게 풀이한 것이다. 자사(子思)는 제12장에서 먼저 '작용이 넓고 크며 본체가 숨겨져 드러나지 않는 것(費隱)과 솔개가 날고 물고기가 뛰어오르는 것(飛躍)'을 말하여서 풀이가 차원이 높고 또 이해하기가 어렵다. 제13장에서 '충서(忠恕)와 용행(庸行)'을 말한 것은 가깝고도 쉽게 풀이한 것이다. 제14장에서 비로소 '어느 때고 절도(節度)에 맞는 것(時中)'을 풀이하면서 중용(中庸)은 '어느 때고 절도(節度)에 맞는 것(時中)'이 중요하다고 하였다. 공자(孔子)가 경(經)을 지을 때는 먼저 요지(要旨)를 쓰고 다음에 그 이유(理由)를 썼는데, 자사(子思)는 전(傳)을 지을 때 먼저 그 이유(理由)를 쓰고 그것을 따라 전(傳)의 요지(要旨)를 썼다.

# 第 13 章

## 13-1

**[概觀]**

여기에서는 공자(孔子)의 말씀을 끌어다가 중용(中庸)의 도(道)가 사람의 일상생활에서 멀리 떨어져 있지 않은 것임을 밝히고 있다. 특히 도(道)는 일상생활을 떠나서는 있을 수 없는 것이며, 사람이 마땅히 가야 할 길이면서 하늘로부터 부여받은 본성(本性)을 따르는 법도(法度)이니, 사람의 일상과 동떨어진 이론을 내세운다면 도(道)라고 할 수 없다.

子曰 道不遠人하니 人之爲道而遠人이면 不可以爲道니라
자왈  도불원인      인지위도이원인          불가이위도

공자(孔子) 말씀하시기를 (본성을 따라 행하는 평상적인) **도(道)는 사람에게서 멀리 떨어져 있지 않으니, 사람들이 도(道)를 실행하는 것이 사람**(의 일상)**과 멀리 떨어진다면 도(道)라고 할 수 없다.**

**章句大全**

道者는 率性而已니 固衆人之所能知能行者也라 故 常不遠於人하니 若爲道者가 厭其卑近하여 以爲不足爲하고 而反務爲 高遠難行之事면 則非所以爲道矣라

'도(道)'는 본성을 따라 행할 뿐이므로 진실로 보통 사람도 잘 알 수 있고 잘할 수 있는 것이다. 그러기 때문에 항상 사람에게서 멀리 떨어져 있지 않으니, 만약 도(道)를 실행하는 사람이 (중용의 도가) 알기 쉽고 실생활에 가까워 평상적이라고 싫어해서 실천하기에는 부족하다고 여기고 도리어 고상(高尙)하고 원대(遠大)하여 실천하기 어려운 일에 힘을 쓴다면 그것은 도(道)를 실행하는 것이 아니다.

## 13-2

[概觀]

도(道)가 멀리 있는 것이 아니고 바로 우리의 눈앞에 있는 것임을 일깨워 주고 있는 시(詩)이다. 시(詩)의 내용과 같이 본보기가 되는 도낏자루를 손에 쥐고 있으면서도 그 존재를 알지 못하는 것은, 도(道)를 눈앞에 두고도 먼 곳에 있어 알기 어렵고 실천하기 어렵다고 여기는 것과 같다. 도(道)가 일상에 항상 존재한다는 것을 아는 군자(君子)는 사람의 도(人道)를 가지고 사람을 다스리다가 그 사람이 본성(本性)을 회복하여 잘못을 고치면 다스리기를 멈추는 것이다.

詩云伐柯伐柯여 其則不遠이라 하니 執柯以伐柯호대 睨而視之하
시 운 벌 가 벌 가    기 칙 불 원         집 가 이 벌 가      예 이 시 지
고 猶以爲遠하나니 故로 君子는 以人治人하다가 改而止니라
    유 이 위 원            고    군 자    이 인 치 인            개 이 지

시(詩)에 이르기를 "도낏자루를 (잡고서 도낏자루를) 베네 도낏자루를 (잡고서 도낏자루를) 베는데 그 본보기는 멀리 있지 않네."라고 하였는데, 도낏자루를 잡고서 도낏자루를 베는데 곁

> 눈길로 도낏자루를 보면서도 오히려 그 본보기는 멀리 있다고 여기나니, 그러므로 군자(君子)는 사람의 도(人道)로써 사람을 다스리다가 잘못을 고치면 그치느니라.

### 章句大全

詩는 豳風 伐柯之篇이라 柯는 斧柄이라 則은 法也라 睨는 邪視也라 言 人執柯伐木하여 以爲柯者는 彼柯 長短之法이 在此柯耳라 然猶有彼此之別이라 故 伐者 視之하고 猶以爲遠也어니와 若以人治人은 則所以爲人之道 各在當人之身하여 初無彼此之別이라 故 君子之治人也에 即以其人之道로 還治其人之身이라가 其人能改면 即止不治하나니 蓋責之以其所 能知能行이요 非欲其遠人 以爲道也라 張子가 所謂 以衆人望人 則易從이 是也라

『시경(詩經)』「빈풍(豳風), 벌가(伐柯)」편(篇)이다. '柯'는 도낏자루이고, '則'[178]은 본보기이다. '睨'는 곁눈질하는 것이다. 사람이 도낏자루를 잡고서 나무를 베어서 도낏자루를 만드는 것은 그 (새로 만들려는) 도낏자루 길이의 본보기가 (자신이 잡고 있는) 이 도낏자루에 달려 있을 뿐이라고 말한 것이다. 그러나 오히려 그것과 이것의 구별이 있다. 그러므로 나무를 베는 사람은 (도낏자루를) 보면서도 오히려 멀리 있다고 여긴다. 만약 사람의 도(人

---

178 則: 언해(諺解)에는 음(音)이 '측'으로 되어 있으나, 『중용장구(中庸章句)』에 "則 法也(칙은 본보기이다)"라고 풀고 있으니 '칙'으로 발음하는 것이 옳을 듯하다.

道)를 가지고 사람을 다스리는 것과 같은 것은 사람이 되는 방도(方道)가 각각 해당하는 사람 자신에 달려 있어서 처음부터 이것저것 구별이 없다. 그러므로 군자(君子)가 사람을 다스리는 데에는 바로 사람의 도(人道)를 가지고서 또 사람의 몸을 다스리다가 그 사람이 잘못을 고쳤으면 바로 그치고 다스리지 않는다. 그가 잘 알 수 있고 잘할 수 있는 것을 가지고서 바라는 것이지, 그 사람에게서 멀리 떨어져 있는 것을 가지고 바라는 것을 도(道)라고 하는 것은 아니다. 장자(張子)[179]가 "보통 사람의 기준을 가지고 다른 사람에게 바란다면 따르게 하기 쉽다."[180]라고 한 말이 이것이다.

## 13-3

**[槪觀]**

사람의 도(道)가 충(忠)과 서(恕)임을 밝히고 있다. 충(忠)이란 자신의 마음을 다하는 것(盡己之心)이요, 서(恕)란 자신으로 미루어 상대에게 미치는 것(推己及人)을 말함이니, 『논어(論語)』「이인(里仁)」편에 공자(孔子)께서 증자(曾子)에게 말한 "나의 도는 하나로 통하였다. (吾道一而貫之)"라고 말해 준 것을 증자(曾子)가 충(忠)과 서(恕)로 이해한 것이나, 『논어(論語)』「위령공(衛靈公)」편에서 자공(子貢)이 평생토록 지켜 실행해야 할 것을 묻는 것에 대하여 "내가 바라지 않는 것을 다른 사람에게 베풀지 말라. (己所不欲 勿施於人)"라고 답한 것 등은 바로 공자(孔子)의 중심사상인 인(仁)을 실천하는 것이 되

---

179 장자(張子): 장재(張載, 1020-1077), 중국 북송시대 철학자, 다른 이름 장횡거(張橫渠), 저서로 『正蒙(정몽)』이 있다.
180 『정몽(正蒙)』「중정(中正)」편 참조

니, 『대학(大學)』 「傳」 제10장의 '혈구지도(絜矩之道)'와도 같은 뜻이라 하겠다.

> 忠恕가 違道不遠하니 施諸(저)己而不願을 亦勿施於人이니라
> 충서   위도불원      시  기이불원      역물시어인
>
> 자신의 마음을 다하고(忠), 자신의 마음으로 미루어 상대에게 미치는 것(恕)은 도(道)와의 거리가 멀지 않으니, 자신에게 베풀어 보아서 바라지 않는 것을 다른 사람에게도 베풀지 말 것이니라.

◇ 違(위): 거리

**章句大全**

　盡己之心爲忠이요 推己及人爲恕라 違는 去也니 如 春秋傳 齊師違穀七里之違라 言 自此至彼면 相去不遠이요 非背(패)而去之之謂也라 左傳 哀公 二十七年 晉 荀瑤 帥師伐鄭 次于桐丘 鄭駟弘請於齊 乃救鄭 及留舒齊 地違穀七里 穀人不知 …

◇ 背(패): 어기다

　'자신의 마음을 다하는 것'을 '忠'이라 하고, '자신의 마음을 미루어서 다른 사람에게 미치는 것'을 '恕'라고 한다. '違'는 거리가 떨어져 있는 것이다. 이를테면 『춘추좌전(春秋左傳)』에 "제(齊)나라 군대와 곡(穀) 땅과의 거리가 7리(里) 떨어져 있다."라고 할 때의 '違'와 같으니, 여기(忠恕)로부터 저기(道)에 이르는 거리가 서로 멀지 않다는 것이요, 도(道)를 어기고 떠난다는 것을 말하는

것이 아니다. 『춘추좌전(春秋左傳)』 「애공(哀公)」 27년 진(晉)나라 대부 순요(筍瑤)가 군사를 이끌고 정(鄭)나라로 쳐들어간 뒤 동구(桐丘) 근처 땅에 주둔하였다. 정(鄭)나라 대부 사홍(駟弘)이 제(齊)나라에 구원을 청하였다. 마침내 정(鄭)나라를 구원하기로 하고 제(齊)나라 군사가 유서(留舒)에 이르렀는데 곡(穀) 땅에서 7리(里) 떨어진 곳이었으나, 곡(穀) 땅의 사람들은 제(齊)나라 군대가 온 것을 알지 못하였다. …

**道는 即其不遠人者 是也라 施諸己而不願을 亦勿施於人은 忠恕之事也라**

'도(道)'는 바로 사람에게서 멀리 떨어져 있지 않다는 것이 이것이다. 자신에게 베풀어 보아서 바라지 않는 것(忠)을 (자신도) 또한 남에게 베풀지 않는 것(恕)은 충서(忠恕)의 일이다.

> ○ 北溪陳氏曰 忠恕就心說 是盡己之心 無不眞實者 恕是就待人 接物處說 只是推己心之眞實者 以及人物而已

북계진씨 말하기를 '忠'과 '恕'는 마음에 나아가 설명한 것이니, 자신의 마음을 다하여 진실하지 않음이 없는 것이다. '恕'는 사람을 상대하고 사물을 접촉하는 곳에 나아가 말한 것이니, 다만 자신의 마음에 진실한 것으로 미루어 다른 사람과 사물에 미치는 것일 뿐이다.

**以己之心으로 度(탁)人之心에 未嘗不同하니 則道之不遠於人者를 可見이라 故 己之所不欲을 則勿以施於人이니 亦不遠人 以爲道之**

事라

  자신의 마음으로 다른 사람의 마음을 헤아려서 같지 않은 적이 없었다면 도(道)가 사람에게서 멀리 떨어져 있지 않다는 것을 알 수 있다. 그러므로 "자신이 바라지 않는 것을 다른 사람에게 베풀지 말라."[181]라고 하였으니, 또한 사람에게서 멀리 떨어져 있지 않은 것으로써 도(道)를 실천하는 일이다.

  **張子가 所謂以愛己之心으로 愛人 則盡仁**[182]**이 是也라** 問 論語中庸言 忠恕不同 朱子曰 盡己推己 此言違道不遠是也 是學者事 忠恕工夫 到底只如此 曾子取此 以明聖人 一貫之理耳 若聖人之忠恕 只說得誠字與仁字 盡字推字 用不得 若學者則須推 故 程子曰 以己及物仁也 推己及物恕也 違道不遠是也 自是兩端說 此只說下學而上達 是子思掠 下教人處 論語則曰 一以貫之 又曰勿者 禁止之辭 豈非學者事 論語分明言 夫子之道 豈非聖人之事

  장자(張載)가 "자신을 사랑하는 마음을 가지고 다른 사람을 사랑하는 것이 인(仁)을 극진하게 실천하는 것이다."라고 말한 것이 바로 이것이다. "『논어(論語)』와 『중용(中庸)』에서 말하는 충서(忠恕)가 다릅니까?" 주자(朱子) 말하기를 "자신의 마음을 다하는 것과 자신으로 미루어 나아간다는 것은 여기서 말하는 도(道)와의 거리가 멀지 않다는 것이다. 이것은 배우는 사람의 일이어서 충(忠)과 서(恕)의 공부가 단지

---

181  『논어(論語)』「위령공(衛靈公)」제15장
182  『정몽(正蒙)』「중정(中正)」편 참조

이와 같은 경지에 이른 것이니, 증자(曾子)가 이것을 받아들여 성인(孔子)이 말씀하신 '하나로 관통하는 이치(一貫之理)'를 밝혔을 뿐이다. 만약 성인(聖人)의 충(忠)과 서(恕) 같은 것은 단지 '誠' 자와 '仁' 자를 가지고 설명할 수 있고, '盡' 자와 '推' 자는 쓰지 않는 것이다. 만약 배우는 사람 같은 경우에는 반드시 미루어 나아가야 한다. 그러므로 정자(程子) 말하기를 '자신의 마음으로써 상대에게 미치는 것은 인(仁)이고, 자신의 마음을 미루어서 상대에 미치는 것은 서(恕)이니 도(道)와 거리가 멀지 않다.'라고 한 것이다. 본래 두 갈러로 말한 것을 이 장(章)에서는 단지 '아래로 충(忠)과 서(恕)를 배워서 위로 일관(一貫)에 이르는 것(下學而上達)'을 말한 것이니, 자사(子思)가 이것을 가져다가 사람들을 가르친 곳이다. 『논어(論語)』에서는 '하나의 이치로 모든 일을 관통하였다. (一以貫之)'[183]라고 말하고 또한 '勿'은 금지하는 말이라 하였으니 어찌 배우는 사람의 일이 아니겠는가? 『논어(論語)』에서 (曾子가) 분명히 '선생님(孔子)의 도(道)'[184]라고 하였으니 어찌 성인(聖人)의 일이 아니겠는가!"

○ 雙峯饒氏曰 道是天理 忠恕是人事 天理不遠於人事故 曰道不遠人 人事盡則可以至天理故 曰忠恕違道不遠 其理甚明

쌍봉요씨 말하기를 도(道)는 하늘의 이치이고 충서(忠恕)는 사람의 일이나 하늘의 이치는 사람의 일에서 멀지 않기 때문에 도(道)가 사람에게서 멀지 않다고 말한 것이다. 사람의 일을 극진하게 실행하면 하늘

---

183 『논어(論語)』「이인(里仁)」제15장
184 위와 같은 곳

의 이치에 이를 수 있다. 그러므로 충서(忠恕)가 도(道)와의 거리가 멀지 않다고 말한 것이니 그 이치가 매우 분명하다.

# 13-4

### [槪觀]

『논어(論語)』에서 공자(孔子)는 "군자의 도에는 세 가지가 있으나 내가 잘할 수 있는 것은 없으니, 인(仁)한 사람은 근심하지 않고 지혜로운 사람은 미혹되지 않으며 용기 있는 사람은 두려워하지 않는다."[185]라고 하여 지(知), 인(仁), 용(勇)에 대하여 겸손하게 말씀하였고, 여기에서는 군자가 마땅히 지켜야 할 도리로 "어버이 섬기는 것(孝), 임금(윗사람) 섬기는 것(忠), 형을 공경하는 것(悌), 벗들에게 믿음을 베푸는 것(信) 등 네 가지를 들추면서 자신은 한 가지도 잘하지 못한다. (三事一施 四所未能)"라고 하였다. 이는 혈구(絜矩)나 충서(忠恕)의 단계를 넘어선 것이니, 군자가 일상적인 덕을 실행하며 일상적인 말을 할 때도 삼가서 절도(節度)에 맞도록 하고, 지나침이나 미치지 못함이 없도록 중용(中庸)의 도(道)에서 벗어남이 없게 해야 한다는 것을 강조(强調)한다.

君子之道 四에 丘 未能一焉이로니 所求乎子로 以事父를 未能也
군자지도 사  구 미능일언      소구호자  이사부  미능야
하며 所求乎臣으로 以事君을 未能也하며 所求乎弟로 以事兄을
    소구호신    이사군  미능야     소구호제  이사형
未能也하며 所求乎朋友로 先施之를 未能也로니 庸德之行하며
미능야   소구호붕우   선시지  미능야    용덕지행
庸言之謹하여 有所不足이어든 不敢不勉하며 有餘어든 不敢盡하
용언지근   유소부족     불감불면    유여    불감진
여 言顧行하며 行顧言이니 君子 胡不慥慥爾리오
  언고행    행고언    군자 호불조조이

---

185  『논어(論語)』「헌문(憲問)」 第30章 "君子道者三 我無能焉 仁者不憂 知者不惑 勇者不懼"

군자가 마땅히 실행해야 하는 도(道)가 네 가지인데 나(丘)는 아직 한 가지도 잘하지 못한다. 자식에게 바라는 것을 가지고서 부모 섬기는 것을 아직 잘하지 못하며, 신하에게 바라는 것을 가지고서 임금 섬기는 것을 아직 잘하지 못하며, 아우에게 바라는 것을 가지고서 형 섬기는 것을 아직 잘하지 못하며, 벗에게 바라는 것을 가지고서 먼저 베풀기를 아직 잘하지 못하니, 일상적인 덕(庸德)을 실천하며 일상적인 말(庸言)을 잘 지키고 삼가되, (덕을 실천함에) 모자람이 있거든 힘써 노력하지 않음이 없으며, (일상적인 말에) 남음이 있을 때도 모두 다 말하지 아니하여서 말을 함에는 실천할 것을 깊이 돌아보고, 실천함에는 말을 깊이 돌아볼 것이니 군자가 어찌 (말과 실천에) 진실하고도 극진하지 않으리오.

◇ 丘(구): 공자의 이름
◇ 胡(호): (=何) 어찌
◇ 慥(조): 독실(篤實)하다

## 章句大全

求는 猶責也라 道不遠人하니 凡己之 所以責人者가 皆道之 所當然也라 故 反之以自責 而自脩焉이라 黃氏曰 此即 人之身而 得治己之道 治己之道 初不難見 觀其責人者而已 庸은 平常也라 行者는 踐其實이라 謹者는 擇其可라 獨不足而勉 則行益力하고 言有餘 而訒(忍也 難也) 則謹益至니 謹之至 則言顧行矣요 行之力 則行顧言矣라 慥慥는 篤實貌니 言 君子之 言行如此니 豈不慥慥乎리오하니 贊美之也라 凡此 皆不遠人 以爲道之事라 三山陳氏曰 人之言常有餘 行常不足

言顧行 則言之有餘者 將自損 行顧言 則行之不足者 將自勉 此章 語若雜出 而意脉貫通 反復於人己之間者 詳盡明切 而有序 其歸不過 致謹於言行 以 盡其實耳 張子가 所謂 以責人之心으로 責己 則盡道 是也라 朱子曰 未能一焉 固是謙辭 然亦可見 聖人之心 有未嘗滿處 所求乎子 以事父未能 也 每常人責子 必欲其孝於我 然不知我之所以事父者 曾孝否乎 以我責子之 心 而反推己之 所以事父 此便是則(칙)也 …

'求'는 바라는 것과 같다. 도(道)가 사람에게서 멀리 떨어져 있지 않으니 무릇 자신이 다른 사람에게 바라는 것은 모두 도(道)의 당연한 것들이다. 그러므로 돌이켜 자신에게서 바라고 스스로를 수양(修養)하는 것이다. 황씨 말하기를 "이것은 곧 다른 사람의 몸가짐이나 행동에서 자신을 다스리는 도(道)를 얻는 것이다. 자신을 다스리는 도(道)는 처음부터 알기 어려운 것이 아니니, 자신이 다른 사람에게 바라는 것을 살펴보면 될 뿐이다." '庸'은 평범하고 일상적이다. '行'은 평범하고 일상적인 진실한 덕(德)을 실천하는 것이다. '謹'은 평범하고 일상적인 옳은 말을 잘 선택하는 것이다. '덕(德)이 부족하다고 여겨서 힘써 노력하는 것'은 실천에 더욱 힘쓰는 것이요, 말을 충분히 할 수 있으나 어렵게 여겨서 차마 하지 못하는 것(참아 내고 어려워함)은 삼가기를 더욱 지극히 하는 것이니, 삼가기를 지극히 하는 것은 말을 할 때 실천할 것을 생각하는 것이요, (평범하고 일상적인 덕의) 실천에 힘쓰는 것은 실천할 때에 말을 깊이 생각하는 것이다. '慥慥'는 진실하고 극진한 모습이니 군자의 말과 행동이 이와 같다는 것을 말한 것이다. "어찌 진실하고 극진하지 않을 수 있겠는가?"라고 하였으니 아름다운

**덕(德)을 찬양하여 기리는 것이다. 대개 이것은 모두 사람에게서 멀리 떨어지지 않아서 도(道)를 실행하는 일이 된다.** 삼산진씨 말하기를 사람의 말은 항상 넉넉하고 실천하는 것은 항상 부족하다. 말할 때 실천하기를 돌아보는 것은 말이 넉넉한 것을 스스로 덜어 내려는 것이고, 실천함에 말을 돌아보는 것은 실천이 부족한 것을 스스로 힘쓰고자 한 것이다. 이 장(章)은 말이 여기저기에서 섞여 나왔으나 뜻과 맥락이 서로 통하는 것은 다른 사람과 자신 사이를 돌이켜 되풀이하여 상세하고 분명하며 극진하고 간절함이 차례가 있어서 말과 행동을 삼가서 그 진실함을 극진히 함에 귀결되는 데에 지나지 않을 뿐이다. **장자(張載)가 이른바 "다른 사람에게 바라는 마음을 가지고서 자신에게 바란다면 도(道)를 극진하게 할 수 있다."[186]라고 한 것이 이것이다.** 주자(朱子) 말하기를 "아직 한 가지도 잘하지 못한다."라고 한 것은 진실로 겸손하게 사양하는 말이다. 그러나 또 성인(孔子)의 마음에 아직 만족한 적이 없었다는 것도 알 수 있다. 자식에게 바라는 것으로 부모 섬기는 것을 아직 잘하지 못한다는 것은, 항상 사람들이 자식에게 반드시 나에게 효도해 줄 것을 바란다는 것이다. 그러나 내가 부모를 섬기는 방법이 일찍이 효(孝)인가 아닌가를 알지 못한다. 내가 자식에게 바라는 마음을 가지고서 돌이켜서 자신이 부모를 섬기는 방법에 미루어 나아가는 것이 바로 효(孝)의 본보기가 된다. …

○ 雲峯胡氏曰 論語說忠恕 是曾子借此二字 形容聖人之妙處 此則是子思就此二字 說歸聖道至實處 推愛己之心愛人 推己及物之恕也 而忠卽

---

186 『정몽(正蒙)』「중정(中正)」

行乎其間 …

운봉호씨 말하기를 『논어(論語)』에서 충서(忠恕)를 말한 것[187]은 증자(曾子)가 이 두 글자를 빌려다가 성인(孔子)의 지극히 오묘한 곳을 말로써 드러낸 것이고, 이 장(章)에서는 자사(子思)가 이 두 글자를 좇아서 성인(孔子)의 도(道)의 지극히 진실한 곳을 말하여 끝을 냈다. 자신을 사랑하는 마음으로 미루어 다른 사람을 사랑하고 자신의 마음으로 미루어 상대에게 미치는 것이 '恕'이니 '忠'은 바로 그 사이에서 행하여지게 된다. …

**右 第十三章이라 道不遠人者는 夫婦所能이요 丘 未能一者는 聖人 所不能이니 皆費也 而其所以然者는 則至隱存焉이라 下章 放此라**

이상은 제13장이다. '도(道)가 사람에게서 멀리 떨어져 있지 않다고 한 것'은 평범한 부부도 잘할 수 있다는 것이다. '내가 아직 한 가지도 잘하지 못한다고 한 것'은 성인(孔子)도 잘하지 못하는 것이니, 모두 도(道)의 작용이 넓고 큰 것이다. 그러한 까닭은 지극한 중용(中庸)의 도(道)의 이치가 숨겨져서 드러나지 않는 곳에 남아 있으니 다음 장(章)도 이와 같다.

○ 新安陳氏曰 丘未能一固 聖人謙辭 然 實足以見 聖人愈至 而愈不自至之誠 如朱子所謂 必如舜之事父 周公之事君 方爲盡道 語其極 誠聖人

---

187  『논어(論語)』「이인(里仁)」 第15章 "子曰 參乎 吾道 一以貫之 曾子曰 唯 子出門人 問曰何謂也 曾子曰 夫子之道 忠恕而已矣"

所不敢 自以爲能也

　신안진씨 말하기를 '내가 아직 한 가지도 잘하지 못한다고 한 것'은 진실로 성인(孔子)의 겸손한 말이다. 그러나 실제로는 성인(聖人)이 지극하면 할수록 더욱 스스로 지극하지 못하다고 하는 진실을 충분히 알 수 있다. 이를테면 주자(朱子)가 '반드시 순(舜)임금이 부모를 섬기고, 주공(周公)이 임금을 섬겼던 것처럼 하여야 비로소 도(道)를 다한 것이라고 말한 것'과 같다. 도(道)의 극진한 것으로 말하자면 진실로 성인(聖人)이라도 감히 스스로 잘한다고 말하지 못하는 것이다.

中庸矢書
# 第十三章

　此章言 道行於人

　이 장은 도(道)가 사람에게서 실행되는 것을 말하였다.

　第四章 以中庸之道 比之於人莫不飮食 孔子之言 引而不發也 道之不離於

日用 如人之飮食 故不外於五倫 是則庸言庸行也 子思將言 父子君臣兄弟朋友之道 其要莫如忠恕 將言忠恕 必須先明物我一理 將言物我一理 又必須先言其道之初不遠人 故引夫子之言 先明道之不遠人也 忠恕者挈[188]矩也 下有子 則上有父 下有臣 則上有君 下有弟 則上有兄 此皆推此測彼折轉來事人也 惟朋友 則只是人與我兩箇 無推此事彼之例 故我善施之而已 然我爲人友 人亦爲我友 猶是同科 至於夫婦 爲人夫者 不得爲人婦 故 不可曰所求乎婦也 故於此不言 亦文勢之使然也 然夫婦人倫之始 不可以不先也 故上章已言 造端夫婦 而下章又以妻子好合 樂爾妻帑 重結之 其義密矣 而其緊要只在此一節 人者身也 有此身 則便有父子君臣等當行之道 其性分之固有 職分之當爲 不離于其身 而莫不備具 故離人 則初無可行之道也 其或以斯人行斯道 而乃反人自人 道自道 陋切近之庸行 務虛遠之外事 而不相關涉 雖曰爲道 而實不足以爲道也

  제4장에서 중용(中庸)의 도(道)를 가지고 '먹고 마시지 않는 사람이 없는 것'에 비유한 것은 공자(孔子)의 말씀을 끌어다 쓰면서도 문제 제기만 하고 답은 드러내지 아니하였다. 도(道)가 일상생활에서 떨어져 있지 않다는 것은 이를테면 사람이 먹고 마시는 것과 같다. 그러므로 (道가) 오륜(五倫)을 벗어나지 않는 것이니 이것은 일상적으로 행하는 말과 일상적인 행동이다. 자사(子思)가 부모와 자식, 임금과 신하, 형과 아우, 벗과 벗 사이의 도(道)를 설명하고자 하는데, 그 요지(要旨)는 '자신의 마음을 다하는 것(忠)'과 '자신의 마음을 미루어 다른 사람에게 미치는 것(恕)'만 한 것이 없고, '자신의 마음을 다하는 것(忠)'과 '자

---

188  '挈'은 '絜'이 되어야 한다.

신의 마음을 미루어 다른 사람에게 미치는 것(恕)'을 말하고자 한다면 모름지기 다른 사람과 내가 하나의 이치를 지니고 있음을 반드시 먼저 밝혀야 하고, 다른 사람과 내가 하나의 이치를 지니고 있음을 말하고자 한다면, 또한 모름지기 도(道)가 처음부터 사람에게서 멀리 떨어져 있지 않았음을 먼저 말해야 한다. 그러기 때문에 선생님(孔子)의 말씀을 끌어다가 도(道)가 사람에게서 멀리 떨어져 있지 않다는 것을 먼저 밝힌 것이다. '자신의 마음을 다하는 것(忠)'과 '자신의 마음을 미루어 다른 사람에게 미치는 것(恕)'은 (도덕적 삶의 척도를 가지고 헤아리는) '혈구(絜矩)'이다. 슬하에 자식이 있으면 위로 부모가 있고, 아래에 신하가 있으면 위로는 임금이 있으며, 아래로 아우가 있으면 위로 형이 있으니 이것은 모두 이것(나)으로 미루어 저것(다른 사람)을 헤아려 처지를 바꾸어서 다른 사람을 섬기는 것이다. 오직 벗과 벗의 사이만은 단지 상대와 나 둘이니, 나를 미루어서 다른 사람을 섬기는 예(例)가 없다. 그러므로 내가 먼저 베푸는 것일 뿐이다. 그러나 내가 다른 사람의 벗이 되고 다른 사람도 나의 벗이 되니 오히려 차등은 없다. 부부 관계에 이르러서는 남편은 아내가 될 수 없다. 그러기 때문에 '아내에게 바라는 것'이라고 말할 수 없다. 그러므로 이것에 대하여 말하지 않은 것도 다만 문장의 형세(文勢)가 그러한 것이다. 그러나 부부(夫婦)는 인륜(人倫)의 시작이므로 먼저 말하지 않을 수가 없다. 그러기 때문에 앞 장에서 이미 "(君子의 道는) 부부에서 시작된다. (造端夫婦)"[189]라고 하였고, 다음 장에서는 또 "아내와 자식들이 잘 화합한다. (妻子好合)"[190] 하

---

189 『중용장구(中庸章句)』第12장
190 『중용장구(中庸章句)』第15장, 『시경(詩經)』「소아(小雅), 상체(常棣)」

고 "그대의 아내와 자식들을 즐겁게 하네. (樂爾妻帑)"[191]라고 하여 거듭 매듭지었으니 그 속뜻에 빈틈이 없고, 중요한 것은 다만 이 한 구절[192]에 달려 있다. '人'은 자신(身)이다. 여기에 자신이 있으면 바로 부모와 자식, 임금과 신하 등이 (인간관계에서) 마땅히 행해야 하는 도(道)가 있는 것이니, 자신에게 본래부터 부여된 본성과 마땅히 해야 할 본분이 자신에게서 떠나가지 않아서 갖추어지지 않은 것은 없다. 그러므로 사람에게서 떠난다면 처음부터 실행할 도(道)가 없게 되는 것이다. 그것은 혹 이 사람이 이(中庸의) 도(道)를 실행한다면서 도리어 "사람은 사람이고 도는 도이다. (人自人 道自道)"라고 하여 절실하면서도 친근한 일상적인 행실은 천(賤)하게 여기고, 허망하고 망령되며 까마득히 멀어 실현 불가능한 일상 밖의 일에는 힘을 쓰면서도 일상과는 서로 연관되는 것이 아니라고 한다면, 비록 도(道)를 실행한다는 말은 할지라도 실제로는 도(道)를 실행한다고 하기에는 부족한 것이다.

章句 愷愷 讚美之也 詩 出車所謂 胡不旆旆 是也 然 此章是夫子自道 則或是勉辭 更詳之

◇ 讚(찬): (≒贊) 기리다    ◇ 胡(호): 어찌
◇ 旆旆(패패): 깃발을 휘날리다

『중용장구(中庸章句)』에서 "'조조(慥慥)'는 아름다운 덕(德)을 찬양하여 기리는 것"이라 하였는데, 『시경(詩經)』 「소아(小雅), 출거(出車)」편

---

191 위와 같은 곳
192 『중용장구(中庸章句)』 제13장 "子曰 道不遠人 人之爲道而遠人 不可以爲道"의 句節을 가리킨다.

에서 "어찌 깃발을 휘날리지 않으리오."라고 한 것이 이것이다. 그러나 이 장(章)은 선생님(孔子)이 스스로에 대하여 말한 것이니, 아마도 힘써 노력한다는 말인 듯하다. 다시 상세하게 살펴보아야 한다.

道之於人 奚嘗不遠 其實不離也 由率性故也 爲此言者 本因爲道而遠人者發 故明其不可以遠人也 須先看爲道而遠人一句然後 當思其反 而救藥之辭不得不如是耳

(일상적인) 도(道)는 사람에 대하여 어느 곳에서나 멀지 않을 뿐이고, 실제로 떠날 수도 없으니 본성(本性)을 따르는 것으로 말미암기 때문이다. 이렇게 말한 것은 본래 '도(道)가 사람에게서 멀리 떨어져 있다고 여기는 것'으로 말미암아 드러난 것이다. 그러므로 도(道)가 사람에게서 멀리 떨어져서는 아니 되는 것을 밝혔으니, 모름지기 '도(道)를 실행하는데 도(道)가 사람에게서 멀리 떨어져 있다는 한 구절'을 먼저 살펴본 다음에 마땅히 그것을 돌이켜 생각한다면 약으로 병통을 고친다는 말을 아니 할 수 없는 것이 이와 같을 뿐이다.

人之爲道而遠人 賢智之過也 睨而視之 猶以爲遠 愚不肖之不及也 若無此二節 殊不知 所謂過不及者 果何事也

'사람이 (일상적인) 도(道)를 실행하면서도 (道가) 사람에게서 멀리 떨어져 있다고 여기는 것'은 현명하여 지혜로움이 지나친 것이고, '곁눈질로 보면서도 오히려 멀리에 있다고 여기는 것'은 어리석고 못나서 미치지 못하는 것이다. 만약 이 두 구절이 없다면 지나침이나 미치지 못하는 것이 과연 어떠한 일인지 전혀 알지 못할 것이다.

 衆人之所能知能行者 道也 及其至而人鮮能之者 亦道也 莫非率性 而賢智之過者 反以衆人之所能知能行 爲卑近不足爲 故章句明之曰 道固如此 言其不可以卑近而忽之也 非謂衆人之能知能行之外 更無所謂道也 不然 所謂民鮮能之者 果何指哉 此章 專爲卑近者發 故其言如此 以此尤信與第四章相呼喚

 보통 사람들이 잘 알 수 있고 잘할 수 있는 것이 (중용의) 도(道)이다. 지극한 곳에 이르러서 잘할 수 있는 사람이 드문 것 역시 도(道)이다. (道는) 본성을 따르지 않는 것이 없는데, 현명하고 지혜로움이 지나친 사람은 도리어 보통 사람들이 잘 알 수 있고 잘할 수 있는 것을 알기 쉽고 실생활에 가까워서 마음에 차지 않는다고 여긴다. 그러므로『중용장구(中庸章句)』에서 밝히기를 "도(道)는 본래 이와 같다."[193]라고 하여 중용(中庸)의 도(道)가 알기 쉽고 실생활에 가깝다고 해서 소홀히 할 수 없다는 것을 말한 것이고, 보통 사람이 잘 알 수 있고 잘할 수 있는 것 외에 다시 도(道)라고 이를 만한 것이 없다는 것은 아니다. 그렇지 않다면 '도(道)를 잘 실행할 수 있는 사람이 드물다는 것'은 과연 무엇을 가리키는 것인가! 이 장(章)은 오직 알기 쉽고 실생활에 가까운 것만을 드러내었다. 그러므로 이같이 말한 것이니, 이로써 제4장과 서로 호응(呼應)함이 더욱 확실하다.

---

193 『중용장구(中庸章句)』제13장 "도는 본성을 따라 행하는 것일 뿐이다. 그러므로 보통 사람이 잘 알 수 있고 잘할 수 있는 것이다. (道者 率性而已 故衆人之所 能知能行者也)"를 가리킨다.

柯之有則 見考工記 車人爲車 軻[194]長三尺 博三寸 厚一寸有半 五分 其長 以其一爲之首 轂長牛軻[195] 其圍一柯有半 輻長一柯有半 渠三柯者三 此乃車人之所用 而法度之器 過此 非則也 不及此 亦非則也 惟一欘有半者 爲中制 故 伐木爲柯者 彼自有定則 非以此柯爲彼柯之法 然後 方是有則也 比如治人者 人各有當行之道 循以修之 而非別以一人立爲標準 强使之視效也 然 使彼柯果得其中制 則與此柯 初無異也 其則同故也 今不以其身之所當爲告曉之 而却只以一箇 行道之人 爲之則 而使之視效 則彼愚不肖者 必將眤而惑之 猶疑不切於身己也 故 以人治人 則治無不遂矣 上節抑賢智 而使之中 此節引愚不肖 而使之中也

◇ 則(칙): 법칙, 준칙, 본보기
◇ 厚(후): 두께
◇ 渠(거): 수레바퀴 테두리
◇ 欘(족): 도낏자루
◇ 博(박): 넓이
◇ 轂(곡): 바퀴통, 수레바퀴
◇ 輻(복): 바큇살

도낏자루를 만드는 데에는 준칙(準則)이 있으니 『주례(周禮)』「고공기(考工記), 거인(車人)」에 보인다. "수레를 만드는 사람이 수레를 만드는데 도낏자루의 길이는 3척(尺), 넓이는 3촌(寸), 두께는 1촌(寸) 하고도 반절(半)이며, 길이를 다섯 등분(等分)하여 그 하나를 머리로 한다. 바퀴통(轂)의 길이는 도낏자루의 반이고, 그 둘레는 도낏자루 하나 하고도 반절이며, 바큇살(輻)의 길이도 도낏자루 하나 하고도 반절이다. 수

---

194 가(軻): 『주례(周禮)』「고공기(考工記), 거인(車人)」에는 '가(柯)'로 되어 있다. 뜻은 같다.
195 위와 같다.

레바퀴의 테두리(渠)[196]는 도낏자루 세 개 길이의 세 배이다."라고 하였으니 이것은 바로 수레 만드는 사람이 사용하는 데 본보기가 되는 도구이다. 여기에서 지나쳐도 법도(法度)가 아니며 여기에 미치지 못하는 것도 법도(法度)가 아니다. 오직 도낏자루(欘) 하나 하고도 반절이 법도(制)에 맞는 것이기 때문에 나무를 베어서 도낏자루를 만드는 사람은 그 스스로 정해진 준칙(準則)이 있는 것이고, 이 도낏자루를 가지고 저 도낏자루의 본보기로 삼은 다음에야 비로소 준칙(準則)이 있게 되는 것은 아니다. 사람을 다스리는 것에 비유한다면 사람은 각각 당연히 실행해야 하는 도(道)가 있으니 그에 따라서 실행하는 것이고 특별히 한 사람을 가지고 표준으로 세워서 억지로 보고 배우게 하는 것이 아닌 것과 같다. 그러나 만일 저 도낏자루가 과연 법도(法度)에 맞게 만들어졌다면 이 도낏자루와는 처음부터 다름이 없었을 것이니 그 법칙이 같기 때문이다. 지금 그 자신이 당연히 실행해야 할 도리(道理)를 말하여 깨우쳐 주지 아니하고서 도리어 한갓 길 가는 사람을 준칙(準則)으로 삼아서 보고 배우게 한다면, 저 어리석고 못난 사람들은 반드시 곁눈질로 흘겨보며 의아스럽게 여기고 오히려 자기 자신에게는 절실한 것이 아니라고 의심할 것이다. 그러므로 사람의 도(道)를 가지고 사람을 다스린다면 그 다스림에 잘 따르지 않음이 없을 것이다. 앞 절(節)은 현명하고 지혜로운 사람을 억제하여서 중도(中道)에 나아가게 한 것이고, 이 절(節)은 어리석고 못난 사람들을 이끌어서 중도(中道)에 나아가게 한 것이다.

---

196  위와 같은 곳 "정사농(鄭司農)이 말하기를 '거(渠)'는 수레바퀴의 테두리이니, '바퀴의 테(牙)'를 말하는 것이다. (鄭司農云 渠謂車輮 所謂牙)"

伯夷不念舊惡 所惡在事 不在其人也 所惡之事旣去 更無可念 若以人治人 則所治在人 如白圭之磨玷 玷旣磨盡矣 圭更有可磨耶 治之欲其得中也 旣中矣 無可更治 故 卽止不治 言所期止此也 而止云者 猶云而已也

백이(伯夷)[197]는 "지난날의 좋지 않은 것을 마음에 새겨 두지 않았다."[198] 좋지 않은 것은, 그 일에 있는 것이지 그 사람에게 있는 것은 아니다. 좋지 않은 일이 이미 지나가 버렸다면 다시 마음에 새겨 두지 않는다. 만약 사람의 도(道)로써 사람을 다스리게 된다면 다스리는 것은 그 사람에게 있는 것이다. 이를테면 하얀 옥(白圭)의 티(玷)를 갈아내는 것과 같아서 티(玷)가 이미 갈아서 모두 없어졌는데 옥(圭)을 다시 갈아 낼 일이 있겠는가! 사람을 다스리는 것은 그 중도(中道)를 얻게 하고자 하는 것이니 이미 중도(中道)를 얻었는데 다시 다스릴 수는 없는 것이다. 그러므로 바로 그치고 다스리지 않는 것이니 (상대에게) 바라는 것을 여기에서 그친다고 말한 것이다. '그친다고 말한 것'은 '…할 뿐(而已)'이라고 한 것과 같다.

盡己而施人 推己而及人 合己與人而一之也 人己二字 都帖在道不遠人之人 彼盡己推己者 其於率性之道 豈有遠哉

---

197 백이(伯夷): 은(殷)나라 말기 고죽군(孤竹君)의 아들로 임금 자리를 아우 숙제(叔齊)에게 사양하고 은거하다가 수양산에서 굶어 죽은 청렴한 성인. 『사기(史記)』 「백이전(伯夷傳)」.
198 『논어(論語)』 「공야장(公冶長)」 제22장 "공자 말씀하시기를 백이와 숙제는 지난날의 나쁜 것을 마음에 새겨 두지 않았다. 그러므로 원망이 드물었다. (子曰 伯夷叔齊 不念舊惡 怨是用希)"

자신의 마음을 다하여 다른 사람에게 베풀고, 자신의 마음으로 미루어 다른 사람에게 미치는 것은 자신과 다른 사람을 한결같이 여기는 것이다. 다른 사람(人)과 자기(己) 두 글자는 모두 "도(道)가 사람에게서 멀리 떨어져 있지 않다. (道不遠人)"라고 할 때의 '人'에 결부(結付)되어 있다. 자신의 마음을 다하고 자신의 마음을 미루어 다른 사람에게 미친다고 한 것은 그것이 본성을 따라 중용(中庸)의 도(道)를 실천하는 것인데 어찌 (道에서) 멀다고 하겠는가!

人與己均也 我之好惡 人亦好惡 故 己之所惡 勿施於人 則己之所好 亦欲人之好之 方始是恕也 如使我不得爲善 而使爲不善 皆我之不願 故亦勿使人不得爲善 而使爲不善 是爲不遠於道也 其或我存心不善 而以此推恕 亦欲人之不善 則却與道背馳矣 此與大學 (挈)絜矩[199]脗合 大學先言孝悌慈等所同欲者 而遂以所惡者 反覆明之 若(無)[200]所惡於下 無以事上 則其所求乎子欲以事父者 自在其中 兩相參較 其義尤明 忠恕違道不遠 即學者用功之目 與夫子之道 忠恕而已者 不同 故曰不遠 若聖人之動以天 則何待於推

◇ 脗合(문합): 꼭 들어맞다

다른 사람과 나는 같다. 내가 좋아하고 싫어하는 것을 다른 사람도 좋아하고 싫어한다. 그러므로 자기가 싫어하는 것을 다른 사람에게 베풀지 않으면서 자기가 좋아하는 것을 다른 사람도 좋아하도록 하는 것이 바로 '나의 마음을 미루어 다른 사람에게 미치게 하는 것(恕)'의 시

---

199  挈: '絜'로 되어야 한다.
200  無: 불필요한 글자를 잘못 기록한 듯하다.

작이다. 이를테면 가령 내게 '좋은 것(善)'을 실행하지 못하게 하면서 '좋지 않은 것(不善)'을 실행하게 하는 것은 모두 내가 바라지 않는 것이다. 그러기 때문에 또 다른 사람에게 '좋은 것(善)'은 실행하지 못하게 하고 '좋지 않은 것(不善)'을 실행하게 하지 말 것이니, 이것이 도(道)에서 멀리 떨어져 있지 않은 것이 된다. 또 혹여 내가 좋지 않은 마음을 가지고서 이것을 미루어서 다른 사람에게 미치게 한 것이 또 다른 사람에게 좋지 않은 일을 하게 한다면 바로 도(道)와 반대로 되어 어긋나는 것이다. 이것은 『대학(大學)』의 '자신의 마음과 같은 것으로 미루어 상대의 마음을 헤아리는 것(絜矩)'[201]과 꼭 들어맞는다. 『대학(大學)』[202]에서는 먼저 '부모를 잘 섬기는 일(孝)', '윗사람을 공경하는 일(悌)', '불우한 사람(鰥寡獨孤)을 사랑하는 일(慈)' 등 다 같이 바라는 것을 말하고 이를 따라서 좋아하지 않는 것을 가지고 돌이켜서 다시 분명하게 밝혔다. 만약 아랫사람에게서 좋지 않았던 일을 가지고 윗사람을 섬기지 아니한다면, 장차 자식에게 바라는 것으로 부모를 섬기고자 하는 것도 진실로 그 가운데에 있게 되니, 두 가지를 서로 나란히 비교해 보면 그 의미가 더욱 분명하다. '나의 마음을 다하는 것(忠)과 자신의 마음을 미루어 다른 사람에게 미치는 것(恕)'은 도(道)와 거리가 멀지 않으니, 바로 배우는 사람이 공부하여야 할 항목(項目)이다. "선생님(孔子)의 도(道)는 '자신의 마음을 극진히 하고(忠), 자신의 마음을 미루어 다른 사람에게 미치는 것(恕)'뿐"[203]이라고 한 것과는 같지 않기 때문에 "멀지

---

201 『대학장구(大學章句)』「전(傳)」제10장
202 이와 같은 곳
203 『논어(論語)』「이인(里仁)」제15장 "子曰參乎 吾道一以貫之 曾子曰唯 子出 門人問曰何謂也 夫子之道 忠恕而已矣"

않다."라고 한 것이다. 만약 하늘의 도(道)를 따라 움직이는 성인(聖人)이라면 무엇을 미루어 기다리겠는가!

 四箇所求 (挈)矩[204]也 大學泛言上下四方 此則却以親切常行者 實之 卽是所求乎下 欲以事上 亦將所求乎上 欲以使下 可以上下均齊也 然上章旣以夫婦之造端發明之 而下章又以閨門內 父子兄弟夫婦之道拈出 而申結之 妻子好合 樂爾妻帑[205]則慈也 兄弟旣翕則弟也 父母其順則孝也 孝所以事君 弟所以事長 慈所以(事)[206]衆 此又與大學合

◇ 實之: 밝히다　　　　　　◇ 弟(제): (≒悌) 공경하다

 '네 가지의 바라는 것(四所求)'은 '자신의 마음과 같은 것으로 미루어 상대의 마음을 헤아리는 것(絜矩)'이다. 『대학(大學)』에서는 하늘과 땅, 동서남북(上下四方)으로 넓게 말하였으니, 이것은 다시 일상적으로 실행하는 가깝고도 절실한 것으로 (그 이치를) 밝혔다. 곧 아랫사람에게 바라는 것으로 윗사람을 섬기고자 하는 것은 또 장차 윗사람에게 바라는 것으로 아랫사람을 부리고자 할 것이니, 윗사람과 아랫사람 사이의 질서가 고르고 가지런하게 될 것이다. 그러나 앞 장(章)[207]에서 이미 '(군자의 도는) 부부에서 시작된다는 것'을 밝혔으며, 다음 장(章)[208]에서는 또 집안에서의 부모와 자식, 형과 아우, 부부의 도(道)를 집어내

---
204  '挈矩'의 '挈'은 '絜'로 해야 한다.
205  『중용장구(中庸章句)』第15章의 註 '帑'는 '孥'와 통한다고 되어 있다.
206  '事'는 '使'로 해야 한다.
207  『중용장구(中庸章句)』第12章
208  『중용장구(中庸章句)』第15章

어서 거듭 매듭지었다. "아내와 자식이 잘 화합한다.", "너의 아내와 자식을 즐겁게 한다."라고 한 것은 윗사람의 아랫사람에 대한 사랑이고, "형과 아우가 이미 화합하였다."라고 한 것은 (아우가) 형을 공경함이요, "부모는 편안하실 것이다."라고 한 것은 효(孝)이다. '효(孝)'는 임금을 섬기는 방법이고 '공경(弟)'은 윗사람을 섬기는 방법이며, '아랫사람에 대한 사랑(慈)'은 수많은 사람을 부리는 방법이니, 이것 또한 『대학(大學)』과 맞다.

**不足則勉 有餘則(認)訒²⁰⁹⁾ 所以中也 中則庸 故曰庸德庸言**

(실천이) 부족하면 힘써 노력하고 (말에) 남음이 있으면 과묵하여 함부로 말하지 않는 것은 중(中)을 실천하는 방법이니, 중(中)은 평상적이다. 그러므로 '평상적인 덕', '평상적인 말'이라고 한 것이다.

**聖人恕而及物 則豈以己之所未能事上者 求乎下也 若以所當爲者 求乎下 則亦恐無不可事上之理 盖聖人亦人也 人則同有所未能 而自視慊如也 若曰 吾職已盡 則豈聖人之心哉**

◇ 慊(겸): 불만스럽다

성인(聖人)이 자신의 마음으로 미루어서 다른 사람에게 미치게 하고 사물에도 미치게 하는데 어찌 자신이 윗사람을 아직 잘 섬기지 못하는 것을 가지고 아랫사람에게 요구하겠는가? 만약 마땅히 해야 할 일

---

209 '認'은 '訒'으로 해야 한다. 잘못이다.

을 가지고 아랫사람에게 요구하였다면 아마도 윗사람을 잘 섬기지 못할 이유가 없을 것이다. 성인(聖人)도 사람이다. 사람은 다 같이 잘할 수 없는 것이 있어서 스스로 불만스러운 것같이 보일 것이다. 만약 "나의 직분을 이미 다 하였다."라고 말한다면 어찌 성인(聖人)의 마음이겠는가!

**不敢盡 則無求備於下 不敢不勉 則殫於事上**

◇ 殫(탄): 다하다

감히 (자신의 직분을) 다하지 못했다면 아랫사람에게 다 갖추기를 요구하지 못할 것이고, 감히 힘써 노력하지 않을 수 없다면 윗사람 섬기기를 다해야 할 것이다.

# 第 14 章

## 14-1

**[概觀]**

『논어(論語)』에 "공자(孔子)께서 마을에 계실 때에는 부드럽고 공손하여 말을 잘하지 못하는 사람 같더니, 종묘(宗廟)나 조정(朝廷)에 나아가서는 거침이 없고 분명하게 말하였으며 신중하셨다."[210] 하였고, 또 "그 자리에 있지도 않으면서 그 직무에 관하여 이러쿵저러쿵 논(論)하지 말아야 한다."[211]라고 하였다. 증자(曾子)도 "생각을 자신의 처지에서 벗어나지 않게 해야 한다."[212]라고 하였으니, 군자(君子)라면 언제 어디서나 자신의 처지에 따라 중용(中庸)의 도(道)를 행할 뿐 분수 밖의 것을 바라거나 행하지 않아야 함을 말한 것이다.

> **君子는 素其位而行이요 不願乎其外니라**
> 군자   소기위이행       불원호기외
>
> (덕을 완성한) 군자는 현재 자신이 처한 지위에 따라 실행하고, 그 (분수) 밖의 것을 바라지 않느니라

---

210  『논어(論語)』「향당(鄕黨)」제1장 "孔子於鄕黨 恂恂如也 似不能言者 其在宗廟朝廷 便便言 唯謹爾"
211  『논어(論語)』「태백(泰伯)」제14장,「헌문(憲問)」제27장 "子曰 不在其位 不謀其政"
212  『논어(論語)』「헌문(憲問)」제28장 "曾子曰 君子 思不出其位"

**章句大全**

素는 猶見(현)在也라 如今人言 素來之意 言 君子 但因見在 所居之 位하여 而爲其所當爲요 無慕乎其外之心也

'素'는 현재와 같은 뜻이다. 지금 (宋나라) 사람들이 말하는 '素來'의 뜻과 같다. 군자는 다만 현재 자신이 처하여 있는 위치에 따라서 자신이 마땅히 해야 할 일을 행하고, 그 (분수) 밖의 것을 바라는 마음이 없음을 말한 것이다.

## 14-2

**[槪觀]**

중용(中庸)의 도(道)라는 것은 각각의 처지에 따라 어느 때고 지나침이나 미치지 못함, 치우침이나 기울어짐 없이 절도(節度)에 맞아야 하는 것을 말한다. 이곳에서는 부귀(富貴)와 빈천(貧賤), 지위(地位)의 높고 낮음, 근심과 재난(患難) 어느 환경에 처하더라도 군자(君子)가 중용(中庸)의 도(道)를 잘 실행해 나가는 이유를 밝히고 있다.

素富貴하얀 行乎富貴하며 素貧賤하얀 行乎貧賤하며 素夷狄하얀
소부귀   행호부귀   소빈천   행호빈천   소이적
行乎夷狄하며 素患難하얀 行乎患難이니 君子는 無入而不自得焉
행호이적   소환난   행호환난   군자   무입이부자득언
이니라

> 현재 부귀한 지위에 있으면 부귀에 맞는 도를 행하며, 빈천한 지위에 있으면 빈천에 맞는 도를 행하며, 오랑캐(夷狄)의 나라에 있을 때는 오랑캐(夷狄)의 도에 맞게 행하며, 근심과 재난에 처하여 있을 때는 근심과 재난의 상황에 맞는 행동을 하니, 군자는 어떠한 환경에 들어가더라도 스스로 만족하지 못하는 것이 없다.

◇ 得(득): 만족하다

### 章句大全

此는 言 素其位 而行也라 北溪陳氏曰 素富貴行乎富貴 如舜之被袗衣鼓琴 若固有之 是也 素貧賤行乎貧賤 如舜之飯糗茹草 若將終身 是也 行乎夷狄 如孔子欲居九夷 曰何陋之有 是也 行乎患難 如孔子曰 天未喪斯文 匡人 其如予何 是也 蓋君子無所往而不自得 惟爲吾之所當爲而已

**여기에서는 현재의 위치에서** (그곳에 맞는 도를) **행하는 것을 말하였다.** 북계진씨 말하기를 '현재 부귀한 지위에 있으면 부귀에 맞게 도(道)를 행한다는 것'은 이를테면 순(舜)임금이 (천자(天子)가 되어서는) 화려하게 수놓은 비단옷을 입고 거문고를 연주하는 것이 본디부터 그러했던 것 같은 것이 이것이다. '현재 빈천한 처지에 있을 때는 빈천에 맞는 도(道)를 행한다는 것'은 이를테면 순(舜)임금이 마른밥에 나물 반찬을 먹을 때는 그대로 일생을 마칠 듯하였다는 것이 이것이다. '오랑캐(夷狄)의 나라에 있을 때는 오랑캐(夷狄)의 법도에 맞게 도(道)를 행한다는 것'은 공자(孔子)께서 구이(九夷)에 살고 싶어 하면서 "(군자가 살고 있다면) 무슨 누추할 것이 있겠는가!"[213]라고 한 것이 이것이다. '근심과 재난에 처하여서는 근심과 재난의 상황에 맞는 도(道)를 행한다는 것'은 이를테면 공자(孔子)께서 "하늘이 문왕(文王)의 예악(禮樂)과 제도(制度)를 없애려고 하지 않는다면 광(匡) 땅의 사람들이 나에게 어떻게 하겠는가?"[214]라고 한 것이 이것이다. 군자는 어디를 가더라도 스스로 만족하지 못함이 없으니 오직 내가 마땅히 하여야 할 일을 행할 따름이다.

○ 倪氏曰 順居一 逆居三 以見人 少有不經憂患者 君子居易俟命 以能視順逆爲一也

예씨 말하기를 올바른 이치나 도리(道理)에 맞는 것이 한 가지이면 올바른 이치나 도리(道理)를 거스르는 것이 세 가지이니, 근심과 걱정을 겪어 보지 않은 사람이 적지 않게 있음을 알 수 있다. 군자(君子)는 평이(平易)한 곳에 있으면서 천명(天命)을 기다리니, 올바른 이치나 도리에 맞는 것과 이치에 맞지 않는 것을 보는 것이 한결같음을 알 수 있다.

## 14-3

**[槪觀]**
앞에서는 자신의 처지에 따라서 중용(中庸)의 도(道)에 알맞게 처신하여야 하는 것(素其位而行)을 말하였고, 여기서는 자신의 분수 밖의 것을 바라지 말아야 함(不願乎其外)

---

213 『논어(論語)』「자한(子罕)」 第13章
214 위와 같은 곳, 第5章

을 밝히고 있다. 제(齊)나라 경공(景公)의 정사(政事)에 관한 물음에 대하여 공자(孔子)는 "임금은 임금다워야 하고 신하는 신하다워야 하며 부모는 부모다워야 하고 자식은 자식다워야 한다."[215]라는 명분론(名分論)으로 답하였다. 이는 각각 중용(中庸)의 도(道)를 지키고 있음을 말한 것이니, 윗사람이나 아랫사람을 막론하고 오직 중용(中庸)의 도(道)를 지켜서 스스로 바로잡아 나간다면, 잘못이 있게 되더라도 그 원인을 자신에게서 찾게 되고 상대를 원망하거나 탓하는 잘못을 범(犯)하지 않게 될 것이다.

在上位하여 不陵下하며 在下位하여 不援上이요 正己而不求於人
재상위    불릉하    재하위    불원상    정기이불구어인
이면 則無怨이니 上不怨天하며 下不尤人이니라
   즉무원    상불원천    하불우인

(현재) 윗자리에 있으면서 아랫사람을 업신여기지 말 것이며, 아랫자리에 있으면서 윗사람을 끌어내리지 않고, 자신을 올바르게 하면서도 다른 사람에게 바라지 않는다면 원망이 없을 것이니, 위로는 하늘을 원망하지 않으며, 아래로는 다른 사람을 탓하지 않느니라.

◇ 尤(우): 탓하다

### 章句大全

**此는 言 不願乎 其外也라** 陳氏曰 吾居上位 則不陵忽乎下 吾居下位 則不攀援於上 惟反自責於己 初無求取於人之心 自然無怨 蓋有責望於天 而不副所望 則怨天 有求取於人 而人不我應 則尤人 君子無責望於天之心 無求取於人之意 又何怨尤之有 此處見君子 胸中多少 灑落明瑩 眞如光風霽月

---

215 『논어(論語)』「顔淵」第11章 "齊景公 問政於孔子 孔子 對曰君君 臣臣 父父 子子"

無一點私累

◇ 攀援(반원): 붙잡아 끌어내리다　　◇ 覓(현): 만나다 (뵈올 현, 볼 견)

**여기에서는 자신의 분수 밖의 것을 바라지 않음을 말하였다.**
진씨 말하기를 내가 윗자리에 있으면서 아랫사람을 업신여겨 홀대하지 않고, 내가 아랫자리에 있으면서 윗사람을 붙잡아 끌어내리지 않으며 오직 돌이켜서 자신에게 바란다면, 처음부터 다른 사람에게 바라는 마음이 없어서 저절로 원망함이 없을 것이다. 대개 하늘에 바라는 마음이 있는데 바라는 것에 합당하지 않으면 하늘을 원망하고, 다른 사람에게 바라는 마음이 있는데, 다른 사람이 나의 요구에 응하지 않으면 다른 사람을 탓하는 것이다. 군자(君子)는 하늘에 바라는 마음이 없으며 다른 사람의 생각에 대해서 바라는 것이 없으니 또 무슨 원망과 탓함이 있겠는가? 이러한 처지(不怨天 不尤人의 境地)를 만나면 군자는 마음속이 어느 정도 깨끗하고 맑아져서 참으로 맑은 날의 바람과 비가 갠 뒤의 달빛처럼 한 점 사사로운 허물이 없는 것이다.

# 14-4

[概觀]
　　여기의 군자(君子)는 덕(德)을 닦은 군자이다. 군자(君子)는 언제나 평범하고 일상적인 중용의 도에 머무르면서 자신이 처한 위치에 따라 최선을 다하고 하늘의 명을 기다리는 (盡人事待天命) 까닭에 하늘을 원망하거나 상대방을 탓하지 않는다. 반면 소인(小人)은 중용의 도를 벗어나 위험한 짓을 거리낌 없이 행하고서 그 결과에 대하여는 요행(僥幸)

을 바라는 까닭에 끝내는 하늘을 원망하고 상대방을 탓하게 된다.

> **故로 君子는 居易以俟命하며 小人은 行險以徼幸이니라**
> 고   군자   거이이사명      소인   행험이요행
>
> 그러므로 (덕을 닦은) 군자(君子)는 평이한 곳에서 (당연히 실행해야 할 바를 행하고서) 하늘의 명을 기다리며, 소인(小人)은 위험한 일을 행하고서 요행(徼幸)을 바라느니라.

### 章句大全

　易는 平地也라 易與險對 居易는 素位而行也요 俟命은 不願乎外也라 問君子居易俟命 與大易 樂天知命相似否 潛室陳氏曰 居易俟命 學者事 樂天知命 聖人事

◇ 大易:『周易』

　'易'는 평이한 곳이다. '易'는 '險'과 대구(對句)이다. **'평이한 곳에 처하는 것(居易)'은 현재의 위치에 따라서** (당연히 실행해야 할 바를) **실행하는 것이고, '하늘의 명(命)을 기다리는 것(俟命)'은** (자신의 분수) **밖의 것을 바라지 않는 것이다.** "군자가 '평이한 곳에서 천명을 기다리는 것(居易俟命)'이『주역(周易)』에서 '천지자연의 이치를 즐기고 하늘로부터 주어진 운명을 깨달아 안다는 것(樂天知命)'[216]과 서로 다릅니까?" 잠실진씨 말하기를 "'평이한 곳에 있으면서 천명을 기다리

---

216　『주역(周易)』「계사상전(繫辭上傳)」제4장

는 것(居易俟命)'은 배우는 사람의 일이요, '천지자연의 이치를 즐기고 하늘로부터 주어진 운명을 깨달아 안다는 것(樂天知命)'은 성인(聖人)의 일이다."

**徼는 求也요 幸은 謂所不當得 而得者라** 朱子曰 言强生意智 取所不當得

**'徼'는 바라는 것이다. '幸'은 얻지 않아야 하는 것을 얻는 것을 말한다.** 주자(朱子) 말하기를 "마음과 지혜를 억지로 내어서 얻지 않아야 하는 것을 취(取)한 것을 말한다."

○ 朱氏申曰 易者 中庸也 俟命者 待其分之所當得 故無怨尤 險者 反中庸也 徼幸者 求其理之所不當得 故多怨尤

주신(朱伸)이 말하기를 '평이한 것(易)'은 중용(中庸)이다. '천명을 기다리는 것(俟命)'은 자신의 분수(分數)에 마땅히 얻을 수 있는 것을 바라는 것이다. 그러므로 (하늘에 대한) 원망이나 (다른 사람을) 탓함이 없다. '위험한 것(險)'은 중용(中庸)과 반대이다. '다행이기를 바라는 것(徼幸)'은 얻지 않아야 하는 것을 바라는 이치이다. 그러므로 (하늘에 대한) 원망과 (다른 사람에 대한) 탓이 많다.

## 14-5

**[槪觀]**

앞에서 말한 "현재의 자리에서 중용의 도를 실행하는 것(素其位而行)과 분수 밖의 것을 바라지 않는 것(不願乎其外)"을 공자(孔子)가 활쏘기에 대하여 말씀하신 것을 가지고 결론하였다. 맹자(孟子)도 "인(仁)을 실행하는 것은 활쏘기와 같으니 활을 쏘는 사람은 자신을 바르게 한 다음에 활을 쏘고, 활을 쏘았으나 정곡(正鵠)에 맞히지 못하더라도 자기보다 나은 사람을 원망하지 않으며, 돌이켜 자신에게서 그 원인을 찾을 뿐이다."[217]라고 하였다. 이는 "인(仁)을 실행하는 것은 자신으로 말미암는 것이지 다른 사람으로 말미암는 것이 아니다. (爲仁由己 而由人乎哉)"[218]라는 말과 같다. 군자(君子)도 이와 같으니, 중용(中庸)의 도(道)를 실행하는 데에 최선을 다하되 잘못이 있으면 상대를 원망하지 않고 그 원인을 자신에게서 찾으며, 자신을 바르게 할 뿐인 것이다.

> 子曰 射 有似乎君子하니 失諸(저)正鵠이오 反求諸(저)其身이니라
> 자왈 사 유사호군자    실   정곡    반구    기신
>
> 공자(孔子) 말씀하시기를 활쏘기는 군자(君子)와 비슷한 데가 있나니, (활을 쏘아서) 정곡에 어긋나 맞히지 못하더라도 돌이켜 그 원인을 (활을 쏜) 자신에게서 찾느니라.

◇ 諸(저): (= ~之於) 어조사   ◇ 鵠(곡): 따오기

**章句大全**

畫布曰正이요 棲皮曰鵠이니 皆 侯之中 射之的也라 詩傳 侯 張布

---

217 『맹자(孟子)』「공손추상(公孫丑上)」第7章 "仁者 如射 射者 正己而後發 發而不中 不怨勝己者 反求諸己而已矣"
218 『논어(論語)』「안연(顏淵)」第12章

而射(석)之者也 正 設的於侯中 而射(석)之者也 大射 則張皮侯而設鵠 賓射 則張布侯而設正

◇ 射: 활을 쏘다 (사), 활을 쏘아 맞히다 (석)

**삼베에 표적을 그린 것을 '正'이라 하고** (표적의 가운데에 새 모양의) **가죽을 붙인 것을 '鵠'이라 하니, 모두 과녁의 가운데이며 활을 쏘는 표적이다.**『시전(詩傳)』[219]에 '과녁(侯)'은 삼베를 펼쳐 놓고서 활을 쏘아 맞히는 것이고, '正'은 과녁의 가운데에 표적을 설치하고서 활을 쏘아 맞히는 것이다. '대사례(大射禮)'에는 가죽으로 된 과녁을 펼쳐서 곡(鵠)을 설치하고, '빈사례(賓射禮)'에는 삼베로 된 과녁을 펼쳐서 정(正)을 설치한다고 하였다.

○ 雙峯饒氏曰 正乃是鴲字 小而飛 最疾最難射(석) 所以取爲的 鵠取革 置於中正 則畫於布以爲的

◇ 鴲(정): 새매　　　　　　◇ 鵠(곡): 따오기

쌍봉요씨 말하기를 '正'은 바로 '鴲'이니 작으면서 나는 것이 가장 빠르고 최고로 맞히기 어려운 까닭에 이것을 가져다가 표적으로 삼았다. '鵠'은 가죽을 가지고 표적의 가운데에 붙이는 것인데, 삼베에다 (鵠을) 그려서 표적으로 삼았다.

---

219　『시경(詩經)』「제풍(齊風, 의차(猗嗟)」의 註 참조

子思가 引此 孔子之言하여 以結 上文之意라

자사(子思)가 여기의 공자(孔子) 말씀을 끌어다가 윗글의 뜻을 결론지은 것이다.

右 第14章 子思之言也니 凡章首 無子曰字者는 放此라

이상은 제14장이다. 자사(子思)의 말이니 대체로 장(章)의 첫머리에 '子曰' 자가 없는 것은 이와 같다.

中庸矢書
# 第十四章

此章所論 分明釋時中者 素富貴一節 專釋時中 君子居易一節 兼釋時中 及無忌憚者 而行險徼倖[220] 便是無忌憚之事 與時中正相反者也 蓋孔子之言 簡而難曉 故子思發其義 曰時中者 素位而行也 何謂素位 富貴貧賤夷狄患

---

220  『중용장구(中庸章句)』"行險徼幸"의 '幸'을 여기서는 '倖'으로 썼다. 뜻은 같다.

難 隨遇而得其中也 險者危也 易之反也 君子所行 莫非平易庸常 而小人反是 以冀倖得倖免 以其敗失之易 故曰險 險而猶爲 則是無忌憚也 夫子只言無忌憚 不言其何事 然要是與時中相反者也 時中即居易 則無忌憚之爲行險 可以左契[221]矣 盖第二章 摠言 中庸之時中 次言 其體之至大難能 次言 其用之不離於 平常日用 而众人之所共行也 子思釋之曰 所謂體之至大者如此 十二章是也 所謂用之平常者如此 十三章是也 合以釋之曰 其體其用 不離於君子時中 而所謂時中如此 所以爲反覆詳盡也 不必以次序爲拘也

◇ 敗(패): 깨어지다　　　　◇ 众(중): (=衆)

　이 장(章)에서는 '어느 때고 절도(節度)에 맞는 것(時中)'을 분명하게 해석하여 논(論)하였다. "현재의 부귀한 지위에서…"의 한 구절은 오로지 '어느 때고 절도(節度)에 맞는 것(時中)'만을 해석한 것이고, "군자는 평이한 곳에 있으면서…"의 한 구절은 '어느 때고 절도(節度)에 맞는 것(時中)'과 '어렵게 여겨 꺼리지 않음'을 아울러 해석한 것이다. '위험한 일을 행하고서 다행이기를 바라는 것(徼倖)'은 바로 '어렵게 여겨 꺼림이 없는 일(無忌憚之事)'이니 '어느 때고 절도(節度)에 맞는 것(時中)'과는 서로 정반대가 되는 것이다. 아마도 공자(孔子)의 말씀은 간략하여 깨닫기 어려운 까닭에 자사(子思)가 그 뜻을 밝히고 드러내어 말하기를 '어느 때고 절도(節度)에 맞는 것은 현재 자신의 처지에 따라서 당연히 해야 할 일을 행하는 것(時中者 素位而行)'이라고 한 것이다. '현재 자신의 처지에 따라서 당연히 해야 할 일을 행하는 것'은 무엇인가? 부유하

---

221　左契(좌계): 부신(符信)을 좌우 둘로 나누어 좌측 것(左契)은 자신이 가지고, 우측 것(右契)은 상대에게 주어 서로의 신분을 확인하는 증표(證標)로 삼았다.

거나 귀(貴)한 지위(富貴), 가난하거나 낮은 지위(貧賤), 오랑캐(夷狄)의 나라에 있게 되었을 때, 근심과 재난(患難) 등의 상황에 따라 거기에 맞게 중도(中道)를 실행하는 것이다. '險'은 위태롭다는 것이니 '평이(平易)하다 (易)'의 반대이다. 군자(君子)가 행하는 것은 평이하고 일상적이지 않은 것이 없는데, 소인(小人)은 반대이다. 요행으로 얻고 요행으로 면(倖得倖免)하기를 바라는 것은 깨어지고 잃어버리기 쉽다. 그러므로 위태롭다고 한다. 위태로운데도 오히려 실행하는 것은 어렵게 여겨 거리낌이 없는 것이다. 선생님(孔子)께서는 다만 '어렵게 여겨 거리낌이 없는 것(無忌憚)'만 말하고 그것이 무슨 일인가는 말하지 않았다. 그러나 요약하자면 '어느 때고 절도(節度)에 맞는 것(時中)'과는 서로 반대가 되는 것이다. '어느 때고 절도(節度)에 맞는 것(時中)'은 바로 평이(平易)한 곳에 처하여 있으면서 천명(天命)을 기다리는 것이고, 어렵게 여겨 거리낌이 없는 행위는 위태로운 행위를 하고 요행(徼倖)을 바라는 것임을 증명할 수 있다. 제2장에서는 중용(中庸)의 '어느 때고 절도(節度)에 맞는 것(時中)'을 총괄하여 말하였고, 다음으로는 그 본체(體)가 지극히 커서 실행하기가 어렵다는 것을 말하였고, 다음으로 그 작용(用)은 평상적이고 일상적인 곳에서 떨어져 있지 아니하여 여러 사람이 공통되게 실행할 수 있다는 것을 말하였다. 자사(子思)가 해석하여 말하기를 "본체가 지극히 큰 것이 이와 같다."라고 한 것은 제12장이고, "작용의 평상적인 것이 이와 같다."라고 한 것은 제13장이다. 이것을 모아서 해석하여 "그 본체와 그 작용은 군자가 어느 때고 중도에 맞는 데에서 떠나지 않아서 '어느 때고 절도(節度)에 맞는 것(時中)'이 이와 같다"라고 반복해서 상세하고 극진하게 말한 이유이니 반드시 차례에 얽매일 필요는 없다.

第二節章句 雖屬之素位 而無入而不自得 則便是不願乎外也 第三節章句 雖屬之不願外 而不陵下不援上 則便是素位而行也 章句 特擧其重而言耳 富貴貧賤夷狄患難 所以行之者中也 或此或彼 則時矣 自得者 所謂深造之以道者也 入則往而處乎其內矣

제2절을『중용장구(中庸章句)』에서는 비록 '현재의 위치(素位)'로 분류하고 있으나, '어떠한 환경에 들어가더라도 스스로 만족하지 않음이 없다(無入而不自得)'는 것은 바로 (제1절의) '그 (분수) 밖의 것을 바라지 않는 것(不願乎外也)'이다. 제3절을『중용장구(中庸章句)』에서는 비록 '그 (분수) 밖의 것을 바라지 않는 것(不願乎外也)'으로 분류하고 있으나, '아랫사람을 업신여기지 않는 것과 윗사람을 끌어내리지 않는 것(不陵下 不援上)'도 바로 (제1절의) '현재의 위치에서 행하는 것(素位而行也)'이다.『중용장구(中庸章句)』에서는 다만 중요한 것만 들어서 말했을 뿐이니, 부귀(富貴), 빈천(貧賤), 이적(夷狄), 환난(患難)의 상황에 따라 대처하는 방법은 중(中)이요, 어떤 경우에는 이러하고 어떤 경우에는 저러한 것은 그때의 상황에 따를 뿐이다. '스스로 만족한다는 것(自得者)'은 이른바 "도(道)를 실행하여서 깊은 경지에 나아갔다고 한 것"이요, '(어떠한 환경에) 들어가는 것(入)'은 그 (환경)에 들어가서 그 안에 머무르는 것이다.

富貴不淫 貧賤不移 習俗不變 威武不屈者 爲其自得故也 得者 與下文失諸正鵠之失相照 君子之自得也 如射者得乎正鵠也 隨其所遇 而不失其正鵠 豈非時中乎

◇ 淫(음): 빠지다, 빠져들다    ◇ 移(이): 바꾸다    ◇ 失(실): 어긋나다

부귀한 지위에 있으면서도 (지나치게) 빠져들지 아니하고, 빈천한 처지에 있으면서도 평소에 지닌 뜻을 바꾸지 아니하며, 습관화된 풍속에도 본성(本性)이 변하지 않으며, 위세(威勢)와 무력(武力)에도 굴복하지 않는 것을 스스로 만족한다고 여기기 때문이다. '만족한다(得)'는 것은 다음 글의 '정곡에 어긋나다(失諸正鵠)'의 '어긋나다(失)'와 서로 견주어 헤아려 볼 수 있다. 군자가 스스로 만족한다는 것은 이를테면 활을 쏘는 사람이 정곡(正鵠)을 맞히고 만족해하는 것과 같다. 만나게 되는 상황에 따라 행하면서도 정곡(正鵠)에 어긋나지 않는다면 어찌 '어느 때고 절도(節度)에 맞는 것(時中)'이 아니겠는가!

**凡人之情 在上則驕 故陵忽其下 在下則屈 故攀援其上 此非不淫不移者也 此雖兼言富貴貧賤 而實爲在下位者發 故正己以下 專言貧賤之事 無怨者 亦兼不怨不尤說**

◇ 攀援(반원): 붙잡아 끌어내리다

보통 사람의 마음은 윗자리에 있으면 교만하다. 그러기 때문에 아랫사람을 업신여겨서 홀대하고, 아랫자리에 있으면 비굴하다. 그러므로 윗사람을 붙잡아서 끌어내린다. 이것은 지나친 데에 빠져들지 않는 것도, 뜻을 바꾸지 않는 것도 아니다. 여기서는 비록 부귀(富貴)와 빈천(貧賤)을 함께 말하면서 실제로는 아랫자리에 있는 사람의 (마음을) 드러내었다. 그러기 때문에 '자신을 바르게 하고(正己…)'의 다음부터는

오로지 빈천(貧賤)의 일만을 말하였고, '원망이 없다는 것(無怨)'도 '(하늘을) 원망하지 않는 것(不怨)'과 '(다른 사람을) 탓하지 않는 것(不尤)'을 함께 말한 것이다.

**雖貧賤患難之極 在我有當處之道 所謂正己也 不求於人 則反求而已 以射爲比 便見得無怨意思**

비록 가난하고 지위가 낮아서 근심과 걱정이 지극하지만, 마땅히 행해야 할 도(道)는 나에게 달려 있으니 이른바 '자신을 바르게 하는 것(正己)'이다. 다른 사람에게 바라지 않는 것(不求於人)은 자신에 돌이켜서 찾는 것(反求而已)이다. 활쏘기를 가지고 비유하였으니 바로 원망의 뜻이 없음을 알 수 있다.

# 第 15 章

## 15-1

**[槪觀]**

　중용(中庸)의 도(道)는 일상생활의 가까운 데서부터 시작되어 나아감을 밝히고 있다. 이것은 제12장에서 "군자의 도는 평범하고 일반적인 부부(匹夫匹婦)로부터 시작된다. (君子之道 造端乎夫婦)"라고 하였고, 13장에서 "중용의 도는 사람에게서 멀리 떨어져 있지 않다. (道不遠人)"라고 했던 것과 서로 연결된다. 바로 천릿길도 한 걸음부터 시작되는 것과 같이 아무리 큰일이라도 그 첫 시작은 지극히 일상적이며 작은 일로부터 비롯되기 때문이다.

> 君子之道는 辟(비)如行遠必自邇하며 辟(비)如登高必自卑니라
> 군자지도　　　　　여행원필자이　　　　　여등고필자비
>
> 군자의 도는 비유하자면 먼 길을 가는 것은 반드시 가까운 곳으로부터 시작되는 것과 같으며, 비유하자면 높은 곳에 오르는 것은 반드시 낮은 곳으로부터 시작하는 것과 같다.

**章句大全**

　辟는 譬同이라

　'辟'는 '비유하다(譬)'와 같다.

## 15-2

**[槪觀]**

처자(妻子)가 화합하는 것이 비파와 거문고를 연주하듯 마땅하고 걸맞다 하더라도 형제들이 화합하여야 그 즐거움을 오래도록 누릴 수 있다는 내용의 시(詩)를 끌어다가 중용(中庸)의 도(道)는 집안에서부터 시작됨을 밝히고 있다.

詩曰妻子好合이 如鼓瑟琴하며 兄弟既翕하여 和樂且耽(담)²²²이
시 왈 처 자 호 합    여 고 슬 금    형 제 기 흡    화 락 차
라 宜爾室家하며 樂爾妻帑라 하야늘
의 이 실 가    락 이 처 노

시(詩)에 이르기를 "처자식이 좋아하고 화합함이 비파와 거문고를 연주하는 것 (조화로움) 같으며, 형제가 이미 화합하고 함께 모여 즐기니 또한 즐겁도다. 너의 집안을 잘 화합하게 하며 너의 처자식을 즐겁게 하라."라고 하였다.

### 章句大全

詩는 小雅 常棣之篇이라 鼓瑟琴은 和也라 翕은 亦合也라 耽은 亦樂也라 帑與孥通는 子孫也라

詩는 『시경(詩經)』「소아(小雅), 상체(常棣)」편이다. '비파와 거문고를 연주하는 것'은 화합한다는 것이다. '翕'도 역시 화합하는 것이다. '耽'도 즐거워하는 것이다. '帑'는 '孥' 자(字)와 통하니 자손

---
222 언해(諺解)의 음(音)은 '담'이다. 아마도 이곳의 '耽'은 『시경(詩經)』에 '湛'으로 되어 있는 것을 따른 듯하다.

이다.

## 15-3

**[槪觀]**

자사(子思)가 앞 절(節)에서 인용한 시(詩), 「상체(常棣)」에 대하여 '그 부모들은 즐겁고 편안할 것'이라고 한 공자(孔子)의 말씀을 덧붙여서 그 뜻을 밝혔다.

> 子曰 父母는 其順矣乎신져
> 자왈 부모 기 순 의 호
>
> 공자(孔子)께서 말씀하시기를 (집안이 이러하다면) **부모님께서는 아마도 편안하고 즐거우실 것이다.**

**章句大全**

夫子가 誦此詩 而贊之 曰人能和於妻子하고 宜於兄弟如此면 則父母가 其安樂之矣라 하니 子思가 引詩及此語하여 以明 行遠自邇하며 登高自卑之意라

선생님(孔子)께서 이 시(詩)를 읽고서 칭송하여 말씀하시기를 "사람이 아내와 자식이 잘 화합하고 형제와도 마땅히 잘 어울리는 것이 이와 같다면 부모님은 아마도 편안하고 즐거우실 것이다."라고 하였는데, 자사(子思)가 시(詩)와 함께 이 말씀을 끌어다가 '멀리 가는 것은 (반드시) 가까운 곳에서부터 시작하며, 높은

곳에 오르는 것은 (반드시) 낮은 곳에서부터 시작한다는 뜻'을 밝혔다.

右 第十五章

이상은 제15장이다.

中庸疾書
## 第十五章

此章 言人事

이 장(章)은 사람 섬기는 일을 말하였다.

子曰 未知生 焉知死 未知事人 焉知事鬼 死生人鬼 一而二 二而一者也 然生與事人 日用之庸行 死與事鬼 非愚夫愚婦之所與知 中庸之事 將抑賢智之過 引愚不肖之不及 一歸於道 故未嘗專言難 使人忽於用力 又未嘗專言易 使人有妄意躐等 故纔說鳶飛魚躍 極乎上下之察 而旋說道之不遠 實之以父

子君臣之不可闕者 總結之以素位時中 莫非在己也 此章 又自卑近說起 其爲說不出於父子兄弟夫婦之道 則知生而知事人矣 下章 又從鬼神之情狀 至於祭祀之理 則知死而知鬼矣 又其下繼之以大舜文武周公之事 其說都不過生死葬祭之義 然則 此章及下章 卽先明乎其義如此 而至大舜文武周公 則擧實跡而證之 如小學之有 稽古善行也 此猶是生死葬祭之義 而不離於修齊上至二十章 始言文武之爲政 斯乃治平之必本於修齊也歟

◇ 實(실): 적용하다

 공자(孔子)께서 (자로(子路)가 귀신을 섬기는 일과 죽음을 물은 것에 대하여) "태어나서 살아가는 이치를 모르면서 어찌 죽음의 이치를 알겠으며, 살아 있는 사람 섬기는 일을 모르면서 어찌 귀신 섬기는 일을 알겠는가?"[223]라고 하였다. 죽고 사는 것, 사람과 귀신은 같으면서 다르고, 다르면서 같은 것이다. 그러나 태어나는 이치나 살아 있는 사람을 섬기는 일은 일상생활에서 평상적으로 하는 행위이지만, 사람이 죽는 이치와 귀신을 섬기는 일은 어리석고 못난 평범한 부부가 알 수 있는 것은 아니다. 중용(中庸)을 실행하는 일은 현명하고 지혜가 있는 사람의 지나침을 억제하고, 어리석고 못난 사람의 미치지 못함을 이끌어서 도(道)에 함께 돌아가게 하려는 것이다. 그러므로 (中庸은) 오로지 (실행하기) 어려운 것만을 말하여 사람들이 힘써 노력하는 데에 소홀하게 한 적이 없었고, 또 오로지 (실행하기) 쉬운 것만을 말하여 사람들이 제멋대로 등급을 걸러 뛰어오름이 있게 한 적도 없었다. 그러므로 "솔

---

223 『논어(論語)』「선진(先進)」 제11장 "季路 問事鬼神 子曰 未能事人 焉能事鬼 敢問死曰 未知生 焉知死"

개가 하늘을 날고 물고기가 연못에서 뛰어올라 (道가) 하늘과 물속에까지 드러난다."[224] 하고 잠깐 말하다가 "도(道)는 사람에게서 멀리 떨어져 있지 않다."[225]라고 돌려 말하여서 부모와 자식, 임금과 신하의 관계 등 빠뜨릴 수 없는 것에다 적용하고, 현재의 위치에서 '어느 때고 절도(節度)에 맞는 것(時中)'을 가지고 종합하여 결론지었으니, 모두 자신에게 달려 있지 않은 것이 없다. 이 장(章)은 또 평범하고 가까운 곳으로부터 말을 시작하였다. 그것은 부모와 자식, 형과 아우, 남편과 아내 사이의 도(道)에서 벗어나지 않음을 말한 것이니, 태어나서 살아가는 이치를 알고 살아 있는 사람 섬기는 일을 아는 것이다. 다음 장(章)에서는 또 귀신의 있는 그대로의 상태로부터 제사(祭祀)의 이치에 이르게 되면 (사람이) 죽는 이치를 알고 귀신의 이치를 알게 된다는 것이다. 또 그다음 장(章)에서는 위대한 순(舜)임금, 문왕(文王)과 무왕(武王), 주공(周公)의 일을 이어서 말하였는데 모두 태어나고 죽는 이치, 장례와 제사의 법도(義)에 지나지 않는다. 그렇다면 이 장(章)으로부터 다음 장(章)까지는 바로 그 뜻이 이와 같다는 것을 먼저 밝힌 것이고, 위대한 순(舜)임금, 문왕(文王)과 무왕(武王), 주공(周公)에 이르러서는 실제로 행하여진 실적이나 자취를 들추어서 증명한 것이다. 이를테면 『소학(小學)』에 「계고(稽古)」편과 「선행(善行)」편이 있는 것과 같은 것이다. 이것은 태어나서 살아가는 이치와 사람이 죽는 이치, 장례와 제사의 법도이면서도 자신을 수양하고 가정을 가지런히 잘 다스리는 데에서 떨어질 수 없다는 것과 같다. 제20장에 이르러서 비로소 문왕(文王)과 무왕(武王)의 정사(政事)를 말하였으니, 이것은 바로 국가를 잘 다스리고 천하를

---

224  『중용장구(中庸章句)』第12章
225  『중용장구(中庸章句)』第13章

한결같이 고르게 하는 일은 반드시 자신을 수양(修養)하고 가정을 가지런히 잘 다스리는 데에 근본을 두어야 할 것이리라.

常棣之詩 本謂雖妻子好合如此 而兄弟旣翕然後 方得和樂也 引詩之例 不必依此 必言妻子兄弟之各自安樂 故章句云 和於妻子 宜於兄弟

「상체(常棣)」의 시(詩)에서는 본래 "비록 아내와 자식이 잘 화합한 것이 이와 같더라도 형제가 뜻이 맞아 화합한 다음이라야 비로소 함께 모여 즐길 수 있다."라고 하였으나, 시(詩)를 끌어다가 쓴 예(例)가 반드시 이에 따르는 것은 아니고, 오로지 아내와 자식과 형제가 각각 저절로 편안하고 즐거워함을 말한 것이다. 그러므로 『중용장구(中庸章句)』에서 "아내와 자식이 화합하고 형제와도 가땅히 잘 어울린다."라고 한 것이다.

此二章 乃下三章之張本 故復自行遠登高說起

이 두 장(章)은 바로 다음 세 장(章)에 대한 일의 발단이 되는 근원이다. 그러기 때문에 거듭하여 '멀리 가는 것(行遠)과 높은 곳을 오르는 것(登高)'으로부터 말을 시작하였다.

不順乎親 不可以爲子 子順乎父母 則父母得其順矣 以兄弟妻子之和樂 爲父母順之之證 則可謂能養志也

어버이에게 순종하지 않으면 자식이라 할 수 없다. 자식이 부모에게 순종하면 부모도 자식을 따르게 된다. 형제와 아내와 자식이 함께 모여 즐기는 것을 가지고 어버이에게 순종하는 증거로 삼는다면 부모의 뜻을 잘 받들어 (지극한 효도를) 실행하였다고 할 수 있을 것이다.

室家兼臣妾而言 子曰 閨門之內 具禮矣乎 嚴父嚴兄 妻子臣妾 猶百姓徒役也 故不出家 而成教於國

◇臣妾(신첩): (家臣과 妾) 집안일을 돕는 남녀

'집안(室家)'은 집안일을 돕는 남녀(臣妾)를 함께 말한 것이다. 공자(孔子) 말씀하시기를 "집안에 예법이 모두 갖추어져 있으니 엄격한 부모와 엄격한 형이요, 아내와 자식과 집안일을 돕는 남녀(臣妾)는 백성의 무리를 부리는 것과 같다."[226]라고 하였다. 그러기 때문에 (군자는) 집 밖으로 나가지 않고서도 나라에 교화(敎化)를 이룰 수 있다.

---

226 『효경(孝經)』「전(傳)」 제12장

# 第 16 章

## 16-1

**[槪觀]**

여기에서는 천지신명(天地神明), 음양(陰陽)의 이치와 조화(造化)의 흔적이 위대함을 들추어서 중용(中庸)의 도(道)를 밝히고 있다.

> 子曰 鬼神之爲德이 其盛矣乎인져
> 자왈 귀신지위덕 기성의호
>
> 공자(孔子) 말씀하시기를 귀신의 덕(德)스러움은 아마도 성대할 것이다.

◇ 爲德: 덕스러움

**章句大全**

程子曰 鬼神[227]은 天地之功用이요 而造化之迹也라 朱子曰 功用 只是論發見者 如寒來暑往 日往月來 春生夏長 皆是 ○ 風雨霜露 日月晝夜 此鬼神之迹也 ○ 造化之妙 不可得而見 於其氣之 往來屈伸者 足以見之 微鬼神 則造化無迹矣 問何謂迹 曰鬼神是 天地間造化 只是二氣 屈伸往來 神是陽 鬼是陰 往者屈 來者伸 便有箇迹恁地

---

227  여기의 귀신(鬼神)은 유령(幽靈)을 뜻하는 'Ghost'의 의미가 아니다.

◇ 恁地: (≒如此) 이와 같다

**정자(程子) 말하기를 '귀신(鬼神)'은 천지간에 발현되는 효과(功用)이고,** (그침 없이 만물을 낳고 자라게 하며 죽게 하는) **조화(造化)의** (영원무궁한) **자취이다.** 주자(朱子) 말하기를 '功用'은 단지 밖으로 드러나 보이는 것만을 말한 것이니, 이를테면 추위가 오면 더위가 가고, 해가 지면 달이 뜨며, 봄에 만물이 소생하고 여름에 만물이 자라는 것들 모두가 이러하다. ○ 바람이 불고 비가 내리며, 서리와 이슬이 내리는 것, 해가 뜨고 달이 뜨며, 낮과 밤이 되는 이러한 것도 귀신(鬼神)의 자취이다. ○ (그침 없이 만물을 낳고 자라게 하며 죽게 하는) "조화(造化)의 신묘(神妙)한 이치는 알 수가 없으나, 그 기운(氣)이 오고 가며 굽히고 펴는 것(屈伸往來)이 드러나는 데서 충분히 알 수 있습니다. 귀신의 공적(功用)이 아니라면 그침 없이 만물을 낳고 자라게 하며 죽게 하는 조화(造化)의 자취가 없는 것이니 무엇을 자취(迹)라고 합니까?" (朱子가) 대답하기를 "귀신(鬼神)은 천지간의 만물을 낳고 자라게 하며 죽게 하는 조화(造化)이다. 단지 음양(陰陽) 두 가지의 기운(氣)이 굽히고 펴며 오고 가는 것(屈伸往來)이니, 신(神)은 양(陽)이요 귀(鬼)는 음(陰)이다. 가는 것은 (가서 감추기 때문에) 굽히는 것(往者屈)이요, 오는 것은 (베풀어 사용되므로) 펴는 것(來者伸)이니 바로 자취(迹)는 이와 같은 것이다."

○ 北溪陳氏曰 造化之迹 以陰陽流行 著見於天地間者 言之

북계진씨 말하기를 (그침 없이 만물을 낳고 자라게 하며 죽게 하는)

조화(造化)의 자취는 음양(陰陽)이 행하여지는 것으로 천지간에 훤히 드러나는 것을 가지고 말한 것이다.

**張子曰 鬼神者는 二氣之良能也라** 朱子曰 良能是說 往來屈伸 乃理之自然 非有按排措置 二氣則陰陽良能 是其靈處

장자(張橫渠) 말하기를 귀신(鬼神)은 (음양(陰陽)의) 두 기운(氣)이 자연스럽게 행하여지는 것이다. 주자(朱子) 말하기를 자연스럽게 행하여진다는 말이 옳다. '오고 가며 굽히고 펴는 것(往來屈伸)'은 바로 자연스러운 이치이니, 알맞게 배치하여 처분하거나 문제 해결을 위해 필요한 조치를 하는 것이 아니다. 두 기운은 음양(陰陽)이 자연스럽게 행하여지는 것이니 그 정령(精靈)이 모인 곳이다.

**愚謂 以二氣言 則鬼者는 陰之靈也요 神者는 陽之靈也라** 朱子曰 二氣謂陰陽對待 各有所屬 如氣之呼吸者爲魂 魂則神也 而屬乎陽 耳目口鼻之類爲魄 魄則鬼也 而屬乎陰

나는 생각건대 음양(陰陽) 두 가지 기(氣)를 가지고 말한다면 귀(鬼)는 음(陰)의 정령(精靈: Spirit)이 되고 신(神)은 양(陽)의 정령(精靈)이 된다. 주자(朱子) 말하기를 두 기운(氣)은 음(陰)과 양(陽)이 서로 상대하여 기다리는 것을 말하니, 각각 속하는 데가 있다. 이를테면 기(氣)가 호흡(呼吸)하는 것은 혼(魂)이 되니, 혼(魂)은 신(神)이며 양(陽)에 속한다. 이목구비(耳目口鼻) 같은 것들은 백(魄)이 되니, 백(魄)은 귀(鬼)이며 음(陰)에 속한다.

○ 北溪陳氏曰 靈 只是自然屈伸往來 恁地活爾

◇ 恁地: (=如此)

북계진씨 말하기를 '靈'은 단지 '자연스럽게 굽히고 펴며 가고 오는 것(屈伸往來)'으로 활발하게 살아 움직이는 것과 같다.

**以一氣言 則至而伸者 爲神이요 反而歸者 爲鬼니 其實 一物而已라** 張子曰 物之初生 氣曰至而滋息 物生旣盈 氣曰反而遊散 至之謂神 以其伸也 反之謂鬼 以其歸也 天地不窮 寒暑耳 衆動不窮 屈伸耳 鬼神之實 不越乎二端而已矣

**하나의 기(氣)를 가지고 말하자면 '이르러서 펴는 것(至而伸者)'은 신(神)이 되고, '돌이켜서 돌아가는 것(反而歸者)'은 귀(鬼)가 되니 실제로는 하나의 사물일 뿐이다.** 장자(張橫渠) 말하기를 "사물이 처음에 생겨날 때는 기(氣)가 나날이 이르러서 번성하게 되고, 사물이 생겨나서 이미 가득하면 기(氣)가 나날이 되돌아가서 흩어지게 된다. '이르는 것을 신(至之謂神)'이라고 하는 것은 기(氣)가 펴지기 때문이고 '돌아가는 것을 귀(反之謂鬼)'라고 하는 것은 기(氣)가 돌아가기 때문이다."[228]라고 했다. 천지가 끝이 없는 것은 (번갈아 오고 가는) 추위와 더위 때문이고, 모든 (사물의) 움직임이 끝이 없는 것은 굽히고 펴는 것(屈伸) 때문이니, 귀신의 실제는 굽히고 펴는(屈伸) 두 가지를 벗어나지 않을 뿐이다.

---

228 『정몽(正蒙)』「동물(動物)」편

**爲德은 猶言性情功效라** 朱子曰 性情乃鬼神之情狀 能使天下之人 齊明盛服 以承祭祀 便是功效

**'爲德(덕스러움)'은 '性情'과 '功效'를 말한 것과 같다.** 주자(朱子) 말하기를 '性情'은 바로 귀신의 있는 그대로의 모습이니, 천하의 사람들이 몸과 마음을 가지런히 하여 성대하게 제복(祭服)을 차려입고 제사(祭祀)를 받들게 하는 것이 바로 '功效'라고 하였다.

○ 蛟峯方氏曰 性情言其體 功效言其用 易曰 鬼神之情狀 情即性情 狀即功效也 鬼神生長斂藏 是孰使之然 是他性情如此 若生而成春 長而成夏 斂而成秋 藏而成冬 便是鬼神之功效

교봉방씨 말하기를 '자연스럽게 굽히고 펴는 성정(性情)'은 귀신의 본체(本體)를 말한 것이고, '그침 없이 낳고 자라며 죽는 조화의 이치가 드러나는 공효(功效)'는 귀신의 작용(作用)을 말한 것이다. 『역경(易經)』에 "귀신의 정상(鬼神之情狀)"[229]이라 하였으니 정(情)은 성정(性情)이요, 상(狀)은 즉 공효(功效)이다. 귀신은 낳고 자라고 거두고 감추게 하니 이것은 누가 그렇게 시켜서 된 것인가? 이것은 그 (귀신의) 성정(性情)이 이와 같게 한 것이다. 이를테면 다시 살아나서 봄을 이루고, 자라서 여름을 이루고, 거두어서 가을을 이루고, 갈무리하여서 겨울을 이루니, 바로 귀신의 (조화의 이치가 드러난) 공효(功效)이다.

---

229 『주역(周易)』「계사상전(繫辭上傳)」第4章

## 16-2

**[槪觀]**

　하늘은 해와 달과 별들을 운행하고 계절을 변화시키며 비바람과 눈과 서리를 내려서 만물을 낳게도 하고 죽게도 한다. 또 땅은 온갖 사물을 실어 주며 이들이 자라게 하고 각자의 형체를 갖추게 하니 그 공덕(功德)이 참으로 위대한 것이다. 그러나 이와 같은 작용은 겉으로 드러나지 않아서 그 모습을 보려고 해도 볼 수 없고 그 소리를 들으려고 해도 들을 수가 없는 귀신(鬼神)의 덕(德)을 밝히고 있다.

視之而弗見하며 聽之而弗聞이로되 體物而不可遺니라
　시 지 이 불 견　　　청 지 이 불 문　　　체 물 이 불 가 유

(귀신의 덕은 겉으로 드러나지 않아서) **보려고 해도 보이지 않고, 들으려고 해도 들리지 않으니, 사물의 본체가 되어서 빠뜨릴 수가 없느니라.**

**章句大全**

　鬼神이 無形與聲이라 然 物之終始가 莫非 陰陽合散之所爲니 新安陳氏曰 陰陽之合 爲物之始 陰陽之散 爲物之終 是其 爲物之體하여 而 物之所 不能遺也라 其言 體物은 猶易所謂幹事라

　'귀신'은 형체와 소리가 없다. 그러나 사물의 시작과 끝은 음(陰)과 양(陽)이 만나고 흩어지는 행위가 아닌 것이 없다. 신안진씨 말하기를 음양(陰陽)이 만나는 것은 사물의 시작이 되고, 음양(陰陽)이 흩어지는 것은 사물의 끝이 된다. **이(陰陽二氣)는 그 사물의 본체**

가 되어서 사물을 빠뜨릴 수 없는 것이다. 그것(귀신의 덕)이 사물의 본체가 된다고 말한 것은 『역경(易經)』에 이르기를 "일의 근간이 된다.(幹事)"[230]라고 한 것과 같다.

○ 天下 豈有一物 不以此爲體 天地之升降 日月之盈縮 萬物之消息變化 無一非鬼神之所爲者 是以鬼神 雖無形聲 而遍體乎 萬物之中 物莫能遺也

천하에 어찌 한 가지 사물이라도 이것(귀신의 덕)을 본체로 삼지 않을 수 있겠는가? 하늘과 땅의 오르내림이 있는 것과 해와 달의 차고 기울어짐과 만물의 사라지고 번식하는 변화는 한 가지라도 귀신이 행한 일이 아닌 것이 없다. 이 때문에 귀신의 이치는 비록 형체와 소리가 없으나 만물 가운데에서 두루두루 본체가 되니, 만물이 빠뜨릴 수가 없다.

○ 朱氏伸曰 視弗見聽弗聞 德之微也 體物不可遺 德之顯也

주신(朱伸)이 말하기를 '보려고 해도 보이지 않고, 들으려 해도 들리지 않는 것'은 덕(德)의 이치가 숨겨져 드러나지 않은 것이고, '사물의 본체가 되어서 빠뜨릴 수 없다는 것'은 덕(德)의 작용이 드러난 것이다.

○ 新安陳氏曰 鬼神爲物之體 故此曰體物 猶貞爲事之幹 故乾卦文言曰 貞固足以幹事 張子曰 天體物而不遺 猶仁體事 而無不在也 味其語意

---

230  『주역(周易)』「건괘, 문언전(乾卦, 文言傳)」

可互相發明

　신안진씨 말하기를 귀신은 사물의 본체가 된다. 그러므로 여기에서 "사물의 본체가 된다."라고 말하였으니 "정(貞)은 일의 근간이 된다."[231]라고 한 말과 같다. 그러기 때문에 「건괘, 문언전(乾卦, 文言傳)」에 "바르고 굳세니 충분히 일의 근간이 될 수 있다." 말하였고, 장자(張橫渠)는 "하늘은 사물의 본체가 되어서 빠뜨릴 수 없다."[232]라고 하였으니, '인(仁)은 사물의 본체가 되어서 있지 않은 곳이 없는 것'과 같다. 그 말들의 의미를 깊이 새겨보면 서로를 밝혀 드러낼 수 있을 것이다.


# 16-3

**[概觀]**

　귀신의 덕(天地神明)의 위대함에 대하여 사람들은 재계(齋戒)하여 몸과 마음을 정결하게 하고 제복(祭服)을 단정하게 차려입고서 엄숙하게 제사(祭祀)를 받들게 되니, 위아래 앞뒤 좌우에 정령(精靈)이 가득 차 있음을 느끼게 된다. 그러니 어찌 감히 재계(齋戒)하지 않을 수가 있겠는가!

---

231　『주역(周易)』「건괘, 문언전(乾卦, 文言傳)」
232　『정몽(正蒙)』「천도(天道)」

> 使天下之人으로 齊(재)明盛服하야 以承祭祀하고 洋洋乎如在其上하며 如在其左右니라
> 사천하지인    명성복      이승제사    양양호여재기상    여재기좌우
>
> 천하의 사람들로 하여금 몸과 마음을 깨끗이 하여 가다듬고 제복(祭服)을 성대하게 차려입고서 제사를 받들게 하니, (귀신이) 살아 있는 듯 거침없이 움직이는 기운이 충만하여 (사람의) 위에 있는 것 같으며 좌우에 있는 듯하니라.

◇ 齊(재): '齋'와 同, 재계(齋戒)하다

### 章句大全

齊(재)音齋下其齊同之爲言齊也 所以齊不齊 而致其齊(재)也 出禮記祭統篇 謂齊其不齊之 思慮以極致其齊也

◇ 齊(제): 가지런할 제

"'齊(재)' 音 '재(齋)' 아래 '齊'도 같다."의 글자의 뜻은 齊(제)이니 가지런하지 못한 것(몸과 마음)을 가지런하게 하여서 (부정한 일을 멀리하고 심신을 깨끗이 하는) 재계(齋戒)를 다 하는 방법이다. 『예기(禮記)』「제통(祭統)」편에 "자신의 가지런하지 못한 마음을 가지런히 하고 생각을 극진하게 하여 (부정한 일을 멀리하고 심신을 깨끗이 하는) 재계를 다 하는 것을 이른다."[233]라고 한 데에서 나왔다.

---

233  『예기(禮記)』「제통(祭統)」 "及時將祭 君子乃齊 齊之爲言齊也 齊不齊 以致齊者也 …"

**明은 猶潔也라** 明潔其心

**'明'은 깨끗하다는 것과 같다.** 자신의 마음을 맑고 깨끗이 하는 것이다.

○ 陳氏曰 齊明 是肅於內 盛服 是肅於外 內外交致之功也

진씨 말하기를 '재명(齊明)'은 안으로 삼가는 것이고, '성복(盛服)'은 밖으로 삼가는 것이니 안(齊明)과 밖(盛服)을 모두 지극히 하는 일이다.

◇ 交致(교치): 모두          ◇ 功(공): 일, 직무

**洋洋은 流動充滿之意라 能使人 畏敬奉承하여 而發見昭著 如此하니 乃其體物 而不可遺之驗也라** ○ 前以天地造化 二氣一氣言 是言鬼神之全 後所謂承祭祀者 如天神地祇人鬼 及諸祀 亦皆鬼神 却是從全體中 指出祭祀者 使人因此 識其大者

◇ 祇(기): 땅귀신          ◇ 却是(각시): 도리어

**'洋洋'은 거침없이 움직이는 기운이 충만하다는 뜻이다. 사람들이 공경하고 두려워하는 마음(畏敬)을 갖고** (제복(祭服)을 성대하게 차려입고서) **제사를 받들도록 한다면** (귀신이) **발현하여 환하게 드러남이 이와 같을 것이니, 바로 사물의 본체가 되어 빠뜨릴 수 없는 증험(證驗)이다.** ○ 앞에서 천지의 조화를 두 기운(陰陽)과 한 기

운(屈伸)으로 말하였으니, 이것은 귀신의 전체를 말한 것이다. 뒤에서 제사를 받드는 것을 말한 것은 이를테면 하늘의 신령(天神), 땅의 신령(地祇), 사람 죽은 귀신(人鬼)과 모든 제사(祭祀)를 지내는 것들도 모두가 귀신이다. 도리어 전체 가운데에 제사를 지내는 것만을 가리켜서 드러낸 것이니, 사람들이 이로 인하여 귀신 가운데에 그 큰 것(天神, 地祇, 人鬼)을 알 수 있도록 하려는 것이다.

**孔子曰 其氣發揚于上하여 爲昭明君(音熏)[234]蒿悽愴하니 此 百物之精也요 神之著也라 하니** 禮記 祭義篇 孔子答宰我問鬼神之語 正謂此爾라 朱子曰 鬼神之露 光景是昭明 其氣蒸上 感觸人者 是焄蒿 使人精神 凛然竦然 如漢書所謂神君至 其風 颯然[235]之意 是悽愴

◇ 君(훈): (=焄) 향기 서려 올라갈 훈
◇ 悽: 슬플 처
◇ 凛(늠): 두려워하다
◇ 颯然(삽연): 삼가고 두려워하게 함
◇ 蒿(호): 쑥 향기
◇ 愴: 슬퍼할 창
◇ 竦(송): 놀라다

공자(孔子) 말씀하시기를 "귀신의 기운이 위로 드날려 올라가 드러나서 그 자취가 밝게 드러나고, 향기가 올라가서 귀신이 내려와 사람에게 감촉하면(焄蒿) 사람의 정신을 삼가고 두려워하게 하니(悽愴), 이 기운은 온갖 만물의 정령(精靈)이요 신(神)의 작용이 드러난 것이다."라고 하였으니, 『예기(禮記)』「제의(祭義)」편

---

234 여기에서는 '君'으로 쓰고 '音熏'이라고 음주(音註)를 달고 있으나, 『예기(禮記)』「제의(祭義)」에는 '君'이 '焄'으로 되어 있다.
235 『예기(禮記)』「제의(祭義)」편의 朱子 註에는 '肅然'으로 되어 있다.

에 재아(宰我)의 귀신에 대한 물음에 공자(孔子)께서 답한 것이다. **바로 '신의 작용이 드러난 것'을 말하였을 뿐이다.** ○ 주자(朱子) 말하기를 귀신의 자취가 드러나는 모양이 밝고 환하게 나타나고, 그 기운이 피어올라서 사람에게 감촉하는 것이 '훈호(焄蒿)'이니, 사람의 정신을 서늘하게(凛然) 하고, 오싹하여 소름이 끼쳐 움츠리게(竦然) 하는 것이다. 이를테면 『한서(漢書)』에서 말한 "神君[236]이 이르면 그 모습(風)을 삼가고 두려워하게 한다."라고 말한 뜻이 바로 '처창(悽愴)'이다.

# 16-4

[概觀]

시(詩)의 내용과 같이 천지신명(天地神明)은 언제 나타나는지 헤아릴 수 없음이니 소홀히 여겨서 공경하지 않을 수가 없는 것이다.

---

**詩曰 神之格思를 不可度思온 矧可射(역)思아**
시왈 신지격사 불가탁사 신가 사

시(詩)에 이르기를 "신명(神明)이 이르는 것을 헤아릴 수 없는데, 하물며 싫어할 수가 있겠는가?"

---

◇ 思(사): 어조사　　◇ 格(격): 이르다　　◇ 射(역): 싫어하다

### 章句大全

詩는 大雅抑之篇이라 格은 來也라 矧은 況也라 射(역)은 厭也니

---

[236] 神君: 도가(道家)의 신(神), 『사기(史記)』「봉선서(封禪書)」

言 厭怠而不敬也라 思는 語辭라 陳氏曰 言神明之來 視不見聽不聞 皆不可得而測度 矧可厭斁 而不敬乎

시(詩)는 『시경(詩經)』 「대아(大雅), 억(抑)」 편이다. '格'은 '오는 것'이다. '矧'은 '하물며'이다. '射'은 '싫어하는 것'이니, 싫어하고 게을리하면서 공경하지 않는 것을 말한 것이다. '思'는 어조사이다. 진씨 말하기를 '신령(神明)이 오는 것은 보려고 해도 보이지 않고 들으려고 해도 들리지 않는다'고 말하였으니, 모두가 헤아릴 수 없는 것인데 하물며 싫어하면서 공경하지 않을 수 있겠는가?

## 16-5

**[槪觀]**

음양(陰陽)과 굴신(屈伸)하는 귀신(鬼神)의 이치는 보려고 해도 보이지 않고, 들으려고 해도 들리지 않을 만큼 어렴풋하여 드러나지 않지만, 그 덕(德)이 이루어 내는 작용이나 공효(功效)는 뚜렷하여 밝게 드러나는 것이니 천지신명(天地神明)의 조화(調和)의 공적은 가릴 수가 없는 것이다.

夫微之나 顯이니 誠之不可揜이 如此夫인져
부 미 지 현 성 지 불 가 엄 여 차 부

(귀신의 이치는) 어렴풋하여 숨겨져 있으나 (발현하면) 드러나는 것이니, 진실하여 거짓이 없는 것을 가릴 수 없는 것이 이와 같다.

### 章句大全

　誠者는 眞實無妄之謂니 此誠字 指鬼神之實理而言 **陰陽合散이 無非實者라 故 其發見之 不可揜이 如此라** ○ 朱子曰 鬼神只是 氣之屈伸 其德則天命之實理 所謂誠也 ○ 鬼神 主乎氣 爲物之體 物 主乎形 待氣而生 蓋鬼神 是氣之精英 所謂誠之不可掩者 誠 實也 言鬼神是實有者也 屈是實屈 伸是實伸 合散無非實者 故其發見 昭昭不可掩 如此

　**'誠'은 진실하여서 거짓이 없음을 말한다.** 여기의 '誠' 자는 귀신의 진실한 이치를 가리켜서 말한 것이다. **'음과 양이 만나고 흩어지는 것(陰陽合散)'은 진실한 이치가 아닌 것이 없다. 그러기 때문에 그 진실한 이치가 드러나 보이는 것을 가릴 수가 없는 것이 이와 같다.** ○ 주자(朱子) 말하기를 귀신은 단지 기(氣)가 굽히고 펴는 것이고, 귀신의 덕(德)은 하늘이 명(命)한 진실한 이치이니 '진실하여 거짓 없음(誠)'을 이르는 것이다. ○ '귀신(鬼神)'은 기(氣)를 위주로 하니 사물의 본체가 되고, '사물(物)'은 생김새(形體)를 위주로 하니 기(氣)에 의지(依支)해서 생겨나는 것이다. 대체로 귀신은 만물의 근원을 이루는 신령스러운 기운(精靈)이 되니 '진실하여 가릴 수 없는 것(誠之不可掩者)'이라고 말한 것이다. '誠'은 진실한 이치이다. 귀신은 진실함이 있는 것을 말한다. '굽히는 것(屈)'은 진실로 굽히는 것이요, '펴는 것(伸)'은 진실로 펴는 것이다. 만나고 흩어지는 것은 진실하지 않은 것이 없다. 그러므로 그것이 드러나 보이는 것이 환하고 뚜렷하여 가릴 수 없는 것이 이와 같다.

　○ 雲峯胡氏曰 誠者 中庸一書之樞紐 而首於此章見之 漢儒皆不識誠字

宋李邦直始謂 不欺之謂誠 徐仲車謂 不息之謂誠 至于程子始曰 無妄之謂誠 子朱子[237] 又加以眞實二字 誠之說盡矣 六經言誠 自商書始 書但言鬼神 享人之誠 而中庸直言 鬼神之誠 其旨微矣 鬼神者 造化陰陽之氣 誠者 卽造化陰陽之理也 實有是理 則實有是氣 其體甚微 其用甚顯 視不見聽不聞 微也 前之所謂隱也 體物而不可遺 顯也 前之所謂費也 …

운봉호씨 말하기를 '진실하여 거짓이 없는 것(誠)'은 『중용(中庸)』전체의 '가장 중요한 부분(樞紐)'인데, 이 장(章)에서 처음으로 보인다. 한(漢)나라의 유학자(儒學者)들은 모두 '誠' 자의 의미를 알지 못하였다. 송(宋)나라의 이방직(李邦直, ?-1384)이 처음으로 '속이지 않는 것(不欺)'을 '성(誠)'이라고 말하였고, 서중거(徐仲車, 1028-1103)는 '그치지 않는 것(不息)'을 '성(誠)'이라고 하였다. 정자(程子)에 이르러서 처음으로 '거짓이 없는 것(無妄)'을 '성(誠)'이라 말하였고, 주자(子朱子)가 또 '진실(眞實)' 두 글자를 덧붙여서 '誠'의 설명을 극진하게 하였다. 『육경(六經)』[238]에서 '誠'을 말한 것이 『상서(商書)』로부터 시작되었으나 『서경(書經)』에서는 단지 귀신이 사람의 정성을 흠향하는 것만 말하였을 뿐이고, 『중용(中庸)』에서 곧바로 귀신이 진실하고 거짓이 없다는 것을 말하였으니 그 뜻이 자세하고 꼼꼼하다. '귀신'은 음(陰)과 양(陽)이 생겨나고 자라며 사라지는 이치(造化)의 기운(氣運)이요, '誠'은 바로 음

---

237 '子思子', '子程子'와 같이 선대(先代)의 유학자(儒學者)를 공경하는 뜻으로 부르는 칭호(稱號)이다.
238 『역경(易經)』, 『서경(書經)』, 『시경(詩經)』, 『춘추(春秋)』, 『예기(禮記)』, 『주례(周禮)』를 가리킨다.

(陰)과 양(陽)이 생겨나고 자라며 사라지는 것(造化)의 이치(理致)이니, 진실로 이러한 이치(理致)가 있으면 진실로 이러한 기(氣)가 있는 것이다. 그 본체는 매우 어렴풋하여 드러나지 않으나, 그 작용은 매우 분명하게 드러난다. '보려고 해도 보이지 않고 들으려고 해도 들리지 않는다는 것(視不見聽不聞)'은 어렴풋하여 드러나지 않는 것이니, 앞에서[239] '숨겨져 드러나지 않는다(隱)'고 말한 것이요, '사물의 본체가 되어서 빠뜨릴 수가 없다(體物而不可遺)'는 것은 드러나는 것이니, 앞에서[240] '작용이 넓고 크다(費)'라고 말한 것이다.

**右 第十六章이라 不見不聞은 隱也요 體物如在는 則亦費矣니 此前三章은 以其費之小者而言이요 此後三章은 以其費之大者而言이요 此一章은 兼費隱 包大小而言이라**

이상은 제16장이다. '보려고 해도 보이지 않고 들으려고 해도 들리지 않는 것'은 이치가 어렴풋하여 드러나지 않는 것이요, '사물의 본체가 되어서 사람의 위에 있고 좌우에 있는 것 같다는 것'은 또 작용이 넓고 크다는 것이다. 이 앞의 세 장(章)은 도(道)의 작용이 넓고 큰 것의 작은 것(費之小者)을 말한 것이고, 이 뒤로 세 장(章)은 도(道)의 작용이 넓고 큰 것의 큰 것(費之大者)을 말하였고, 이 한 장(章)은 작용이 넓고 크며 이치가 어렴풋하여 드러나지 않는 것과 함께 크고 작은 것을 포함(兼費隱包大小)하여 말한 것이다.

---

239 『중용장구(中庸章句)』 제12장
240 이와 같은 곳

胡氏曰 此前三章說 費之小處 日用之間 道無不在 此後三章說 費之大處 言道之至近 而放乎至遠 中間此一章 以鬼神之微顯 明道之費隱 而包大小之義 所以發上章 未發之蘊 而貫前後六章之指 且爲下文 諸章之論誠者 張本也

호씨 말하기를 이 앞의 세 장(章)은 중용(中庸)의 도(道)의 작용이 넓고 큰 것의 작은 곳으로 '일상의 생활에 도(道)가 있지 않은 곳이 없다(日用之間 道無不在)'는 것을 말한 것이고, 이 뒤로 세 장(章)은 중용(中庸)의 도(道)의 작용이 넓고 큰 것의 큰 곳으로 "도(道)가 지극히 가까운 곳으로부터 시작해서 지극히 먼 곳까지 이른다.(道之至近 而放乎至遠)"라고 말한 것이다. 가운데의 이곳 한 장(章)은 귀신의 이치가 어렴풋하여 드러나지 않거나 작용이 발현하여 드러나는 것을 가지고 도(道)의 작용이 넓고 큰 것과 숨겨져 드러나지 않는 것을 밝히면서 크고 작은 뜻을 포함하였으니, 앞 장(章)에서 아직 표현하지 않은 깊은 뜻을 드러내어서 앞뒤 여섯 장(章)의 뜻을 꿰뚫었다. 또 다음 글은 여러 장(章)에서 성(誠)을 말한 것의 발단이 되는 근원이다.

中庸矢書
# 第十六章

此章 言事鬼 此以上論其道 如小學之有明倫嘉言

이 장(章)은 귀신 섬기는 일을 말한 것이다. 이 앞에서 도(道)를 말한 것은 이를테면 『소학(小學)』에 「명륜(明倫)」편과 「가언(嘉言)」편이 있는 것과 같다.

○ 此章 專爲祭祀之道而言 第三節 即其要也 推而本之 有上二節 引而證之 有二節 朱子亦專以宰予問答爲主 其見於或問者可證也 祭祀所以事鬼神也 彼鬼神何從而有乎 凡盈天地之間者 莫非陰陽合散之氣 合則魄凝魂聚而爲人 散則魂升魄降而爲鬼神 易所謂 精氣爲物 游魂爲變 是也 彼人死之鬼神 特二氣良能中 乍凝乍散者 比如江河中一片氷 凝而復散 亦混在江河之中 若欲究(知)[241] 氷散之水 必須推極乎江河之水 方是致知 這片氷 其始又何從而有乎 故曰 體物而不可遺 謂體物 則未有物時 必先有體之之鬼神也 天下之物 豈有可遺此而生者也 亦豈有死而不反此者乎 故 第一節 汎論鬼神之德 第二節 言衆生之必由此而有 第三節 又言衆生之死而爲鬼神 其理未泯 推於祭祀可見 第四節 引詩

---

241) '知' 자가 빠져 있는 듯하다.

而證其必然 下又釋詩之意如此也 夫祭祀所以報本也 凡可以祭者 皆得祭 故主天地者 祭天地鬼神 主一國者 祭域內山川鬼神 主一家者 祭家內五祀之鬼神 以人死之鬼言 則主大宗者 祭始祖 主小宗者 祭祖□ 是謂天下之人 莫不齋明盛服也 下章兼宗廟郊社爲言 亦此意也

○ 이 장(章)은 오로지 제사(祭祀) 지내는 법도(法道)를 말하였는데, 제3절(節)이 바로 제사 지내는 가장 중요한 요점이다. 미루어서 근본이 되는 것은 (앞의 제1절과 제2절) 두 절(節)에 있고, 인용하여 증거가 되는 것은 (뒤의 제4절과 제5절) 두 절(節)에 있다. 주자(朱子)도 오로지 재여(宰予)가 (孔子와) 묻고 답한 것을 위주(爲主)로 하였으니,『중용혹문(中庸或問)』에 나타난 것을 가지고 입증(立證)할 수 있다. 제사(祭祀)는 귀신(鬼神)을 섬기는 방법이다. 저 귀신(鬼神)은 무엇으로 말미암아 있는 것인가? 대개 하늘과 땅 사이에 가득 차 있는 것들은 음(陰)과 양(陽)이 만나고 흩어지는 기운(氣運)이 아닌 것이 없다. 음(陰)과 양(陽)이 만나면 백(魄)이 엉기고 혼(魂)이 모여서 사람이 되고, 흩어지면 혼(魂)은 (하늘) 위로 올라가고 백(魄)은 (땅) 아래로 내려가서 귀신이 된다.『역경(易經)』에서 "음(陰)의 정(精)과 양(陽)의 기(氣)는 조화롭게 만나서 만물이 되고, 혼(魂)이 떠돌다 백(魄)에서 떨어져 분리되면 변하게 된다. (精氣爲物 游魂爲變)"[242]라고 한 것이 이것이다. 사람이 죽어서 되는 귀신은 단지 (陰과 陽) 두 기(二氣)의 타고난 재능 가운데서 잠시 엉겼다 잠시 흩어지는 것이다. 비유한다면 큰 강의 가운데에 한 조각의 얼음이 얼었다가 다시 풀린다 해도 역시 큰 강 가운데에 섞여 있는 것

---

242 『주역(周易)』「계사상전(繫辭上傳)」제4장

과 같다. 만약 얼음이 녹아서 물이 되는 이치를 끝까지 헤아려 알려고 한다면 반드시 큰 강물의 지극한 근원(根源)까지 미루어 나아가야 하니, 이것이 바로 '사물의 도리를 깨달은 경지에 이른 것(致知)'이다. 저 얼음 조각이 처음에 무엇으로 말미암아 있게 되었는가? 그러기 때문에 "사물의 본체가 되어서 빠뜨릴 수가 없다.(體物而不可遺)"라고 하였다. '사물의 본체가 된다는 것'은 아직 사물이 있지 않았을 때 반드시 먼저 본체가 되는 귀신이 있다고 말한 것이다. 천하의 사물이 어떻게 이것(귀신)을 빠뜨리고서 생겨날 수 있겠는가? 또 어찌 죽어서 돌아가지 않는 것이 지금 있겠는가? 그러므로 제1절은 '귀신의 덕(鬼神之爲德)'을 일반적으로 논하였고, 제2절은 모든 살아 있는 것은 반드시 이로 말미암아 있게 된 것을 말하였고, 제3절은 또 모든 살아 있는 것이 죽어서 귀신이 되고, 그 이치가 없어지지 않는 것은 제사(祭祀)를 올리는 것으로 미루어서 알 수 있다. 제4절은 시(詩)를 끌어다가 반드시 그러하다는 것을 증명하였고, 다음으로는 또 시(詩)의 뜻이 이와 같다고 풀이하였다. 제사(祭祀)는 조상(祖上)이나 사물의 본원(本源)에 대하여 보답하는 것이다. 대개 제사(祭祀)를 올릴 수 있는 대상에는 모두 제사를 올린다. 그러기 때문에 천지(天地)를 주관(主管)하는 사람(天子)은 하늘과 땅의 귀신에게 제사를 올리고, 한 나라를 주관하는 사람(君)은 나라 안의 산천(山川)과 귀신에게 제사를 올리며, 한 집안을 주관하는 사람(家長)은 집안 오사(五祀)[243]의 귀신에게 제사를 올린다. 사람 죽은 귀신으로 말하자면 큰 종가(大宗)를 주관하는 대종가(大宗家)의 대종손(大宗孫)은 시조(始祖)에게 제사를 올리고, 대종가에서 갈려 나간 방계(傍系)의 작

---

243  오사(五祀): 대문, 방문, 우물, 부엌, 방 가운데 등 다섯 곳에 올리는 제사

은 종가(小宗)를 주관하는 소종손(小宗孫)은 할아버지와 아버지의 제사를 올린다. 이것은 "천하의 사람들이 몸과 마음을 가지런히 하고 제복을 성대하게 차려입지 않음이 없는 것"을 이르는 것이다. 다음 장(章)에서 왕실의 사당(宗廟)에서의 제사와 도성(都城) 밖에서 하늘과 땅에 올리는 제사(郊祀)를 함께 말한 것도 이러한 듯이다.

記曰 氣也者 神之盛也 魄也者 鬼之盛也 合鬼與神 教之至也 易曰 精氣爲物 游魂爲變 是以知鬼神之情狀 此皆朱子之所證明也 其爲說 不過精氣也 魂魄也 鬼神也 其實一而已 而鬼神者 本從衆生必死而得名 則初不該於陰陽造化之義 然天地之屈伸往來 亦只是此理 故推以爲說也 或問乃曰 程張更以陰陽造化爲說 則其義又廣 而天地萬物之屈伸往來 皆在其中 可見其本意矣

『예기(禮記)』에 "기(氣)라고 하는 것은 신(神)이 왕성한 것이고, 백(魄)이라고 하는 것은 귀(鬼)가 왕성한 것이다. 귀(鬼)와 신(神)을 합하여 (제사를 올리는 것이) 지극한 가르침이 된다."[244] 『역경(易經)』에 이르기를 "음(陰)의 정(精)과 양(陽)의 기(氣)는 조화롭게 만나서 만물이 되고, 혼(魂)이 떠돌다 백(魄)에서 떨어져 분리되면 변하게 된다. (精氣爲物 游魂爲變) 이 때문에 귀신의 자연스럽게 굽히고 펴는(能屈能伸) 이치(情狀)를 알 수 있다."[245] 하였으니 이것은 모두 주자(朱子)가 증명하고 있다. 그가 말한 것이 정기(精氣)와 혼백(魂魄)과 귀신(鬼神)에 지나지 않

---

244 『예기(禮記)』「제의(祭義)」 재아(宰我)가 귀신이라는 명칭은 들었으나 무엇을 이르는 것인지 모른다고 물은 것에 대하여 공자(孔子)께서 답한 내용이다. "宰我曰 吾聞鬼神之名 不知其所謂 子曰 …"

245 『주역(周易)』「계사상전(繫辭上傳)」 제4장

으나, 그 실제는 하나일 뿐이다. 귀신은 본래 많은 것이 생겨나고 반드시 죽는 것을 따라서 얻게 되는 이름이어서 처음부터 음양조화(陰陽造化)의 뜻에 해당하지 않는다. 그러나 천지(天地)의 굽히고 펴며 오고 가는 것(屈伸往來)도 단지 이러한 이치이기 때문에 미루어서 말한 것이다. 『중용혹문(中庸或問)』에서 또 "정자(程頤)와 장자(張橫渠)가 다시 음양조화(陰陽造化)를 가지고 말하여 그 뜻이 더욱 넓어져서 천지 만물이 굽히고 펴며 오고 가는(屈伸往來) 이치가 모두 그 가운데 있다."라고 하였으니 그 본래의 뜻을 알 수 있다.

章句云 爲德 猶言性情功效 兼爲字說者 明鬼神與德 非二物也 鬼神之爲德 猶言中庸之爲德 中庸與德 不可謂二物 此亦其例也 若但言德 則疑乎其別有此德 如人身之有性也 故不刪爲字

◇ 效(효): (=効)

『중용장구(中庸章句)』의 '爲德'은 성정(性情), 공효(功效)와 같다. '爲' 자를 함께 말한 것은 귀신과 덕(德)이 다른 것이 아님을 밝힌 것이다. '귀신의 덕(鬼神之爲德)'이라고 한 표현은 '중용의 덕(中庸之爲德)'이라고 말한 것과 같다. 중용(中庸)과 덕(德)은 다른 것이라고 할 수 없으니 이것도 그 예(例)이다. 만약 덕(德)만을 말한다면 아마도 사람의 몸에 성(性)이 있듯 별개의 덕(德)이 여기에 있다고 의심할 것 같았기 때문에 '爲' 자를 지우지 않았을 것이다.

易曰 精氣爲物 遊魂爲變 是故 知鬼神之情狀 有情則必有性 性情者動靜

也 功効 是性情之効驗處 在人則性是中 情是和 功是時中處 合而云 中庸之爲德

『역경(易經)』에 이르기를 "정(精)과 기(氣)는 만물이 되고 혼(魂)은 떠돌다 변하여 (사라지게) 된다. 이 때문에 귀신(鬼神)의 이치와 현상(情狀)을 알게 된다."[246]라고 하였다. 정(情)이 있으면 반드시 성(性)이 있어야 하니 성(性)과 정(情)은 움직임과 고요함이고, 공효(功効)는 성정(性情)의 효과가 증험(證驗)되는 때이다. 사람에게 있어서 성(性)은 중(中)이요, 정(情)은 화(和)요, 공(功)은 어느 때고 절도(節度)에 맞는 것(時中)이니, 합(合)하여서 '중용의 덕(中庸之爲德)'이라고 말한다.

子曰 衆生 必死 死必歸土 是之謂鬼 骨肉斃乎下 陰爲野土 其氣發揚于上 云云 章句所引 只是神一邊事 然語類曰 孔子分明言 合鬼與神 敎之至也 祭時求諸陽 又求諸陰也 朱子於此 欲形容如在之義 故只擧數句 而言神 則鬼亦在中 是以正文亦但曰神之格思 而不言鬼

◇ 求(구): 바라다　　　　　　◇ 諸(저): (= ~之於) ~에게

공자(孔子) 말씀하시기를 "모든 살아 있는 것들은 반드시 죽는다. 죽으면 반드시 흙으로 돌아가는 것이니 이것을 '귀(鬼)'라고 한다. 뼈와 살은 썩어 아래로 내려가 묻혀서 흙이 되고 그 기(氣)는 위로 올라가 펼쳐져 드러난다."[247]라고 하였는데, 『중용장구(中庸章句)』에서는 단지 신

---

246　『주역(周易)』「계사상전(繫辭上傳)」第4章
247　『예기(禮記)』「제의(祭義)」

(神)의 한 측면에 관한 일만을 끌어다 쓴 것이다. 그러나 『어류(語類)』에서는 "공자(孔子)께서 '귀(鬼)와 신(神)을 합하여 (제사 올리는 것이) 지극한 가르침이다.'라고 분명하게 말하였으며, 제사 올릴 때 '양(陽)'에도 바라고, '음(陰)'에도 바란다."[248)]라고 하였다. 주자(朱子)는 여기에서 '있는 듯하다는 뜻(如在之義)'을 표현하려고 하였기 때문에 단지 몇 구절만을 들추었으니, '신(神)'을 말한다면 '귀(鬼)'도 그 가운데 있는 것이다. 이 때문에 『중용(中庸)』의 경문(正文)에서도 "신이 이른다. (神之格思)"라는 말은 하면서도 '귀(鬼)'는 말하지 않은 것이다.

昭明 著也 焄蒿 感也 悽愴 動也 惟其顯著而可驗 故曰昭明 惟其有 感觸 於物 故曰焄蒿 感觸而能動乎人 故曰悽愴

'昭明'은 드러나는 것이다. '焄蒿'는 느껴지는 것이며, '悽愴'은 감동하는 것이다. 그것이 현저하게 드러나서 징험(徵驗)할 수 있는 것이기 때문에 '昭明'이라 말하고, 사물에 감응하여 접촉할 수 있는 것이기 때문에 '焄蒿'라 하며, 감응하여 접촉해서 사람이 감동할 수 있는 것이기 때문에 '悽愴'이라고 말한 것이다.

如在其上 如在其左右 正是形容其怳惚難狀之意 所以爲微之顯 非謂不可知 其所至之時也 若但曰不可知 則所謂如在 果何指乎

'사람의 위에 있는 듯하며 사람의 좌우에 있는 듯하다는 것'은 바로

---

248 『주자어류(朱子語類)』 卷 63-128

명하고 황홀하여 어떠하다는 것을 나타내기 어렵다는 뜻이니, 어렴풋한 것이 드러나는 까닭이고, 이르는 때를 알지 못한다는 것이 아니다. 만약에 '알 수 없다(不可知)'고만 말한다면 (『중용장구(中庸章句)』에서) '있는 듯하다(如在)'고 한 것은 과연 무엇을 가리키는 것이겠는가?

　**誠者 實而已矣 推本而言 則曰眞 擧跡而言 則曰無妄 故下文只云 無非實者 蓋以體言 則曰眞實 以用言 則曰無妄 以理言 則曰眞 以心言 則曰實 視不見聽不聞 則微 洋洋如在 則顯 使人齋明盛服 便是不敢厭射(역)**

　'誠'은 진실일 뿐이다. 근본을 미루어서 달하자면 '참됨(眞)'이요, 자취를 들추어서 말하자면 '거짓이 없음(無妄)'이다. 그러기 때문에 다음 글에서 단지 '진실하지 않음이 없다(無非實者)'고 한 것이다. 본체(體)를 가지고 말하자면 '진실(眞實)'이요, 작용(用)으로 말하자면 '거짓이 없음(無妄)'이요, 이치(理)를 가지고 말하자면 '참됨(眞)'이요, 마음(心)을 가지고 말하자면 '진실함(實)'이다. 보려고 해도 보이지 않고 들으려고 해도 들리지 않는 것은 '어렴풋하여 드러나지 않는 것(微)'이요, 움직이는 기운이 충만하여 있는 듯하다는 것은 '나타난 것(顯)'이며, 사람들이 몸과 마음을 깨끗이 하여 가다듬고 성대하게 제복(祭服)을 차려입도록 하는 것은 바로 '감히 싫어하지 못하게 하려는 것'이다.

# 第 17 章

## 17-1

**[槪觀]**

　순(舜)임금의 위대한 덕을 찬양한 공자(孔子)의 말씀을 가지고 중용(中庸)의 도(道)의 작용이 끝없이 넓고 뚜렷함을 밝혀 주고 있다. 순(舜)임금은 백행(百行)의 근본인 효(孝)에 가장 뛰어났던 성인(聖人)으로 그 위대한 덕(德)인 중용(中庸)의 도(道)를 잘 지켜 낸 까닭에 덕(德)으로 치자면 성인(聖人)이고, 지위(地位)는 존귀한 천자(天子)가 되었고, 그 부유함은 온 천하를 누렸으며, 위로는 조상(祖上)을 빛내고 아래로 자손(子孫)들을 길이 보전(保全)하게 할 수 있었다.

> 子曰 舜其大孝也與신져 德爲聖人이시고 尊位天子시며 富有四海
> 자왈 순기대효야여　　　덕위성인　　　존위천자　　　부유사해
> 之內하사 宗廟饗之하시며 子孫保之하시니라
> 지내　　 종묘향지　　　 자손보지

　공자(孔子) 말씀하시기를 순(舜)임금은 아마도 큰 효자일 것이다. 덕(德)으로는 성인이시고, 지위(地位)가 존귀하기로는 천자이시며, 부유하기로는 온 천하를 차지하셨고, 종묘에서 흠향하시며 자손들을 보전하셨다.

**章句大全**

　子孫은 謂虞思 陳胡公[249]之屬이라 ○ 西山眞氏曰 舜以聖德 居尊位 其福祿上及宗廟 下延子孫 所以爲大孝 舜所知孝而已 祿位名壽 天實命之 非舜有心得之也

　(순임금의) **자손은 우사(虞思)와 진호공(陳胡公) 같은 무리를 이르는 것이다.** ○ 서산진씨 말하기를 순(舜)임금은 성스러운 덕(德)을 가지고 높은 지위에 있었으니 그 복록(福祿)이 위로는 종묘(宗廟)에 미치고 아래에로는 자손(子孫)으로 이어졌으니 대효(大孝)가 되는 이유이다. 순(舜)임금은 효(孝)만 알았을 뿐이고 복록(祿), 지위(位), 명예(名), 수명(壽)은 하늘이 진실로 명하여 준 것이고, 순(舜)임금이 마음에 두어서 이들을 얻게 된 것은 아니다.

# 17-2

**[槪觀]**

　중용(中庸)의 도(道)를 잘 지켜 내는 위대한 덕(德)에는 반드시 그에 맞는 지위(位)와 봉록(祿)과 명예(名)와 수명(壽)이 따른다고 한다. 그런데 공자(孔子)는 덕(德)을 지녔으면서도 지위와 봉록과 수명은 얻지 못하고, 단지 성인(聖人)이라는 명예만 얻었을 뿐이다. 그러나 2,000여 년이 지난 지금에 이르기까지 만인이 우러러보는 대상이니 그 어떤 제왕(帝王)이 공자(孔子)를 따를 수 있겠는가!

---

249　虞思(虞閼父: 우알보)는 『春秋左傳』 哀公元年에, 陳胡公(虞閼父의 子 滿)은 『春秋左傳』 襄公二十五年에 보인다.

> 故로 大德은 必得其位하며 必得其祿하며 必得其名하며 必得其壽니라
> 고　대덕　필득기위　　 필득기록　　 필득기명　　 필득기수
>
> 그러기 때문에 (성인의) 위대한 덕(德)은 반드시 그에 맞는 지위를 얻으며, 반드시 그에 맞는 복록(福祿)을 얻으며, 반드시 그에 맞는 명예를 얻으며, 반드시 그에 맞는 수명을 얻느니라.

### 章句大全

**舜은 年 百有十歲라** 書舜典 舜生三十 徵用 三十 在位 五十載 陟方乃死

순(舜)임금은 평생을 누린 나이(享年)가 110세였다. 『서경(書經)』「우서(虞書), 순전(舜典)」 순(舜)임금은 태어나서 30세에 부름을 받아 등용되었고, 30년 만에 즉위(卽位)하였으며, 즉위(卽位)하고 50년이 되던 해에 순수(巡守)에 나섰다가 갑자기 죽었다.

○ 問 大德者 必得位祿名壽 乃理之常 然獨孔子有德 而不得位祿與壽 惟得聖人之名耳 此乃氣數之變 仁山金氏曰 所謂聖人所不能也 然爲教無窮 而萬世享之 子孫保之 此又大德必得之驗也

"위대한 덕(大德)을 지닌 사람은 반드시 복록(祿), 지위(位), 명예(名), 장수(壽)를 얻는 것이니 바로 이치의 일상적인 도(道)입니다. 그런데 유독 공자(孔子)만이 덕(德)은 지니고 있었으나 지위(位)와 복록(祿)과 장

수(壽)를 얻지 못하였고 오직 성인(聖人)의 명성(名聲)만 얻었을 뿐이니, 이것은 저절로 오고 가는 길흉화복(吉凶禍福)의 운수(運數)인 '기수(氣數)'가 변한 것입니까?" 인산김씨 말하기를 "'성인도 잘하지 못하는 것이 있다. (聖人所不能也)[250]"라고 하였다. 그러나 (공자(孔子)의) 가르침은 끝이 없어서 아주 멀고 오래도록 문묘(文廟)에 모셔져 흠향하시고 자손들을 보전(保全)하셨으니, 이것도 위대한 덕(大德)을 지닌 사람이 반드시 얻게 되는 보람(驗)인 것이다."

# 17-3

[概觀]

천지자연이 만물을 낳고 자라게 하는 것은 그 바탕에 따라 각각 다른 것이니 이를테면 잘 심어져 뿌리가 튼튼한 것은 잘 자라도록 북돋아 주지만, 기울어져 쓸모없게 된 것들은 시들어 말라 죽게 하는 것이 자연의 이치다. 중용(中庸)의 도(道)는 이를 잘 지켜서 덕(德)을 넓고 크게 한 사람에게는 끝없는 복록(福祿)을 주지만, 한쪽으로 기울어 치우치거나 지나치고 미치지 못하여 중용의 도를 벗어나거 된다면 곧바로 재앙(災殃)을 내리니 『역(易)』에서 말하는 "선(善)을 쌓는 집안에는 반드시 경사(慶事)가 있고, 선하지 못한 것(不善)을 쌓는 집안에는 반드시 재앙(災殃)이 있다."[251]라고 한 것이 이것이다.

---

250 『중용장구(中庸章句)』 제12장
251 『주역(周易)』 「곤괘(坤卦). 문언전(文言傳) "積善之家 必有餘慶 積不善之家 必有餘殃 …"

> 故로 天之生物이 必因其材而篤焉하나니 故로 栽者를 培之하고 傾者를 覆之니라
> 고   천지생물   필인기재이독언   고   재자  배지 경자 복지
>
> 그러므로 하늘이 만물을 낳을 때는 반드시 그 바탕에 따라서 두텁게 해 주나니, 그러기 때문에 잘 심어진 것은 북돋아 주고 기울어진 것은 엎어 버리느니라.

◇ 培(배): 붇돋우다  ◇ 傾(경): 기울다
◇ 覆(복): 엎어지다

### 章句大全

材는 質也라 篤은 厚也라 栽는 植也라 氣至 而滋息이 爲培요 氣反 而游散 則覆이라

'材'는 바탕이요, '篤'은 두터운 것이다. '栽'는 심는 것이다. 기운이 이르러서 불어나고 번식함은 북돋아 주고, 기운이 돌아가서 흩어져 쓸모없게 되면 엎어 버린다.

## 17-4

### [概觀]

앞에서 천지자연이 만물을 낳고 자라게 하는 것은 그 바탕에 따라 각각 다른 것이니 이를테면 잘 심어져 뿌리가 튼튼한 것은 잘 자라도록 북돋아 주지만, 기울어져 쓸모없게 된 것들은 엎어 버려 죽게 한다고 했다. 잘 심어져 뿌리가 튼튼하다는 것은 선(善)을

행하고 덕(德)을 길러 나아가는 자기성실(自己誠實)을 말하는 것이요, 그 반대로 기울어져 쓸모없게 된다는 것은 자포자기(自暴自棄)를 말하는 것이다. 여기에서는 선(善)을 행하고 덕(德)을 길러 스스로에 대하여 성실한 군자(君子)에게는 하늘이 복록(福祿)을 내려 보호하고 천명(天命)을 내려 끝없이 돌보아 줌을 밝히고 있다.

> 詩曰 嘉樂君子여 憲憲(현현)²⁵²⁾令德이 宜民宜人이라 受祿于天이어늘 保佑命之하시고 自天申之라 하니라
> 시왈 가락군자 령덕 의민의인 수록우천 보우명지 자천신지
>
> 시(詩)에 이르기를 "아름답고 즐거운 군자여 환하게 빛나는 훌륭한 덕이여! 백성들과 관인들을 마땅하게 잘 다스리니, 하늘에서 복록을 받거늘, 보호해 주고 도와주며 천명을 내리시고, 하늘로부터 거듭 (保佑命之) 하신다."라고 하니라.

◇ 憲憲(현현): (≒顯顯) 환하게 빛나는 모양

### 章句大全

詩는 大雅假樂之篇이라 假는 當 依此作嘉요 憲은 當 依詩作顯이라 申은 重也라

시(詩)는 『시경(詩經)』 「대아(大雅) 가락(假樂)」 편이다. (『시경(詩經)』의) '假' 자는 마땅히 여기의 『중용(中庸)』을 따라서 '嘉' 자로 해야 하고, (여기의) '憲' 자는 마땅히 『시경(詩經)』을 따라서 '顯' 자로 해야 한다. '申'은 거듭한다는 것이다.

---

252  憲憲: 『시경(詩經)』에는 '顯顯'으로 되어 있기 때문에 諺解에서 音을 '현현'으로 한 듯하다.

第 17 章  313

## 17-5

**[概觀]**

　군자(君子)의 빛나는 위대한 덕(德)은 백성들과 관인들을 잘 다스리고 천하를 태평하게 할 수 있는 까닭에 하늘은 그에게 무궁한 복록(福祿)을 내려 보호하고 도와주며 천명(天命)을 내려 천자(天子)가 되게 하고 거듭하여 은총을 내려 준다.

> 故로 大德者는 必受命이니라
> 고　　대덕자　　　필수명
>
> 그러기 때문에 위대한 덕을 지닌 사람은 반드시 하늘로부터 (천자가 되는) 명을 받느니라

**[章句大全]**

受命者는 受天命 爲天子也라

　'명을 받는 것'은 하늘로부터 명(命)을 받아서 천자(天子)가 되는 것이다.

　右 第十七章이라 此는 由庸行之常하여 孝也 推之以極其至하여 新安陳氏曰 大孝也 德爲聖人 以下皆是推極其至 見(현)道之用廣也니 而其所以然者는 則爲體微矣라 後二章 亦此意라

　이상은 제17장이다. '此'는 일상적인 마음가짐으로 말미암아 실천하는 것이니 孝이다. 일상적인 마음가짐을 실천하는 효도로

말미암아 미루어 나아가 그 지극한 대효(大孝)에 이르는 것이다. 신안진씨 말하기를 "순(舜)임금은 아마도 큰 효자일 것이다. 덕(德)은 성인(聖人)이 되셨고…"의 다음은 모두 미루어 나아가서 지극한 대효(大孝)에 이르는 것이다. **도(道)의 작용이 넓고 큰 것을 나타낸 것이니 그렇게 된 까닭은 본체가 되어 이치가 어렴풋하여 드러나지 않는다. 다음의 두 장(章)도 이러한 뜻이다.**

中庸疾書
# 第十七章

此章以下 寔以人 如小學之有稽考善行

◇ 寔(실): (=實) 행적, 자취

이 장(章)으로부터 다음으로는 사람(聖賢)의 행적을 바탕으로 하였으니, 이를테면 『소학(小學)』에 「계고(稽考)」편과 「선행(善行)」편이 있는 것과 같다.

此章 釋第六章大舜有天下之由也 以其好問好察而言 則大智也 旣知所擇矣 隱惡揚善 用中於民 則便宜民宜人之令德 是謂大德 旣有此德 而受命爲天子 宗廟享之 子孫保之 則是謂大孝 此下二章 皆因舜推說 以明道統之傳

　이 장(章)은 제6장의 순(舜)임금이 천하를 소유하게 된 까닭을 설명한 것이니, 묻기를 좋아하고 자세히 살펴 알기를 좋아한 것을 가지고서 말한다면 훌륭한 지혜(大智)인 것이다. 이미 좋은 것을 알고 선택하여 (다른 사람의) 좋지 않은 것은 가려 주고 좋은 것은 들추어 전파해 주며(隱惡揚善) 백성들에게 (좋은 것의) 중(中)을 사용한 것은 바로 백성들을 온화하게 다스리고 관인들도 마땅하게 다스리는 아름다운 덕(德)이니, 이것을 위대한 덕(大德)이라고 하는 것이다. 이미 이러한 덕(德)을 지니고서 하늘의 명(天命)을 받아 천자(天子)가 되었고, 왕실(王室)의 사당(宗廟)에서 제향(祭享)을 누리며 자손들을 안전하게 보전(保全)하였으니, 바로 큰 효도(大孝)라고 하는 것이다. 이다음 두 장(章)은 모두 순(舜)임금으로 말미암아 도학(道學)이 전(傳)하여진 계통(道統)을 미루어 말하여서 밝힌 것이다.

　舜之於祿位名壽 如執左契 而徵其物 當得而得者也 故曰必得也 假使不爾 非理之當然

◇ 徵(징): 바라다, 요구하다

　순(舜)임금이 복록(祿), 지위(位), 명예(名), 수명(壽)을 얻은 것은 이를테면 '둘로 나눈 부신(符信)의 왼쪽(左契)'[253]을 잡고서 그것들(祿·位·名·壽)을 요구하여 당연히 얻을 것을 얻은 것과 같은 것이다. 그러기 때문에 "반드시 얻는다." 하였으니, 만약 그러하지 않았다면 당연한 이치가 아니다.

---

253  좌계(左契): 부신(符信) 즉 고대사회에서 권리나 신분을 증명하던 물건을 가리키며, 둘로 나누어 왼쪽 부분을 좌계(左契), 오른쪽 부분을 우계(右契)라 하고 우계(右契)는 떠나는 사람에게 주고 좌계(左契)는 자신이 지녔다가 두 조각을 서로 맞추어 상대를 확인하는 증거로 삼았던 신표(信標)

# 第 18 章

## 18-1

**[概觀]**

주(周)나라 왕실의 왕업(王業) 성취 과정을 들추어서 위대한 덕(德)은 반드시 천명(天命)을 받게 된다는 것과 함께 자손(子孫)이 부조(父祖)의 사업(事業)을 계승, 발전시키는 것이 효(孝)의 중요한 실천 덕목(德目)임을 시사(示唆)하고 있다.

> 子曰 無憂者는 其惟文王乎신져 以王季爲父하시고 以武王爲子하
> 자왈 무우자   기유문왕호    이왕계위부       이무왕위자
> 시니 父作之어시늘 子述之하시니라
>      부작지      자술지
>
> 공자(孔子) 말씀하시기를 근심이 없는 사람은 아마도 오직 문왕(文王)이실 것이다. 왕계(王季)가 아버지이고 무왕(武王)은 아들이니 아버지가 왕업(王業)을 일으키시거늘 아들이 (아버지의 뜻을) 이었느니라.

◇ 其~乎: 아마도 ~일 것이다    ◇ 述(술): 잇다

**章句大全**

　此는 言 文王之事라 書言 王季其勤王家라 하니 蓋其所作이 亦積功累仁之事也라 海陵胡氏曰 舜禹父 則瞽鯀 堯舜子 則朱均 所以惟文王 爲無憂

이것은 문왕(文王)의 일을 말한 것이다. 『서경(書經)』[254]에 "(문왕(文王)의 아버지) 왕계(王季)가 주(周)나라 왕실에 부지런히 노력하여 힘썼다."라고 하니, 그가 왕업(王業)을 일으킨 것도 공(功)을 쌓고 인(仁)을 쌓는 일이었다. 해릉호씨 말하기를 순(舜)임금의 아버지는 '고(瞽)'였고 우(禹)임금의 아버지는 '곤(鯀)'이었으며, 요(堯)임금의 아들은 '주(丹朱)'였고 순(舜)임금의 아들은 '균(商均)'이었으니, 오직 문왕(文王)만이 근심이 없는 이유이다.[255]

## 18-2

**[概觀]**

주(周)나라의 무왕(武王)이 한 번의 싸움으로 상(商)나라의 폭군(暴君) 주(紂)를 주벌(誅伐)하고 천하를 차지한 사실을 말하였다. 이는 태왕(古公亶父) → 왕계(王季) → 문왕(文王) 등 부조(父祖)들로부터 무왕(武王)에 이르기까지 쌓아 온 위대한 덕(德)이 마침내 천명(天命)을 받아 천하(天下)를 다스리게 되었음을 밝히고 있다.

---

254 『서경(書經)』 「무성(武成)」 편
255 문왕(文王)의 아들인 무왕(武王)은 천자(天子)의 지위를 이어받았으나, 요(堯)임금의 아들 단주(丹朱)와 순(舜)임금의 아들 상균(商均)은 못나고 어리석어 천자(天子)의 지위(地位)를 이어받지 못하였고, 결국 요(堯)는 순(舜)에게 순(舜)은 우(禹)에게 각각 천자(天子)의 자리를 선위(禪位)하였다.

> 武王이 纘大(태)王王季文王之緒하사 壹戎衣而有天下하사대 身不
> 무왕   찬    왕왕계문왕지서          일융의이유천하        신불
> 失天下之顯名하사 尊爲天子시고 富有四海之內하사 宗廟饗之하
> 실천하지현명      존위천자      부유사해지내      종묘향지
> 시며 子孫保之하시니라 大音泰 下同
>      자손보지

무왕(武王)이 태왕(大王), 왕계(季歷), 문왕(文王)의 왕업(王業)을 이어받아 한 번 전투복을 입고서 천하(天下)를 차지하였고, 천하에 드러난 자신의 명예를 잃지 않았으니, (지위가) 존귀하기로는 천자(天子)이시며, 부유하기로는 온 천하를 차지하셨고, 왕실의 사당에서 흠향하시며 자손들을 보전(保全)하였느니라.
'대(大)'의 음은 '태(泰)'이니 다음도 같다.

◇ 纘(찬): 잇다         ◇ 緖(서): (=統緖) 한 갈래로 이어 온 계통

### 章句大全

　此는 言 武王之事라 纘은 繼也라 大(태)王은 王季之父也라 書云 大(태)王이 肇基王迹이라 하고 詩云 至于大(태)王하여 實始翦商이라 하다 書武成篇 王若曰 嗚呼羣后 惟先王 建邦啓土 公劉克篤前烈 至于大王 肇基王迹 王季其勤王家 ○ 詩 閟宮篇 后稷之孫 實維大王 居岐之陽 實始翦商 至于文武 纘大王之緖 致天之屆于牧之野

◇ 肇(조): 비롯하다              ◇ 翦: 멸망시키다
◇ 屆(계): (≒極) 주살(誅殺)하다

이것은 무왕(武王)의 일을 말한 것이다. '纘'은 이어받는 것이

다. '태왕(大王)'은 왕계(王季)의 아버지(고공단보(古公亶父))이다. 『서경(書經)』에 말하기를 "태왕이 처음으로 왕업의 기반을 닦았다."[256] 하고 『시경(詩經)』에 말하기를 "태왕에 이르러서 실제로 상(商)나라를 토벌하기 시작하였다."[257]라고 하였다. 『서경(書經)』 「주서(周書), 무성(武成)」 편에는 "왕이 말하기를 오호! 제후(羣后)들이여 선왕(先王)이 나라를 세우고 국토를 개척하였는데 후손 공유(公劉)가 선왕(先王)과 선공(先公)들의 공로를 도탑게 하여 태왕(大王)에 이르러서 처음으로 왕업의 기틀을 세웠고 왕계(王季)는 주(周)나라 왕실을 위해 부지런히 노력하였다."라고 하였다. ○ 『시경(詩經)』 「노송(魯頌), 비궁(閟宮)」 편에는 "후직(后稷)의 손자는 실제로 오직 태왕(大王)이시니 기산(岐山)의 남쪽에 살면서 실제로 상(商)나라를 토벌(討伐)하기 시작하여 문왕(文王)과 무왕(武王)에 이르러 태왕(大王)의 왕업을 이어받아 목(牧) 땅의 들판에서 하늘이 내린 벌(誅殺)을 이루셨네."라고 하였다.

緒는 業也라 戎衣는 甲冑之屬이라 壹戎衣는 武成文이니 言 壹著(착)戎衣 以伐紂也라 ○ 問孔子於舜 言必得其名 於武王 言身不失 天下之顯名 語意似有斟酌 雙峯饒氏曰 反之不若 性之之純 征伐不若 揖遜之順

'緒'는 왕업(王業)이다. '戎衣'는 갑옷과 투구 같은 것들이다. "한 번 전투복을 입는다."라고 한 것은 『서경(書經)』 「주서(周書), 무성(武成)」 편의 글이니 한 번 전투복을 입고서 (상(商)나라의 왕(王)) 주(紂)를 정벌한 것을 말한다. ○ "공자(孔子)께서 순(舜)임금에

---

256 『서경(書經)』 「주서(周書), 무성(武成)」 편
257 『시경(詩經)』 「노송(魯頌), 비궁(閟宮)」 편

대해서는 반드시 그에 걸맞은 명성(名聲)을 얻었다고 말하고, 무왕(武王)에 대해서는 천하에 드러난 자신의 명예를 잃지 않았다고 하였으니, 말의 의미가 어림잡아 헤아려서 말한 것과 같지 않습니까?" 쌍봉요씨 말하기를 "(탕, 문, 무왕 (湯, 文, 武王)이) 본성(本性)으로 돌아간 것은 (자신의 본성(本性)대로 한 요순(堯舜)의) 순수한 것만 못하고, (무왕(武王)이) 주군(主君)인 폭군 주(紂)를) 정벌한 것은, (요(堯)와 순(舜)이) 선위(禪位)하여 순리(順理)를 따랐던 것만 못하다."

# 18-3

**[概觀]**

 '중용(中庸)의 도(道)'의 바탕이 되는 효(孝)는 온갖 행실(百行)의 근본이다. 여기서는 주공(周公)이 제정한 예법(禮法)이 위로는 천자(天子)로부터 아래로 일반 서민(庶民)에 이르기까지 두루 쓰임을 말해 주고 있다. 특히 부조(父祖)에 대하여 죽은 뒤에 왕(王)으로 높여 주는 것(追贈)과 천자가 종묘(宗廟)에서 선공(先公)에게 제사 올리는 조상숭배의 예(禮)에 관한 것과 장례(葬禮)는 죽은 부모의 신분에 따르고 제사(祭祀)는 살아 있는 자식의 신분에 따르며, 천자(天子)와 서민(庶民)에 이르기까지 신분의 차별 없이 부모상(父母喪)을 3년으로 하는 것 등 주공(周公)이 제정한 예법(禮法)을 들추어서 '중용의 도'의 바탕이 되는 효(孝)의 실행에 관한 것들을 거론하였다.

武王 未受命이어시늘 周公이 成文武之德하사 追王大(태)王王季하시고 上祀先公以天子之禮하시니 斯禮也가 達乎諸侯大夫及士庶人하니 父爲大夫요 子爲士어든 葬以大夫요 祭以士하며 父爲士요 子爲大夫어든 葬以士하고 祭以大夫하며 期之喪은 達乎大夫하고 三年之喪은 達乎天子하니 父母之喪은 無貴賤一也니라

무왕(武王)이 늙은 말년(末年)에 천명을 받았는데 주공(周公)이 문왕(文王)과 무왕(武王)의 덕(德)을 이루어서 태왕(大王)과 왕계(王季)를 왕(王)으로 높여 부르고, 위로는 선공(先公)들의 제사를 천자(天子)의 예(禮)로 올렸으니, 이 예법(禮法)이 제후, 대부, 사, 서인에까지 두루 쓰이게 되었다. 아버지가 대부(大夫)이고 자식이 사(士)이면 대부의 예(禮)로 장례를 치르고 사(士)의 예(禮)로 제사(祭祀)를 올리며, 아버지가 사(士)요 자식이 대부(大夫)이면 사(士)의 예(禮)로 장례를 치르고 대부(大夫)의 예(禮)로 제사를 올리며, 기년상(期年喪)[258]은 대부(大夫)에 두루 쓰이고 삼년상(三年喪)은 서인(庶人)으로부터 천자(天子)에까지 두루 쓰였으니 부모상(父母喪)은 귀천(貴賤)이 없이 같으니라.

**章句大全**

此는 言 周公之事라 末은 猶老也라 追王은 蓋推文武之意하여 以

---

258 기년상(期年喪): 형제(兄弟)간, 할아버지와 손자 간(祖孫間)의 1년 상(喪)

第 18 章

及乎 王迹之所起也라 先公은 組紺以上 至后稷也라 上祀先公 以天子之禮는 又推 大王王季之意하여 以及於無窮也라 問組紺以上 祀先公 以天子之禮 所謂葬以士 祭以大夫之義 朱子曰 然周禮 祀先王以袞冕 祀先公以鷩冕 則祀先公 依舊止用 諸侯之禮 鷩冕 諸侯之服 但乃是天子祭先公之禮耳 蓋不敢以天子之服 臨其先公 …

 여기는 주공(周公)의 일을 말한 것이다. '末'은 늙었다는 것과 같다. '왕이라 높여 부른 것(追王)'은 주공(周公)이 문왕(文王)과 무왕(武王)의 뜻을 미루어 왕업의 기초를 일으킨 사람(大王: 古公亶父)에까지 미치게 한 것이다. '선공(先公)'은 조감(組紺)으로부터 위로 올라가서 후직(后稷)에까지 이르는 것이다. 위로 천자의 예법으로써 선공(先公)에게 제사를 올린다는 것은 또 태왕(大王), 왕계(王季)의 뜻을 미루어 끝이 없는 데(后稷)에까지 미치게 한 것이다. "조감(組紺)으로부터 위로는 천자(天子)의 예(禮)로써 제사를 올리는데, 사(士)의 예(禮)로써 장례를 치르고 대부(大夫)의 예(禮)로써 제사를 올린다고 한 뜻은 무엇입니까?" 주자(朱子) 말하기를 "그러나 『주례(周禮)』에 선왕(先王)의 제사에는 곤룡포를 입고 면류관(袞冕)을 쓰며, 선공(先公)의 제사에는 붉은 꿩 털을 꽂은 면류관(鷩冕)를 쓴다고 하였다. 선공(先公)의 제사는 옛날과 변함없는 제후(諸侯)의 예법을 쓴 것이고, 붉은 꿩 털을 꽂은 면류관(鷩冕)을 쓰는 것은 제후(諸侯)의 복장이다. 단지 천자(天子)가 제사를 올리는 데 선공(先公)의 예법이 쓰였을 뿐이니 감히 천자(天子)의 복장을 갖추고 선공(先公)의 제사에 나아가지 못한다. …"

**制爲禮法**하여 **以及天下**하여 **使葬用死者之爵**하며 **祭用生者之祿**하고 **喪服**은 **自期以下**는 **諸侯** **絶**하고 **大夫** **降**하고 **而父母之喪**은 **上下同之**하니 **推己以及人也**라 ○ 陳氏曰 周公推文武大王王季之意 追尊其先王先公 又設爲禮法 通行此意於天下 所謂推己以及人也 此章 言文武周公 能盡中庸之道

제사(祭祀)의 예법(禮法)을 만들어 천하에 미치게 하고 장례(葬禮)에는 죽은 사람의 벼슬에 맞는 예법을 쓰게 하고, 제사(祭祀)에는 살아 있는 사람의 녹봉(祿俸)에 맞는 예법(禮法)을 쓰게 하며, 상중(喪中)에 입는 옷(喪服)은 기년상(期年喪)으로부터 그 아래로는 제후(諸侯)는 상복(喪服)을 입지 않고 대부(大夫)는 상복(喪服) 입는 기간을 줄이며, 부모상(父母喪)에는 위로는 천자(天子)나 아래로는 서민(庶民)이 같으니 자신의 마음으로 미루어서 상대에게 미치게 하는 것이다. ○ 진씨 말하기를 주공(周公)이 문왕(文王), 무왕(武王), 태왕(大王), 왕계(王季)의 뜻을 미루어 선왕(先王)과 선공(先公)으로 그들의 지위를 높여 불렀고, 또 예(禮)의 본보기를 설치하여 천하에 이러한 뜻을 두루 쓰이게 하였으니 『중용장구(中庸章句)』에서 말하는 "자신의 마음으로 미루어서 상대에게 미치는 것(推己及人)"[259]이다. 이 장(章)은 문왕(文王)과 무왕(武王), 주공(周公)이 '중용(中庸)의 도(道)'를 극진하게 한 것을 말하였다.

○ 山陰陸氏曰 經不言追王文王者 以上言周公 成文武之德 追王之意 文

---

[259] 『중용장구(中庸章句)』 第13章 註

王與(예)焉 故也

  산음육씨 말하기를 경(經)에서 문왕(文王)을 왕으로 높여 부른 것을 말하지 않은 이유는 앞글에서 주공(周公)이 문왕(文王)과 무왕(武王)의 덕(德)을 완성하여서 왕(王)으로 높여 부를 뜻을 말하였는데 문왕(文王)이 간여(干與)하였기 때문이다.

○ 新安王氏曰 追王之禮 夏商未有 武王晚而受命 初定天下 追王及於文考 至周公因文王之孝 武王之志 追王上及大王王季 不言武王追王者 禮制定於周公故 也大王以上 追王不及 而武成稱后稷爲先王 蓋史官刪潤之辭

  신안왕씨 말하기를 왕(王)으로 높여 부르는 예법은 하(夏)나라와 상(商)나라에는 아직 있지 아니하였다. 무왕(武王)이 나이가 들어 늙은 말년(晚年)에 하늘의 명(命)을 받아 처음으로 천하를 평정하고 왕(王)으로 높여 부른 것은 문왕(文王)의 아버지(王季)에 미치었다. 주공(周公) 때에 이르러서 문왕(文王)의 효(孝)와 무왕(武王)의 뜻을 따라서 왕(王)으로 높여 부른 것이 위로 태왕(大王), 왕계(王季)에까지 미쳤다. 무왕(武王)이 왕(王)으로 높여 부른 것을 말하지 않은 것은 주공(周公) 때에 예법(禮法)이 제정되었기 때문이다. 또한 태왕(大王)으로부터 위로는 왕(王)으로 높여 부르는 데에 이르지 못하였는데도 『서경(書經)』「주서(周書), 무성(武成)」편에서 후직(后稷)을 일컬어 선왕(先王)이라고 한 것은 아마도 역사를 기록하는 사관(史官)이 (글의 내용을) 지우고 다듬을 때 한 말일 것이다.

右 第十八章

이상은 제18장이다.

中庸疾書
## 第十八章

此章 承大舜之事 而言周有天下之德 蓋自舜歷禹湯 而至於文武周公 統緖可明 而皆得志行乎中國者也 孟子謂 舜與文王 地距千里 世後千歲 而其事若合符節者 其揆一也 子思孟子之意 亦可以互證

이 장은 위대한 순(舜)임금의 일을 이어서 주(周)나라가 천하의 덕(德)을 차지하게 된 것을 말하였다. 순(舜)임금으로부터 우(禹)임금, 탕(湯)임금 시대를 지나 문왕(文王), 무왕(武王), 주공(周公)의 시대에 이르기까지 한 갈래로 이어 온 계통을 밝힐 수 있으니, 모두가 하늘의 뜻을 얻어 중국(中國)[260]에 정사(政事)를 실행했던 사람들이다. 맹자(孟子)는

---
260 여기의 中國은 'China'를 가리키는 것이 아니고, 생활상의 예법과 제도가 시행되고 있는 나라를 가리킨다.

"순(舜)임금과 문왕(文王)이 살던 곳과의 지리적 거리는 천리(千里)나 떨어졌고, (시대적으로는) 천년 뒤의 세대였으나 문왕(文王)이 정사(政事)를 실행한 것은 부절(符節)을 합한 것같이 법도(法度)가 같았다."[261] 라고 하였다. 자사(子思)와 맹자(孟子)의 생각 역시 서로를 증명할 수 있다.

○ 武王受命 而其制禮者 周公也 追王之事 已在於武王之世 不待成王矣 盖周公紹文而纘武 以成其德 則文義無可疑者 何必謂武王時 呼喚作文王 至周公 方成其事也

무왕(武王)이 천명(天命)을 받자 그 예악(禮樂)을 제정한 것은 주공(周公)이었다. 왕(王)으로 높여 부르는 일은 이미 무왕(武王) 때에 있었으니 성왕(成王) 때까지 기다릴 필요가 없었다. 아마도 주공(周公)이 문왕(文王)을 돕고 무왕(武王)이 이어서 문왕(文王)의 덕업(德業)을 완성한 것은 글의 뜻을 의심할 것이 없다. 어찌하여 꼭 무왕(武王) 때라고 하는가? 문왕(文王)이라고 부르게 한 것은 주공(周公) 때에 이르러 비로소 그 일이 이루어졌다.

朱子曰 周禮 祀先王而袞冕 祀先公而驚冕 雖祀以天子之禮 不敢以天子之服 臨其先公 葬用死者之爵 故冕服如此 若其追王 則與生者之爵一般 故用袞冕

◇ 袞冕(곤면): 임금의 정복(正服)인 곤룡포(袞龍袍)와 면류관(冕旒冠)

---
261 『맹자(孟子)』「이루하(離婁下)」 第1章 참조

◇ 鷩(별): 붉은 꿩

 "주자(朱子) 말하기를 『주례(周禮)』에 선왕(先王)의 제사에는 곤룡포를 입고 면류관을 쓰며(袞冕), 선공(先公)의 제사에는 붉은 꿩 털을 꽂은 면류관을 쓴다(鷩冕)."[262]라고 하였다. 비록 천자(天子)의 예(禮)로써 제사를 올린다고 하더라도 "감히 천자(天子)의 복장으로 선공(先公)의 제사에 나아가지는 않았다."[263] 장례(葬禮)에는 죽은 사람의 벼슬을 따랐기 때문에 면복(冕服)이 이와 같았고, 만약 죽은 사람을 왕(王)으로 높여 부르게 되면 살아 있는 사람의 벼슬과 같아지기 때문에 곤룡포(袞龍袍)를 입고 면류관(冕旒冠)을 쓰는 것이다.

祖父母正尊 及諸親之尊同者 雖天子諸侯 不絶

◇ 正尊(정존): 직계존속

 할아버지와 부모 같은 직계존속과 여러 가까운 친족으로 부모와 같은 항렬(行列)의 존속에 미치어서는 비록 천자(天子)나 제후(諸侯)라 할지라도 (제사를) 끊어 버리지 않았다.

---

262 『중용장구(中庸章句)』 第18章, 소주(小註) "問 組紺以上 …",
　　『주례(周禮)』「춘관종백(春官宗伯), 사복(司服)」 참조
263 위와 같은 곳

# 第 19 章

## 19-1

**[槪觀]**

무왕(武王)은 태왕(古公亶父), 왕계(王季), 문왕(文王)의 왕업의 뜻을 이어받아 더욱더 덕(德)을 도탑게 하여 천하를 소유하게 되었고, 주공(周公)은 문물제도를 만들어 주(周)나라 왕실의 토대를 굳건히 하였으니 이것이 천하에 공통되는 효(達孝)가 된다.

> 子曰 武王周公은 其達孝矣乎인져
> 자왈 무왕주공    기달효의호
>
> 공자(孔子)께서 말씀하셨다. 무왕(武王)과 주공(周公)은 아마도 천하 사람들이 공통으로 일컫는 효자(孝子)일 것이다.

**章句大全**

達은 通也라 承上章而言 武王周公之孝는 乃天下之人이 通謂之孝니 猶孟子之言 達尊[264]也라 西山眞氏曰 人君 以光祖宗 遺後嗣爲孝 舜之孝 如天之不可名 故曰大 武王周公之孝 天下稱之無異辭 故曰達

'達'은 공통(共通)되는 것이다. 앞 장을 이어서 무왕(武王)과 주

---

[264] 『맹자(孟子)』「공손추하(公孫丑下)」 第2章 "天下 有達尊三 爵一 齒一 德一 朝廷 莫如爵 鄕黨 莫如齒 輔世長民 莫如德 …"

공(周公)의 효도하는 (마음은) 바로 천하 사람들이 공통으로 일컫는 효도(孝道)임을 말한 것이니, 맹자(孟子)가 말한 '(천하 사람들이) 공통으로 높이는 것(達尊)'과 같은 것이다. 서산진씨 말하기를 임금은 조상을 빛내고 후세를 남기는 것을 가지고 효도로 여기니, 순(舜)임금의 효도는 하늘과 같아서 이름 지을 수가 없으므로 '위대하다(大)' 하였고, 무왕(武王)과 주공(周公)의 효도는 천하 사람들에 걸맞으며 다른 말이 없으므로 '천하에 공통된다(達)'고 한 것이다.

## 19-2

**[槪觀]**

조상의 뜻을 이어받아 그들이 남긴 일을 더욱 발전시켜 나아가는 것도 효(孝)이다. 『논어(論語)』에서 공자(孔子)는 "부모님 살아 계실 떠는 그 뜻을 살피고, 부모님 돌아가시고 나면 그 행동을 보나니, 3년 동안 부모님의 법도를 고치지 않음을 효라고 할 수 있다."[265]라고 하였다.

> **夫孝者는 善繼人之志하며 善述人之事者也니라**
> 부효자   선계인지지        선술인지사자야
>
> 효도는 선조(先祖)의 뜻을 잘 이어받으며, 선조(先祖)께서 하시던 일을 잘 이어서 실행하는 것이다.

---

265  『논어(論語)』「학이(學而)」 第11章 "子曰 父在 觀其志 父沒 觀其行 三年 無改 於父之道 可謂孝矣"

**章句大全**

上章에 言武王纘 大(태)王王季文王之緖하여 以有天下하고 而周公成文武之德하여 以追崇其先祖하니 此繼志述事之大者也라 下文에 又以其所制 祭祀之禮 通于上下者로 言之라 西山眞氏曰 當持守而持守 固繼述也 當變通而變通 亦繼述也

앞장에서는 무왕(武王)이 태왕(古公亶父), 왕계(王季), 문왕(文王)의 왕업(王業)을 이어받아서 천하를 차지하고, 주공(周公)이 문왕(文王)과 무왕(武王)의 덕(德)을 완성하여서 선조(先祖)를 (왕으로) **높여 부른 것이니, 이것은 선조(先祖)의 뜻을 잘 이어받고, 그 일을 잘 실행한 것이 크다는 것을 말하였다. 다음 글에 또 제사(祭祀)의 예법을 제정하여서** (천자로부터 서인에 이르기까지) **위아래로 두루 공통하여 쓰이게 된 것을 가지고 말하였다.** 서산진씨 말하기를 마땅히 굳게 지켜야 할 것을 굳게 지키는 것도 진실로 선조(先祖)의 뜻을 이어받아 잘 실행하는 일이요, 마땅히 상황에 따라 막힘없이 잘 처리해야 할 것을 상황에 따라 막힘없이 잘 처리하는 것도 선조(先祖)의 뜻을 이어받아 잘 실행하는 일이다.

○ 新安陳氏曰 祖父有欲爲之志 而未爲 子孫善繼其志 而成就之 祖父有已爲之事 而可法 子孫善因其事 而遵述之

◇ 因: 이어받다

신안진씨 말하기를 할아버지(祖)나 아버지(父)가 실행하고자 한 뜻이 있었으나 아직 실행하지 못하였으면 자손이 그 뜻을 잘 이어받아 실행하여 완성하고, 할아버지나 아버지가 이미 행하시던 일은 본받을 만하면 자손이 따르고 그 일을 말미암아 잘 이어받아 기술(記述)하여 전(傳)하여야 한다.

## 19-3

**[概觀]**

조상(祖上)의 제사(祭祀)를 받드는 일은 효(孝)가 밝게 드러남이며 나라를 다스리는 큰일이기도 하다. 여기서부터는 주공(周公)이 제정하여 시행되었던 종묘(宗廟)에서의 제사 받드는 예법(禮法)의 해설이 시작된다.

> 春秋에 脩其祖廟하며 陳其宗器하며 設其裳衣하며 薦其時食이니라
> 춘추   수기조묘      진기종기      설기상의      천기시식
>
> 봄과 가을로 선조의 사당을 수리하고 단장하며, (선조가 보물로 삼았던) 중요한 기물(器物)을 늘어놓으며, (선조가 입었던) 의복을 펴 놓으며, 제철의 음식을 올리느니라.

◇ 裳衣(상의): 의복　　　　　　◇ 薦(천): 올리다, 드리다

**章句大全**

　祖廟는 天子七 諸侯五 大夫三 適士二 官師一이라 禮記王制 天子七廟 三昭三穆 與太祖之廟而七 諸侯五廟 二昭二穆 與太祖之廟而五 大夫三廟 一昭一穆 與太祖之廟而三 士一廟 庶人祭於寢

'선조의 사당'은 천자(天子)는 칠묘(七廟)요, 제후(諸侯)는 오묘(五廟)요, 대부(大夫)는 삼묘(三廟)요, (제후 나라의 상사(上士)인) 적사(適士)는 이묘(二廟)요, (중사(中士)와 하사(下士)인) 관사(官師)는 각각 일묘(一廟)이다. 『예기(禮記)』「왕제(王制)」편에 천자(天子)는 7묘(廟)이니 3소(昭) 3목(穆)과 태조(太祖)의 사당이 있어서 7묘(廟)이고, 제후(諸侯)는 5묘(廟)이니 2소(昭) 2목(穆)과 태조(太祖)의 사당이 있어서 5묘(廟)이고, 대부(大夫) 3묘(廟)이니 1소(昭) 1목(穆)과 태조(太祖)의 사당이니 3묘(廟)이고, 사(士)는 1묘(廟)이며, 서인(庶人)은 (잠자는) 침실에서 제사를 올린다.

宗器는 先世所藏之重器니 若周之赤刀大訓天球河圖之屬也라 書顧命 越玉五重 陳寶 赤刀 大訓 弘璧 琬琰 在西序 大玉 夷玉 天球 河圖 在東序 [赤刀 赤削也 武王誅紂時 以赤爲飾 大訓 三皇五帝之書 訓誥亦在焉 文武之訓 亦曰大訓 天球 鳴球 玉磬也 河圖 伏羲時 龍馬負圖 出於河]

'宗器'는 선조 때에 간직하였던 중요한 기물이니, 이를테면 주(周)나라의 적도(赤刀), 대훈(大訓), 천구(天球), 하도(河圖)와 같은 것들이다. 『서경(書經)』「고명(顧命)」편에 "월 땅(越地)에서 바친 옥(玉)을 다섯 겹으로 진열하고 (선왕이) 보물(寶物)로 여긴 것들을 진열해 놓았으니, 적도(赤刀), 대훈(大訓), 홍벽(弘璧), 완염(琬琰)은 서쪽에 차례로 있고, 대옥(大玉), 이옥(夷玉), 천구(天球), 하도(河圖)는 동쪽에 차례로 있다."[266] [적도(赤刀)는 붉은 칼이다. 무왕(武王)이 은(殷)나라

---

266 『서경(書經)』「주서(周書), 고명(顧命)」편 第19章 참조

주(紂)왕을 주벌(誅罰)할 때 사용하였는데 붉은색으로 장식하였다. 대훈(大訓)은 삼황오제(三皇五帝)의 글을 풀이한 것도 있었으나, 문왕(文王)과 무왕(武王)의 글을 풀이한 것도 대훈(大訓)이라고 하였다. 천구(天球)는 소리 나는 구슬(鳴球)이니 옥으로 만든 경쇠(玉磬)이다. 하도(河圖)는 복희씨(伏羲氏) 때에 용마(龍馬)가 하도(河圖)를 짊어지고 하수(河水)에서 나왔다.]

　　裳衣는 先祖之遺衣服이니 祭則設之 以授尸也라 授尸使神依焉 時食은 四時之食이 各有其物하니 如春行羔豚 膳膏香之類가 是也라

　'裳衣'는 선조(先祖)가 남기신 의복이니 제사(祭祀) 올릴 때는 신(神)의 자리에 대신 앉히는 아이(尸童)에게 줘서 걸치게 한다. 시동(尸童)에 줘서 걸치게 하는 것은 신(神)이 의지하게 하려는 것이다. '제철 음식(時食)'은 사계절의 음식이니 각 알맞은 음식물이 있다. 이를테면 봄에는 새끼 양과 새끼 돼지를 쓰는데, 쇠기름으로 요리하는 것과 같은 것들이 이것이다.

## 19-4
**[槪觀]**

　종묘(宗廟)에서 제사를 올리는 것은 조상과 자손들의 항렬(行列)을 분명히 하고, 참예(參與[267])한 사람들의 (벼슬의) 귀천(貴賤)을 분별하며, 제사 올리는 일 처리를 맡은 사람

---

267　'與(여)'로 쓰고 '예'로 읽는다.

의 현명함과 우매함을 구별하기 위함이고, 제사를 마치고 아랫사람이 윗사람에게 술잔을 권하는 것이나, 동성(同姓)의 친척들만의 잔치에는 나이에 따라 차례로 앉게 하여 나이 많은 이를 공경하는 일 등은 곧 백성을 다스리는 법도(法度)와 일치되는 것임을 밝히고 있다.

宗廟之禮는 所以序昭穆야요 序爵은 所以辨貴賤也요 序事는 所以辨賢也요 旅酬에 下爲上은 所以逮賤也요 燕毛는 所以序齒也니라
종묘지례 소이서소목 서작 소이변귀천야 서사 소이변현야 려수 하위상 소이체천야 연모 소이서치야

왕실(王室)의 사당(宗廟)에서 제사 올리는 예(禮)는 소(昭)와 목(穆)의 차례를 매기는 방법이요, 벼슬에 차례를 매김은 (관직과 작위(官爵)의) 귀천(貴賤)을 분별하는 방법이요, 맡은 일에 차례를 매김은 일 처리를 잘하고 못함(賢否)을 분별하는 방법이요, (제사(祭祀)를 마치고) 여러 사람이 술 마시기를 권함(旅酬)에 아랫사람이 윗사람을 위하는 (술잔을 권하는) 것은, 지위가 낮은 아랫사람에까지 (조상의 음덕(蔭德)이) 미치게 하는 방법이요, (제사가 끝나고) 동성(同姓)의 친척들끼리만의 잔치(燕毛)는 나이에 따라 차례를 매기는 방법이다.

### 章句大全

宗廟之次는 左爲昭 右爲穆이니 而子孫이 亦以爲序하여 有事於太廟에 則子姓兄弟면 羣昭羣穆이 咸在而不失 其倫焉이라 格庵趙氏曰 左昭右穆者 死者之昭穆也 羣昭羣穆者 生者之昭穆也 宗廟之禮 非特序 死

者之昭穆 亦所以序 生者之昭穆

    **왕실(王室)의 사당에 위패를 모시는 차례는** (남쪽을 향하고 있는 태조(太祖)를 기준으로) **왼쪽은 소(昭)가 되고 오른쪽은 목(穆)이 되니 자손들도 이것을 가지고 차례로 삼으니, 태조(太祖)의 사당에 제사(祭祀)가 있을 때면 자손과 형제들의 여러 소(昭)와 여러 목(穆)이 모두가 사당의 뜰에 있으면서도 그 차례를 잃지 않는다.** 격암조씨 말하기를 '왼쪽이 소(昭)가 되고 오른쪽이 목(穆)이 되는 것(左昭右穆)'은 죽은 자의 소(昭)와 목(穆)이다. '여러 소와 여러 목(羣昭羣穆)'은 살아 있는 사람의 소(昭)와 목(穆)이다. 선조(先祖)의 사당에서의 예법(禮法)에는 단지 죽은 자만이 소(昭)와 목(穆)으로 차례를 짓는 것이 아니라 살아 있는 사람도 소(昭)와 목(穆)으로 차례를 짓는 이유이다.

    **爵은 公侯 卿大夫也라 事는 宗祝有司之職事也라** 新安陳氏曰 宗 宗伯宗人之屬 祝 大祝小祝也 並見周禮 祭祀以任職事 爲賢次序與祭之職事 所以辨其人之賢也

    **'爵'은 공(公), 후(侯), 경(卿), 대부(大夫)이다. '事'는 종백(宗伯), 축관(祝官), 유사(有司)를 맡는 일이다.** 신안진씨 말하기를 '종(宗)'은 종백(宗伯), 종인(宗人) 같은 것이고, '축(祝)'은 소축(小祝), 대축(大祝)이니, 『주례(周禮)』에 나란히 보인다. 제사(祭祀)에 직분(職分)을 맡기는 일은 일 처리를 잘하는 차례와 제사(祭祀)의 직분(職分)을 맡은 일을 가지고 그 사람의 현부(賢否)를 구분 짓는 방법이다.

旅는 衆也라 酬는 導飮也라 旅酬之禮에 賓弟子 兄弟之子가 各 擧觶於其長하여 而衆相酬하니 祭將畢時 行衆相酬之禮 蓋宗廟之中에 以有事爲榮이라 故 逮及賤者하여 使 亦得以申其敬也라

◇ 觶(치): 술잔 (향음주례(鄕飮酒禮)에 쓰이는 불잔)  ◇ 申(신): 펴다

'旅'는 (제사에 참예(參與)한) 여러 사람이다. '酬'는 (초헌관(初獻官)이) 술 마시기를 권하는 것이다. '여러 사람이 술을 권하며 마시는 예(旅酬之禮)'를 행할 때는 손님의 자제(子弟)와 제주(祭主)의 형제와 자제(子弟)들이 각각 그 어른에게 술잔을 올리고 나서 여럿이 서로 권하는 것이다. 제사를 대부분 마쳤을 때 여러 사람이 서로 술잔을 권하는 예(禮)를 행한다. 왕실(王室)의 사당에서의 제사에 직분을 맡게 되는 것을 영광으로 여긴다. 그러므로 조상의 덕(蔭德)이 지위가 낮은 자에게도 미치게 하여 그들도 자신의 공경(恭敬)을 펼 수 있도록 하는 것이다.

燕毛는 祭畢而燕 則以毛髮之色으로 別長幼하여 爲坐次也라 齒는 年數也라

'燕毛'는 제사를 모두 마치고 나서 (동성(同姓)의 친족끼리만의) 음복연(飮福宴)을 베풀 때는 모발의 색깔로 어른과 아이를 분별하여 앉을 자리의 차례로 삼는다. '치(齒)'는 나이다.

## 19-5

**[槪觀]**

　종묘(宗廟)에서 제사 올릴 때 선왕(先王)의 뜻을 이어받아 선왕(先王)이 행하였던 대로 행하며 선왕(先王)이 존경하던 현인(賢人)을 존경하고, 선왕(先王)이 아끼고 사랑하던 자손과 친척을 그대로 아끼고 사랑하며, 돌아가신 조상(祖上) 섬기기를 살아 계신 것처럼 하는 것이 지극한 효도임을 밝히고 있다.

> 踐其位하여 行其禮하며 奏其樂하며 敬其所尊하며 愛其所親하며
> 천기위　　행기례　　　주기악　　　경기소존　　　애기소친
> 事死에 如事生하며 事亡에 如事存이 孝之至也니라
> 사사　여사생　　사망　여사존　　효지지야
>
> (선왕(先王)이 앉아 있던) 자리에 나아가 (선왕(先王)이 행하던) 예(禮)를 행하며, (선왕(先王)이 연주하시던) 가락(歌樂)을 연주하며, (선왕(先王)이 높이던) 어른을 공경하며, (선왕(先王)이 아끼던) 사람들을 사랑하며, (장례(葬禮) 전) 죽은 사람 섬기기를 살아 있는 사람 섬기듯이 하며, (장례(葬禮) 후) 돌아가서 계시지 않은 사람 섬기기를 살아 계시는 사람 섬기듯 하는 것이 효도(孝道)가 지극한 것이다.

◇ 踐(천): (=履) ~에 나아가다

**章句大全**

　踐은 猶履也라 其는 指先王也라 所尊所親은 先王之祖考와 子孫臣庶也라 始死를 謂之死요 旣葬 則曰反而亡焉이니 皆 指先王也라

'踐'은 자리에 나아가는 것과 같다. '其'는 선왕(先王)을 가리킨다. 높이던 사람과 아끼고 사랑했던 사람은 선왕(先王)의 어른과 자손, 신하와 평민이다. 처음 죽어 장례 치르기 전을 '死'라 하고 이미 장례를 치렀으면 "돌아가서 없어졌다."라고 하는 것이니, (사(死)와 망(亡)은) 모두 선왕(先王)을 가리킨다.

○ 陳氏曰 事死如生 居喪時事 事亡如存 葬祭時事

진씨 말하기를 죽은 사람(死者) 섬기기를 살아 있는 사람 섬기듯 한다는 것은 (장례 치르기 전) 상(喪)을 당하고 있을 때의 일이고, 돌아가서 계시지 않는 사람(亡者) 섬기기를 살아 계시는 사람 섬기듯 한다는 것은 장례(葬禮)와 제사(祭祀)를 올릴 때 일이다.

**此는 結上文兩節이니 皆繼志述事之意也라**

여기는 앞의 글의 두 구절을 결론한 것이니, 모두 선왕(先王)의 뜻을 이어 선왕(先王)이 하시던 일을 따라 행한다는 뜻이다.

# 19-6

[槪觀]

위로 천자(天子)가 효도(孝道)와 공경(恭敬)으로 예(禮)를 실천하면 아래로 신하나 백성들이 그를 따라 효(孝)와 예(禮)를 존중하게 되어 나라는 저절로 잘 다스려지게 된다.

『논어(論語)』에 "어떤 사람이 체제사(禘祭祀)의 원리를 물었다. 공자(孔子) 말씀하시기를 '알지 못한다. 아마도 그 원리를 아는 사람이 천하를 다스린다면 이것을 보는 것과 같을 것이다.'라고 하면서 자신의 손바닥을 가리켰다."[263]라는 구절이 있다. 예(禮)에 밝아서 그 뜻을 잘 알고 실행할 수 있다면 나라를 다스림이 자신의 손바닥을 들여다보듯 쉬운 일이라는 것을 말해 준다.

> 郊社之禮는 所以事上帝也요 宗廟之禮는 所以祀乎其先也니 明乎
> 교사지례　　소이사상제야　　종묘지례　　소이사호기선야　　명호
> 郊社之禮와 禘嘗之義면 治國其如示諸(저)掌乎인져
> 교사지례　체상지의　　치국기여시　　　장호
>
> 하늘에 제사를 올리고 토지의 신에 제사를 올리는 예(禮)는 상제(上帝)와 후토(后土)를 섬기는 방법이요, 왕실의 사당에서의 예(禮)는 왕실의 선조(先祖)에게 제사를 올리는 방법이니, 하늘에 제사를 올리고 토지의 신에 제사를 올리는 예(禮)와 체제(禘祭)와 상제(嘗祭)의 의리에 밝다면 나라를 잘 다스리는 것은 아마도 손바닥을 보는 것과 같을 것이다.

### 章句大全

郊는 祭天이요 社는 祭地라 不言 后土者는 省(생)文[269]也라

'郊'는 하늘에 제사 올리는 것이고 '社'는 땅의 신(神)에게 제사

---

268 『논어(論語)』「팔일(八佾)」 제11장 "或 問禘之說 子曰 不知也 知其說者之於天下也 其如示諸斯乎 指其掌"
269 省文(생문): 글에서는 언급하지 않았으나 뜻은 이미 갖추어진 것(文不及而意已該)

올리는 것이다. '后土'라고 말하지 않은 것은 ('后土'라는) 단어를 생략한 것이다.

禘는 天子 宗廟之大祭니 追祭太祖之所自出於太廟하고 而以太祖配之也라[270]

'禘'는 천자(天子)가 왕실의 사당(祠堂)에서 올리는 큰 제사(祭祀)이다. (종묘에는 시조(始祖)의 사당이 없으므로 태조(太祖)의 사당에 시조(始祖)를 모시고) 태조(太祖)를 낳아 준 시조(始祖)를 태조의 사당(太廟)에서 작위(爵位)를 높여 부르며(追尊) 제사를 올리고 태조(太祖)를 배향(配享)하는 것이다.

嘗은 秋祭也니 四時皆祭로되 擧其一耳라 禮必有義니 對擧之는 互文也라 示는 與視同이니 視諸(저)掌은 言 易見也라 此는 與論語文意[271]와 大同小異하니 記有 詳略耳라

'嘗'은 가을 제사(祭祀)이다. 사계절의 모든 제사(祭祀)[272] 가운데에서 하나만을 들추었을 뿐이다. 예(禮)에는 반드시 의(義)가 있으니 상대로 들춘 것은 '한 글자를 가지고 두 가지 의미로 사용하는 것(互文)'이다. '보이다(示)'는 '보다(視)'와 같으니 손바닥을

---

270 『논어(論語)』「팔일(八佾)」 第10章, 註 참조
271 『논어(論語)』「팔일(八佾)」 第11章 "或 問禘之說 子曰 不知也 知其說者之於天下也 其如示諸斯乎 指其掌"
272 주(周)나라에서 봄 제사(春祭)는 사(祠), 여름 제사(夏祭)는 약(禴), 가을 제사(秋祭)는 상(嘗), 겨울 제사(冬祭)는 증(烝)이라 했다.

본다는 것은 알기 쉬운 것을 말한 것이다. 이것은 『논어(論語)』의 글 뜻과 크게는 같지만 조금 다른 것은 기록하는 데에 상세하거나 간략함의 (차이가) 있을 뿐이다.

右 第十九章

이상은 제19장이다.

中庸疾書
## 第十九章

此章 槩如上章之意 雖兼武王說起 其宗專爲周公制禮說也 自舜至周公 皆有其位而行其道者 其所擧不出於喪祭事神之禮 姑未及於政令 至下章 始言文武之政 所謂家齊而國治也 下章以修身事親爲 爲政之本 可以驗矣

이 장(章)은 대부분 앞 장(章)의 뜻과 같다. 비록 무왕(武王)을 함께 말하는 것으로 시작하였으나, 실제로는 오로지 주공(周公)이 예법(禮法)을 제정(制定)한 일을 말한 것이다. 순(舜)임금으로부터 주공(周公)에 이르기까지는 모두 지위가 있어서 천자(天子)의 도(道)를 실행한 사람들이다. 여기에서 들추고 있는 것들은 상례(喪禮), 제례(祭禮) 등 귀신(鬼神) 섬기는 예법(禮法)에서 벗어나지 못하였고, 정치와 법령에 대해서는 조금의 언급도 하지 않았다. 다음 장에 이르러서 비로소 문왕(文王)의 정사(政事)를 말하였으니, 이른바 집안의 질서가 가지런하게 되고 나라도 잘 다스려진다고 한 것이다. 다음 장에서 자신을 수양(修養)하고 부모를 섬기는 것이 정사(政事)의 근본이 된다는 것을 증험(證驗)할 수 있다.

呂氏273)曰 相維辟公 天子穆穆 此諸侯之助祭者也 濟濟多士 秉文之德274) 此諸臣之助祭者也 楊氏275)曰 君洗玉爵 獻卿 以瑤爵 獻大夫 以散爵 獻士 及羣有司 所以辨貴賤也 朱子以爲詳 然則章句 只云 公侯卿大夫 而士亦當 包在其中

여대림(呂大臨)은 "'제후(諸侯)들이 제사를 도우니 천자(天子)는 아름답고 장중한 모습이네.'276)라 하니 여기의 제후(諸侯)는 종묘(宗廟)의 제사를 돕는 자들이고, '수많은 선비가 문왕(文王)의 덕(德)을 받드네.'라 하니 여기의 여러 신하도 종묘(宗廟)의 제사를 돕는 자들이다."라고 말

---

273 여씨(呂氏): 여대림(呂大臨)을 가리키며 사량좌(謝良佐), 유초(游酢), 양시(楊時)와 함께 정명도(程明道), 정이천(程伊川)의 문인(門人)이며 정문사현(程門四賢)의 한 사람이다.
274 『시경(詩經)』「주송(周頌), 청묘(淸廟)」
275 양씨(楊氏): 양시(楊時)를 가리키며 정문사현(程門四賢)으로 주자(朱子)의 스승이며, 일명 구산(龜山) 선생이라 한다.
276 『시경(詩經)』「주송(周頌). 옹(雝)」,『논어(論語)』「팔일(八佾)」제2장 "三家者 以雍徹 子曰 相維辟公 天子穆穆 …"

하였다. 양시(楊時) 말하기를 "'임금은 옥으로 장식한 술잔(玉爵)을 씻어서 경(卿)에게 건네주어 (시동(尸童)에게) 올리게 하고, 아름다운 옥으로 만든 술잔(瑤爵)을 대부(大夫)에게 건네주어 (시동(尸童)에게) 올리게 하고, 5되(升)들이 술잔(散爵)을 사(士)의 벼슬아치와 여러 유사(有司)에게 내려 준다….'라고 한 것은 귀천(貴賤)을 변별(辨別)하는 방법이다."[277]라고 하였는데, 주자(朱子)가 상세하다고 하였다. 그렇다면 『중용장구(中庸章句)』에서는 단지 공(公), 후(侯), 경(卿), 대부(大夫)만을 말하였지만, 사(士)도 당연히 그 가운데에 포함된다.

特牲饋食禮[278]云 賓弟子 兄弟弟子 各酌于尊 擧觶於其長 註引有司徹[279] 云 弟子後生 有司徹云 兄弟之後生者 擧觶于其長 註之後生 年少也 據此 則章句亦當作兄弟弟子 盖呂氏之說 誤作之字 故朱子未及照管 但依此書之歟

『의례(儀禮)』「특생궤식례(特牲饋食禮)」에 "손님(賓)의 제자(弟子)와 제주(祭主) 형제의 제자(弟子)는 각각 술잔에 술을 부어 자기의 어른들에게 술잔을 받들어 올린다."라고 한 것에 대하여 「유사철(有司徹)」에서 "제자(弟子)는 뒤에 태어나(後生) 나이가 적은 사람"이라고 풀이한 것을 끌어왔다. 「유사철(有司徹)」에 "형제로 뒤에 태어나 나이가 적은 사람이 자기의 어른들에게 술잔을 올린다고 한 것에 대하여 후생(後生)이란 나이가 적은 사람이다."라고 풀이하였다. 여기에 근거한다면 『중

---

277 『예기(禮記)』「제통(祭統)」"尸飮五 君洗玉爵 獻卿 尸飮七 以瑤爵 獻大夫 尸飮九 以散爵 獻士及羣有司 …"
278 『의례집전(儀禮集傳)』卷七「특생궤식려(特牲饋食禮)」
279 위와 같은 책「소뢰궤식례(少牢饋食禮)」의 하편(下篇)

용장구(中庸章句)』도 당연히 '형제의 제자(兄弟弟子)'라고 해야 한다. 아마도 여씨(呂大臨)가 '兄弟弟子'를 '兄弟之子(형제의 아들)'로 '之' 자를 잘못 썼기 때문에 주자(朱子)가 미처 살펴 견주어 보지 못하고 거리낌 없이 이 글을 따랐을 것이다.

周禮秋官司儀 王燕則諸侯毛意者 禮不忘本 上古質畧無文 長少之辨 只據毛髮 故以毛爲稱 而此名未泯也 亦如古者 以齒生落 別其老幼 而後世猶以齒 爲年數之稱也 禮之不忘本如此

『주례(周禮)』「추관사구(秋官司寇), 사의(司儀)」편에 "왕(王)의 연회에는 제후(諸侯)의 수염이나 머리털의 색깔에 따라 앉을 자리의 순서를 정한다."라고 한 뜻은 '예(禮)는 근본을 잊지 않는다(禮不忘本)'는 것이다. 오랜 옛날에는 질박하고 간략하여 정해진 법도(法度)가 없어서 노인과 젊은이의 구별을 단지 수염이나 머리털의 색깔에 근거하였다. 그러기 때문에 수염이나 머리털의 색깔을 가지고 나이를 헤아렸으며, 이 명칭도 없어지지 않게 된 것이다. 또 옛날에는 치아(이빨)가 나거나 빠진 것으로 어른과 아이를 구별하였는데, 다음 세대에도 그대로 치아를 가지고 나이를 헤아리는 것으로 삼았으니 "예는 근본을 잊지 않는다.(禮之不忘本)"라고 한 것이 이와 같다.

明乎郊社禘嘗 何以謂治國之易也 郊社特因宗廟而推說也 上文備論宗廟之禮 而結之曰 孝之至也 孝所以治之本也 位高事重 則追慕愈遠 至及於始祖之所自出 則仁之至也 又推以大之 凡我民生 莫非乾父坤母之所同出 天子之祭天地 如士庶之祭祖禰 此天地之大宗子也 故有事於宗廟 則凡在昭穆者

可以同仁矣 有事於天地 則凡我輩生 可以同仁矣 盖自祖而視之 則均是子
姓也 天之於民 亦如此 故敬其所尊 愛其所親 方始是爲孝 此 張子證頑[280]
意思也 知此則何有於治平乎 愚欲因此而下一轉語云 明乎祖禰之義 則治家
其猶視諸掌乎

  하늘에 올리는 제사(郊), 땅의 신에게 드리는 제사(社), 종묘(宗廟)에서 올리는 큰 제사(禘), 가을에 조상에게 올리는 제사(嘗)에 밝으면 나라를 잘 다스리기가 쉽다고 말하는 것은 무엇 때문인가? 하늘에 올리는 제사(郊)와 땅의 신에게 드리는 제사(社)는 단지 종묘(宗廟)의 예(禮)로 말미암아 미루어서 말한 것이다. 앞의 글에서는 종묘(宗廟)의 예(禮)를 모두 설명하면서 "효가 지극한 것이다. (孝之至也)"라고 결론지어 말하였다. 효(孝)는 나라를 잘 다스리는 근본이 되는 까닭에 지위가 높아지고 중요한 일 처리를 하게 되면 조상을 애틋하게 생각하게 되고 그리워하여 사모하는 마음이 더욱 깊어져서 시조(始祖)를 출생한 조상(祖上)에까지 이르게 되니 인(仁)이 지극하다(仁之至也)고 한 것이다. 또 큰 것으로 미루어 본다면 우리는 하늘인 아버지와 땅인 어머니에게서 같이 태어나지 않음이 없으니, 천자(天子)가 하늘에 제사를 올리는 것은 이를테면 하급관리(士)와 보통 사람들(庶人)이 돌아가신 할아버지, 할머니와 부모에게 제사를 올리는 것과 같다. 여기의 천자(天子)는 하늘과

---

280  증완(證頑): 장횡거(張橫渠)는 평소에 「폄우(砭愚)」와 「정완(訂頑)」이라는 글을 새겨서 자신의 서재(書齋) 동쪽 창문에는 「폄우(砭愚)」를, 서쪽 창문에는 「정완(訂頑)」을 걸어 두고 제자(弟子)들로 하여금 스스로를 경계하도록 하였는데, 정이(程頤)가 「폄우(砭愚)」를 「동명(東銘)」으로 「정완(訂頑)」을 「서명(西銘)」으로 개명(改名)하였다. 여기서는 아마도 「정완(訂頑)」을 '증완(證頑)'으로 잘못 기록한 듯하다.

땅의 맏아들이다. 그러므로 종묘(宗廟)에 제사가 있으면 소(昭), 목(穆)의 모든 자손이 가깝거나 먼 친척(親疏)의 차별 없이 함께 사랑받을 수 있는 것이요, 하늘과 땅에 제사를 올리면 우리 모든 백성이 친소(親疏)의 차별 없이 함께 사랑받을 수 있는 것이다. 할아버지로부터 보자면 같은 자손들이요, 하늘이 백성들에 대하여도 이와 같다. 그러므로 (선왕이) 높이던 이를 공경하고, 가까이에서 아끼던 친척을 사랑하는 것은 바로 효(孝)를 실천하는 시작이다. 이것은 장자(張橫渠)「증완(證頑)」즉, 「서명(西銘)」[281]의 생각이니, 이것을 안다면 나라를 잘 다스리고 세상을 평온하게 하는 데에 무엇이 있겠는가? 내가 이로 말미암아서 밑에다가 바꾸어서 한마디 한다면 "할아버지와 아버지에게 제사 올리는 의미를 분명히 안다면 집안을 다스리는 것은 손바닥을 보는 것과 같을 것이다."라고 할 것이다.

---

281 「정완(訂頑)」을 가리킴

# 第 20 章

## 20-1

[概觀]

　제20장은 『중용(中庸)』 33장 가운데 가장 긴 곳이다. 노(魯)나라 애공(哀公)이 공자(孔子)에게 정사(政事)에 대하여 의견을 묻는 대목으로 『공자가어(孔子家語)』「애공문정(哀公問政)」편의 내용도 이 장과 거의 비슷하다.

> 哀公이 問政한대
> 　애공　　문정
>
> 애공(哀公)이 정사(政事)를 물었다.

**章句大全**

　哀公은 魯君이니 名 蔣이라

　애공(哀公)은 노(魯)나라 임금이니 이름은 장(蔣)이다.

## 20-2

[概觀]

덕치(德治)를 행하지 않는 애공(哀公)이 정사(政事)를 묻는 것에 대하여 공자(孔子)는 문왕(文王)과 무왕(武王)이 실현했던 정사(政事)를 들추어 답해 주고 있다. 특히 문왕(文王)과 무왕(武王)의 정사(政事)는 제도보다는 인격적인 바탕이 우위(優位)에 있었던 까닭에 덕치(德治)가 실현될 수 있었으니, 문왕(文王)과 무왕(武王) 같은 어진 임금이 위에 있으면 나라는 잘 다스려지고 그런 사람이 없게 되면 잘 다스려지지 않게 된다는 사실로 답해 준 것이다.

子曰 文武之政이 布在方策하니 其人이 存則其政이 擧하고 其人이 亡則其政이 息이니라
자왈 문무지정      포재방책      기인    존즉기정    거      기인    망즉기정    식

공자(孔子) 말씀하시기를 문왕(文王)과 무왕(武王)이 정사(政事)를 행한 업적이 목판(木版)이나 죽간(竹簡)에 (기록되어) 널려 있으니 문왕(文王), 무왕(武王)과 같은 사람이 남아 있으면 그러한 정사(政事)가 행하여지고, 그러한 사람이 없어지면 그러한 정사(政事)도 없어지게 됩니다.

(이곳으로부터 다음은 노(魯)나라 애공(哀公)의 물음에 대한 공자(孔子)의 답변인 까닭에 문장에 존칭(尊稱)을 사용하였다.)

◇ 布在: 널려 있다

**章句大全**

方은 版也요 策은 簡也라 葉氏少蘊曰 木曰方 竹曰策 策大而方小 聘禮 束帛加書 百名以上 書於策 不及百名 書於方 旣夕禮 書賵於方 書遣於策 蓋策以衆聯 方一而已

◇ 賵(봉): 부의(賻儀)하다　　　　　　◇ 遣(견): (선물을) 보내다

'方'은 목판(木版)이요, '策'은 대나무 조각이다. 섭소온(葉少蘊)[282]이 말하기를 나무를 '方'이라 하고 대나무를 '策'이라고 하니 책(策)은 크고 방(方)은 작다. 『의례(儀禮)』 「빙례(聘禮)」에는 "비단을 묶어서 글씨를 쓰는데 백 글자(名) 이상은 (대나무 조각 여럿을 연이은) 책(策)에다 쓰고, 백 글자에 미치지 못하는 것은 목판(方)에다 쓴다." 하였고, 『의례(儀禮)』 「기석례(旣夕禮)」에서는 "상가(喪家)에 부의(賻儀)하는 것은 목판(方)에다 쓰고, 축하(祝賀)나 고마움의 뜻을 전하는 선물(膳物)에는 (대나무 조각 여럿을 연이은) 책(策)에다 썼다." 하였으니, '策'은 (대나무) 여러 조각을 연이은 것이고, '方'은 (목판) 한 조각뿐이다.

**息은 猶滅也라 有是君 有是臣이면 則有是政矣라**

◇ 是(시): 올바르다

'息'은 없어진다는 것과 같다. (문왕, 무왕 같은) 올바른 군주(君主)가 있고, 올바른 신하(臣下)가 있으면 올바른 정사(政事)가 행해질 수 있다.

---

282　섭소온(葉少蘊, 1077-1148): 北宋의 경학자, 자는 少蘊, 이름은 夢得, 호는 石林

## 20-3

[槪觀]

　인도(人道)는 하늘의 이치가 뚜렷이 나타나는 것이니 천도(天道)의 주체가 되고, 치도(治道)는 하늘의 이치를 모범으로 삼아 정한 것이니 인도(人道)의 실천인 것이다. 백성을 다스림은 땅에 초목과 곡식과 채소를 심는 것과 같다. 특히 부들이나 갈대가 기름진 땅에서 빨리 잘 자라는 것과 같이 정사(政事)를 다스리는 자가 덕(德)을 지녔음은 곧 기름진 땅과 같으니 백성들을 잘 다스릴 수 있다.

> 人道는 敏政하고 地道는 敏樹하니 夫政也者는 蒲盧也니라
> 인도　　민정　　　지도　　민수　　　부정야자　　포로야

> 사람의 도(道)는 정사(政事)를 행하는 곳에서 빠르게 나타나고, 땅의 도(道)는 초목(草木)과 곡식, 채소(穀菜)를 심은 곳에서 빠르게 나타나니, 정사(政事)라고 하는 것은 부들이나 갈대와 같은 것입니다.

◇ 樹(수): 나무, 심다　　　◇ 蒲(포): 부들, 창포
◇ 盧(로): (=蘆) 갈대

### 章句大全

　敏은 速也라 蒲盧는 沈括[283] 以爲蒲葦라 하니 是也라 以人立政은 猶以地種樹하여 其成 速矣요 而蒲葦는 又易生之物이니 其成 尤速也라 言 人存政擧가 其易如此라 顧氏曰 以蒲葦 喩政之敏 猶孟子以置郵 喩德之速

---

[283] 심괄(沈括, 1031-1095): 중국 북송(北宋)의 학자이며 정치가, 자는 존중(存中), 호는 몽계옹(夢溪翁)이다.

'敏'은 빠른 것이다. '蒲盧'는 심괄(沈括)이 (『몽계필담(夢溪筆談)』에서) "부들과 갈대이다."라고 하였으니 옳다.[284] 사람이 정사(政事)를 행하는 것은 땅에 초목이나 곡식, 채소를 심는 것과 같아 성장하는 효과가 빠르고, 부들과 갈대는 더욱 쉽게 자라는 식물이니 그 성장하는 효과도 더욱 빠르다. (훌륭한) 사람이 남아 있으면 정사(政事)가 잘 거행되는 것이 이와 같이 쉽다고 말한 것이다. 고씨(顧氏) 말하기를 부들과 갈대로써 정사(政事)의 효과가 더욱 빠르게 나타나는 것을 깨우쳐 준 것이니, 『맹자(孟子)』에 "공자(孔子) 말씀하시기를 파발마를 설치해서 명령을 전달하는 것보다 덕(德)의 유행이 더 빠르다."[285]라고 한 것과 같다.

## 20-4

**[概觀]**

요(堯)임금에게는 순(舜)이 있었고 순(舜)임금에게는 우(禹)가 있었으며, 문왕(文王)과 무왕(武王)에게는 주공(周公)이라는 현명한 신하(賢臣)가 있었기 때문에 나라가 잘 다스려질 수 있었다. 그렇다면 현명한 신하를 어떻게 얻을 것인가? 바로 임금 자신이 인의(仁義)의 도(道)로써 자신을 수양하고 그 덕(德)을 빛내는 일임을 밝혀 주는 대목이다.

---

284 정현(鄭玄)은 『예기(禮記)』의 주(註)에서 蒲盧(포로)에 대하여 『이아(爾雅)』 「석충(釋蟲)」 편에서 "蜾蠃蒲盧"라고 풀이한 것에 근거하여 과라(蜾蠃: 나나니벌)로 보면서 나나니벌이 멸구의 유충(幼蟲)을 가져다가 길러서 자신의 새끼로 만들어 버린다는 것에 비유하여 백성들을 교화시키는 정치의 교화성(敎化性)으로 해석했던 반면, 주자(朱子)는 심괄(沈括)의 견해를 받아들여 부들과 갈대의 빠른 성장에 비유하여 정치의 빠른 효능성(效能性)으로 해석하였다.

285 『맹자(孟子)』 「공손추 상(公孫丑 上)」 第二章 "孔子曰 德之流行 速於置郵而傳命"

> 故로 爲政이 在人하니 取人以身이요 脩身以道요 脩道以仁이니라
> 고 위정 재인 취인이신 수신이도 수도이인

그러므로 (문왕과 무왕과 같은) 정사(政事)를 실행함에는 현명한 신하를 얻는 데에 달려 있으니, 현명한 신하를 얻음은 (임금이) 자신을 수양(修養)함으로써 할 것이요, 자신을 수양(修養)함은 천하에 공통되는 도(道)로써 할 것이요, 천하에 공통되는 도(道)를 수양(修養)함은 천지가 만물을 생장시켜 주는 마음(仁)으로써 해야 할 것입니다.

### 章句大全

此는 承上文 人道敏政而言也라 爲政在人은 家語에 作 爲政在於得人하니 語意尤備라 人은 謂賢臣이요 身은 指君身이라 道者는 天下之達道요 仁者는 天地生物之心으로 而人得以生者니 所謂 元者善之長也라

여기는 앞의 글을 이어서 인도(人道)는 정사(政事)를 행하는 곳에서 영향이 빠르게 나타나는 것을 말하였다. 정사(政事)를 다스리는 것은 현명한 신하를 얻는 데에 달려 있다는 것은 『공자가어(孔子家語)』에 "정사(政事)를 행하는 것은 인재(人材)를 얻는 데에 달려 있다."[286]라고 하였으니 말뜻이 더욱더 갖추어져 있다. '人'

---

286 『공자가어(孔子家語)』「애공문정(哀公問政)」第十七

은 현명한 신하를 말하고 '身'은 임금 자신을 가리킨다. '道'는 천하에 공통되는 도(道)이다. '仁'은 천지가 만물을 생장시켜 주려는 마음인데, 사람이 이것을 얻어서 태어나는 것이니 이른바 "'元'은 선(善)의 으뜸"[287]이라고 한 것이다.

○ 朱子曰 元亨利貞 皆是善而 元則爲善之長 亨利貞 皆是那裏來 仁義禮智 亦皆善也而 仁則爲萬善之首 義禮智 皆從這裏出爾

주자(朱子) 말하기를 원형이정(元亨利貞)은 모두 선(善)이니 원(元)은 선(善)의 으뜸이고 형이정(亨利貞)은 모두 이(元) 속에서 나오는 것이다. 인의예지(仁義禮智)도 모두 선(善)이니 인(仁)은 온갖 선(善)의 으뜸이고 의예지(義禮智)는 모두 이(仁) 속에서 따라 나오는 것이다.

**言 人君爲政이 在於得人이요 而取人之則**(칙)**은 又在脩身이니 能仁其身이면 則有君有臣하여 而政無不擧矣라** 問仁亦是道 如何 說脩道以仁 朱子曰 道是泛說 仁是切要底 道是統言 義理公共之名 仁是直指 人心親切之妙

임금이 정사(政事)를 행하는 것은 현명한 신하를 얻는 데에 달려 있고, 현명한 신하를 등용(登用)하는 준칙(準則)은 또 임금이 자신을 수양(修養)함에 달려 있다고 말한 것이다. 임금 자신이 만물을 생장시켜 주려는 마음(仁)을 가질 수 있다면 (문왕과 무왕 같

---

287 『주역(周易)』「건괘(乾卦), 문언전(文言傳)」

은) **훌륭한 임금이 있고 훌륭한 신하가 있게 되어 정사(政事)가 잘 거행되지 아니할 수 없을 것이다.** "인(仁)은 또한 도(道)인데 무엇 때문에 인(仁)을 가지고 도(道)를 수양(修養)한다고 말한 것입니까?" 주자(朱子) 말하기를 "도(道)는 광범위하게 말하는 것이고 인(仁)은 중요한 곳을 가리키는 것이다. 도(道)는 의리(義理)의 일반적인 명칭을 통틀어서 말한 것이고 인(仁)은 사람의 마음이 가깝고도 절실하여 오묘한 곳을 곧바로 가리켜 말한 것이다."

○ 西山眞氏曰 道與仁 非有二致 道者 衆理之總名 仁者 一心之全德 志乎道而弗他 知所向矣 仁則其歸宿之地 而用功之親切處也

서산진씨 말하기를 도(道)와 인(仁)은 두 가지 이치(理致)가 있는 것이 아니다. '도(道)'는 온갖 이치를 한데 모아 아울러서 부르는 이름이고, '인(仁)'은 한마음의 온전한 덕(德)이니 도(道)에 뜻을 두고서 다른 일을 하지 않아야 지향(志向)하는 바를 알 수 있을 것이다. 인(仁)은 도(道)가 돌아가 머무는 곳이니 힘써 공부해야 할 지극히 가까운 곳이다.

## 20-5

**[概觀]**
앞에서는 인의(仁義)의 도(道)를 가지고 자신을 수양하고 그 덕(德)을 밝히는 것이 어진 신하를 얻어 정사(政事)를 잘 다스릴 수 있는 근본임을 밝혔고, 여기에서는 좀 더 구체적으로 인(仁)과 의(義)를 실행함으로써 예(禮)가 생겨나며 친족(親族)을 사랑하는 효(孝)가 덕(德)을 수양하는 근본임을 밝혀 주는 대목이다. 특히 『맹자(孟子)』에서 "인(仁)

이란 사람이 사랑하는 마음이요, 의(義)란 사람이 가야 할 길이다."[288]라고 말한 것과도 인(仁)과 의(義)의 개념이 거의 비슷하다.

> 仁者는 人也니 親親爲大하고 義者는 宜也니 尊賢이 爲大하니
> 인자    인야    친친위대        의자    의야    존현    위대
> 親親之殺와 尊賢之等이 禮所生也라
> 친친지쇄    존현지등    예소생야
>
> 인(仁)은 사람다움이니 친족을 가까이하여 사랑함이 크고, 의(義)는 (事理를 分別함이) 마땅함이니 어질고 총명한 사람(賢人)을 존경함이 크니, 친족을 가까이하고 사랑함의 차등(差等)과 어질고 총명한 사람을 높임의 등급(等級)은 예(禮)가 생겨나는 이유입니다.

◇ 親親(친친): 친족을 가까이하여 사랑함
◇ 宜(의): 마땅하다, 도리에 알맞다
◇ 殺(쇄): 덜다, 감하다 (減~)

### 章句大全

人은 指人身而言이니 具此生理라 自然 便有惻怛慈愛之意니 深體味之면 可見이라

'人'은 사람의 몸을 가리켜서 말하는 것이다. (사람의 몸은) 자연스럽게 살아 있게 하려는 이치를 고루 갖추고 있어서 곧 가엽고 불쌍하게 여기고 슬퍼하며 아끼고 사랑하는 뜻이 있는 것이니, 몸소 깊이 음미하게 되면 ('仁者人也'의 의미를) 알 수 있을 것이다.

---

288 『맹자(孟子)』「고자상(告子上)」 第11章 "仁 人心也 義 人路也"

○ 西山眞氏曰 人之所以爲人 以其有此仁也 有此仁而後 命之曰人 不然
則非人矣

◇ 命之: 이름을 붙이다

서산진씨 말하기를 사람이 사람 되는 까닭은 사람이 이러한 인(仁)의 이치를 지니고 있기 때문이다. 이러한 인(仁)의 이치를 지니게 된 뒤에 이름 붙이기를 사람이라 말하니, 그렇지 않다면 사람이 아니다.

○ 東陽許氏曰 仁者人也 此是古來 第一箇訓字 言混成而意深密 深體味
之 則具人之形 必須盡乎仁 其所以盡仁 則不過盡人道而已

동양허씨 말하기를 '인(仁)은 사람다움이다.' 이것은 예로부터 지금까지 가장 훌륭하게 글자의 뜻을 풀이한 것이다. 말은 뒤섞여 이루어졌으나 그 의미는 깊고 치밀하므로 몸소 깊이 음미해야 할 것이요, 사람의 형체를 갖추었다면 인(仁)의 도리를 다하는 것을 꼭 필요로 한다. 사람이 인(仁)의 도리를 극진하게 하는 방법은 사람의 도리(人道)를 극진히 함에 지나지 않을 뿐이다.

**宜者는 分別事理하여 各有所宜也라 禮는 則節文斯二者[289]而已라**
朱子曰 宜指事物當然之理 道理宜如此 節者 等級也 文者 不直截而回互之
貌 是裝裹得好 如升降揖遜

---

289  『맹자(孟子)』「이루상(離婁上)」 "禮之實 節文斯二者 是也"

'宜'는 사리를 분별하여 각각의 이치에 알맞게 하는 것이다. '禮'는 이 두 가지(仁과 義)를 등급에 따라 법도(法度)에 맞게 조절할 뿐이다. 주자(朱子) 말하기를 '宜'는 사물의 당연한 이치를 가리키니 도리(道理)의 마땅함이 이와 같은 것이다. '節'은 등급이다. '文'은 곧바로 끊지 않고 서로 감싸 주는 모습이다. 이것은 꾸미고 감싸 주는 것이 아름다운 것이니 이를테면 계단을 오르내릴 때 읍(揖)하고 사양(辭讓)하는 것과 같은 것이다.

○ 雙峯饒氏曰 等殺(쇄)是人事 禮是天理 人事之輕重高下 皆天理有以節文之

쌍봉요씨 말하기를 (친족의 멀고 가까운 관계와 어질고 총명함에 대한 등급(等級)을) 줄이거나 깎아 냄은 사람이 하는 일(人事)이고, 예(禮)는 하늘의 이치(天理)이니, 사람이 하는 일(人事)의 무게와 (지위의) 높낮이(輕重高下)는 모두 하늘의 이치(天理)를 법도에 맞게 조절한 것이다.

## 20-?

**[槪觀]**

이 대목은 다음 20-16절의 첫 부분과 중복된다.

在下位하여 不獲乎上이면 民不可得而治矣리라
재 하 위    불 획 호 상    민 불 가 득 이 치 의

**章句大全**

鄭氏曰 此句는 在下니 誤重在此라

정씨(鄭玄) 말하기를 이 구절은 다음에 있으니 여기에 거듭 있음은 잘못이다.

# 20-6

**[槪觀]**

인(仁)과 의(義)를 실행하는 가운데 예(禮)가 생겨나며 친족(親族)을 사랑하는 효(孝)가 덕(德)을 수양하는 근본인 까닭에 군자(임금)가 자신을 수양(修養)해야만 하는 당위(當爲)를 설명하고 있다. 즉 사람이 하늘의 이치를 알면 사람의 도리(道理)를 알게 되고, 사람의 도리를 알게 되면 어버이를 효(孝)로 섬기게 될 것이고, 어버이를 효(孝)로 섬기는 것이 곧 자신을 수양(修養)하는 것임을 밝히는 대목이라 하겠다.

故로 君子 不可以不修身이요 思修身인덴 不可以不事親이요 思事親인덴 不可以不知人이요 思知人인덴 不可以不知天이니라

그러므로 군자(임금)는 자신을 수양(修養)하지 않을 수 없는 것이요, 자신을 수양하기를 생각한다면 어버이를 섬기지 않을 수 없는 것이요, 어버이 섬기기를 생각한다면 사람의 도리(道理)를 알지 않을 수 없는 것이요, 사람의 도리(道理) 알기를 생각한다면 하늘의 이치(理致)를 알지 않을 수 없는 것입니다.

**章句大全**

爲政在人하고 取人以身이라 故 不可以不脩身이요 脩身以道요 脩道以仁이라 故 思脩身인덴 不可以不事親이요 事親即是 以親親之仁 事其親

정사(政事)를 다스리는 것은 현명한 신하를 얻는 데에 달려 있고, (임금은) 자신이 수양(修養)한 것을 가지고 (어질고 총명한) 인재(人材)를 얻는다. 그러기 때문에 (임금은) 자신을 수양하지 않을 수가 없다. 천하에 공통되는 도(道)를 가지고 자신을 수양하고, 천지가 만물을 생장시켜 주는 마음(仁)을 가지고 천하에 공통되는 도(道)를 수양한다. 그러기 때문에 (임금이) 자신을 수양하기를 생각한다면 어버이를 섬기지 않을 수가 없는 것이다. '事親'은 바로 어버이를 소중히 여겨 사랑하는 마음으로 자신의 가까운 친척을 섬기는 일이다.

**欲盡親親之仁인덴 必由尊賢之義[290]라 故 又當知人이요** 陳氏曰 知人 有賢否之別 賢者近之 不肖子遠之 有師友之賢 則親親之道益明 與不肖處 則必辱其身 以及其親矣

◇ 處(처): 사귀다

---

290 존현지의(尊賢之義): 어질고 총명하여 성인(聖人)에 버금가는 큰 덕(德)을 지니고 있어서 임금도 신하(臣下)로 삼을 수 없는 스승 같은 사람을 존중하는 의리(義理)

어버이를 소중히 여겨 사랑하는 마음을 다하고자 한다면 반드시 어질고 총명하여 성인(聖人)에 버금가는 현자(賢者)를 존중하는 의리로부터 비롯되어야 한다. 그러기 때문에 또한 마땅히 사람됨을 알아야 한다. 진씨 말하기를 사람 됨됨이를 알아보면 현부(賢否)의 구별이 있으니, 어질고 총명하여 성인에 버금가는 현자(賢者)를 가까이하며 못나고 어리석은 불초자(不肖子)를 멀리한다. 스승과 벗이 어질고 총명하면 가까운 친척을 친애하는 도(道)가 더욱 밝아지고, 못나고 어리석은 사람과 사귀면 반드시 자신을 욕되게 하고 그것이 어버이에게까지 미치게 된다.

**親親之殺(쇄)와 尊賢之等이 皆天理也라 故 又當知天이라**

친족을 사랑함의 차등(差等)과 어질고 총명한 사람을 높이는 것의 등급(等級)은 모두 천지자연의 이치이다. 그러기 때문에 또 당연히 하늘의 이치(天命之性)를 알아야 한다.

## 20-7

**[概觀]**

달도(達道)란 사람이 마땅히 지켜야 할 천하에 공통되는 도리(道理)이다. 『맹자(孟子)』에서는 "부자유친(父子有親), 군신유의(君臣有義), 부부유별(夫婦有別), 장유유서(長幼有序), 붕우유신(朋友有信)"[291]을 오륜(五倫)이라 하고 부자유친(父子有親)을 먼저 말하

---

291    『맹자(孟子)』「등문공상(滕文公上)」 第4章 참조

였다. 그러나 여기에서는 애공(哀公)의 물음에 대한 공자(孔子)의 답변인 까닭에 부자(父子)보다 군신(君臣)을 먼저 말하였다. 이어서 오륜(五倫)을 어떻게 실천할 것인가에 대하여 지(知), 인(仁), 용(勇) 세 가지 공통되는 덕(三達德)을 제시하고, 이 세 가지 덕(德)을 가지고 오륜(五倫)에 이르는 근본적인 것은 결국 진실하여 거짓이 없는 '성(誠)'뿐이라는 것을 밝혀 주고 있다.

> 天下之達道五에 所以行之者는 三이니 曰 君臣也 父子也 夫婦也
> 천하지달도오    소이행지자    삼    왈 군신야 부자야 부부야
> 昆弟也 朋友之交也 五者는 天下之達道也요 知仁勇三者는 天下
> 곤제야 붕우지교야 오자    천하지달도야    지인용삼자    천하
> 之達德也니 所以行之者는 一也니라
> 지달덕야   소이행지자   일야
>
> 천하에 공통되는 도(道) 다섯에 실행하는 방법은 셋이니, 임금과 신하와 부모 자식과 부부와 형제의 관계, 벗과 사귐 다섯 가지는 천하에 공통되는 도(道)이고, 지(知), 인(仁), 용(勇) 세 가지는 천하의 공통되는 덕(德)이니, 실행하는 방법은 한 가지(誠)입니다.

### 章句大全

達道者는 天下古今 所共由之路니 則書所謂五典[292]이요 孟子 所謂 父子有親 君臣有義 夫婦有別 長幼有序 朋友有信[293]이 是也라 知

---

292 『서경(書經)』「우서(虞書), 순전(舜典)」 "愼徽五典 五典克從 …"이라 하고 주(註)에서 "五典 五常也 父子有親 君臣有義 夫婦有別 長幼有序 朋友有信 是也"라 하였다. 그런데 애공(哀公)이 정사(政事)를 물은 것에 대한 대답인 까닭에 경문(經文)에서는 君臣有義가 父子有親에 앞서 거론된 것이다.
293 『맹자(孟子)』「등문공상(滕文公上)」 제4장 참조

는 所以 知此也요 仁은 所以 體此也요 勇은 所以 强此也라 此字 指
五達道 體 謂以身體 而躬行之

 '천하에 공통되는 도(達道)'는 천하에 예로부터 지금까지의 사
람들이 함께 따라야 행하는 길(率性之謂道)이니 이것은 『서경(書
經)』에서 '오전(五典)'이라 하는 것이고, 『맹자(孟子)』에서 부모와
자식 사이에는 사랑이 있고, 임금과 신하 사이에는 의리가 있고,
부부 사이는 분별이 있고, 어른과 어린 사람 사이에는 차례가 있
고, 벗 사이에는 믿음이 있어야 한다는 것이 이것이다. '知(=智)'
는 이 다섯 가지 천하에 공통되는 도(道)를 아는 방법이고, '仁'은
이 다섯 가지 달도(達道)를 알아서 몸소 실행하는 방법이고, '勇'
은 이 다섯 가지 달도(達道)의 실행을 힘쓰는 방법이다. '此' 자는
다섯 가지 달도(達道)를 가리키고 '體'는 자신의 몸으로 몸소 실행하는
것을 이르는 것이다.

謂之達德者는 天下古今 所同得之理也라 一은 則誠而已矣라 達道
는 雖人所共由然이나 無是三德이면 則無以行之라 達德은 雖人所
同得 然이나 一有不誠이면 則人欲間之하여 而德非其德矣라 程子曰
所謂誠者는 止是誠實 此三者니 三者之外에 更別無誠이라 朱子曰
知底屬智 行底屬仁 勇是勇於知 勇於行 仁智了 非勇 便行不到

 (知仁勇을) 천하에 공통되는 덕(達德)이라고 이르는 것은 천하
에 예로부터 지금까지의 사람들이 함께 얻은 이치이기 때문이
다. '하나(一)'는 곧 '誠'일 뿐이다. '천하에 공통되는 도(達道)'는 비

록 사람들이 공통으로 따라 행하여야 하는 것이나, 여기의 세 가지 천하에 공통되는 덕(達德)이 없다면 (천하에 공통되는 다섯 가지의 도(道)를) 실천해 나아갈 수가 없고, '천하에 공통되는 덕(達德)'은 비록 사람들이 똑같이 얻은 것이지만, 그러나 조금이라도 진실하지 않음이 있으면 사람의 사사로운 욕심이 끼어들어서 얻은 덕(德)도 천하에 공통되는 덕(德)이 아니게 된다. 정자(程子) 말하기를 '성실(誠)'이라고 말한 것은 단지 이 세 가지 (知仁勇) 달덕(達德)을 성실하게 하는 것이니 이 세 가지 밖에 다시 다른 성(誠)은 없다. 주자(朱子) 말하기를 아는 것은 지(智)에 속하고, 실천하는 것은 인(仁)에 속한다. 용(勇)은 아는 것에 용감하고 실천하는 것에도 용감한 것이니, 인(仁), 지(智)를 알고 있다 하더라도 용(勇)이 아니면 바로 실천에 이르지 못한다.

○ 蔡氏曰 達道 本於達德 達德 又本於誠 誠者 達道達德之本 而一貫乎達道達德者也

채씨 말하기를 '천하에 공통되는 도(達道)'는 '천하에 공통되는 덕(達德)'에 근본을 두고, '천하에 공통되는 덕(達德)'은 또 '진실함(誠)'에 근본을 둔다. '진실한 것(誠者)'은 '천하에 공통되는 도(達道)'와 '천하에 공통되는 덕(達德)'의 근본이니, 천하에 공통되는 도(達道)와 천하에 공통되는 덕(達德)을 하나의 이치로 꿰는 것이다.

第 20 章 365

## 20-8

**[概觀]**

　사람이면 누구나 공통으로 가야 할 길인 달도(達道) 즉 오륜(五倫)이 있으니, 이를 실천함에는 지(知), 인(仁), 용(勇)의 삼달덕(三達德)이 필요하다. 이것은 노력하면 누구나가 알 수 있고 실천할 수 있는 것이다. 비록 방법의 차이는 있을지라도 달덕(達德)을 아는 데에 이르거나, 중용(中庸)의 도(道)를 실천하는 데에 이르게 되면 그 결과는 같다.

> 或生而知之하며 或學而知之하며 或困而知之하나니 及其知之하
> 　혹생이지지　　　혹학이지지　　　혹곤이지지　　　급기지지
> 야는 一也니라 或安而行之하며 或利而行之하며 或勉强而行之하
> 　　　일야　　　혹안이행지　　　혹리이행지　　　혹면강이행지
> 나니 及其成功하야는 一也니라
> 　　　급기성공　　　일야
>
> 어떤 사람은 태어나면서부터 (달도(達道)를) 알고, 어떤 사람은 배워서 (달도(達道)를) 알며, 어떤 사람은 애를 써서 (달도(達道)를) 알기도 하나니, 그것을 아는 데에 이르러서는 같습니다. 어떤 사람은 편안하게 (달도(達道)를) 실천하고, 어떤 사람은 이롭게 여겨서 실천하며, 어떤 사람은 힘써 노력하여 실천하나니, 그 공(功)을 완성하는 데에 이르면 같습니다.

**章句大全**

　知之者之所知와 行之者之所行은 謂達道也니 以其分而言하면 則所以知者는 知也요 所以行者는 仁也요 所以至於知之 成功而一者는 勇也라 知之透徹 行之成功 便是勇 以其等而言하면 則生知安行者는 知也요 如舜之大知 學知利行者는 仁也라 如顏子之克復爲仁 困知

**勉行者는 勇也라** ○ 朱子曰 生知安行 主於知而言 不知如何行 安行者 只是安而行之 不用著(착)力 然須是知得 乃能行得也 學知利行 主行而言 雖是學而知得 然須著(착)意去力行 則所學而知得者 不爲徒知也 ○ 生知安行 以知爲主 學知利行 以仁爲主 困知勉行 以勇爲主

 (達道를) 알려고 하는 사람이 아는 것과 (達道를) 실천하려는 사람이 실천하는 것을 천하에 공통되는 달도(達道)라고 말한다. 그것을 나누어서 말하면 아는 방법은 지(知=智)이고, 실천하는 방법은 인(仁)이요, 그것을 아는 것과 완성하는 데에 이르게 되면 똑같이 되는 것은 용(勇)이다. 아는 것이 투철하며 실천하여 완성하는 것이 바로 용(勇)이다. **등급(等級)을 가지고 말한다면 태어나면서부터 알고 자연스럽게 실천하는 것은 지(知=智)이고,** 순(舜)임금의 위대한 지혜와 같다 **배워서 알고 이롭게 여겨서 실천하는 것은 인(仁)이고,** 이를테면 안자(顏子)가 자신의 사욕을 이기고 예(禮)로 돌아가서 인(仁)을 행한 것과 같다. **어렵게 알고 힘써 실천하는 것은 용(勇)이다.** ○ 주자(朱子) 말하기를 태어나면서부터 알고 자연스럽게 실행하는 것은 지혜(智慧)를 위주로 하여 말하는 것이니 지혜롭지 못하면 어떻게 실행하겠는가? 자연스럽게 실행한다는 것은 단지 자연스럽게 실행해 나가는 것이니 힘을 쓰지 않는 것이다. 그러나 모름지기 알아야 비로소 실행할 수 있다. 배워서 알고 이롭게 여겨서 실행하는 것은 실행을 위주로 말한 것이니 비록 배워서 알 수 있는 것이나, 그러나 모름지기 마음을 붙여서 힘써 실천하 나가면 배워서 알 수 있는 것이 한갓 아는 데에 그치지 않을 것이다. ○ 태어나면서부터 이치를 알고 자연스럽게 실천한다는 것은 '知(智)'를 위주로 한 것이고, 배워서 알

고 이롭게 여겨서 실행한다는 것은 '仁'을 위주로 한 것이고, 애써서 알고 힘써 실천한다는 것은 '勇'을 위주로 한 것이다.

**蓋人性이 雖無不善이나 而氣稟이 有不同者라 故 聞道有蚤莫(모)하고 行道有難易라 然 能自强不息이면 則其至 一也라**

◇ 聞(문): 깨우치다　　　　　　◇ 蚤莫(조모): 早暮와 同

사람의 본성은 비록 선(善)하지 않음이 없으나, 부여받은 기질(氣質)은 다른 것이 있다. 그러므로 도(道)를 깨우침에는 빠르고 늦음이 있고, 도(道)를 실천함에는 어렵고 쉬움이 있다. 그러나 스스로 힘써 노력하면서도 그만두지 않는다면 도(道)에 이르는 것은 똑같다.

**呂氏曰 所入之塗雖異나 而所至之域 則同이니 此所以爲中庸이라 若 乃企生知安行之資하여 爲不可幾及하고 輕困知勉行하여 謂不能有成이면 此 道之所以不明不行也라**

◇ 謂(위): 爲와 同, 여기다

여씨(呂大臨) 말하기를 들어가는 길은 비록 다르지만, 이르는 경지는 똑같으니, 이것을 중용(中庸)이라 하는 것이다. 만약 또 태어나면서부터 알고 자연스럽게 실천해 나가는 자질을 (지녔기를) 바라다가 거의 미칠 수 없다고 여기고, 애써서 의미를 알고 힘써 노력하여 실천하는 것을 가볍게 여겨서 일을 완성할 수 없다고 한다면, 이것은 도(道)가 밝혀지지 못하고 실행되지 못하는 이유가 된다.

## 20-9

[概觀]

달도(達道)를 실천하는 세 가지 달덕(達德)에 대한 설명이다. 즉 누구나가 도(道)를 배우기를 좋아하여 힘써 노력한다면 지(知)에 가까울 수 있고, 도(道)를 실천하는 데에 힘쓴다면 인(仁)에 가까울 수 있고, 도(道)에 미치지 못함에 대하여 부끄러워할 줄 안다는 것은 용(勇)에 가깝다는 것이다. 여기에서 "지(知)이다. 인(仁)이다. 용(勇)이다."라고 단정하여 말하지 않은 것은 이 세 가지 달덕(達德)에 들어가는 일인 까닭에 공부하는 사람이 힘써 노력하게 하려는 뜻이라고 해야 할 것이다.

子曰 好學은 近乎知하고 力行은 近乎仁하고 知恥는 近乎勇이니라
자왈 호학  근호지    역행   근호인   지치   근호용

공자(孔子) 말씀하시기를 배우기를 좋아하는 것은 지(知)에 가깝고, 힘써 실천하는 것은 인(仁)에 가깝고, 부끄러움을 아는 것은 용(勇)에 가까운 것입니다.

章句大全

子曰二字는 衍文이라 ○ 此는 言 未及乎達德하여 而求以入德之事라

'子曰' 두 글자는 쓸데없는 군더더기 글자이다.[294] ○ 이것(三近)은 아직 (知仁勇의) 달덕(達德)에 미치지 못해서 덕(德)에 들어가는 일을 찾는 것을 말한 것이다.

**通上文 三知爲知요 三行爲仁 則此三近者는 勇之次也라** 節齋蔡氏[295]曰 三知主知 三行主仁 三近主勇 生知者知之知也 學知者仁之知也 困知者勇之知也 安行者 仁之仁也 利行者 知之仁也 勉行者 勇之仁也 好學者 知之勇也 力行者 仁之勇也 知恥者 勇之勇也

**윗글의 안다고 한 세 가지**(生知, 學知, 困知)**는 지(知)가 되고, 실천한다는 세 가지**(安行, 利行, 勉行)**는 인(仁)이 된다고 한 말을 통틀어 보자면, 이 장(章)에서 가깝다고 한 세 가지**(好學, 力行, 知恥)**는 용(勇)의 차례이다.** 절재채씨 말하기를 세 가지 아는 것은 지혜(智)를 위주로 하고, 세 가지 실천하는 것은 인(仁)을 위주로 하고, 세 가지 가깝다는 것은 용(勇)을 위주로 한 것이다. 태어나면서부터 (의리를) 아는 것은, 지(知)의 지혜이며, 배워서 안다는 것은 인(仁)의 지혜이며, 곤란하여 애써서 아는 것은 용(勇)의 지혜이다. 자연스럽게 실천하는 것은 인(仁)의 인(仁)이며, 이롭게 여겨 실행하는 것은 지혜의 인(仁)

---

294 『공자가어(孔子家語)』「애공문정(哀公問政)」편에 의하면 앞 절(節)의 "… 及其成功 一也" 다음에 "公曰 子之言 美矣至矣 寡人實固 不足以成之也"라고 한 애공(哀公)의 말을 이어 "孔子曰 好學 近乎智 …"로 이어지는데 『중용장구(中庸章句)』에는 애공(哀公)의 말이 빠져 버린 까닭에 주자(朱子)가 원문(原文)에 있는 '子曰' 두 글자를 '쓸데없는 군더더기 글자(衍文)'라고 한 것으로 보인다.

295 채연(蔡淵, 1156-1236): 南宋의 역(易)학자, 자는 伯靜, 호는 節齋, 蔡元定의 큰아들, 蔡沈의 형이다.

이며, 힘써 실천하는 것은 용(勇)의 인(仁)이다. 배우기를 좋아하는 것은, 지(知)의 용(勇)이요, 힘써 실천하는 것은 인(仁)의 용(勇)이다. 부끄러움을 아는 것은 용(勇)의 용(勇)이다.

**呂氏曰 愚者는 自是而不求하고 自私者는 徇人欲而忘返하고 懦者는 甘爲人下 而不辭라 故 好學이 非知라 然 足以破愚요 力行이 非仁이라 然 足以忘私요**

여씨(呂大臨) 말하기를 어리석은 자는 자신이 옳다고 여겨서 지혜로움을 찾지 않고, 자신만을 사사로이 하는 자는 인욕(人欲)을 따라 행하면서 천리(天理)로 돌아오는 것을 잊어버리고, 나약한 사람은 남의 아랫사람이 되는 것을 달갑게 여기면서 사양(辭讓)하지 않는다. 그러기 때문에 배우기를 좋아하는 것이 지(知=智)는 아니다. 그러나 어리석음을 충분히 타파할 수 있고, 힘써 실천하는 것이 인(仁)은 아니다. 그러나 사사로움은 충분히 잊을 수 있다.

○ 三山陳氏曰 所謂力行 足以忘私者 蓋世之怠惰不爲者 皆所以自便 其所欲 故曰私

삼산진씨 말하기를 힘써 실천하는 것이 사사로움을 충분히 잊을 수 있다고 한 것은 세상의 게으른 사람과 실천하지 않는 사람들은 모두 자신이 바라는 대로 하는 것을 편하게 여기기 때문이다. 그러므로 사(私)라고 하는 것이다.

知恥 非勇이라 然 足以起懦라 朱子曰 知恥 如舜人也 我亦人也 舜爲法於天下 可傳於後世 我猶未免 爲鄕人也 是則可憂也 旣恥爲鄕人 進學安得不勇

'부끄러움을 아는 것'이 용(勇)은 아니다. 그러나 충분히 나약함을 떨치고 일어날 수는 있는 것이다. 주자(朱子) 말하기를 '부끄러움을 안다는 것'은 이를테면 "순(舜)임금도 사람이고 나도 역시 사람인데 순(舜)임금은 천하에 본보기가 되어서 후세에 법(法)을 전할 수가 있었는데, 나는 오히려 시골 사람인 것을 면하지 못하였다."[296]라고 하였으니, 이것은 근심할 만하다. 이미 시골 사람인 것을 부끄럽게 여기는데 학문을 증진(增進)시키는 것에 어찌 용기가 없겠는가!

## 20-10

**[槪觀]**

지(知), 인(仁), 용(勇)의 삼달덕(三達德)을 이루는 것은 오달도(五達道)를 실천하는 방법이면서 곧 자신을 수양(修養)하는 방도(方道)가 되니, 자신을 수양하는 데에 이르게 되면 제가(齊家), 치국(治國), 평천하(平天下)는 저절로 이루어지게 된다.

---

296　『맹자(孟子)』「이루하(離婁下)」제28장 참조

> 知斯三者 則知所以脩身이요 知所以脩身 則知所以治人이요 知所
> 지사삼자 즉지소이수신 지소이수신 즉지소이치인 지소
> 以治人 則知所以治天下國家矣리라
> 이치인 즉지소이치천하국가의
>
> 이 세 가지를 안다면 자신을 수양(修養)하는 방도(方道)를 아는 것이요, 자신을 수양하는 방도를 알게 되면, 다른 사람을 다스리는 방도를 아는 것이요, 다른 사람을 다스리는 방도를 알게 되면, 천하와 국가를 다스리는 방도를 아는 것입니다.

### 章句大全

斯三者는 指 三近而言이라 人者는 對己之稱이요 天下國家는 則盡乎人矣라 言此 以結 上文脩身之意하고 起下文九經之端也라

'이 세 가지'는 세 가지 가까운 것(近乎知, 近乎仁, 近乎勇)을 가리켜서 말한 것이고, '人'은 자기와 상대되는 것을 일컬은 것이요, 天下와 國과 家는 모든 사람을 다한 것이니, 이 말을 가지고 윗글의 자신을 수양(修養)하는 뜻을 결론짓고, 아랫글 구경(九經)의 첫 부분을 시작하였다.

## 20-11

[概觀]

여기에서는 천자(天子)나 제후(諸侯)가 천하(天下)와 국가(國家)를 다스림에 있어서 반

드시 지켜야 할 일상적이면서도 바꾸어서는 아니 되는 꼭 필요한 아홉 가지의 실천원칙(實踐原則)인 구경(九經)을 제시하고 있다.

凡爲天下國家 有九經하니 曰脩身也와 尊賢也와 親親也와 敬大臣也와 體羣臣也와 子庶民也와 來百工也와 柔遠人也와 懷諸侯也니라
범위천하국가 유구경 왈수신야 존현야 친친야 경대신야 체군신야 자서민야 래백공야 유원인야 회제후야

무릇 천하 국가를 다스리는 데는 아홉 가지 일상적이면서도 변함없는 도리(道理)가 있으니 자신을 수양(修養)하는 것과, 덕(德)을 지닌 훌륭한 스승과 벗을 높이는 것과, 가까운 친족을 사랑하는 것과, 지위가 높은 신하를 공경하는 것과, 신하들을 내 몸과 같이 헤아려 보살펴 주는 것과, 백성들을 자식과 같이 사랑하는 것과, 온갖 장인(匠人)들을 오게 하는 것과, 멀리 떠도는 장사꾼과 나그네를 부드럽게 대하는 것과, 사방의 제후들을 품어 감싸 주는 것입니다.

### 章句大全

**經은 常也라** 廣平游氏曰 經者 其道有常 而不可易 其序有條 而不可紊

'**經**'은 **일상적이다.** 광평유씨(游酢) 말하기를 '경(經)'은 항상 그 도(道)가 있어서 바뀔 수 없으며, 그 차례에 조목(條目)이 있어서 어지럽힐 수도 없다.

○ 三山陳氏曰 施之治天下國家 可以常行而不變 故曰經

삼산진씨 말하기를 천하와 국가를 다스림에는 일상적으로 실행되면서도 변함이 없는 것을 시행(施行)한다. 그러기 때문에 경(經)이라고 한 것이다.

**體는 謂設以身處其地하여 而察其心也라 子는 如父母之愛其子也라**

'體'는 자신을 상대(相對)의 처지에 있는 것으로 설정해서 상대의 마음을 살펴 아는 것을 말한다. '子'는 이를테면 부모가 그 자식을 사랑하는 것과 같은 것이다.

**柔遠人은 所謂 無忘賓旅者也라**

'멀리서 온 사람을 부드럽게 대하는 것(柔遠人)'은 『맹자(孟子)』에서 "장사꾼과 나그네를 잊지 않는다."[297]라고 한 것을 이르는 것이다.

**此는 列九經之目也라 呂氏曰 天下國家之本在身**[298]**이라 故 脩身이 爲九經之本이라 然 必親師 取友然後에 脩身之道進이라 故 尊賢**

---

297  『맹자(孟子)』「고자하(告子下)」 第7章 "五霸 桓公 爲盛 葵丘之會 諸侯 束牲載書 而不歃血 初命 … 三命曰 敬老慈幼 無忘賓旅 …"
298  『맹자(孟子)』「이루상(離婁上)」 第5章 "… 天下國家 天下之本在國 國家之本在家 家之本在身" 참조

이 次之하고 道之所進이 莫先其家라 故 親親이 次之하고 由家以及朝廷이라 故 敬大臣 體群臣이 次之하고 由朝廷以及其國이라 故 子庶民 來百工이 次之하고 由其國以及天下라 故 柔遠人 懷諸侯가 次之라 此 九經之序也라

  여기는 구경(九經)의 조목을 열거해 놓은 것이다. 여씨(呂大臨) 말하기를 천하와 국가를 다스리는 근본은 자신에게 달려 있다. 그러기 때문에 자신이 (천하에 공통되는 달도(達道)를 가지고) 수양(修養)하는 것이 구경(九經)의 근본이 된다. 그러므로 반드시 (덕(德)을 지닌 훌륭한) 스승을 가까이하고, (훌륭한) 벗(益友)을 얻은 뒤라야 자신을 수양하는 도(道)가 증진(增進)되는 것이다. 그러기 때문에 덕(德)을 지닌 훌륭한 스승과 벗을 높이는 것(尊賢)이 다음이 되고, 도(道)에 나아가는 것이 자기의 집안보다 먼저인 것은 아니다. 그러므로 가까운 친척을 사랑하는 것(親親)이 ('尊賢'의) 다음이 되고, (大夫의) 집안으로 말미암아 조정(朝廷)에 미치기 때문에 대신(大臣)을 공경하는 것과 신하들을 내 몸처럼 여기는 것이 (親親의) 다음이 되고, 조정(朝廷)으로 말미암아 그 나라에 미치는 까닭에 백성(庶民)을 자식처럼 사랑하는 것과 온갖 장인(匠人)들을 오게 만드는 것이 ('敬大臣'과 '體群臣'의) 다음이 되고, 그 나라(國)로 말미암아서 천하에 미치는 까닭에 멀리서 오는 장사꾼과 나그네를 부드럽게 대하는 것과 제후(諸侯)들을 품어 감싸는 것이 ('子庶民 來百工'의) 다음이니, 이것이 구경(九經)의 차례다.

視群臣을 猶吾四體하고 視百姓을 猶吾子하니 此 視臣視民之別也라

(가까이 있는) 신하들 보기를 나의 팔다리같이 하고, (멀리 있는) 백성들 보기를 나의 자식(사랑하는 것)같이 하니, 이것이 신하를 보는 것과 백성을 보는 것의 구별이다.

## 20-12

[槪觀]

이곳은 천자(天子)나 제후(諸侯)가 나라를 다스림에 있어서 굳게 지켜야 하는 일상적이면서도 변함없는 도리(道理)인 '구경(九經)'을 잘 실행하였을 때 나타나는 효과이다.

脩身則道立하고 尊賢則不惑하고 親親則諸父昆弟不怨하고 敬大臣則不眩하고 體羣臣則士之報禮重하고 子庶民則百姓이 勸하고 來百工則財用이 足하고 柔遠人則四方이 歸之하고 懷諸侯則天下가 畏之니라
수신즉도립  존현즉불혹  친친즉제부곤제불원  경대신즉불현  체군신즉사지보례중  자서민즉백성 권  래백공즉재용 족  유원인즉사방 귀지  회제후즉천하 외지

(임금이 달도(達道)를 가지고) 자신을 수양(修養)하면 (인륜(人倫)의) 도(道)가 확립되고, 덕(德)을 지닌 현명한 스승과 벗을 존경하면 (분별하는 데에) 의혹(疑惑)되지 않고, 가까운 친족을 사랑하면 백숙부(伯叔父)와 형제들이 원망하지 않고, 대신(大臣)을 공경하면 (정사(政事)에) 어둡지 않고, 신하들을 내 몸처럼 살펴 주면 벼슬아치들이 보답하는 예(禮)가 많고, 백성을 자식 사랑하듯 하면 백성들이 서로 (임금을 위하여) 선(善)을 힘쓰고, 온갖 장인(匠人)들을 오게 하면 재물의 쓰임(財用)이 풍족해지고, 멀리 떠도는 장사꾼과 나그네를 부드럽게 대하면 사방에서 (백성들이) 모여들고, 제후(諸侯)를 감싸고 도와주면 천하가 두려워(복종)하게 됩니다.

### 章句大全

　此는 言 九經之效也라 道立은 謂道成於己 而可爲民表니 新安陳氏曰 表儀也 如書所謂 表正萬邦之表 所謂 皇建其有極이 是也라 書洪範 五皇極 皇建其有極

　여기에서는 구경(九經)의 효과를 말하였다. '도가 확립된다(道立)'는 것은 도(道)가 자신에게서 완성되면 백성들의 본보기가 될 수 있음을 이르는 것이니 신안진씨 말하기를 '表'는 '본보기(儀)'이니, 이를테면『서경(書經)』「상서(商書), 중훼지고(仲虺之誥)」에서 말한 "본보기가 되어 온 나라를 바로 잡는다.(表正萬邦)"라고 할 때의 '表'와 같은 것이다. 이른바 "황제(皇帝)가 모범이 되는 인륜을 세웠다."[299]라고 한 것이 이것이다.『서경(書經)』「홍범(洪範)」다섯 번째는 황극(皇極)이니 황제(皇帝)가 백성들에게 모범이 되는 인륜(人倫)을 세운다.

　不惑은 謂不疑於理라 不眩은 謂不迷於事라 北溪陳氏曰 不惑 是理義昭著 無所疑也 不眩 是信任專 政事擧 無所眩迷也

　'의혹되지 않음(不惑)'은 다스림(理)에 대하여 의심하지 않는 것을 말한다. '어둡지 않다(不眩)'고 한 것은 일을 처리하는 데에 헷갈리지 않는 것이다. 북계진씨 말하기를 '不惑'은 이치와 의리가 밝게 드러나서 의혹(疑惑)이 없는 것이다. '不眩'은 믿고 맡김을 한결같이 하여 정사(政事)가 잘 거행되어 어둡거나 헷갈림이 없는 것이다.

---

299　『서경(書經)』「주서(周書), 홍범(洪範)」

敬大臣 則信任專하여 而小臣不得以間之라 故 臨事而不眩也라 來百工 則通功易事[300] 農末相資라 故 財用足이라

　대신(大臣)을 공경하면 믿고 맡기는 것이 한결같아서 하급관리(小臣)가 끼어들어 (이간질할) 틈이 없다. 그러므로 정사(政事)를 다스림에 어둡지 않다. 온갖 장인(匠人)들을 오도록 하면 만들어 오는 생산품을 교환하며 서로의 일을 바꾸고 나누어서 하게 되므로 농업과 상공업(農末) 서로에게 도움이 된다. 그러므로 재물의 쓰임(財用)이 풍족하게 된다.

> ○ 雙峯饒氏曰 財用是兩字 財是貨財 用是器用 一人之身 豈能百工之所爲備 如農夫之耕 農器缺一不可 農得用以生財 工得財以贍用 推此可見其餘 蓋農工相資 則上下俱足

◇ 贍(섬): 넉넉하다

　쌍봉요씨 말하기를 '財用'은 짝이 되는 글자이니, '財'는 돈이나 값나가는 물건(財貨)이고 '用'은 사용되는 도구(器用)이다. 한 사람의 몸에 어떻게 온갖 장인(匠人)들이 하는 기술을 갖출 수 있겠는가! 이를테면 농부(農夫)가 농사지을 때 농기구가 하나라도 빠지면 농사를 지을 수 없는 것과 같다. 농부는 장인(匠人)이 만든 농사용 도구를 얻어서 재화(財貨)를 만들고, 장인(匠人)은 농부로부터 재화를 얻어서 넉넉하게 쓰는 것이니, 이것으로 미루어 그 나머지도 알 수 있다. 농업과 상공업이

---

300　『맹자(孟子)』「등문공하(滕文公下)」제4장

서로에게 도움이 되면 위로는 천자(天子)로부터 아래로 서민(庶民)에 이르기까지 모두가 풍족하게 된다.

柔遠人 則天下之旅가 皆悅而願出於其塗라[301] 故 四方歸라 懷諸侯 則德之所施者博하고 而威之所制者가 廣矣라 故 曰天下 畏之라

멀리 떠돌아다니는 장사꾼이나 나그네를 부드럽게 대하면 천하의 장사꾼이나 나그네들이 모두 기뻐하면서 그 나라의 길(塗)에 나서기를 바랄 것이다. 그러므로 사방에서 백성들이 모여들게 되고, 제후(諸侯)들을 품어 감싸 주니 덕(德)을 베푸는 것은 많고, 위엄(威嚴)으로 제재(制裁)하는 곳은 넓게 된다. 그러므로 천하가 두려워(복종)하게 된다고 말한 것이다.

## 20-13

[槪觀]

여기에서는 천자(天子)나 제후(諸侯)가 나라를 다스림에 있어서 굳게 지켜야 하는 일상적이면서도 변함없는 도리(道理)인 '구경(九經)'의 구체적인 실천 방법을 제시하고 설명한다.

---

301  『맹자(孟子)』「양혜왕상(梁惠王上)」第7章 "今王 發政施仁 … 이하" 참조

齊(재)明盛服하여 非禮不動은 所以脩身也요 去讒遠色하며 賤貨
而貴德은 所以勸賢이요 尊其位하여 重其祿하며 同其好惡는 所
以勸親親也요 官盛任使는 所以勸大臣也요 忠信重祿은 所以勸士
也요 時使薄斂은 所以勸百姓也요 日省月試하여 旣稟(희름)稱事
는 所以勸百工也요 送往迎來하며 嘉善而矜不能은 所以柔遠人也
요 繼絶世하며 擧廢國하며 治亂持危하며 朝聘以時하며 厚往而
薄來는 所以懷諸侯也니라

자기의 생각을 가지런히 하고 몸과 마음을 깨끗이 해서 조복(朝服)을 성대하게 차려입고 예(禮)가 아니면 움직이지 않음은 자신을 수양하는 방법이고, 참소(讒訴)하는 자를 물리치고 이성(異性)을 멀리하며, (도시에서 생산되는 값비싼) 재화(貨)를 천(賤)히 여기고 덕(德)을 지닌 사람을 존귀하게 대하는 것은 어질고 총명한 사람(賢人)을 권면(勸勉)하는 방법이요, (종친(宗親)들의) 지위를 높여 주고 봉록(俸祿)을 많이 주며 좋아하고 싫어함을 그들과 함께함은 친족을 사랑함을 권면(勸勉)하는 방법이요, 관리(官吏)를 많이 두어서 마음대로 부릴 수 있게 함은 대신(大臣)을 권면(勸勉)하는 방법이요, 마음을 다하여 믿고 봉록(俸祿)을 많이 주는 것은 여러 신하와 벼슬아치를 권면(勸勉)하는 방법이다. (농번기(農繁期)를 피해) 농한기(農閑期)에 부역(負役)을 시키고 세금을 가볍게 하는 것은 백성들을 권면(勸勉)하는 방법이요, 날마다 살피고 달마다 시험하여 이루어 놓은 일에 걸맞게 봉록(俸祿)을 주는 것은 온갖 장인(匠人)들을 권면

> (勸勉)하는 방법이요, 떠나가는 사람은 부절(符節)을 주어서 보내고 오는 사람은 반갑게 맞이하며, 일을 잘하는 사람은 칭찬하고 잘하지 못하는 사람을 가엾게 여겨 돌봐 주는 것은 멀리 떠도는 장사꾼과 나그네를 부드럽게 대하는 방법이요, 끊어진 대(代)를 이어 주고 폐망한 나라를 일으켜 세워 주며 어지러운 나라를 다스리고 위험으로부터 지켜 주며, 조근(朝覲)과 빙문(聘問)의 예(禮)를 때에 맞게 하도록 하며, 떠나가는 사람에게는 (선물을) 후(厚)하게 주고 오는 사람에게는 적게 받는 것은 제후(諸侯)를 품어 감싸는 방법입니다.

◇ 齊(재): 齋와 同, 재계하다
◇ 色(색): 이성(異性)
◇ 勸(권): 권면하다, 장려하다
◇ 稟(름): 廩과 同, 록미(祿米)
◇ 讒(참): 참소하다
◇ 旣(희): 녹봉, 쌀

### 章句大全

**此는 言 九經之事也라** 北溪陳氏曰 九經之事 是做工夫處 齊 齊其思慮 明 明潔其心 齊明 以一其內 盛服 以肅其外 內外交相養也 齊明盛服 是靜而未應接之時 以禮而動 是動而已應接之時 動靜交相養也 如此 所以脩身

**여기에서는 구경(九經)의 일을 말하였다.** 북계진씨 말하기를 구경(九經)의 일은 공부해야 할 곳이다. '齊(=齋)'는 자기의 생각을 가지런히 하는 것이다. '明'은 자신의 몸과 마음을 깨끗하게 하는 것이다. '齊明'은 그 내면을 한결같이 하는 것이고, '盛服'은 외면을 엄숙하게 하는 것이니, 내면과 외면을 교차하여 서로 수양(修養)하는 것이다. 생각을 가지런히 하고 몸과 마음을 깨끗이 하여 성대하게 조복(朝服)을 차려입는 것은 고요하여 아직 외물을 접하지 않았을 때이고, 예(禮)로써 움직이는 것이다. 움직여서 이미 외물에 접하였을 때는 움직임과 고요함이 교차하며 서로 수양(修養)함이 이와 같다. 이것이 자신을 수양하는 방법이다.

○ 雲峯胡氏曰 齊明盛服 靜而敬也 即首章 戒懼存養之事 非禮不動 動而敬也 即首章 愼獨省察之事

운봉호씨 말하기를 '자기의 생각을 가지런히 하고 몸과 마음을 깨끗이 해서 조복(朝服)을 성대하게 차려입는 것(齊明盛服)'은 고요할 때의 (몸가짐이나 언행을) 삼가는 것이니, 바로 첫 장(章)의 (보이지 않는 곳에서도) 조심하여 삼가고 (들리지 않는 곳에서도) 두려워하여 본성(本性)을 간직하여 길러 나아가는 일이다. '예(禮)가 아니면 움직이지 않는 것(非禮不動)'은 움직일 때 (몸가짐이나 언행을) 삼가는 것이니 바로 첫 장(章)의 자신만이 홀로 알고 있는 곳에서도 삼가며 자신을 반성하고 살피는 일이다.

**官盛任使는 謂 官屬衆盛하여 足任使令也라 蓋大臣은 不當親細事라 故 所以優之者가 如此라 忠信重祿은 謂待之誠而養之厚니 蓋以身體之하여 而知其所賴乎上者 如此也라 既 讀曰餼니 餼禀(름)은 稍食也라** 周禮天官 官正 幾其出入 均其稍食

◇ 稍食(초식): 관리에게 주는 녹봉

'관리를 많이 두어 업무를 맡게 함(官盛任使)'은 하급관리를 많이 두어서 맡은 일을 명령하고 부리기 충분하게 해 주는 것이다. 대신(大臣)은 자질구레한 일을 직접 처리하지 않게 하는 것이기 때문에 대신(大臣)을 우대하는 방법이 이와 같다. '마음을 다하여 믿고 봉록을 많이 주는 것(忠信重祿)'은 대우를 진실하며 거짓이 없게 하고 공양(供養)하기를 후(厚)하게 하는 것이니, 자신이 몸소 신하들의 입장이 되어서 그가 윗사람에게 도움을 받는 것이 이와 같다는 것을 아는 것이다. '旣'는 '餼(희)'로 읽으니, 희름(餼廩)은 녹봉(祿俸)이다. 『주례(周禮)』「천관총재(天官冢宰), 관정(官正)」 "들어오고 나가는 것을 살펴보고 그 녹봉을 고르게 한다."

**稱事는 如周禮 槀人職曰 考其弓弩 以上下其食 是也**

'일에 걸맞게 함(稱事)'은 이를테면 『주례(周禮)』「하관사마(夏官司馬), 고인(槀人)」편에 고인(槀人)이 관장하는 직분(職)에 대하여 "그들이 만들어 놓은 활과 쇠뇌(잘 만들어졌는지와 수량)를 살펴보고서 그들의 봉록(食)을 올리거나 내린다."라고 한 것이 이것이다.

**往則爲之授節 以送之하고 來則豐其委積**(자) **以迎之라** 新安陳氏曰 委積 畜聚也 周禮 遺人 掌牢禮委積 註云 委積謂牢米薪芻給賓客 又司徒註 少曰委 多曰積

**떠나가는 사람은 부절(符節)을 주어서 보내고, 오는 사람은 '일상생활에 필요한 물품(委積)'을 풍부하게 주어서 맞이한다.** 신안진씨 말하기를 '위자(委積)'는 (흉년을 대비하여) 일용품을 모아서 쌓아 놓은 것이다. 『주례(周禮)』「지관사도(地官司徒), 유인(遺人)」편에 "소와 양과 돼지로 손님을 접대하는 '뢰예(牢禮)'와 흉년을 대비하여 일용품을 모아 쌓아 놓은 '위자(委積)'를 관장한다." 하고, 주(註)에 '위자(委積)'는 소, 양, 돼지 등 가축과 쌀과 땔감, 가축의 먹이 풀(芻)을 손님에게 주는 것이고, 또 「지관사도(地官司徒), 유인(遺人)」편의 註에 "작은 것을 '위(委)'라 하고 많은 것을 '자(積)'"라고 하였다.

**朝는 謂諸侯見於天子요 聘은 謂諸侯使大夫來獻이라 王制에 比年一少聘하고 三年一大聘하고 五年一朝라 比年 每年也 厚往薄來는 謂燕賜厚 而納貢薄이라**

'알현하는 것(朝覲)'은 제후(諸侯)가 천자(天子)를 찾아뵙는 일을 이르는 것이고, '예(禮)를 갖추어 방문하는 것(聘問)'은 제후의 사신(使臣)으로 대부(大夫)가 와서 (천자에게) 조공(朝貢)을 바치는 것이다. 『예기(禮記)』「왕제(王制)」에 "제후는 천자에게 해마다 한 번 대부(大夫)를 보내서 소빙(少聘)하고, 3년에 한 번 경(卿)을 보내서 대빙(大聘)하고, 5년에 한 번 제후가 직접 가서 조근(朝覲)한다."라고 했다. 비년(比年)은 매년(每年)이다. '보내는 것은 후(厚)하게 하고 받는 것은 가볍게 한다는 것'은 연회를 베풀어 많은 선물을 내려 주고 조공(朝貢)은 적게 받는 것을 이른다.

## 20-14

**[概觀]**

앞에서는 천하와 국가를 다스리는 아홉 가지의 원칙(九經)과 구체적인 실천 방법 그리고 그 효과를 설명하였다. 여기에서는 이 아홉 가지의 원칙(九經)을 실천하는 방법은 오직 '진실하여 거짓이 없는 성(誠) 하나뿐'임을 말하고 있다.

凡天下國家 有九經하니 所以行之者는 一也니라
범천하국가 유구경　　소이행지자　 일야

무릇 천하(天下)와 국가(國家)를 다스림에는 (이상과 같이) 아홉 가지 (일상적이며 변하지 않는) 원칙이 있으니, 그것을 실천하는 방법은 (오직) 하나(誠)입니다.

**章句大全**

一者는 誠也니 一有不誠 則是九者는 皆爲虛文矣라 此는 九經之實也라

'一'은 '진실하다(誠)'는 것이니, 하나(조금)라도 진실하지 않음이 있으면 이 아홉 가지(九經)는 모두 헛된 글이 된다. 이것이 구경(九經)의 실제(實際)다.

## 20-15

**[槪觀]**

　달도(達道)와 달덕(達德) 그리고 구경(九經) 같은 도든 일은 평상시에 미리 정하여 준비된 든든한 바탕(誠)이 갖추어져 있어야 이루어지지 않음이 없고, 일이 막히거나 실천되지 못함이 없으며, 꺼림칙하여 후회하거나 가던 길을 중도(中塗)에서 그만두는 일이 없게 된다. 여기까지는 공자(孔子)가 애공(哀公)의 정사(政事)에 관한 물음에 대하여 답한 것이다.

> 凡事 豫則立하고 不豫則廢하나니 言前定則不跲하고 事前定則不困하고 行前定則不疚하고 道前定則不窮이니라
> 범사 예즉립　　불예즉폐　　언전정즉불겁　　사전정즉불곤　　행전정즉불구　　도전정즉불궁
>
> 모든 일은 미리 정(定)하여 준비하면 이루어지고, 미리 정하여 준비하지 않으면 실행되지 못하고 버려지나니, 말이 미리 정하여지면 곤란을 겪지 않고, 일이 미리 정하여지면 난처하지 않게 되고, 행동이 미리 정하여지면 꺼림칙하지 않게 되고, 갈 길을 미리 정하면 중단하지 않게 됩니다.

◇ 困(곤): 난처(難處)하다　　　◇ 疚(구): 꺼림칙하다
◇ 窮(궁): 중단하다

**章句大全**

　凡事는 指達道達德九經之屬이라 豫는 素定也라 跲은 躓也라 疚는 病也라 此는 承上文하여 言 凡事를 皆欲先立乎誠이니 如下文所推 是也라

◇ 跲(지): 곤란을 겪다 　　　　　◇ 病(병): 꺼리다

　'모든 일(凡事)'은 달도(達道)와 달덕(達德)과 구경(九經) 같은 것들을 가리킨다. '豫'는 미리 정(定)하는 것이다. '跲'은 곤란(困難)을 겪는 것이다. '疚'는 꺼리는 것이다. 여기는 윗글을 이어서 모든 일이 진실한 바탕에서 먼저 이루어지게 하고자 말한 것이니, 이를테면 다음 글에 미루어 나아감과 같은 것이 이러하다.

## 20-16

**[槪觀]**

　앞에서 거듭 말했던 "所以行之者 一也"는 모두 '진실하여 거짓이 없는 성(誠)'을 가리키는 것이니 성(誠)이라는 것은 달도(達道)와 달덕(達德)을 실천하는 원동력임을 말해 주었다. 여기에서는 백성을 다스리는 일로부터 자신을 진실하게 하는 일까지 성(誠)의 연관성을 밝혀 준다. 『맹자(孟子)』에 "진실한 것은 하늘의 법도이고 진실할 것을 생각하는 것은 사람의 도리이다. 지극히 진실한데도 다른 사람을 감동케 하지 못한 사람은 없었고, 진실하지 못하면서 다른 사람을 감동하게 한 사람은 아직 없다."[302]라고 하여 성(誠)에 대한 비슷한 해설이 보인다.

---

302　『맹자(孟子)』「이루상(離婁上)」 제12장 "誠者 天之道也 思誠者 人之道也 至誠而不動者 未之有也 不誠 未有能動者也"

在下位하여 不獲乎上이면 民不可得而治矣리라 獲乎上이 有道하
재하위　　불획호상　　　민불가득이치의　　　　획호상　　유도
니 不信乎朋友면 不獲乎上矣리라 信乎朋友가 有道하니 不順乎
　불신호붕우　　불획호상의　　　신호붕우　　유도　　　불순호
親이면 不信乎朋友矣리라 順乎親이 有道하니 反諸(저)身不誠이
친　　불신호붕우의　　　순호친　　유도　　　반　　신불성
면 不順乎親矣리라 誠身이 有道하니 不明乎善이면 不誠乎身矣
　불순호친의　　　성신　　유도　　　불명호선　　　불성호신의
리라

아랫자리에 있으면서 윗사람에게 신임(信任)을 얻지 못하면 백성들을 다스릴 수가 없을 것이요, 윗사람에게 신임을 얻는 방도(方道)가 있으니, 벗들의 믿음을 얻지 못하면 윗사람에게 신임을 얻지 못할 것이며, 벗들의 믿음을 얻는 방도가 있으니, 어버이의 사랑을 받지 못하면 벗들에게 믿음을 얻지 못할 것이다. 어버이의 사랑을 받는 방도가 있으니, 자신에게 돌이켜 보아 진실하지 못하면 어버이에게 사랑을 받지 못할 것이요, 자신을 진실하게 하는 방도가 있으니, 선(善)을 분명히 알지 못하면 자신을 진실하게 하지 못한다.

### 章句大全

此는 又 以在下位者로 推言 素定之意라 反諸身不誠은 謂反求諸身하여 而所存所發[303]이 未能眞實 而無妄也라

---

303　所存所發: '소존(所存)'은 평상시 마음속에 보존하는 것이고, '소발(所發)'은 마음속의 생각이 밖으로 드러나는 것이다. 『대학(大學)』으로 보자면 '소존(所存)'은 '정심(正心)'의 '心'에 해당하고 '소발(所發)'은 '성의(誠意)'의 '意'에 해당한다.

여기에서는 또 아랫자리에 있는 사람을 가지고 평소에 미리 정(定)해야 하는 뜻을 미루어 말한 것이다. '자신에게 돌이켜 보아서 진실하지 못함'은 자신에게 돌이켜 찾아보아서 보존하는 마음과 발현되는 마음이 아직 진실하면서도 거짓이 없지 못함을 말한다.

○ 新安陳氏曰 所存所發 指心而言 所存 靜而涵養時也 所發 動而應接時也

신안진씨 말하기를 보존하는 것과 발현되는 것은 마음을 가리켜서 말한 것이다. '보존하는 것(所存)'은 고요히 있으면서 능력이나 성품을 기르고 닦는 때이고, '발현하는 것(所發)'은 움직여서 다른 사물과 접촉하는 때이다.

**不明乎善은 謂不能察於人心天命之本然하여 而眞知 至善之所在也라** 中庸所謂明善 卽大學致知之事 中庸之所謂誠身 卽大學誠意之功要

'선(善)을 분명하게 알지 못하는 것'은 본디 그대로의 인심(人心)과 천명(天命)을 살펴서 지극한 선(至善)이 있는 곳을 진실로 알지 못하는 것을 말한다. 『중용(中庸)』에서 말하는 '선을 분명하게 안다는 것(明善)'은 바로 『대학(大學)』의 '아는 것을 지극히 하는(致知)'의 일이요, 『중용(中庸)』에서 말하는 '자신을 진실하게 하는 것(誠身)'은 바로 『대학(大學)』의 '뜻을 진실하게 하는 것(誠意)'의 공부 요점이다.

## 20-17

**[概觀]**

『중용(中庸)』제2의 주제(主題)인 '성(誠)'에 대한 해설이다. 주자(朱子)는 '성(誠)'을 "진실하여 거짓이 없는 것을 말하니 하늘의 이치가 본디 그러하다. (眞實無妄之謂 天理之本然也)"라고 풀이하였다. 성인(聖人)은 나면서부터 하늘의 도(天道)를 알며 행동은 하늘의 도(道)인 중용(中庸)에 저절로 맞으니 '성(誠)' 그대로이다. 그러나 하늘의 도(道)를 좇아 '선(善)'을 가려내어 굳게 지켜 나아가려고 노력하는 것은 성인(聖人)이 아닌 보통 사람들이 가야 할 길(人道)임을 말해 주고 있다.

> 誠者는 天之道也요 誠之者는 人之道也니 誠者는 不勉而中하고
> 성자   천지도야   성지자   인지도야   성자   불면이중
> 不思而得하여 從容中道하나니 聖人也요 誠之者는 擇善而固執之
> 불사이득    종용중도       성인야   성지자   택선이고집지
> 者也니라
> 자야
>
> 진실한 것은 하늘의 도(道)이고, 진실해지려는 것은 사람의 도(道)이니, 진실한 사람은 힘쓰지 않아도 (도(道)에) 맞고, 생각하지 않아도 (도(道)를) 깨달아서 자연스럽게 도(道)에 맞게 되니 성인(聖人)이요, 진실해지려는 사람은 선(善)을 가려내어 굳게 지켜 나가는 사람이다.

◇ 得(득): 깨닫다   ◇ 從容(종용): 한가하고 자연스러움
◇ 執(집): 지키다

**章句大全**

此는 承上文 誠身而言이라 誠者는 眞實無妄之謂니 天理之本然也

第 20 章

라 誠之者는 未能 眞實無妄 而欲其眞實 無妄之謂니 人事之當然也
라 聖人之德이 渾然天理하여 眞實無妄하여 不待思勉하여 而從容
中道하니 則亦天之道也라 未至於聖 則不能無 人欲之私하여 而其
爲德이 不能皆實이라 故 未能不思而得하니 則必擇善然後에 可以
明善이라

　여기는 윗글에 이어서 자신을 진실하게 하는 것을 말하였다.
'誠'은 진실하여 거짓이 없는 것을 말하니 하늘의 이치(理致)가
본디 그러한 것이다. '誠之者'는 아직 진실하여 거짓이 없지 못해
서 진실하여 거짓이 없게 하고자 하는 것을 말하니 사람이 당연
히 해야 할 일이다. 성인(聖人)의 덕(德)은 완전한 하늘의 이치(天
理)여서, 진실하고 거짓이 없어서 생각하거나 힘쓰기를 기다리지
않아도 자연스럽게 도(道)에 맞는 것이니 역시 하늘의 도(道)이
다. 성인(聖人)의 경지에 이르지 않고서는 인욕(人欲)의 사사로움
이 없을 수 없어서 그 덕(德)이 모두 진실할 수가 없다. 그러므로
생각하지 않으면 깨우칠 수가 없으니 반드시 선(善)을 가려낸 뒤
라야 선(善)을 훤히 밝힐 수 있는 것이다.

　○ 東陽許氏曰 擇善然後 可以明善 擇者 謂致察事物之理 明者 謂洞(통)
　　明吾心之理 合內外而言之 擇善是格物 明善是知至

◇ 洞(통): 밝다

　동양허씨 말하기를 선(善)을 가려낸 다음이라야 선(善)을 밝게 할 수

있으니 '擇'은 사물의 이치를 면밀하게 살펴서 아는 것을 이른다. '明'은 내 마음의 이치를 훤히 꿰뚫어 밝히는 것을 말한다. 안과 밖을 합하여서 말한 것이니 선(善)을 가려냄은 (『대학(大學)』에서 말하는) 사물의 이치를 끝까지 연구하는 것(格物)이고, 선(善)을 밝힘은 (『대학(大學)』에서 말하는) 지각과 식견이 지극하게 된 것(知至)이다.

**未能 不勉而中 則必固執而後에 可以誠身이니 此則所謂 人之道也라** 三山陳氏曰 善不擇 則有誤認 人欲爲天理者矣 執不固 則天理有時 奪於人欲矣

**힘쓰지 아니하고 도(道)에 맞음은 아직까지 없었고 반드시 (善을 가려내어) 굳게 지킨 다음이라야 자신을 진실하게 할 수 있었으니, 이것을 사람의 도(道)라고 이르는 것이다.** 삼산진씨 말하기를 선(善)을 가려 선택하지 못하면 인욕(人欲)이 천리(天理)가 되는 것이라고 잘못 알게 된다. 지키는 것이 굳건하지 못하면 천리(天理)를 인욕(人欲)에 빼앗기는 때가 있다.

**不思而得은 生知也요 不勉而中은 安行也라 擇善은 學知 以下之事요 固執은 利行 以下之事也라**

'생각하지 않아도 깨우칠 수 있는 것'은 태어나면서부터 (達道를) 아는 것(生知)이요, '힘쓰지 않고서 도(道)에 맞는 것'은 자연스럽게 의리를 실행하는 것(安行)이다. '선(善)을 가려내는 것(擇善)'은 '배워서 아는 것(學知)'의 다음의 일이요, '굳게 지키는 것

(固執)'은 '이롭게 여겨서 실행하는 것(利行)'의 다음 일이다.

## 20-18

**[槪觀]**

　　진실해지려고 노력하는 사람(誠之者)이 지켜 나아가야 할 다섯 가지 조목(條目)이다. 『논어(論語)』에서 "자하(子夏)가 널리 배우며 뜻을 도탑게 하고, 간절히 물으며 가까운 데에서부터 생각하면 인(仁)은 그 가운데 있다."[304]라고 말한 것과 같은 의미라 하겠다. (여기서부터 이 장의 마지막까지는 『공자가어(孔子家語)』에는 없는 내용이다.)

博學之하며 審問之하며 愼思之하며 明辨之하며 篤行之니라
　박학지　　심문지　　　신사지　　　명변지　　　독행지

널리 배워 나가야 하며, 자세히 물어야 하며, 신중하게 생각해야 하며, 분명하게 변별하여야 하며, 성실하면서도 극진하게 실행해야 하느니라

◇ ~之: ~해야 한다

**章句大全**

　　此는 誠之之目也라 學問思辨은 所以擇善而爲知니 學而知也라 篤行은 所以固執而爲仁이니 利而行也라 程子曰 五者에 廢其一이면 **非學也라** 朱子曰 五者 無先後 有緩急 不可謂博學時 未暇審問 審問時 未暇謹思 謹思時 未暇明辨 明辨時 未暇篤行 五者從頭 做將去 初無先後也

---

304　『논어(論語)』「자장(子張)」 제6장 "子夏曰 博學而篤志 切問而近思 仁在其中矣"

◇ 從頭(종두): (=重要)　　　　　◇ 做將去(주장거): 실행해 나아가다

이것은 진실해지려는 조목이다. '배우며 묻고, 생각하고, 변별하는 것(學問思辨)'은 선(善)을 가려내어서 '지(知=智)'를 실행하는 방법이니 배워서 아는 것이고, '독행(篤行)'은 굳게 지켜서 '인(仁)'을 실행하는 방법이니 이롭게 여겨서 행하는 것이다. 정자(程子) 말하기를 다섯 가지에서 하나라도 폐기(廢棄)하게 되면 학문(學問)하는 것이 아니다. 주자(朱子) 말하기를 이 다섯 가지는 먼저와 나중(先後)의 차례는 없으나 느림과 빠름(緩急)은 있다. 널리 배울 때는 자세히 질문할 겨를이 없고, 자세히 질문할 때는 신중하게 생각할 겨를이 없고, 신중하게 생각할 때는 분명하게 변별할 겨를이 없으며, 분명하게 변별할 때에는 성실하면서도 극진하게 실행할 겨를이 없다고 할 수 없다. 이 다섯 가지는 중요한 것으로부터 실행해 나아가는 것이니 처음부터 먼저와 나중(先後)의 차례가 없다.

## 20-19

[概觀]

앞에서는 현인(賢人)을 상대로 한 말이었다면, 여기는 애써 배워서 알고 힘써 노력하여 실천하여야만 성(誠)을 이룰 수 있는 보통 사람을 상대로 박학(博學), 심문(審問), 신사(愼思), 명변(明辨), 독행(篤行)의 구체적인 실천 조목을 해설하고 있다.

> 有弗學이언정 學之인댄 弗能을 弗措也하며 有弗問이언정 問之인댄 弗知를 弗措也하며 有弗思언정 思之인댄 弗得을 弗措也하며 有弗辨이언정 辨之인댄 弗明을 弗措也하며 有弗行이언정 行之인댄 弗篤을 弗措也하여 人一能之어든 己百之하며 人十能之어든 己千之니라

배우지 않음이 있을지언정 배우게 되었으면 잘하지 못하는 것을 그대로 두지 않으며, 묻지 않음이 있을지언정 묻게 되었으면 잘 알지 못하는 것을 그대로 두지 않으며, 생각하지 않음이 있을지언정 생각하게 되었으면 깨닫지 못하는 것을 그대로 두지 않으며, 분별하지 않음이 있을지언정 분별을 하게 되었으면 분명하지 못한 것을 그대로 두지 않으며, 실행하지 않음이 있을지언정 실행하게 되었으면 성실하고도 극진하지 못함을 그대로 두지 아니하며, 다른 사람이 한 번 해서 잘하면 나는 백 번을 (해서 잘하도록) 하고, 다른 사람이 열 번을 해서 잘하면 나는 천 번을 (해서 잘하도록) 할 것이니라.

### 章句大全

君子之學이 不爲則已어니와 爲則必要其成이라 故 常百倍其功이니 此는 困而知 勉而行者也니 勇之事也라

군자(君子)가 배우기를 실행하지 않으면 그만이거니와 실행한

다면 반드시 (배움의) 완성을 바란다. 그러기 때문에 군자는 항상 노력을 백배(百倍)로 한다. 이것은 애써서 알고 힘써 실천하는 것이니 용(勇)의 일이다.

○ 陳氏曰 學問思辨 智之事 篤行 仁之事 弗措 勇之事

진씨 말하기를 '배우며 묻고, 생각하고 변별하는 것'은 '智'의 일이고, '성실하면서도 극진하게 실행하는 것(篤行)'은 '仁'의 일이고, '그대로 두지 않는 것(弗措)'은 '勇'의 일이다.

# 20-20

**[槪觀]**

이상과 같은 과정을 꾸준히 되풀이하여 실행할 수만 있다면, 비록 어리석음을 타고난 사람일지라도 현명(賢明)해질 것이며, 나약한 기질(氣質)을 타고난 사람일지라도 강건하게 되어 천하의 도(道)를 알지 못할 사람이 없을 것이며, 그 도(道)를 실천하지 못할 사람도 없을 것이다.

> **果能此道矣면 雖愚나 必明하며 雖柔나 必强이니라**
> 과 능 차 도 의　　수 우　　필 명　　수 유　　필 강
>
> 이러한 (학문의) 도(道)를 과감하게 잘 실행할 수 있다면 비록 어리석은 사람일지라도 반드시 (지혜가) 밝아질 것이며, 비록 유약한 사람일지라도 반드시 굳세어질 것이다.

### 章句大全

　明者는 擇善之功이요 强者는 固執之效라 朱子曰 雖愚 必明 是致知之效 雖柔 必强 是力行之效

　'밝아지는 것(明)'은 선(善)을 가려 택한 효과(智)이고, '굳세어지는 것(强)'은 굳게 지켜 낸 효과(勇)이다. 주자(朱子) 말하기를 비록 어리석을지라도 반드시 지혜가 밝아진다는 것은 '아는 것을 지극히 한 (致知) 효과'이고, 비록 유약할지라도 반드시 (의지가) 굳세어진다는 것은 '힘써 실천한(力行) 효과'이다.

　呂氏曰 君子 所以學者는 爲能變化氣質而已니 德勝氣質 則愚者 可進於明이요 柔者 可進於强이어니와 不能勝之 則雖有志於學이나 亦愚不能明하고 柔不能立而已矣라 蓋均善 而無惡者는 性也니 人所同也요 昏明强弱之禀이 不齊者는 才也니 人所異也라 誠之者는 所以反其同 而變其異也니 夫以不美之質로 求變而美인데 非百倍其 功이면 不足以致之어늘 今以 鹵莽滅裂之學으로 或作或輟하여 以 變其不美之質이라가 及不能變하야는 則曰天質不美는 非學所能變이라 하니 是 果於自棄니 其爲不仁이 甚矣라

◇ 立(립): (늑守) 지키다　　　　　　◇ 鹵(로): 황무지
◇ 莽(망, 무): 우거지다, 거칠다

　여씨(呂大臨) 말하기를 "군자가 배우는 이유는 기질을 변화시킬 수 있기 때문일 뿐이다. 덕(德)이 기질(氣質)을 이기면 어리석

은 사람도 지혜가 밝은 곳으로 나아갈 수 있고, 유약(柔弱)한 사람도 의지가 굳건한 지경에 나아갈 수가 있겠으나, 덕(德)이 기질을 이기지 못하면 비록 학문에 뜻을 두었을지라도 어리석은 사람의 지혜는 밝아질 수가 없고 유약한 사람은 강건함을 지키지 못할 뿐이다. (어리석은 사람이나 지혜로운 사람이나 의지가 굳건한 사람이나 유약한 사람이나) **똑같이 선(善)하고 악(惡)이 없는 것은** (하늘로부터 부여받은) **본성(性)이니 사람마다 같은 것이다.** (지혜가) **어둡고 밝으며 의지가 굳건하고 유약한 품성이 고르지 않은 것은 재질(才質)이니, 사람마다 다른 것이다. '진실하게 하려는 것(誠之者)'은** (하늘로부터) **부여받은 것이 같은 것(本性)으로 돌이켜서 다른 재질(氣質)을 변화시키는 방법이다. 아름답지 못한 기질을 가지고 변화시켜서 아름답게 되기를 바란다면 그 공부를 백배로 하지 않으면** (아름답지 못한 기질을) **아름답게 하는 경지에 이르게 하기에 부족하다. 지금 '거칠고 엉성하며 천박한 학문(鹵莽滅裂之學)'을 가지고서 어떤 때는** (공부를) **하다가 어떤 때는 말다가 하면서 자신의 아름답지 못한 기질을 변화시키려고 하다가 변화할 수 없는 데에 이르러서는 '타고난 재질이 아름답지 못한 사람은 배워서 변화시킬 수 있는 것이 아니다.'라고 말하니 이것은 '**(기질을 변화시키면 아름답게 된다는 것을 알면서도 몸과 마음이 게을러서) **스스로를 버리는 것(自棄)'[305]에 과감한 것이니 인(仁)하지 못함의 정도가 지나친 것이다."**

---

305 『맹자(孟子)』「이루상(離婁上)」 제10장 참조

右 第二十章이라 此는 引 孔子之言하여 以繼大舜 文武 周公之緖하여 明 其所傳之一致하여 擧而措之면 亦猶是爾니 陳氏曰 此說 孔子能盡中庸之道 子思引此以明道統之傳也

이상은 제20장이다. 이 장은 공자(孔子)의 말을 끌어다가 위대한 순(舜)임금, 문왕과 무왕(文武王), 주공(周公)이 도(道)를 차례로 전하여 한 갈래로 이어 온 계통을 계술(繼述)하고, 그들이 전하여 준 도(道)가 어긋남이 없이 한결같으니, 이것을 들추어 정사(政事)에 시행한다면 또한 이와 (후세에도 위대한 순임금(大舜), 문왕과 무왕(文武), 주공(周公)과 같은 聖人의 도(道)가 시행되는 것과) **같게 됨을 밝힌 것이다.** 진씨 말하기를 이것은 공자(孔子)가 중용(中庸)의 도(道)를 지극히 한 말씀을 자사(子思)가 이것을 끌어다가 도통(道統)의 전승(傳承)됨을 밝힌 것이다.

蓋包費隱 兼小大하여 以終 十二章之意라 章內 語誠始詳하니 而所謂誠者는 實此篇之樞紐也라 如戶之有樞 如衣之有紐

비은(費隱)을 포함하고 소대(小大)를 겸하여서 (제9장부터 제20장까지) 열두 장의 뜻을 끝맺은 것이다. 이 장(章) 안에 '성(誠)'을 말한 것이 비로소 상세하니 '성(誠)'이라고 하는 것은 진실로 이『중용(中庸)』전편(全篇)의 추뉴(樞紐)가 된다. 이를테면 외짝문에 지도리(樞: 돌쩌귀)가 있는 것과 같고, 옷에 끈(紐)이 있는 것과 같다.

又按 孔子家語하니 亦載此章하니 而其文尤詳이라 成功一也之下

에 有 公曰子之言이 美矣至矣나 寡人이 實固 不足以成之也라 故 其下에 復以子曰로 起答辭어늘 今無 此問辭에도 而猶有 子曰二字 하니 蓋子思가 刪其繁文하여 以附于篇하여 而所刪有不盡者하니 今當 爲衍文也라 博學之以下는 家語에 無之하니 意 彼有闕文이어 나 抑 此或 子思가 所補也歟인저

또 『공자가어(孔子家語)』를 살펴보면 역시 이 「애공문정(哀公問政章)」이 실려 있는데, 그 글이 더욱 상세하다. "일을 완성하는 데에 이르면 똑같다. (成功一也)"의 다음에 "애공(哀公)이 말하기를 선생님(孔子)의 말씀이 아름답고 지극하지만, 과인(寡人)은 바탕이 완고하고 식견이 없어서 그 일을 이루기에 부족합니다."[306] 라는 구절이 있다. 그러므로 그 밑에 다시 '子曰'로 대답을 시작하였는데, 지금 여기 『중용(中庸)』에는 묻는 말이 없는데도 오히려 '子曰'이라는 두 글자가 있다. 이것은 아마도 자사(子思)가 『공자가어(孔子家語)』의 번잡한 글을 깎아 내고 지워서 이 편(篇)에 붙이면서 깎아 내고 지우기를 다하지 못한 것이니, 지금 ('子曰'이라는 두 글자는) 잘못 들어간 군더더기 글자(衍文)가 되어야 마땅하다. '널리 배운다(博學之)'로부터 다음은 『공자가어(孔子家語)』에는 없다. 생각건대 『공자가어(孔子家語)』에 빠진 글이 있거나, 아니면 이 『중용(中庸)』을 혹시 자사(子思)가 보충한 때문일 것이다.

---

306 『공자가어(孔子家語)』「애공문정(哀公問政)」(第十七)

中庸疾書
# 第二十章

　　上言文武之孝 此言文武之政 而首言人亡政息 則第五章 道其不行之意明矣 盖自舜以來 至此而不復行矣 又推爲政之本 至於仁 而仁者親親爲大 與所謂文武之孝者 關接甚緊 而自第六章以下 專以爲入道之要 故此三者 爲此章之樞紐 而政本於修道 道者 卽是也 道之入人 又在乎是也 所以行此德者是也 而姑不言誠者 亦因此章本釋智仁勇 故待後面備說許多 然後方說出也 先言爲政 姑不言政之爲何事者 亦因本釋智仁勇 故待鋪說三智三行三近 然後方說九經 第十(節)章[307] 爲關鎖語 由此三德 入於五倫 由五倫施於九經 此後面事也 推此三德 本於誠 推誠而本於明善 此前面事也 文勢脉絡 了了可尋

　　앞에서는 문왕(文王)과 무왕(武王)의 효(孝)를 말하였고, 여기에서는 문왕과 무왕의 정사(政事)를 말하였다. 먼저 (문왕, 무왕과 같은 군주와 신하 같은) 사람이 없으면 정사(政事)가 없어진다고 말한 것은 제5장에서 "도(道)가 아마도 행하여지지 않겠구나."라고 한 뜻을 밝힌 것이다. 순(舜)임금으로부터 시작해서 (문왕과 무왕이 세상을 떠난 뒤로) 지금에까지 이르렀는데도 다시 도(道)가 행하여지지 않았다. 또 정사(政事)

---

307　'節'은 '章'이라고 해야 옳다.

를 행하는 근본을 미루어서 인(仁)에 이르고 '仁'은 어버이를 사랑하는 것이 가장 크다고 여겼으니, (제19장에서 말한) 문왕, 무왕의 효(孝)와 매우 긴밀한 관계가 있다. 제6장으로부터 그다음은 (智, 仁, 勇을) 오로지 도(道)에 들어가는 중요한 핵심(要諦)으로 삼았다. 그러기 때문에 이 세 가지는 이 장(章)의 중요한 부분(樞紐)이 된다. 나라를 다스리는 일(政事)은 본성에 따르는 도(道)를 마름질하는 데에 근본을 두어야 하니, '도(道)'는 바로 (천하에 공통되는 부자유친(父子有親), 군신유의(君臣有義), 부부유별(夫婦有別), 장유유서(長幼有序), 붕우유신(朋友有信)의 오륜(五倫)이) 이것이다. 사람이 도(道)에 들어가는 것도 이것(智, 仁, 勇)에 달려 있으니, 이 덕(三達德)을 실행하는 이유가 이것(誠)이다. 잠시 성(誠)을 말하지 않은 것은 또 이 장(章)이 지(智), 인(仁), 용(勇)의 해석을 바탕으로 한 것을 말미암은 까닭에 다음 절(節)에서 아주 많은 것을 모두 설명하기를 기다리고 나서야 비로소 말을 꺼낸 것이다. 먼저 정사(政事)를 말하면서 조금이라도 정사(政事)가 어떠한 일인가를 말하지 않은 것 또한 지(智), 인(仁), 용(勇)의 해석을 바탕으로 한 것을 말미암은 까닭이다. 그러므로 세 가지의 지(生知, 學知, 困知)와 세 가지의 실행(安行, 利行, 勉行)과 세 가지의 가까운 것(近乎知, 近乎仁, 近乎勇)들을 두루 말하기를 기다린 다음에 비로소 9경(九經)을 말하였으니, 제10절(節)의 뜻을 받아서 맺어 놓은 말이다. 이 세 가지 덕(德)으로 말미암아 오륜(五倫)에 들어가고 오륜(五倫)으로 말미암아 9경(九經)을 시행하는 것은 이다음 절(節)의 일이다. 이 세 가지 덕(德)으로 미루어 성(誠)에 바탕을 두고, 성(誠)으로 미루어서 선(善)을 밝히는 데에 바탕을 둔 것은 이 앞 절(節)의 일이니, 글의 형세가 서로 이어져 연관됨을 분명하게 찾아볼 수가 있다.

按家語 人道敏政之上 有天道敏生四字 蒲蘆[308]也之下 有待化(而)成[309]四字 夫天之所生 地之所養 人之所正 皆兼人物言也 敏速也 有能之之義焉 蒲蘆者 爾雅 作果蠃 夏小正 作蜃 二物皆待化而成者也 政以敎化 爲要 釋之以二蟲者 於待化而成一句 便相照應 恐不可專非也 盖二蟲同名蒲蘆 而蒲字從草 則蒲蘆之名 非初從二蟲起也 必先有此名 而二蟲亦以其類爲稱也 蒲蘆之爲草 是化生之物 其名則蒲蘆也 余見浦渚之間 本無根種 而此物便生 此其所以得名也 彼二蟲其待化而成 亦與此草相類 故 同謂之蒲蘆 其待化而成一句 貫三物爲一矣 章句從沈括說亦是 謂之易生 則非種植所生者可知 亦未嘗違於待化之義也

◇ 蜃(신): 이무기　　◇ 浦渚(포저): 바닷가　　◇ 便(변): 문득

『공자가어(孔子家語)』를 살펴보면 "사람의 도(道)는 정사(政事)에 빠르게 나타난다. (人道敏政)"의 앞에 "하늘의 도(道)는 만물이 생장하는 데에 빠르게 나타난다. (天道敏生)"는 네 글자가 있고, "부들과 갈대이다. (蒲蘆也)"의 다음에 "(천지자연이 만물을 낳고 자라게 하는) 변화를 기다려서 이루어진다. (待化以成)"는 네 글자가 있다. 하늘이 낳아 주는 것과 땅이 길러 주는 것과 사람이 바르게 하는 것은 모두 사람과 사물을 함께 말한 것이다. '敏'은 '빠르다는 것'인데, '잘할 수 있는 것'이라는 뜻도 있다. '포로(蒲蘆)'를 『이아(爾雅)』에서는 '나나니벌(果蠃)'이라 하였

---

308　『중용(中庸)』과 『공자가어(孔子家語)』에는 '蒲盧'이나 『중용질서(中庸疾書)』에는 '蒲蘆'로 되어 있다.
309　『공자가어(孔子家語)』 "天道敏生 人道敏政 地道敏樹 夫政者 猶蒲蘆也 待化以成 …" 이곳의 '待化以成'의 '以'가 『중용질서(中庸疾書)』 이곳에는 모두 '而'로 되어 있다.

고,『대대예기(大戴禮記)』「하소정(夏小正)」에서는 '이무기(蜃)'라 하였으니 두 종류는 모두 변화를 기다려서 이루어지는 것들이다. 정사(政事)는 바르지 못한 것을 가르치고 이끌어서 올바른 방향으로 가게 하는 교화(敎化)를 중요하게 여기는 까닭에 두 종류의 곤충을 가지고서 풀이한 것이니, "변화를 기다려서 이루어진다.(待化而成)"라는 한 구절과 편하게 서로 잘 어울리므로 아마도 오로지 아니라고만 할 수는 없을 것이다. 이 두 종류 곤충의 이름이 같은데 '蒲蘆'의 '蒲' 자가 '초두(艹)'를 따른 것은 '蒲蘆'라는 명칭이 처음부터 두 곤충을 따라 시작된 것이 아닐 것이다. 반드시 이러한 명칭이 먼저 있어서 두 곤충도 같은 무리였기 때문에 그렇게 불리게 되었을 것이다. '蒲蘆'는 풀이 변화하여 생겨나는 식물이니 그 이름은 '蒲蘆'가 된다. 내가 바닷가에서 이 풀을 보았는데 본래 씨 뿌리고 심지도 않았는데 이 식물이 문득 생겨났고, 이것이 '蒲蘆'가 이름을 얻게 된 까닭이다. 저 두 가지 곤충도 변화를 기다려서 이루어진 것인데 또 이 풀과 함께 서로 같은 무리였기 때문에 같이 '蒲蘆'라고 일컬어지게 되었을 것이다. "변화를 기다려서 이루어진다."라고 한 구절은 세 가지 사물(蜾蠃, 蜃, 蒲蘆)을 하나로 꿰고 있다.『중용장구(中庸章句)』에서 심괄(沈括)의 주장을 따라서 '잘 자라는 식물'이라고 한 것은 씨 뿌리고 심어서 생겨나는 것이 아니라는 것을 알 수 있고, 또 일찍이 "변화를 기다려서 이루어진다."라고 한 뜻에도 어긋난 적이 없다.

性則理也 理有體用 仁爲體而五倫是用 心有動靜 性爲靜而情爲動 體用動靜 皆大本達道也 首章以情之中節爲達道 以心言也 此章以五倫爲達道 以理言也 若無此心 此理何由得行 五倫之行 由心爲之機 故 喜怒哀樂之中節 而

五倫得其常也 若但當喜而喜 當怒而怒 不及於行事 則喜怒無其實 而和爲虛名 章句云 道者 天下之達道也 此主五倫而言也 然以此修身 其中節之和 自不外於是矣

　성(性)은 리(理)이다. 리(理)에는 본체(體)와 작용(用)이 있으니 인(仁)은 본체가 되고 오륜(五倫)은 작용이 된다. 마음(心)에는 움직임(動)과 고요함(靜)이 있으니 성(性)은 고요함이 되고 정(情)은 움직임이 된다. 본체와 작용, 고요함과 움직임은 모두가 천하에 공통되는 도(道)의 커다란 근본이다. 첫 장(章)에서는 정(情)이 절도(節度)에 맞는 것을 가지고 천하에 공통되는 도(道)라고 하였으니 마음을 가지고 말한 것이고, 이 장(章)에서는 오륜(五倫)을 가지고 천하에 공통되는 도(道)라고 하였으니 이치(理)를 가지고 말한 것이다. 만약 이러한 마음이 없다면 이러한 이치가 무엇으로 말미암아 실행될 수 있겠는가? 오륜(五倫)을 실행하는 것은 마음으로부터 비롯된다. 그러므로 기뻐하고, 성내고, 슬퍼하고, 즐거워하는 것이 절도(節度)에 맞아야 오륜(五倫)이 항상 실행될 수 있다. 만약 단지 기뻐해야 할 때 기뻐하고 마땅히 성내야 할 때 성내는 것이 일을 실행하는 데에 미치지 못하면 기뻐하고 성내는 것은 그 실상(實相)이 없게 되어서 '조화(和)'라는 것도 헛된 이름이 될 것이다. 『중용장구(中庸章句)』에서 "도(道)는 천하에 공통되는 도이다. (道者 天下之達道也)"라고 하였는데 이것은 오륜(五倫)을 위주로 말한 것이다. 그래서 이것을 가지고 자신을 수양(修養)한다면 '조화가 절도(節度)에 맞는 것(中節之和)'도 저절로 이것에서 벗어나지 않을 것이다.

　仁者 天命之性也 擧仁而衆理該矣 以此修道 則品節得其中也 道者 率性

也 以此修身 身無過不及之差矣 身者 人中之一耳 以此取人 則賢不肖別矣 章句云 取人之則 又在修身 其義詳密

'仁'은 하늘이 명하여 사람이 부여받은 본성이다. 인(仁)을 시행하는 것은 많은 이치(理致)를 포용(包容)하는 것이다. 이것(仁)을 가지고 (천하에 공통되는) 도(道)를 닦는다면 등급에 맞게 조절하는 것이 중도(中道)에 맞게 될 것이다. (천하에 공통되는) 도(道)는 본성을 따라 행하는 것이다. 이것(천하에 공통되는 도)을 가지고 (君主가) 자신을 수양(修養)한다면, (君主) 자신이 지나침이나 미치지 못함의 잘못이 없을 것이다. '(군주 자신) 身'은 어질고 총명한 사람들 가운데 한 사람일 뿐이니, 군주 자신이 수양(修養)한 도(道)를 가지고 인재(人才)를 골라 쓰는 것은 어질고 총명한 사람과 못나고 어리석은 사람을 구별하는 방법이다. 『중용장구(中庸章句)』에서 "어질고 총명한 신하를 골라 쓰는 기준도 군주 자신을 수양(修養)함에 달려 있다. (取人之則 又在修身)"[310]라고 하였으니 그 뜻이 상세하고 빈틈이 없다.

自修身推之 則至於知天 然知天豈初學所當先乎 此指大學上達功程 故修身事親者 畢竟 不達於天理 則其事終有欠闕也 非謂先以此爲務 必須究極而乃止也 如尋一箇泉流 其初必須自流而漸入 到得源頭 方知此流之仔細也 自修身以下 皆爲政之本 有國者之先務 如舜文武周公之孝 豈不知人而可能哉

자신을 수양(修養)하는 것으로부터 미루어 나아가면 하늘의 이치를

---

310  『중용장구(中庸章句)』第20章 4節의 註

아는 데에 이르게 된다. 그러나 하늘의 이치를 아는 것이 어찌 처음 배우는 사람들이 먼저 당(當)하는 일이겠는가! 이것은 『대학(大學)』에서 '가깝고 쉬운 것(人事)을 배워서 하늘의 이치(天理)를 깨닫는 데에 이르는 하학상달(下學上達)'의 높은 차원의 공부를 가리키는 것이다. 그러기 때문에 자신을 수양하고 어버이를 사랑하는 것도 결국에는 하늘의 이치에 이르지 못하면 그 일을 마치는 데에 부족하고 빠뜨리는 것이 있게 된다. 먼저 하늘의 이치를 아는 데에 힘써서 반드시 끝까지 극진하게 연구하여 마침내 (최고의 善에) 머물러야 함을 말하는 것이 아니다. 이를테면 하나의 샘이 흘러나오는 곳(根源)을 찾는 데는 처음에 반드시 흐르는 곳으로부터 점점 들어가서 물줄기가 흘러나오기 시작하는 곳에 이르러야 비로소 이 흐름의 자세한 것을 알게 되는 것과 같다. '자신을 수양(修養)하는 것'으로부터 그 뒤로는 모두 정사(政事)를 행하는 근본이니 나라를 다스리는 군주(有國者)가 먼저 힘써야 한다. 이를테면 순(舜)임금과 문왕(文王)과 무왕(武王), 주공(周公)의 효(孝)가 어찌 사람의 도리를 알지 못하고서 잘할 수 있었겠는가!

　天之所命者人 欲知人道 不可以不知天 人道莫大乎親親 欲事親 不可以不知人 知天知人 如二十九章所云 卽知其理也 修身事親 行也 知人知天 智也 所以上達也 如是看 亦可備一說

　하늘의 명(命)을 받아 태어난 것이 사람이니 사람의 도(道)를 알고자 한다면 하늘의 이치를 알지 않을 수가 없다. 사람의 도(道)는 어버이를 사랑하는 것보다 큰 것이 없다. 어버이를 섬기고자 한다면 사람의 도리를 알지 않을 수가 없다. 하늘의 이치를 알고 사람의 도를 안다는 것은 이를테면 바로 제29장에서 말한 천하에 왕(王) 노릇 하는 이치를 아는 것과 같다. 자신을 수양(修養)하고 어버이를 섬기는 것은 실행(行)이며, 사람의 도(道)를 알고 하늘의 이치를 알게 되는 것은 지혜(智)이니, (가깝고 쉬운 사람의 道를 배워서) 하늘의 이치를 깨닫게 되는 방법이다. 이렇게 보는 것도 역시 하나의 학설을 갖추었다고 할 만하다.

　誠者實理 貫九經五道三德 而爲一者也 正文云 行之者一也 此一字與三五九字 對勘 則別有一物在 卽誠而已矣 不言一誠者 盖以此篇 合殺推到 一箇誠字上而止 故 下面別有許多地頭去處 而此 姑不擧也 章句云 (有一)[311]不誠者二 上文是三德之一 下文是九經之一 更詳之 [哲按 章句一有不誠之一 恐非經文所以行之者一之一 卽小有不誠之章句吾無間然 凡爲天下以上 有國家之事 凡事豫以下 在下位者之事 誠者天之道以下 合而言之]

◇ 地頭(지두): 갈래, 방향

　'誠'은 진실한 이치이니 9경(經), 5도(道), 3덕(德)을 꿰어서 하나가 되는 것이다. 정문(正文)에서 "(그것을) 실행하게 하는 것은 하나이다. (行之者一也 )"라고 할 때의 이 '一' 자와 三, 五, 九 자를 대조하여 헤아려 보면 따로 하나의 사물이 있으니 바로 '성(誠)'일 뿐이다. 한 번도 성(誠)을 말하지 않은 것은 이 (『중용(中庸)』이라는) 책이 (여러 갈래로 갈라진 내용을) 모으고 거두어들이는 데에 이르면 하나의 '誠' 자에서 맺는다. 그러기 때문에 다음 쪽에서 여러 갈래로 나아간 곳이 많이 있으면서도 이것(誠)을 조금도 들추지 않았다. 『중용장구(中庸章句)』에 "조금

---

311　'有一'은 '一有'의 잘못이다.

이라도 진실하지 않은 것이 있으면(一有不誠者)"이라는 구절이 두 곳[312]이다. 앞의 글은 삼덕(三德) 가운데 하나이고, 다음의 글은 9경(九經) 가운데 하나이니 다시 자세히 살펴야 할 것이다. [철(哲)[313]이 생각하기로는 『중용장구(中庸章句)』의 "조금이라도 진실하지 않음이 있으면(一有不誠)"의 '一'은 아마도 경문(經文)에 "행하는 것은 하나이다. (所以行之者一也)"라고 한 것의 '一'은 아닐 것이다. "조금이라도 진실하지 않음이 있으면(小有不誠)"이라고 한 『중용장구(中庸章句)』에 대하여 나는 의심이 없다. "온 천하를 다스리는…"의 앞으로는 나라를 다스리는 일이요, "모든 일은 미리 준비하면…"의 다음으로는 낮은 지위에 있는 사람의 일이요, "성(誠)은 하늘의 도(道)…"의 다음으로는 합해서 말한 것이다.]

按 家語本文 當以實固爲句 固謂固陋也

살펴보면 『공자가어(孔子家語)』의 본문[314]에 "實固"를 가지고 구절로 삼았으니 마땅하다. '固'는 '완고하며 식견이 없는 것(固陋)'을 이르는 것이다.

此章 及第三十章多押韵 讀者考焉

---

312 『중용장구(中庸章句)』 第20章 "天下之達道五 所以行之者三 …" 節의 註 "… 雖達道仁所同得 然 一有不誠 …"와 "凡天下國家 有九經 所以行之者 一也" 節의 註 "一者 誠也 一有不誠 則 …" 참조
313 『중용질서(中庸疾書)』를 읽고 베껴 쓴(筆寫) 사람의 이름으로 여겨진다.
314 『공자가어(孔子家語)』「哀公問政」第十七 "… 子之言 美矣至矣 寡人 實固不足 以成之也"

◇ 韵(운): 韻과 同

   이 장(章)은 제30장과 더불어 압운(押韻)이 많으니 공부하는 사람이 깊이 헤아려야 한다.

## 第 21 章

**[槪觀]**

　이곳은 앞 장(20-17)의 "진실한 것은 하늘의 도(道)이고 진실해지려는 것은 사람의 도(道)이다. (誠者 天之道也 誠之者 人之道也)"라고 한 공자(孔子)의 말씀을 자사(子思)가 재해석(再解釋)한 글이다. 또한 자사(子思)가 "天命之謂性 率性之謂道 脩道之謂敎"를 말한 바 있는 제1장과 이곳의 '誠'을 연관시키고 있다. 이 장으로부터 제32장까지 다음 열두 장은 자사(子思)의 글로 이 장의 주된 뜻을 반복하여 설명한 것이다.

自誠明을 謂之性이요 自明誠을 謂之敎니 誠則明矣요 明則誠矣
자성명　위지성　자명성　위지교　성즉명의　명즉성의
니라

진실하여 거짓이 없음을 말미암아 (善에) 밝아짐을 성(性)이라 하고, (善에) 밝아짐으로 말미암아 진실하여 거짓이 없게 됨을 교(敎)라 하니, 진실하여 거짓이 없으면 (저절로 善에) 밝아지고, (善에) 밝아지면 (저절로) 진실하여 거짓이 없게 되느니라

**章句大全**

　自는 猶也라 德無不實 而明無不照者는 聖人之德이 所性而有者也니 如孟子 謂堯舜性之之性 天道也라 先明乎善而後에 能實其善者는 賢人之學이 由敎而入者也니 人道也라

'自'는 '말미암는 것'이다. 덕(德)은 진실하지 않음이 없고 환하게 비추지 않음이 없다는 것은, 성인(聖人)의 덕(德)은 본성(本性)을 그대로 지니고 있다는 것이니 이를테면 『맹자(孟子)』「진심상(盡心上)」에서 "요(堯)임금과 순(舜)임금은 하늘에서 부여받은 본성(本性)대로 하였다.(堯舜性之也)"의 '性'이라고 한 것과 같다. **하늘이 행하는 도(天道)이다. 먼저 선(善)에 밝아진 뒤에 자신의 선(善)을 진실하게 할 수 있다는 것은, 어질고 총명한 사람(賢人)의 학문은** (성인(聖人)의) **가르침으로 말미암아** (성인(聖人)의 경지에) **들어가는 것이니 사람의 도(人道)이다.**

**誠則無不明矣요 明則可以 至於誠矣라** 朱子曰 自誠明謂之性 誠 實然之理 此堯舜以上事 學者則自明誠謂之敎 明此性而求實然之理

**진실하여 거짓 없음은** (선(善)에) **밝지 않음이 없음이요,** (선(善)에) **밝음은 진실하여 거짓이 없는 경지에 이를 수 있다.** 주자(朱子) 말하기를 진실하여 거짓이 없는 것으로 말미암아 선(善)에 밝아지는 것을 성(天性)이라고 한 것은 '誠'은 실제로 그러한 이치이니, 이것은 요순(堯舜) 이상의 일이요, 배우는 사람이 선(善)에 밝아지는 것으로 말미암아 진실하여 거짓이 없음에 이르게 하는 것을 교(人敎)라 한 것은 이러한 성(性)을 밝혀서 실제로 그러한 이치를 찾는 것이다.

**右 第二十一章이라 子思가 承上章夫子의 天道人道之意 而立言也라** 朱子曰 中庸言天道處 皆自然無節次 言人道處 皆有下工夫節次 **自此以下 十二章은 皆子思之言이니 以反覆推明 此章之意라**

이상은 제21장이다. 자사(子思)가 앞 장에서 선생님(孔子)께서 하늘이 행하는 천도(天道)와 사람이 실행해야 하는 인도(人道)를 말씀한 뜻을 이어받아서 생각과 의견을 말한 것이다. 주자(朱子) 말하기를 『중용(中庸)』에서 하늘이 행하는 천도(天道)를 말한 곳은 모두 자연스러워서 절차가 없고, 사람이 실행해야 하는 인도(人道)를 말한 곳은 모두 공부를 시작하는 데에 절차가 있다. **이 장(章)으로부터 다음의 열두 장(章)은 모두 자사(子思)의 말이니, 이 장(章)의 뜻을 반복하여 미루어 밝힌 것이다.**

中庸矢書
# 第二十一章

此下六章 反覆言誠之一字 皆申明九經 五道 三德之所以行也 中庸之散爲萬事[315] 至九經而極矣 自此章 復收殺向一理去 此言誠明之同歸 次言 誠之效 次言 致曲而至誠 乃入誠次第也

---

315  『중용장구(中庸章句)』(篇題), 『중용(中庸)』의 서지(書誌)를 程子(明道)가 설명한 내용이다. "其書始言一理 中散爲萬事 末復合爲一理 …"

여기서부터 다음 여섯 장(章)은 '진실하여 거짓이 없음(誠)'의 한 글자를 반복하여 설명하였다. 모두 아홉 가지 일상적이며 바꿀 수 없는 법(九經)과 다섯 가지의 천하에 공통되는 도(五達道)와 세 가지 천하에 공통되는 덕(三達德)을 실행하는 까닭을 거듭 밝힌 것이다. "『중용(中庸)』은 펼치면 만 가지 일이 된다."라고 하였는데, 아홉 가지 일상적이며 바꿀 수 없는 법(九經)에 이르러서 정점(頂點)에 달하였다. 이 장(章)부터는 다시 거두어서 하나의 이치로 되돌아간다. 여기에서는 '진실하여 거짓이 없는 것(誠)'과 '선(善)에 밝아지는 것(明)'이 같이 (하나의 이치로) 돌아간다는 것을 말하였고, 다음에는 '誠의 효과'를 말하였고, 다음은 세밀한 부분을 극진하게 하여서 '誠에 이르는 것'을 말하였으니, 바로 성(誠)에 들어가는 차례이다.

# 第 22 章

**[概觀]**

　오직 천하에 지극한 진실을 지닌 성인(聖人)이라야 하늘로부터 부여받은 본성(本性)을 모두 다 발휘할 수 있다. 성인의 덕(德)은 하늘의 도(道)와 같아서 털끝만큼이라도 보태거나 뺄 것이 없어 완전무결(完全無缺)한 까닭에 부여받은 본성(本性)을 모두 발휘할 수 있는 것이다. 천지(天地)는 만물을 낳아 주며 자라게 하고 성인(聖人)은 덕(德)으로 만민(萬民)을 교화(敎化)시키니, 이를 두고 하늘과 땅과 나란히 만물의 화육(化育)에 참예(參與)한다고 하는 것이다.

唯天下至誠이아 爲能盡其性이니 能盡其誠 則能盡人之性이요 能
유천하지성　　위능진기성　　　능진기성 즉능진인지성　　　능
盡人之性 則能盡物之性이요 能盡物之性 則可以贊天地化育이요
진인지성 즉능진물지성　　　능진물지성 즉가이찬천지화육
可以贊天地化育 則可以與天地參矣니라
가이찬천지화육 즉가이여천지참 의

오직 천하에 지극한 진실을 지닌 성인(聖人)이라야 자신의 본성을 모두 발휘할 수 있으니, 자신의 본성을 모두 발휘할 수 있다면 다른 사람의 본성을 모두 발휘하게 할 수 있고, 다른 사람의 본성을 모두 발휘할 수 있게 한다면 만물의 본성도 모두 발휘하게 할 수 있다. 만물의 본성을 모두 발휘할 수 있게 한다면 하늘과 땅이 낳고 길러 주는 것을 도울 수 있고, 하늘과 땅이 낳고 길러 주는 것을 도울 수 있다면 하늘과 땅과 더불어 (만물의 화육에) 나란히 할 수 있느니라.

◇ 至誠(지성): 지극한 진실, 성인(聖人)을 가리킴

**章句大全**

天下至誠은 謂聖人之德之實이 天下莫能加也라

'천하의 지극한 진실'은 성인(聖人)의 덕(德)의 진실함이 천하에 덧붙일 것이 없음을 말한다.

盡其性者는 德無不實이라 故 無人欲之私하여 而天命之在我者를 察之由之하여 巨細精粗 無毫髮之不盡也라

자신의 본성을 모두 발휘하는 사람은 덕(德)이 진실하지 않음이 없다. 그러기 때문에 사사로운 인욕이 없어서 하늘이 명(命)하여 부여한 성(性)이 나에게 있다는 것을 살펴서 알고 실천하며 크나 작으나 정밀하거나 거친 것이거나 털끝만큼이라도 극진하게 하지 않음이 없다.

人物之性이 亦我之性이로되 但以所賦 形氣不同 而有異耳라 能盡之者는 謂知之無不明 而處之無不當也라 贊은 猶助也라 與天地參은 謂與天地並立 而爲三也라 此는 自誠而明者之事也라

사람과 만물의 본성도 나의 본성과 같으나, 다만 하늘로부터 부여받은 형체(形體)와 기질(氣質)이 같지 않아서 다름이 있을 뿐이다. 본성을 모두 발휘하는 사람은 '본성을 아는 것이 분명하지

앞음이 없고 일을 처리함에 합당하지 않음이 없는 것'을 이른다. '贊'은 돕는다는 뜻과 같다. '하늘과 땅과 더불어 나란히 한다는 것'은 하늘과 땅과 (사람이) 나란히 서서 셋이 되는 것을 말한다. 이것은 진실하여 거짓 없음으로 말미암아 선(善)에 밝아지는 사람의 일이다.

右 第二十二章이라 言天道也라

이상은 제22장이다. 하늘이 행하는 천도(天道)를 말하였다.

中庸疾書
## 第二十二章

章句云 至誠云者 聖人德之實 據程子說 誠者 只是誠實此三者 三者之外 更別無誠也[316] 三者 即達德也 然則此所言 乃智仁勇之得其實也 察之則智也 由之則仁也 所以强此者勇也 天命之在我者 又率性之五達道 而至於盡人

---

316  『중용장구(中庸章句)』 제20장

之(誠)[317] 則九經備矣 又推於盡物之(誠)[318] 則其義益廣 天地之位 而萬物之育也夫

『중용장구(中庸章句)』에서 "지극한 진실(至誠)"이라고 말한 것은 '성인(聖人)의 덕(德)은 (천하에 덧붙일 것 없이) 진실하다는 것'이다. 정자(程子)의 주장에 따르면 "'誠'은 단지 이 세 가지를 성실(誠實)하게 하는 것이니 세 가지 밖에 다시 따로 '성(誠)'이 없다."라고 하였다. 이 세 가지는 바로 천하에 공통되는 덕(三達德)이니 그렇다면 여기서 말하는 것은 또 지(智), 인(仁), 용(勇)을 성실하게 실행하는 것이다. 자세하게 살펴서 아는 것은 지(智)요, (알게 된 것을 말미암아) 실행하는 것은 인(仁)이며, 이것을 가지고 굳세게 밀고 나아가는 것은 용(勇)이다. 하늘이 명(命)하여 내가 지닌 본성(本性)과 또 본성을 따르는 다섯 가지 천하에 공통되는 도(五達道)가 사람들의 본성을 모두 발휘하게 하는 데에 이르게 되면 9경(九經)이 갖추어지게 될 것이다. 또 만물이 본성을 모두 발휘하게 하는 데에까지 미루어 나아간다면 그 의의가 더욱 넓어지고 천지가 제자리에 있게 되어 만물이 잘 길러지게 된다.

此章之言 皆出於繫辭第四章 道濟天下 則盡人之性也 曲成萬物 則盡物之性也 彌綸範圍 則贊天地之化育也 準而相似 則與天地參也 其至誠盡性 又出於盡性至命之語 無不吻合

이 장(章)에서 말한 것은 모두 『주역(周易)』「계사상전(繫辭上傳)」제4

---

317  여기의 '誠'은 '性'으로 되어야 한다.
318  위와 같다.

章에서 나왔으니 "도(道)로써 천하를 구제(救濟)한다는 것(道濟天下)"은 '사람의 본성을 모두 발휘하게 하는 것'이며, "만물을 간곡하게 정성을 다하여 이루어 준다는 것(曲成萬物)"은 '사물의 본성을 모두 발휘하게 하는 것'이요, "정해진 구역을 두루 다스린다는 것(彌綸範圍)"은 '하늘과 땅이 낳고 자라게 하는 것을 돕는 것'이요, "법도가 서로 비슷하다는 것(準而相似)"은 '(사람이) 하늘과 땅과 더불어 나란히 한다는 것'이다. '지극히 진실한 본성을 모두 발휘한다는 것(至誠盡性)'은 또 "본성을 모두 발휘하여 하늘의 명(命)에 이른다. (盡性至命)[319]"라고 한 말에서 나왔으니, 은근하여 합치되지 않음이 없다.

---

319  『근사록(近思錄)』 第6卷「가도(家道)」11-1 "명도선생행장(明道先生行狀)에 '본성을 다하여 천명(天命)에 도달하는 것은 반드시 효제(孝弟)에 근본한다.'라고 하였는데, 효제가 어떻게 본성을 다하여 천명에 도달할 수 있다는 것인지 알지 못하겠습니다." 이천선생(伊川先生)이 답하기를 "후세 사람들이 성명(性命)을 다른 것이라고 일반적으로 말하지만, 성명(性命)과 효제(孝弟)는 단지 같은 계통의 일이다. 효제를 행하는 사이에 바로 본성을 다하여 천명에 도달할 수 있다." (問 行狀云 盡性至命 必本於孝弟 不識孝弟何以能盡性至命也 曰 後人便將性命別作一般說了 性命孝弟 只是一統底事 就孝弟中 便可盡性至命)

# 第 23 章

**[概觀]**

여기에서는 치곡(致曲)을 말하여 보통 사람이 '지극한 진실함(至誠)'에 이르는 방도(方道)를 나열(羅列)하였다. 앞의 20-17에서 "진실해지려고 하는 자는 선(善)을 가려서 굳게 지키는 사람이다. (誠之者 擇善而固執之者也)"라고 하였다. 효, 제, 충, 신(孝, 悌, 忠, 信) 가운데 어느 하나라도 선택하여 굳게 지켜 나아간다면 비록 부분적이지만 그 안에 존재하는 성(誠)이 쌓여서 밖으로 드러나며, 밝게 빛나고 퍼져서 결국 상대를 감동하게 하여 악(惡)을 버리고 선(善)에 이르게 할 수 있을 것이니 이것이 감화(感化)인 것이다.

其次는 致曲이니 曲能有誠이니 誠則形하고 形則著하고 著則明하고 明則動하고 動則變하고 變則化니 唯天下至誠이아 爲能化니라
기차 치곡 곡능유성 성즉형 형즉저 저즉명 명즉동 동즉변 변즉화 유천하지성 위능화

그다음은 부분적인 한쪽(편)의 선(善)을 지극히 하는 것이니, 부분적인 한쪽(편)의 선(善)을 미루어 나아가면 (내면에) 진실함이 있게 된다. (내면이) 진실해지면 (외면에) 드러나고, (외면에) 드러나면 뚜렷하게 나타나고, 뚜렷하게 나타나면 밝게 빛나고, 밝게 빛나면 (외물(他人)이) 감동하게 되고, (외물(他人)이) 감동되면 (악습(惡習)이) 바뀌게 되고, (악습이) 바뀌면 감화(感化)되니, 오직 천하에 지극한 진실함이라야 감화(感化)시킬 수가 있느니라.

◇ 形(형): 나타나다, 드러나다    ◇ 著(저): 뚜렷하다, 분명해지다

**章句大全**

　其次는 通大賢以下 凡誠有未至者 而言也라 致는 推致也요 曲은 一偏也라 形者는 積中而發外요 著則又加顯矣라 明則又有光輝發越之盛也라 動者는 誠能動物이라 變者는 物從而變이요 化則有不知其所以然者라

　'그다음(其次)'이라고 한 것은 매우 어질고 지혜로운 사람(大賢)에 미치지 못하는 일반적이며 진실함이 지극하지 못한 자들을 통틀어서 말한 것이다. '致'는 미루어 지극히 하는 것이다. '曲'은 부분적인 한쪽(편)이다. '形'은 내면에 (誠이) 쌓여서 밖으로 드러나는 것이다. '著'는 더욱 뚜렷하게 나타나는 것이다. '明'은 밝게 빛나는 것이 더욱 성대하게 밖으로 퍼져 나가는 것이다. '動'은 진실이 외물(他人)을 감동케 하는 것이다. '變'은 외물(他人)이 따라서 변화하는 것이다. '化'[320]는 변화하면서도 그러한 까닭을 알지 못하는 것이다.

　蓋人之性이 無不同이나 而氣則有異라 故 惟聖人이아 能擧其性之全體而盡之요 其次 則必自其 善端發見之偏으로 而悉推致之하여 以各造其極也라

　사람의 본성(本性)은 같지 않음이 없으나 기질(氣質)은 다름

---
320　감화(感化)되기 때문에 그러한 까닭을 알지 못함이 있는 것이다.

이 있다. 그러기 때문에 오직 성인(聖人)만이 자신이 타고난 본성(性)의 온전한 본체를 들추어서 모두 발휘할 수 있다. 그다음(賢人)은 반드시 자신의 조그마한 선(善)의 단서가 부분적인 한쪽(偏)의 장점에서 드러나는 것으로부터 시작하여 모두 다 미루어 살펴서 알고 실천하여 각각 지극한 경지에 나아가게 되는 것이다.

**曲無不致면 則德無不實하여 而形著動變之功이 自不能已니 積而至於能化면 則其至誠之妙가 亦不異於聖人矣리라**

부분적인 한쪽(偏)의 장점을 지극히 하지 않음이 없게 하면 덕(德)이 진실하지 않음이 없어서 내면의 진실함이 외면에 드러나고(形), 뚜렷하게 나타나며(著), 외물이 감동되고(動), 악습이 바뀌는(變) 공효(功效)가 저절로 그치지 않을 것이니, 이것이 내면에 쌓여서 감화(感化)할 수 있는 데에 이르게 되면 지극히 진실하여 신묘(神妙)한 공효(功效)가 성인(聖人)과 다르지 않으리라.

**右 第二十三章이라 言人道也라**

이상은 제23장이니 사람이 실행해야 하는 인도(人道)를 말하였다.

中庸矢書
# 第二十三章

自二十一章至此 乃入誠次第也

제21장으로부터 여기까지는 바로 성(誠)에 들어가는 차례이다.

惟誠下有字者 以實理故也 如大學獨於知止有定一句下有字也 故章句云 德無不實 三德五道 皆湊在此德字上

◇ 湊(주): 향(向)하다

오직 '誠'에다만 '有' 자를 쓴 것은 (誠은) 진실한 이치이기 때문이다. 이를테면 『대학(大學)』에서 유독 "지극한 선에 머물러야 한다는 것을 안 뒤에 지극한 선을 향하는 마음을 정함이 있다."[321]라는 한 구절에만 '有' 자를 쓴 것과 같다. 그러기 때문에 『중용장구(中庸章句)』에서 "덕은 진실하지 않음이 없다. (德無不實)"[322]한 것이니, 세 가지 천하에 공통되는 덕(三達德)과 다섯 가지 천하에 공통되는 도(五達道)는 모두 여기(德無不實)의 '德' 자를 향하여 있다.

---

321  『대학장구(大學章句)』經1장 "知止而后有定 …"
322  『중용장구(中庸章句)』第23장

上章 章句云 此自誠而明者之事也 以此例之 則此章亦當有 此自明而誠者之事也 九字矣 上章 盡人之性以下 皆及於物者 此章 動變以下 亦及物之事 成己仁也 成物智也 誠所以行達德也

앞 장의 『중용장구(中庸章句)』에서 "이것은 진실하여 거짓이 없는 것으로 말미암아 선(善)에 밝아지는 사람(聖人)의 일이다."323)라고 하였다. 이것을 가지고 예를 들자면 이 장에도 마땅히 "이것은 선(善)에 밝아짐으로 말미암아 진실하여 거짓이 없게 된 사람의 일이다. (此自明而誠者之事也)"라는 아홉 글자가 있어야 한다. 앞 장의 "사람의 본성을 모두 다 발휘하게 한다. (盡人之性)"의 다음은 모두 만물에 영향을 미친다. 이 장의 "(외물을) 감동하게 하면 (악습이) 바뀐다. (動變)"의 다음도 만물에 영향을 미치는 일이다. 자신을 완성하는 것은 인(仁)이요, 외물(他人)을 완성되게 하는 것은 지(智)이고, 성(誠)은 천하에 공통되는 덕(達德)을 실행하는 방법이다.

---

323  『중용장구(中庸章句)』 제22장

# 第 24 章

**[槪觀]**

　　지극히 진실한 도(道)에 통달한 성인(聖人)은 상서로운 조짐이나 흉한 조짐을 보고서 흥망(興亡)의 낌새를 미리 알아차릴 수 있으니 지(知)에 관한 것이다. 이러한 조짐은 임금이나 신하는 물론 백성들의 일상적인 행동거지(行動擧止)에서도 드러나므로 복(福)이 올 것도, 재앙(災殃)이 닥칠 것도 미리 알아서 대비하게 된다. 그러므로 지극히 진실한 도(道)는 신(神)과 같다고 한 것이다.

至誠之道는 可以前知니 國家將興에 必有禎祥하며 國家將亡에
지성지도　　가이전지　　국가장흥　　필유정상　　　국가장망
必有妖孼하여 見乎蓍龜하며 動乎四體라 禍福將至에 善을 必先
필유요얼　　　현호시귀　　　동호사체　　화복장지　선　필선
知之하며 不善을 必先知之니 故로 至誠은 如神이니라
지지　　　불선　필선지지　　고　　지성　　여신

　　지극히 진실한 도(道)는 미리 알 수가 있으니 국가가 흥성하려고 할 때는 반드시 상서로운 조짐이 있으며, 국가가 망하려고 할 때는 반드시 요사하고 불길한 조짐이 있게 되나니, 시초점(蓍草占)과 거북점(占)에 나타나고 몸가짐과 태도에 나타난다. 화(禍)와 복(福)이 이르려고 할 때는 좋은 것은 반드시 앞서서 알게 되며, 좋지 않은 것도 반드시 앞서서 알게 된다. 그러므로 '지극한 진실함(至誠)'은 신(神)과 같으니라.

**章句大全**

　禎祥者는 福之兆요 妖孽者는 禍之萌이라 妖亦作祅 孽魚列反 說文作蠥云 衣服 歌謠 草木之怪謂之妖 禽獸蟲蝗之怪謂之蠥 ○兆朕 萌芽 皆幾之先見者

◇ 蠥(얼): 요괴, 재앙

　'禎祥'은 복(福)이 오는 조짐이고 '妖孽'은 화(禍)가 싹트는 것이다. '妖'는 또 '祅'로 해야 하고, '孽'은 魚와 列의 반절음이다. 『설문해자(說文解字)』에 '蠥(얼)'로 써야 한다고 말한 것은 옷을 입는 것, 노래를 부르는 것, 풀과 나무가 괴이한 것들을 '妖'라 이르고, 새와 짐승, 곤충과 누리 떼의 괴이한 것을 '蠥'이라 이른다고 하였다. ○ '조짐'이나 '맹아'는 모두 낌새(幾微)가 먼저 드러나는 것이다.

　蓍는 所以筮요 龜는 所以卜이라 四體는 謂動作威儀之間이니 如執玉高卑면 其容俯仰之類라 左傳 定公十四年[324] 邾隱公來朝 邾子執玉高 其容仰 公受玉卑 其容俯 子貢曰 以禮觀之 二君皆有死亡焉 是年定公薨 哀公七年魯伐邾 以邾子益來

　'蓍'는 점대(蓍草)를 가지고 점(筮)을 치는 방법이요, '龜'는 거북 껍데기를 가지고 길흉(吉凶)의 점(占)을 치는 방법이다. '四體'는 예법에 맞는 동작과 거동하는 사이를 말하니 이를테면 옥(玉)

---

324　『춘추좌전(春秋左傳)』 '定公十五年'의 기사(記事)를 여기에서는 '定公十四年'이라 하였다.

을 잡을 때 손의 높이와 그 모양이 아래를 굽어보거나 위를 쳐다보는 것들이다. 『춘추좌전(春秋左傳)』 정공(定公) 14년 춘(春) 주(邾)나라 은공(隱公)이 와서 조빙(朝聘)하였다. 주(邾)나라 은공(隱公)은 옥(玉)을 잡는 자세가 높아 그 모양이 쳐다보는 형상이고, 노(魯)나라 정공(定公)은 옥(玉)을 받는 자세가 낮아 그 모양이 아래를 굽어보는 형상이었다. (孔子의 弟子) 자공(子貢)이 "예(禮)를 행하는 모습을 가지고 살펴보니 두 군주가 모두 죽을 것이다."라고 말하였다. 그해(여름 5월에) 정공(定公)이 죽었다. 애공(哀公) 7년 (가을) 노(魯)나라가 주(邾)나라를 정벌하였다. 주(邾)나라 군주 익(益)이 포로로 잡혀 왔다.

**凡此는 皆理之先見者也라 然 唯誠之至極 而無一毫私僞 留於心目之間者라야 乃能有以察其幾焉이라 神은 謂鬼神이라**

대개 이러한 것들은 모두 이치가 먼저 드러난 것이다. 그러나 오직 진실이 지극하여서 털끝만큼이라도 사사로운 욕심이나 거짓이 마음속에 머무르는 것이 없는 사람이라야 비로소 그 낌새를 잘 살펴 알 수 있는 것이다. '神'은 귀신(鬼神)을 말하는 것이다.

**右 第二十四章이라 言天道也라**

이상은 제24장이니 하늘이 행하는 천도(天道)를 말하였다.

中庸疾書
# 第二十四章

**此章誠 所以行乎智也**

이 장의 '성(誠)'은 지(智)를 행하는 방법에 대한 것이다.

# 第 25 章

## 25-1

**[概觀]**

　여기의 '성(誠)'은 만물이 하늘의 명(命)을 받아서 저절로 이루어진 본성(本性)인 까닭에 제1장의 "天命之謂性"을 가리키고, '도(道)'는 사람이 본성을 따라 마땅히 행하여야 할 길인 까닭에 같은 제1장의 "率性之謂道"를 가리킨다.

> 誠者는 自成也요 而道는 自道也니라
> 성자　　자성야　　이도　　자도야
>
> 진실한 것은 (사물이) 저절로 이루어지는 것이고, 도(道)는 (사람이) 스스로 실행해야 가야 하는 길이다.

**章句大全**

　言 誠者는 物之所以自成이요 而道者는 人之所當自行也라 誠은 以心言이니 本也요 道는 以理言이니 用也라

　'誠'은 사물(事物)이 저절로 이루어지는 것이고, '道(五達道)'는 사람이 당연히 스스로 실행해 가야 하는 것을 말한다. '誠'은 마음을 가지고 말한 것이니 본체(體)이고, '道'는 이치를 가지고 말한 것이니 작용(用)이다.

## 25-2

**[槪觀]**

　성(誠)은 사물의 시작과 끝이니 곧 하늘의 도(道)를 가리킨다. 『대학(大學)』에 "마음이 (그곳에) 있지 않으면 보이는데도 보지 못하고, 들리는데도 듣지 못하며, 먹으면서도 그 맛을 모른다. (心不在焉 視而不見 聽而不聞 食而不知其味)"[325]라고 하였다. 사람에게 진실한 마음이 없으면 천하의 사물에 대하여도 그러할 것이니 '진실해지려고 노력하는 것'을 군자(君子)가 귀하게 여기는 까닭이다.

誠者는 物之終始니 不誠이면 無物이니 是故로 君子는 誠之爲貴
성자　　물지종시　　불성　　　무물　　　시고　　　군자　　　성지위귀
니라

진실한 것은 사물의 시작과 끝이니, 진실하지 않으면 사물도 없다. 이 때문에 군자는 진실해지려고 하는 것을 귀하게 여기느니라.

**章句大全**

　天下之物이 皆實理之所爲라 故 必得是理 然後 有是物이니 所得之理 旣盡漸盡 則是物亦盡而無有矣라 兩盡字 是釋終始之終字 故 人之心이 一有不實 則雖有所爲나 亦如無有일새라 而君子必以誠爲貴也라 蓋人之心이 能無不實이라야 乃爲有以自成이요 而道之在我者 亦無不行矣리라

---

325　『대학(大學)』「傳」第7章

천하의 사물은 모두 진실한 이치가 행하여지는 것이다. 그러므로 반드시 이러한 이치를 깨닫고 난 다음에 이러한 사물이 있는 것이니, 이미 깨달은 (본성의) 이치가 다하여 없어지면 점점 기운이 빠져 없어지다(澌盡) 이러한 사물도 모두 없어져(窮盡) 남아 있지 않을 것이다. 두 '盡' 자는 '終始'의 '終' 자를 해석한 것이다. 그러므로 사람의 마음이 조금이라도 진실하지 않음이 있으면 비록 실행하더라도 없는 것과 같이 되기 때문에 군자(君子)는 반드시 진실해지려고 하는 것을 귀하게 여긴다. 대체로 사람의 마음이 진실하지 않음이 없을 수 있어야 비로소 저절로 이루어질 수가 있는 것이요, 나에게 있는 도(道)가 또한 행하여지지 않음이 없을 것이다.

## 25-3

**[概觀]**

　진실한 것은 자신을 이룰 뿐만이 아니라 다른 사물까지도 교화(敎化)하여 이루어 준다. 그러므로 진실함(誠)을 이룬 군자는 자신이 지닌 고유한 본성의 덕(德)으로 자신을 이루는 인(仁)과 남을 이루어 주는 지(智)를 합치시키며 때에 맞게 사용하는 것이 마땅하여 조금의 어긋남도 없게 된다.

> 誠者는 非自成己而已也라 所以成物也니 成己는 仁也요 成物은
> 성자   비자성기이이야    소이성물야    성기    인야   성물
> 知也니 性之德也라 合內外之道也니 故로 時措之宜也니라
> 지야   성지덕야    합내외지도야    고    시조지의야
>
> 진실한 것은 스스로 자신을 이룰 뿐만이 아니라 다른 사물(外物)을 이루어 주는 방법이 된다. 자신을 이루는 것은 인(仁)이요 남(다른 사물)을 이루어 주는 것은 지(知=智)이니 고유한 본성의 덕(德)이다. 안과 밖의 도(道)를 합하였기 때문에 때에 맞게 조처함을 마땅히 하느니라.

### 章句大全

誠은 雖所以成己이나 然 旣有以自成 則自然及物하여 而道亦行於彼矣라 仁者는 體之存이요 知者는 用之發이니 是皆 吾性之固有 而無內外之殊하니 旣得於己 則見於事者가 以時措之 而皆得其宜也라

'誠'은 비록 자신을 이루는 방법이지만, 그러나 이미 자신을 이루었다면 자연히 다른 사물(사람)에 미치게 되고, 도(道) 역시 그 사물에 행하여진다. '인(仁)'은 (성(性)의) 본체가 보존된 것이고, 지(知)는 (성(性)의) 작용이 발현된 것이니, 이것은 모두 나의 본성(本性)이 지닌 고유한 것이어서 안과 밖이 다름이 없다. 자신이 이미 (仁과 知를) 깨닫고 나면 일에 드러나는 것을 좇아 때에 알맞게 조처하기 때문에 모두가 마땅하게 될 수 있다.

右 第二十五章이라 言人道也라

이상은 제25장이니 사람이 실행해야 하는 인도(人道)를 말하였다.

中庸疾書
# 第二十五章

此章誠 所以行乎仁也

이 장의 성(誠)은 인(仁)을 실행하는 방법이다.

此章 諸說許多 反覺繁亂 惟宜以章句爲主 而或問則但云程子爲至 章句之意 專出於此也 程子釋自成自道 則曰 如至誠事親 則成人子 至誠事君 則成人臣 又曰 學者不可以不誠 雖然誠者在知道本而誠之耳 其釋物之終始 則曰 猶俗語徹頭徹尾 不誠更有甚物也 讀者謹守此數句 庶乎有以得之

이 장(章)에는 여러 가지 말이 많아서 도리어 복잡하여 어지러움을 느낀다. 오직 『중용장구(中庸章句)』만을 위주로 하는 것이 마땅한데

『중용혹문(中庸或問)』에서는 단지 정자(程子)의 주장(主張)만을 지극하다고 하였으니, 『중용장구(中庸章句)』의 뜻은 오로지 여기(程子)에서 나온 것이다. 정자(程子)는 '저절로 이루어지는 것(自成)'과 '스스로 실행해야 하는 것(自道)'을 "이를테면 성실함으로 어버이를 섬기면 자식이 되고, 성실함으로 임금을 섬기면 신하가 되는 것과 같다."[326]라고 풀이하였다. 또 "배우는 사람은 성실하지 않으면 안 된다. 비록 그렇다 하더라도 성실함은 도(道)의 근본을 알아서 성실하게 하는 데에 달려 있을 뿐이다."라고 말하였고, 사물의 시작과 끝을 풀이하면서는 "일반적으로 세상에서 말하는 '처음부터 끝까지 철저하게(徹頭徹尾)'라는 말과 같으니, 성실하지 않으면 다시 어떤 사물이 있겠는가!"라고 하였다. 공부하는 사람이 이 몇 구절을 조심하여 정성껏 잘 지켜 내게 되면 거의 깨달을 수가 있을 것이다.

欲知第一節 則須先看第二節 章句推而得之 其曰無有矣以上 釋物之終始一句 故人之心以下 釋不誠無物一句 而於此 始言人心 則可見上一句之泛指萬物也 中間下一故字 則天下之物 皆實理之所爲 故知人之心能無不實 方有其物也 正文 只言不誠之害 而不曾言實心之如何 故 章句復云 人之心能無不實 乃爲有以自成也 然後方看第一節 章句云 誠以心言 此誠字正釋 誠者自成之誠 則與上誠字不應有別也 誠者自成一句 而帖在不誠無物上 而誠 則自成 不誠 則無物也 上節旣言實心 下節乃以實理之終始者爲證 盖謂實心之自成 不外於是也 以實理言 則一草一木 自始至終 莫非實也 以實心言 則其日用事物 自始至終 莫非實也 這都是物之終始也 然則物之終始云者 擧實理

---

326 『이정유서(二程遺書)』 卷 18 참조. 정자(程子)는 '誠'을 '성실(誠實)'로 풀이하고 있으므로 정자(程子)가 말한 부분에서는 '誠'을 '성실(誠實)'로 번역하였다.

而明實心者也 其意 若曰誠自成 道自道者 以其誠本 物之終始 而不誠無物 故也 是以誠之爲貴 誠之則自成自道也 如至誠事親 則成人(字)子[327] 豈非誠 之之效耶 語類諸說 或轉輾推明 或一時問答 義多錯互 後人因是撈摸 未必 皆得其本旨也 今或玩章句 則幾忘正文 採衆說則反棄章句 如之何可也

◇ 泛(범): 汎과 同, 넓다
◇ 摸(모): 거푸집
◇ 撈(노): 잡다
◇ 玩(완): (되풀이하여) 익히다

  제1절 "진실한 것은 사물이 저절로 이루어지는 것이고, 도는 사람이 스스로 실행하여야 하는 길이다. (誠者 自成也 而道 自道也)"의 의미를 알기를 바란다면 모름지기 먼저 제2절(節)의 『중용장구(中庸章句)』 "천하의 사물은 모두 진실한 이치가 행하는 것이다. 그러기 때문에 반드시 이러한 이치를 얻고 난 다음에 이러한 사물이 있는 것이니 이미 얻은 본성의 이치가 다하여 없어지면 이러한 사물도 모두 없어져 남아 있지 않을 것이다. (天下之物 皆實理之所爲 故必得是理 然後有是物 所得之理 旣盡則是物 亦盡而無有矣)"라고 한 곳을 먼저 보고 미루어 깨달아야 한다. 『중용장구(中庸章句)』에서 말한 "없을 것이다. (無有矣)"의 앞은 '사물의 시작과 끝(物之終始)' 한 구절을 해석한 것이다. "그러기 때문에 사람의 마음은 조금이라도 진실하지 않으면 … (故人之心 一有不實 …)"의 다음은 '진실하지 않으면 사물도 없다(不誠無物)'는 한 구절을 해석한 것이다. 여기에서 비로소 '사람의 마음(人心)'을 말한 것은, 앞의 한 구절이 넓게는 온갖 만물을 가리킨다는 것을 알 수 있다. 중간(無有矣 故人之心)에 '그러므로(故)' 한 글자를 쓴 것은 천하의 사물이 모두 진

---

327 '子'가 '字'로 잘못 기록되어 있다.

실한 이치를 행하기 때문이다. 그러므로 사람의 마음도 진실하지 않음이 없을 수 있어야 비로소 그 사물이 있다는 것을 안다. 정문(正文)[328]에는 단지 진실하지 않은 폐해는 말하면서도 진실한 마음이 어떠한 것인가에 대해서는 말한 적이 없다. 그러므로 (제2절)『중용장구(中庸章句)』에서 다시 "사람의 마음이 진실하지 않음이 없을 수 있어야 비로소 자연히 이루어지는 것이 있다. (人之心 能無不實 乃爲有以自成)"라고 했다. 그런 다음에 비로소 제1절의 『중용장구(中庸章句)』에서 "진실함은 마음을 가지고 말한 것이다. (誠以心言)"라고 한 것을 볼 수 있으니, 여기의 '誠' 자는 바로 "진실한 것은 (사물이) 저절로 이루어진다. (誠者 自成)"라고 할 때의 성(誠)을 해석한 것이어서 앞의 '誠' 자와 구별이 있다고 할 수 없다. '진실한 것은 (사물이) 저절로 이루어진다(誠者 自成)'의 한 구절을 '진실하지 않으면 사물도 없다(不誠無物)'는 구절의 앞에다가 붙인다면 "진실하면 저절로 (사물이) 이루어지고 진실하지 않으면 사물도 없게 된다. (誠 則自成 不誠 則無物也)"가 된다. 앞 절(節)에서 이미 '진실한 마음'을 말하였고, 다음 절(節)에서 비로소 '진실한 이치'를 가지고 사물의 처음과 끝의 증거로 삼았으니, '진실한 마음이 저절로 이루어진다는 것(實心之自成)'은 여기에서 벗어나지 않음을 말한 것이다. '진실한 이치(實理)'를 가지고 말한다면 풀 한 포기, 나무 한 그루도 처음부터 끝까지 진실하지 않음이 없다. '진실한 마음(實心)'을 가지고 말한다면 일상의 모든 일과 쓰이는 사물도 처음부터 끝까지 진실하지 않음이 없다. 이것은 모두 사물의 시작과 끝이니, 그렇다면 '사물의 시작과 끝(物之終始)'이라고 말하는 것은 '진실한 이치(實理)'를 들추어서

---

328 『중용(中庸)』經文

'진실한 마음(實心)'을 분명하게 밝힌 것이다. 그 뜻이 만약 '진실한 것은 (사물이) 저절로 이루어지는 이치이고, 도는 사람이 스스로 실행해야 하는 길이다(誠自成 道自道)'라는 것을 가지고 그 진실함은 본래 사물의 시작과 끝이지만, 진실하지 않으면 사물도 없기 때문이라고 말한 것이다. 이 때문에 '진실해지려고 하는 것'을 귀(貴)하게 여기는 것이다. 진실해지면 저절로 이루어지고 자연히 실행되게 된다. 이를테면 '지극한 진실함으로 어버이를 섬기면은 자식이 된다(至誠事親 則成人子)'고 하는 것이 어찌 진실해지려고 하는 효과가 아니겠는가!『어류(語類)』의 여러 말씀 가운데는 혹은 이리저리 돌리고 미루어서 밝히고, 혹은 일시적으로 묻고 답한 것에는 뜻이 서로 어긋나는 것이 많아서 다음 세대의 사람들이 이로 말미암아 속이 비어 있는 거푸집을 잡고서 아직도 그 본뜻을 모두 깨우치지 못하고 있다. 지금 혹『중용장구(中庸章句)』의 뜻만을 생각하고 (되풀이하여) 익힌다면 (『중용(中庸)』의) 경문(經文)은 거의 잊어버리게 되고, 여러 학설을 채택한다면 도리어『중용장구(中庸章句)』를 버리게 될 것이니 어찌하면 좋겠는가!

章句 何以知物之自成 其有不誠無物故也 誠則有物而能自成也 何以謂自成 亦可以實理明之 有此理 則便有此物 不待安排而成也 故其於實心亦然 有事親之誠心 則便成人子 有事君之誠心 則便成人臣 豈非自成乎 此所謂自然成就底道理也 何謂道 此即率性者 是也 這當行之理 本自備具 而道不自行 行之在人也 何謂自行 亦爲因其所固有者而行去 不待安排也 何謂本 何謂用 理雖本具 必先有實心而後 道之行不行方可論矣 若無事親之誠 則這定

省溫凊329)許多當行之道 都在廢棄也 然言本而不言末 言用而不言體 其義亦
精矣 以心言則成物爲末 以理言 則性爲體

　『중용장구(中庸章句)』에서 "사물이 저절로 이루어짐을 알 수 있다."
라고 한 것은 무엇 때문인가? 그것은 "진실하지 않으면 사물도 없다.
(不誠無物)"라는 구절이 (제2절에) 있기 때문이다. 진실하면 사물이 있
게 되어서 저절로 이루어질 수 있다. 무엇 때문에 저절로 이루어진다고
말하는지도 진실한 이치를 가지고 밝힐 수 있다. 이러한 이치가 있으
면 바로 이러한 사물이 있게 되어서 사사로운 뜻으로 조처함(安排)330)
을 기다리지 않아도 이루어진다. 그러므로 그것은 진실한 마음에 대하
여도 그러하다. 어버이를 섬기는 데 진실한 마음이 있으면 바로 자식
이 되고, 임금을 섬기는 데 진실한 마음이 있으면 바로 신하가 된다는
것이니, 어찌 저절로 이루어지는 것이 아니겠는가? 이것은 자연스럽게
바라는 대로 이루어지는 도리(道理)를 이르는 것이다. 무엇을 도(道)라

---

329　定省溫凊: 노(魯)나라 대부 맹의자(孟懿子)가 공자(孔子)에게 효(孝)에 관하여
　　　묻자 '어김이 없어야 한다(無違)'고 답한 것을 공자(孔子)의 제자 번지(樊遲)
　　　가 그 뜻을 다시 물은 것에 대하여 공자(孔子)는 "生事之以禮 死葬之以禮 祭
　　　之以禮"라고 답하고(『논어(論語)』「위정(爲政)」 제5장), 다시 '살아 계실 때는
　　　예로써 섬긴다(生事之以禮)'에 대하여 '겨울에는 따뜻하게 해 드리고, 여름
　　　에는 시원하게 해 드리며, 저녁에는 잠자리를 정해 드리고, 새벽에는 안부
　　　를 살피는 등의 일(謂冬溫夏凊 昏定晨省之屬)'을 이르는 것이라고 설명한다.
　　　(『논어주소(論語註疏)』「위정(爲政)」 제5장의 疏 참조)
330　안배(安排): 신안진씨(新安陳氏)는 "안배는 사사로운 뜻으로 헤아려서 自然에
　　　順하지 않은 것"이라 하고, 퇴계(退溪)의 기록에는 "安은 安頓(편안히 놓음)
　　　의 安이고 排는 排布이니 安頓하고 排布한다는 것 모두가 사사로운 뜻을 가
　　　지고 조처하는 것을 이른다."라고 풀이하였다. (『근사록집해(近思錄集解)』卷
　　　之1「道體」 29 참조)

고 이르는가? 이것은 바로 본성을 따르는 것이다. 이것은 당연히 실행해야 할 도리가 본래 저절로 갖추어져 있어서 도(道)가 저절로 실행되는 것이 아니고, 실행하는 것이 사람에게 달려 있다. 무엇을 저절로 실행된다고 하는가? 단지 자신이 본래 지니고 있던 것으로 말미암아 실행해 나가고 사사로운 뜻으로 조처하기를 기다리지 않는 것이다. 무엇을 본체(本)라 하고 무엇을 작용(用)이라 하는가? 이치가 비록 본체에 갖추어져 있어도 반드시 먼저 진실한 마음이 있고 나서야 도(道)를 행하거나 행하지 않거나를 비로소 논(論)할 수 있는 것이다. 만약 어버이를 섬기는 진실한 마음이 없다면, 저녁에는 어버이의 잠자리를 정해 드리고 아침에는 안부를 살피며, 겨울에는 따듯하고 여름에는 시원하게 해 드리는 것과 같이 당연히 해야 할 매우 많은 (자식의) 도리(道理)를 모두 제멋대로 폐지(廢止)하여 버리는 것이다. 그러나 (『중용장구(中庸章句)』에서) 근본(本)은 말하면서도 끝(末)은 말하지 않았고, 작용(用)은 말하면서도 본체(體)는 말하지 않았으니 그 뜻 또한 훌륭하다. 마음(心)을 가지고 말하자면 '사물이 이루어지는 것(成物)'이 말단(末)이 되고, 이치를 가지고 말하자면 성(性)이 본체(體)가 된다.

物之所以自成 以下文 不誠無物之物 帖看

'사물이 저절로 이루어지는 까닭'은 다음 글의 '진실하지 않으면 사물도 없다(不誠無物)'고 할 때의 '物'에 결부(結付)시켜서 보아야 한다.

誠旣自成 道無不行 心本也 理用也 有此本 則便有此用也 程子曰 至誠事親 則成人子 至誠事君 則成人臣 有此實心 便成此物 而道之在我者 亦無不

行矣

　진실함이 이미 저절로 이루어졌다면 도(道)가 행하여지지 않을 수가 없을 것이니 마음은 본체(本體)이고 이치는 작용(作用)이다. 이러한 본체가 있으면 바로 이러한 작용이 있게 된다. 정자(程子) 말하기를 "지극한 성실함으로 어버이를 섬기면 자식이 되고, 지극한 성실함으로 임금을 섬기면 신하가 된다."[331]라고 하였다. 이러한 진실한 마음을 지니면 바로 이러한 다른 사물(外物)이 이루어져서 나에게 있는 도(道)가 또한 행하여지지 않음이 없을 것이다.

　按語類 問自成自道語勢相似 以先生解之不同 上句工夫在誠字上 下句在行字上 曰亦微不同 自成若只做自道解亦得 又曰 妄意此兩句 只是說箇爲己 不得爲人 其後却說不獨是自成 亦可以成物 先生未答 久之 復曰 某舊說誠有病 盖誠與道 皆泊在誠之爲貴上了 後面却便是說箇合內外底道理 若如舊說 則誠與道成兩物也 愚謂此一条 更加商量 如此然後 兩自字是一義 而與下面自成者相符耳

　『어류(語類)』를 살펴보면 "'저절로 이루어진다(自成)'와 '스스로 실행해야 하는 길(自道)'의 말투가 서로 비슷하나 선생(朱子)이 해석한 것은 같지 않아서 앞 절(節)의 공부는 (本體인) '진실함(誠)'에 있고, 다음 구절은 (作用인) '실행한다(行)'에 달려 있다고 한 것"에 대한 질문에 (朱子가) 답하기를 "역시 조금은 다르다. '저절로 이루어진다(自成)'를 만약

---

331 『이정유서(二程遺書)』 卷 18 참조

단지 '스스로 실행해야 하는 길(自道)'이라 해석하더라도 가능하다."³³²⁾ 라고 하였다. 또 묻기를 "망령된 생각이지만 이 두 구절은 단지 자기 개인을 위한 것이고, 남을 위한 것이라 할 수 없으니, 그다음의 이야깃거리를 돌려서 '저절로 이루어지는 것뿐만이 아니라 또한 다른 사물을 이룰 수 있다.'라고 한 것은 무엇 때문입니까?" 선생이 대답 없이 오래 머무르다가 "내가 예전에 주장한 것은 진실로 하자(瑕疵)가 있다. '誠'과 '道'는 모두 '誠'을 귀하게 여기는 데에 귀착(歸着)된다. 뒷면에서는 도리어 다른 것 없이 곧 내외를 합치시키는 도리를 말하였으니 만약 예전에 말한 것과 같다면, '誠'과 '道' 두 가지가 이루어지게 된다."³³³⁾라고 답하였다. 내가 생각하기로는 이 한 가지 조항은 다시 더한층 헤아려 잘 생각해야 할 것이다. 이와 같이 한 뒤에야 두 개의 '저절로(自)'라는 글자가 같은 의미가 되어서 다음 부분의 '저절로 이루어진다(自成)'와 서로 들어맞게 된다.

---

332 『주자어류(朱子語類)』 卷 64-82 참조
333 위와 같은 곳

# 第 26 章

## 26-1

**[槪觀]**

　여기로부터 26-3까지는 모든 것이 갖추어져 결점(缺點)이 없는 천지(天地)의 진실(眞實)함에 성인(聖人)의 지극한 진실함을 비유하였다. 특히 천지(天地)의 지극한 진실을 몸소 경험하여 알게 되고 그것을 몸소 실행하는 성인(聖人)의 덕행(德行)은 잠시도 그침이 없어 한결같다.

故로 至誠은 無息이니
고　　지성　　　무식

그러므로 지극한 진실함은 그침이 없느니라

**章句大全**

旣無虛假요 自無間斷이라

이미 헛되거나 거짓됨이 없고, 저절로 (중도(中途)에서) 끊어짐이 없다.

○ 陳氏曰 凡假僞底物 久則易間斷 眞實 自無間斷

진씨 말하기를 일반적으로 거짓되고 잘못된 사물은 오래되면 쉽게 중도(中途)에서 끊어지나, '진실(眞實)'은 저절로 중도(中途)에 끊어짐이 없다.

## 26-2

**[槪觀]**

천지(天地)의 지극한 진실을 몸소 경험하여 알게 되고 그것을 몸소 실행하는 성인(聖人)의 한결같은 덕행(德行)은 잠시도 그치지 않아서 마음속에 성(誠)을 보존한 것이 오래가고, 성(誠)을 보존한 것이 오래가는 까닭에 그 효험이 밖으로 드러나는 것이다.

**不息則久하고 久則徵하고**
불식즉구　　　구즉징

(지극한 誠을) **그치지 않으면 오래도록** (마음속에 성(誠)이) **있게 되고,** (마음속에 성(誠)이 있는 것이) **오래되면** (외면에) **징험이 나타나고**

**章句大全**

久는 常於中也요 徵은 驗於外也라

'久'는 마음속에 항상 (성(誠)을) 보존한 것이고 '徵'은 밖으로 (성(誠)의) 징험이 나타나는 것이다.

## 26-3

**[槪觀]**

한없이 오래도록 끝이 없으며 공명정대(公明正大)한 성인(聖人)의 지극히 진실한 덕(德)을 만물을 이루어 내는 천지의 완전무결(完全無缺)한 덕에 비유하고 있는데, 특히 이곳의 유원(悠遠), 박후(博厚), 고명(高明)은 성인의 완전무결한 덕의 효험이 밖으로 나타남을 보여 준다.

徵則悠遠하고 悠遠則博厚하고 博厚則高明이니라
징 즉 유 원      유 원 즉 박 후      박 후 즉 고 명

(지극한 誠이) 징험(徵驗)이 되어 드러나면 아득히 멀리까지 영향이 미치고, (지극한 誠이) 아득히 멀리까지 영향이 미치면 (내면에 쌓인 仁德이) 넓고 두터워지고, (내면에 쌓인 仁德이) 넓고 두터워지면 (외면에 드러나는 知의 공부가) 높고도 밝아지게 된다.

**章句大全**

此는 皆以其驗於外者言之라 鄭氏所謂 至誠之德이 著於四方者가 是也 存諸中者 旣久 接上文 久則徵 說來 則驗於外者 益悠遠 而無窮矣니 悠遠 故其積也 廣博而深厚하고 博厚 故 其發也 高大而光明이라

이것은 모두 (지극히 진실함(至誠)이) 밖으로 징험이 되어 드러난 것을 가지고 말한 것이니, 정현(鄭玄)이 "지극히 진실한 덕이 사방에 나타난다. (至誠至德 著於四方)"라고 말한 것이 이것이다. 마음속에 (성(誠)을) 보존한 것을 이미 오래 하게 되었으면, 윗글의

第 26 章  445

"오래도록 마음속에 보존하면 밖에 징험이 드러난다."라는 것에 붙여서 말한 것이다. **밖으로 징험이 드러나게 되는 것이 더욱 아득히 멀리까지 영향을 미쳐서 끝이 없게 될 것이다. 아득히 멀리까지 영향이 미치기 때문에 내면(內面)에 쌓인 인덕(仁德)이 드넓으며 깊고 두터워지고, 넓고 두터워졌기 때문에 겉으로 나타나는 것**(지(知)의 공부가)**이 높고 크면서 밝게 빛나는 것이다.**

## 26-4

[概觀]

앞의 26-3에서 열거한 유원(悠遠), 박후(博厚), 고명(高明) 세 가지 덕행(德行)에 대하여 풀이하였다. 성인(聖人)의 넓고 크며 깊고 도타운 덕(博厚)은 땅이 만물을 실어 주는 것에 비유하고, 높고 밝게 빛나는 덕(高明)은 하늘이 만물을 밝게 비추어 주는 것에 비유하였고, 아득히 멀리까지 영향을 미치는 덕(悠遠)을 여기서는 아득히 멀도록 오래 하는(悠久) 한결같은 덕으로 표현하여 만물(萬物)을 이루어 내는 것에 각각 비유하였다.

博厚는 所以載物也요 高明은 所以覆(부)物也요 悠久는 所以成物也라
박후  소이재물야   고명  소이  물야   유구   소이성물 야

(내면에 쌓인 仁德이) **넓고 두텁다는 것은** (땅이) **만물(萬物)을 실어 주기 때문이요,** (겉으로 나타난 지(知)의 공부가) **높고 밝게 빛나는 것은** (하늘이) **만물을 덮어 주기 때문이요, 아득히 멀도록 오래 하는 것은** (德이) **만물을 이루어 주기 때문이다.**

◇ 覆(부): 덮어 주다

### 章句大全

悠久는 卽悠遠이니 兼內外而言之라 三山潘氏曰 久是久於內 悠是久於外 本以悠遠 致高厚하고 而高厚 又悠久也라 此는 言聖人與天地同用이라

'아득히 멀도록 오래 하는 것(悠久)'은 바로 '아득히 멀리까지 영향이 미치는 것(悠遠)'이니, 안과 밖을 겸하여 말한 것이다. 삼산반씨 말하기를 '久'는 내면에 오래 하는 것이고, '悠'는 외면에 오래 하는 것이다. 본래 아득히 멀리까지 영향이 미치는 것을 가지고 높고도 밝으며 넓고 두터움에 이르게 하고, 높고도 밝으며 넓고 두터우면 더욱 아득히 멀도록 오래 하게 된다. 이것은 성인(聖人)은 천지(天地)와 더불어 공용(功用)을 함께함을 말한 것이다.

## 26-5

### [概觀]

성인(聖人)의 덕행(德行)이 하늘과 땅의 작용과 짝할 만큼 위대함을 해석하는 대목이다. 성인(聖人)의 넓고 두터운 인(仁)의 덕행(德行)은 땅의 덕(德)과 짝이 되고, 높고 밝은 지(知)의 덕행은 하늘의 덕(德)과 짝을 하며, 아득히 멀도록 오래 함은 천하 만민(萬民)을 교화(敎化)하는 덕행이 한결같아서 끝이 없다.

> 博厚는 配地하고 高明은 配天하고 悠久는 無疆이니라
> 박후　배지　　고명　배천　　유구　무강
>
> 넓고 두터움(仁)은 땅의 덕(德)과 짝이 되고, 높고 밝음(知)은 하늘의 덕(德)과 짝이 되고, 아득히 멀도록 오래 함은 한계가 없다.

◇ 配(배): 짝하다　　　　　◇ 疆(강): 한계, 끝

### 章句大全

**此는 言聖人與天地同體라**

여기는 성인(聖人)이 천지(天地)와 더불어 본체를 같이함을 말하였다.

○ 陳氏曰 同用 以功言 同體 以德言

진씨 말하기를 (앞 節의) '공용(功用)을 같이함(同用)'은 공효(功效)를 가지고 말한 것이고, (이 節의) '본체를 같이함(同體)'은 덕(德)을 가지고 말한 것이다.

## 26-6

**[槪觀]**

　성인(聖人)의 덕행은 드러내지 않아도 뚜렷하게 나타나며, 움직이지 않아도 사람들의 마음을 변화하게 하며, 일부러 꾸미고 만드는 행위가 없어도 천하 만민이 덕(德)을 이루게 한다. 여기의 '무위(無爲)'는 노장철학(老莊哲學)에서 말하는 '아무것도 하지 않는 것'을 의미하는 것이 아니라 조작적(造作的)인 행위를 하지 않음을 말하는 것이다. 『논어(論語)』에서 공자(孔子)는 "(조작적인) 행위를 하지 않고서 잘 다스린 분은 아마도 순(舜)임금일 것이다. 대저 그가 어찌했던가? 공순(恭順)히 자신을 바르게 하고서 임금 노릇(南面) 하였을 뿐이다."[334]라고 하였다.

> 如此者는 不見而章하며 不動而變하며 無爲而成이니라
> 여차자   불현이장     불동이변     무위이성
>
> 이와 같은 것은 (땅은 넓고 두터워서) 드러내 보이지 않아도 뚜렷이 드러나며, (하늘은 높고 밝아서) 움직이지 않아도 변화하게 하며, (조작적(造作的)인) 행위가 없어도 이루어지느니라.

### 章句大全

見은 猶示也라 不見而章은 以配地而言也요 不動而變은 以配天而言也요 無爲而成은 以無疆而言也라

'현(見)'은 '보이다'와 같다. '드러내 보이지 않아도 뚜렷이 드러나는 것(不見而章)'은 땅과 짝하여서 말한 것이요, '움직이지 않아도 변화한다는 것(不動而變)'은 하늘과 짝하여서 말한 것이다. '조작적(造作的)인 행위가 없어도 이루어진다는 것(無爲而成)'은 한계가 없는 것을 가지고 말한 것이다.

---

334  『논어(論語)』「위령공(衛靈公)」第4章

## 26-7

**[槪觀]**

　하늘과 땅의 도는 '진실(誠)' 한 마디로써 다 말할 수 있으니, 하늘과 땅이 만물(萬物)을 이루는 것이 잠시의 그침도 없이 한결같이 진실한 까닭에 만물을 낳고 자라게 함을 헤아릴 수 없는 것이다.

---

天地之道는 可一言而盡也니 其爲物이 不貳라 則其生物이 不測
천지지도　　가일언이진야　　기위물　　불이　　즉기생물　　불측
이니라

하늘과 땅의 도(道)는 한 마디로 모두 표현할 수 있으니, 만물을 이룸이 (진실하고 한결같아서) 다르지 않은지라 (하늘과 땅이) 만물을 낳고 자라게 함을 헤아릴 수 없음이니라.

---

**章句大全**

　此 以下는 復以天地라 明 至誠無息之功用이라 天地之道 可一言而盡은 不過曰誠而已라 不貳는 所以誠也니 誠故 不息 而生物之多하여 有莫知 其所以然者라

　여기로부터 다음은 다시 천지(天地)를 가지고서 '지극히 진실함의 그침 없는 공효'를 밝힌 것이다. '하늘과 땅의 도(道)를 한 마디로 모두 표현할 수 있다는 것'은 '성(誠)'을 말하는 데에 지나지 않을 뿐이다. '(진실하고 한결같아서) 다르지 않다(不貳)'는 것은 진실한 때문이니, 진실한 까닭에 그침이 없고, 만물을 낳고 자라게

하는 것이 많아서 그러한 까닭을 알지 못함이 있는 것이다.


## 26-8

**[槪觀]**

하늘과 땅의 도(道)는 지극히 진실한 까닭에 땅의 도(道)는 넓고 두터워서 만물을 실어 주고, 하늘의 도(道)는 지극히 높고 밝아서 만물(萬物)을 덮어 주니, 하늘과 땅의 도(道)가 한결같이 진실하여서 만물을 낳고 자라게 함이 이와 같은 것이다.

---

**天地之道는 博也厚也 高也明也 悠也久也니라**
천 지 지 도    박 야 후 야  고 야 명 야  유 야 구 야

**하늘과 땅의 도는** (땅의 도(地道)는 내면에 쌓인 인(仁)이) **드넓고 두터우며,** (하늘의 도(天道)는 외면에 드러난 지(知)가) **드높고 밝게 빛나며,** (천지의 공덕(功德)은) **아득히 멀고 오래 함이니라.**

---

**章句大全**

言 天地之道가 誠一不貳라 故 能各極其盛하여 而有下文 生物之 功이라

하늘과 땅의 도는 진실하고 한결같아서 다름이 없다. 그러므로 그 공덕(功德)이 성대한 것을 각각 지극히 할 수 있어서 다음 글의 만물을 낳고 자라게 하는 공효(功效)가 있다고 말한 것이다.

## 26-9

[概觀]

하늘과 땅의 도(道)가 지극히 진실한 까닭에 만물을 낳고 자라게 하는 것에 대한 해설이다.

今夫天이 斯昭昭之多니 及其無窮也하야는 日月星辰이 繫焉하며 萬物이 覆(부)焉이니라 今夫地이 一撮土之多니 及其廣厚하야는 載華嶽而不重하며 振河海而不洩하며 萬物이 載焉이니라 今夫山이 一卷石之多니 及其廣大하야는 草木이 生之하며 禽獸가 居之하며 寶藏이 興焉이니라 今夫水가 一勺之多니 及其不測하야는 黿鼉蛟龍魚鼈이 生焉하며 貨財殖焉이니라

지금 저 하늘은 작은 밝은 것들이 많이 모여진 것이니 그 무궁한 데에 이르면 해, 달, 별들이 매달려 있으며, 만물을 덮고 있다. 지금 저 땅은 한 줌의 흙덩이가 많이 모여진 것이니 넓고 두터운 데에 이르러서는 높고 큰 산(華嶽)[335]을 싣고 있으면서도 무거워하지 않으며, 강과 바다를 거두어들이고 있는데도 (물이) 새어 나지 않으며 만물이 실려 있다. 지금 저 산은 하나의 주먹만 한 작은 돌들이 많이 모인 것이니, 넓고 큰 지경에 이르러서는 풀과 나무와 새와 짐승들이 살며 드물고 귀한 광물들이 나온다. 지금 저 물은 한 움큼의 작은 물들이 많이 모인 것이니, 헤아릴 수 없는 지경에 이르러서는 큰 자라, 악어, 교룡, 물고기와 남생이가 살며, 진주나 산호 같은 재화(財貨)가 불어나느니라.

◇ 繫(계): 맬 계　　　　◇ 撮(촬): 손으로 쥐다　　　◇ 洩(설): 새다
◇ 卷(권): (=拳) 주먹　　◇ 勺(작): 한 움큼　　　　　◇ 黿(원): 큰 자라
◇ 鼉(타): 악어　　　　　◇ 蛟(교): 교룡　　　　　　　◇ 鼈(별): 자라, 남생이

### 章句大全

　昭昭는 猶耿耿이니 小明也라 此 指其一處而言之라 及其無窮은 猶十二章 及其至也之意니 蓋擧全體而言也라 振은 收也라 如玉振之振 卷은 區也라 此四條는 皆以發明 由其不貳不息하여 以致盛大而能生物之意라 然 天地山川이 實非由積累而後大니 讀者가 不以辭害意可也리라 朱子曰 管中所見之天 也是天 恁地大底 也只是天

◇ 耿耿(경경): 반짝반짝하다　　　　◇ 區(구): 작다

　'昭昭'는 '반짝반짝하는 것'과 같으니 조금 밝은 것이다. 이것은 한 곳을 가리켜서 말한 것이니, 그 무궁한 데에 이르렀다는 것은 제12장(章)의 '그 지극한 경지에 이르다(及其至也)'라는 뜻과 같으니 이것은 그(費隱章) 전체를 들어서 말한 것이다. '진(振)'은 거두어들이는 것이다. 이를테면 "(징을 쳐서 소리를 퍼져 나가게 하고) 옥(玉)을 쳐서 소리를 거두어들인다. (金聲玉振)"라고 할 때의 '振'과 같다. '卷'은 작은 모습이다. 이 네 가지(天, 地, 山, 水)는 모두 한결같이 그치지 않는 것으로 말미암아 성대한 것을 이루고 만물을 나

---

335　화악(華嶽): 中國의 다섯 개 큰 산(五嶽) 가운데 하나인 화산(華山)을 가리킨다는 주장도 있으나, 『이아(二雅)』「석산(釋山)」편에 "河南曰華 河西曰嶽"이라 풀고 있어 화산(華山)과 악산(嶽山) 두 개의 산을 가리킨다는 설(說)도 있다. 여기의 화악(華嶽)은 '높고 큰 산'으로 이해하면 무리가 없을 듯하다.

고 자라게 할 수 있었다는 뜻을 드러내어 밝힌 것이다. 그러나 천지(天地)와 산천(山川)이 실제로 포개지고 쌓아진 뒤에야 커진 것은 아니니, 공부하는 사람들은 말로써 뜻을 해치지 말아야 할 것이다. 주자(朱子) 말하기를 대롱 속으로 보는 하늘도 하늘이니 이와 같은 것도 크게는 하늘일 뿐이다.

## 26-10

**[概觀]**

이 시(詩)는 주(周)나라 문왕(文王)을 제사(祭祀)할 때 문왕의 덕(德)을 칭송하던 시(詩)이다. 문왕의 덕이 진실 그대로인 까닭에 하늘의 도(道)와 같아서 그치지 않고 오래였으므로 태평함을 문왕에게 고(告)하며 읊은 시(詩)이다.

詩云維天之命이 於(오)穆不已라 하니 蓋曰天之所以爲天也요 於
시운유천지명    목불이        개왈천지소이위천야
(오)乎不顯가 文王之德之純이여 하니 蓋曰文王之所以爲文也니
호불현    문왕지덕지순        개왈문왕지소이위문야
純亦不已니라
순역불이

시(詩)에 이르기를 "하늘의 명은 아! 깊고도 멀어 그치지 않나니."라고 하였으니, 하늘이 행하는 것이 천도(天道)가 되는 까닭을 말한 것이고, "아! 어찌 드러나지 않겠는가? 문왕의 덕(德)의 순수함이여."라고 하였으니, 문왕의 (시호(諡號)[336]가) 문(文)이 된 까닭이요, 순수함 또한 그치지 않음을 말한 것이다.

---

336 시호(諡號): 시(諡)는 행위의 발자취이고 호(號)는 공로의 표상이니, 죽은 자에게 생전의 공적(功績)을 평가하여 나라에서 내려 주는 칭호(稱號)이다. 시법(諡法)은 지극히 공정한 것이어서 아무리 효자(孝子), 자손(子孫)이라 하더라도 다시 고칠 수 없다.

◇ 維(유): 발어사(發語辭)
◇ 穆(목): 심원(深遠)하다
◇ 於(오): 아아 (感歎詞)
◇ 純(순): 순수하다

### 章句大全

詩는 周頌 維天之命篇이라 於는 歎辭라 穆은 深遠也라 不顯은 猶言 豈不顯也라 純은 純一不雜也라 引此하여 以明至誠無息之意라 黃氏曰 誠 便是維天之命 不息 便是於穆不已 程子曰 天道不已어늘 文王이 純於天道 亦不已하니 純 則無二無雜이요 不已 則無間斷先後라

『시경(詩經)』「주송(周頌), 유천지명(維天之命)」편이다. '於'는 감탄하는 말이다 '穆'은 깊고도 멀다(深遠)는 것이다. '나타나지 않는다는 것(不顯)'은 "어찌 드러나지 않겠는가? (豈不顯也)"라고 말한 것과 같다. '純'은 순수하고 한결같아서 뒤섞이지 않은 것이다. 이 시(詩)를 끌어다 써서 '지극히 진실하여 거짓이 없는 것은 그침이 없다는 뜻'을 밝힌 것이다. 황씨 말하기를 '誠'은 바로 '維天之命'이고 '不息'은 바로 '於穆不已'다. 정자(程子) 말하기를 "하늘의 도(道)는 그침이 없거늘, 문왕(文王)이 하늘의 도(道)와 같이 순수하여 역시 그침이 없었으니, 순수하면 한결같지 않음이 없어서 뒤섞이는 것이 없고, 그침이 없으면 잠시라도 끊어지거나 앞서거나 뒤처지는 것이 없다."라고 하였다.

右 第二十六章이라 言天道也라

이상은 제26장이니 하늘이 행하는 도(天道)를 말하였다.

第 26 章 455

中庸矢書

# 第二十六章

　　此章 誠 所以行乎勇也 饒氏謂 盡性 仁之至 前知 知之至 無息 勇之至也 如此說 亦得 然自二十一章至于二十三章 總論入誠次第 上章 主言成己之事 與盡性合 而旣云成己 仁也 此章 始言無息 終言不已 乃勇也

　　이 장의 '진실함(誠)'은 '勇'을 실천하는 방법이다. 쌍봉요씨(雙峯饒氏) 말하기를 "본성을 다하는 것은 '仁'의 지극함이요, 미리 아는 것은 '知'의 지극함이요, '그침이 없는 것(無息)'은 '勇'의 지극함이다."[337]라고 하였다. 이와 같은 주장도 적합하다. 그러나 제21장부터 제23장에 이르기까지는 '誠'에 들어가는 차례를 총괄하여 말한 것이니, 앞 장에서는 주로 '자신을 이루는 일(成己)'과 '본성을 다하는 것(盡性)'을 합하여 말하였고, 이미 자신을 이룬 것은 '仁'이라고 말하였다. 이 장에서 처음으로 '그침이 없는 것(無息)'을 말하였고 마지막으로 '그치지 않는 것(不已)'을 말하였으니 바로 '勇'이다.

　　久則常於中 悠是驗於外 此以人言 天地之道 悠也久也 此以天地言 盖謂 博厚高明者之悠久也 於人亦然 故 章句云 高厚又悠久也

---

337　『중용장구(中庸章句)』 제26장 '博厚所以載物也 …' 節 이하 소주(小註) 참조

오래 한다는 것은 항상 마음속에 보존된 것이고, 너그러워서 멀리까지 영향을 미친다고 한 것은, 징험이 밖으로 드러나는 것이니 이것은 사람을 가지고 말한 것이다. 하늘과 땅의 드(道)가 너그러워서 멀리까지 영향을 미치고 오래 한다는 것은 하늘과 땅을 가지고 말한 것이다. 아마도 "(땅의 도가) 넓고 두터우며, (하늘의 도가) 높고 밝은 것이 너그러워서 멀리까지 영향을 미치고 오래 한다."라고 한 것은 사람에 대해서도 그러한 까닭에 『중용장구(中庸章句)』에서도 "높고 두터우며 또한 너그러워서 멀리까지 영향을 미치고 오래 한다."라고 한 것이다.

**指之所撮 則土之少也 手之所卷 則石之少乇 卷恐當與拳通 勺即龠也 黃鍾所受十分合(홉)之一**

◇ 龠(약): 피리, 대나무로 만든 구멍 셋, 여섯, 일곱으로 된 악기, 용량의 단위(한 홉의 10분의 1)

손가락으로 집을 수 있는 것은 적은 (양의) 흙이다. 손으로 쥘 수 있는 것은 작은 (크기의) 돌이다. '卷'은 아마도 '拳'과 통(通)하는 것이 마땅할 듯하다. '勺'은 바로 '龠'이니, 황종(黃鍾)[338]에 받아들일 수 있는 한 홉의 10분의 1이다.

---

338  황종(黃鍾): 東洋音 12律의 첫째 음(音)을 가리킨다. 여기에서는 용량의 단위로 쓰였다.

# 第 27 章

## 27-1

[概觀]

성인(聖人)의 도(道)는 지극히 커서 작은 곳까지 미치지 않은 데가 없으니 결국 하늘과 땅의 도(道)와 성인(聖人)의 도(道)는 같은 것이다.

> 大哉라 聖人之道여
> 대재    성인지도
>
> 위대하도다 성인(聖人)의 도여!

[章句大全]

包 下文兩節而言 雙峯饒氏曰 道 卽率性之謂

**다음 글의 두 구절을 포괄하여 말한 것이다.** 쌍봉요씨 말하기를 '道'는 바로 '본성을 따름'을 이르는 것이다.

## 27-2

[槪觀]

  윗글에 이어서 성인(聖人)의 도(道)가 온갖 만물이 낳고 자라게 하는 하늘과 땅의 도(道)와 같이 높고 크다는 것을 말하였다.

---

**洋洋乎發育萬物**하여 **峻極于天**이로다
양 양 호 발 육 만 물 　　　 준 극 우 천

(성인의 도는) 천지에 넓고 그득하여 만물을 낳고 길러 주며 지극히 높고 큰 이치는 하늘에 이르렀도다.

---

### 章句大全

  峻은 高大也라 此言 道之極於至大 而無外也라 朱子曰 洋洋 是流動充滿之意

  '峻'은 높고 큰 것이다. 이것은 (성인의) 도(道)가 지극하고 위대함에 이르러 밖으로 한계가 없는 것을 말한다. 주자(朱子) 말하기를 '洋洋'은 '이리저리 넘실대며 가득 차다'라는 뜻이다.

## 27-3

[槪觀]

  관혼상제(冠婚喪祭)와 같은 큰 예절(禮節)과 일상생활에서 이들을 어떻게 실천할 것인가에 관한 구체적인 조목(條目)을 마련하여 누구나가 올바른 길을 갈 수 있게 한 성인(聖

人)의 도(道)가 넉넉하고 여유가 있으며 위대함을 말하였다.

> **優優大哉라 禮儀三百과 威儀三千이로다**
> 우 우 대 재   예 의 삼 백   위 의 삼 천
>
> **충분하고 여유가 있으며 위대하도다.** (성인이 만들어 놓은) **예의(禮儀)가 삼백이요, 위의(威儀)는 삼천 가지로다.**

### 章句大全

**優優는 充足有餘之意라 禮儀는 經禮也요 威儀는 曲禮也라** 格庵趙氏曰 經禮 如冠婚喪祭 朝覲會同之類 曲禮 如進退升降 俯仰揖遜之類[339] **此言 道之入於至小 而無間也라**

'優優'는 넉넉하여 여유가 있다는 뜻이다. '禮儀'는 '예(禮)의 강령(綱領)이 되는 것(經禮)'이다. '威儀'는 '예(禮)의 강령(綱領)을 실천하기 위한 (구체적인) 조목(曲禮)'이다. 격암조씨 말하기를 경례(經禮)는 이를테면 관례(冠禮), 혼례(婚禮), 상례(喪禮), 제례(祭禮)와 제후(諸侯)가 천자(天子)를 찾아가 뵙는 것(朝覲)과 제후들이 모이는 것(會同)들이고, 곡례(曲禮)는 나아가고 물러나며 (계단을) 오르거나 내려가는 것, (몸을) 구부리거나 (상대를) 쳐다보며, 손을 앞으로 모아 굽히며(揖) 사양하는 것(遜)과 같은 것(구체적인 행동)이다. **이것은 성인의 도(道)가 지극히 작은 곳까지 스며들어 틈이 없음을 말함이다.**

---

339 『예기(禮記)』「예기(禮器)」 小註 참조

## 27-4

**[概觀]**

지극한 덕(德)을 지닌 성인(聖人)이 있기를 기다린 뒤라야 크고도 위대한 성인의 도(道)가 비로소 실행된다. 공자(孔子)도 "사람이 도(道)를 넓히는 것이지, 도(道)가 사람을 넓히는 것은 아니다."[340]라고 하였다.

**待其人而後에 行이니라**
대 기 인 이 후    행

(지극한 덕(德)을 지닌) **사람(聖人)을 기다린 뒤라야** (성인의 도(道)가) **행하여지느니라.**

**章句大全**

**總結 上兩節이라** 陳氏曰 道之大處小處 皆須 待其人而後行

앞의 두 구절을 총괄하여 매듭지은 것이다. 진씨 말하기를 도(道)의 큰 곳이나 작은 곳 모두가 모름지기 그 사람(聖人)을 기다린 다음에야 실행된다.

## 27-5

**[概觀]**

하늘과 땅의 지극한 도(道)는 지극한 덕(德)을 지닌 성인(聖人)이 아니고서는 이루어질

---

340　『논어(論語)』「위령공(衛靈公)」제28장 "子曰 人能弘道 非道弘人"

수 없음을 말하였다.

> 故로 曰苟不至德이면 至道가 不凝焉이라 하니라
> 　　고　　왈구불지덕　　　　지도　　불응언
>
> 그러므로 진실로 지극한 덕(至德)이 아니면, 지극한 도(至道)가 이루어지지 않는다고 하느니라

◇ 不凝(불응): 이루어지지 않음

### 章句大全

至德은 謂其人이요 至道는 指上兩節而言이라 凝은 聚也며 成也라

'지극한 덕(至德)'은 그 사람(聖人)을 말하는 것이고, '지극한 도(至道)'는 앞의 두 구절(發育萬物, 禮儀三百 威儀三千)을 가리켜서 말한 것이다. '凝'은 모으는 것이며 이루는 것이다.

○ 雙峯饒氏曰 德者 得是道於己也 道之小大 各極其至 故曰至道 德之大小 各極其至 斯爲至德 有是至德 然後 足以凝聚 是至道而爲己有 否則道自道 己自己 判然二物 豈復爲吾用也哉

쌍봉요씨 말하기를 '德'은 자신이 도(道)를 얻는 것이다. 도(道)의 큰 것이나 작은 것을 각각 그 지극한 데에 이르게 하는 까닭에 '지극한 도(至道)'라고 말한다. 덕(德)의 크고 작은 것이 각각 그 지극한 데에 이르게 하는 것을 모두 '지극한 덕(至德)'이라 한다. '지극한 덕(至德)'이 있고

난 다음에라야 (지극한 도를) 충분히 모으고 이룰 수 있어서 '지극한 도(至道)'를 자신의 도(道)로 삼을 수 있는 것이다. 아니라면 도(道)는 도대로(道自道) 자신은 자신대로(己自己) 두 가지 사물로 나뉘게 될 것이니 어찌 다시 (至道를) 내가 쓰는 도(道)로 삼을 수 있겠는가!

# 27-6

[槪觀]

여기는 군자(君子)가 인의예지(仁義禮智)의 선(善)한 본성을 키워 나아가며 덕성(德性)을 높이고, 지극한 덕(德)을 실행해 나가는 방법을 제시하는 곳이다.

故로 君子는 尊德性而道問學이니 致廣大而盡精微하며 極高明而
고    군자   존덕성이도문학    치광대이진정미    극고명이
道中庸하며 溫故而知新하며 敦厚以崇禮니라
도중용    온고이지신    돈후이숭예

그러므로 군자는 덕성(德性)을 높이며 묻고 배운 것을 말미암아 실행하나니, (德을) 넓고 크게 하기를 다하면서 (이치를 분석하는 것은) 면밀하여 작은 곳까지 극진하게 하며, (德性은) 지극히 높고 뛰어나며 (지혜가) 밝아서 (행실은) 중용(中庸)을 따라 실행하며, 예전에 배웠던 것을 다시 익히고 새로운 이치를 알아 나가며 (德性을) 두텁게 하여 예(禮)를 높이고 소중하게 여기느니라.

◇ 道(도): 행하다, 따르다

## 章句大全

尊者는 恭敬奉持之意라 德性者는 吾所受於天之正理라 道는 由也라 溫은 猶燖溫之溫이니 火熟物曰燖 謂故學之矣요 復時習之也라 敦은 加厚也라 尊德性은 所以存心 而極乎道體之大也라 道問學은 所以致知 而盡乎道體之細也니 二者는 脩德凝道之大端也라

'높이는 것(尊)'은 공경히 받들어 굳게 지킨다는 뜻이다. '어질고 너그러운 성질(德性)'은 내가 하늘의 올바른 이치를 부여받은 것이다. '道'는 '말미암아 실행하는 것(由)'이다. '溫'은 '따뜻하게 데우다(燖溫)'의 '溫'과 같으니, 불로 음식물을 데우는 것을 '燖'이라고 한다. 예전에 배웠던 것이고, 거듭하여 늘(항상) 익혀 나아감을 이르는 것이다. '敦'은 더욱 두텁게 하는 것이다. '덕성을 공경히 받들어 굳게 지키는 것(尊德性)'은 (덕성을) 마음에 보존하여서 도의 본체(道體)의 큰 것을 극진하게 하는 방법이고, '묻고 배우는 것으로 말미암아 실행한다는 것(道問學)'은 지식을 지극히 하여서 도(道)의 본체의 세밀한 곳까지 극진하게 하는 방법이다. 이 두 가지는 덕(德)을 닦는 것과 도(道)를 모으고 이루는 것의 큰 실마리이다.

不以 一毫私意自蔽하고 不以 一毫私欲自累하며 涵泳乎其所已知하고 敦篤乎其所已能은 此皆 存心之屬也라

털끝만큼이라도 사사로운 생각으로 자신을 덮어 가리지 않으

며(致廣大), 조금이라도 사사로운 욕심으로 자신을 더럽히지 아니하며(極高明), 자신이 알았던 것을 물속을 자맥질하듯 능숙하게 하며(溫故), 자신이 잘하였던 것을 매우 도탑게 하는 것(敦厚)들은 모두 마음을 보존함(存心)에 속한다.

**析理 則不使一毫釐之差하고 處事 則不使有過不及之謬하며 理義 則日知其所未知하고 節文 則日謹其所未謹은 此皆 致知之屬也라**

이치를 분석할 때는 털끝만큼의 매우 작은 차질이라도 있지 않게 하고(盡精微), 일을 처리할 때는 지나침이나 미치지 못하는 잘못이 있지 않게 하고(道中庸), 이치의 의의를 밝힘에는 날마다 자신이 아직 알지 못했던 것을 알며(知新), 예(禮)를 품절에 맞게 함은 날마다 자신이 아직 삼가지 아니하였던 것을 삼가는 것(崇禮)이니, 이것은 모두 아는 것을 지극히 하는 일(致知)에 속한다.

**蓋非存心이면 無以致知요 而存心者가 又不可以不致知라 故 此五句가 大小相資하며 首尾相應하니 聖賢所示 入德之方이 莫詳於此니 學者 宜盡心焉이니라**

마음을 보존하지 않으면 아는 것을 지극히 할 수 없고, 마음을 보존한 사람은 또한 아는 것을 지극히 하지 않을 수가 없다. 그러므로 이 다섯 구절은 크고 작은 것이 서로 바탕이 되어 처음과 끝이 서로가 호응하니, 성(聖=孔子), 현(賢=子思)이 덕(德)에 들어가는 방법을 보여 준 곳이 여기보다 더 자세한 곳은 없다. 배우는 사람들은 마땅히 마음을 다해야 한다.

## 27-7

**[概觀]**

　덕(德)을 지닌 사람은 윗자리에 있게 되어도 교만(驕慢)하지 아니하며 아랫자리에 있게 되어도 윗사람을 배반(背叛)하지 않으며 오직 자신이 마땅히 해야 할 직분(職分)을 다할 뿐인 것이다. 그러기 때문에 나라에 올바른 도(道)가 행하여지면 벼슬길에 나아가 뜻을 펴고, 나라에 도(道)가 행하여지지 않으면 물러나 자신을 수양(修養)할 뿐이니, 시(詩)에서도 "이미 이치에 밝고 지혜롭게 일을 잘 살핌으로써 자신을 지킨다. (旣明且哲 以保其身)"라고 한 것이다.

是故로 居上不驕하며 爲下不倍라 國有道에 其言이 足以興이요
시고　　거상불교　　　위하불배　　국유도　　기언　　족이흥
國無道에 其黙이 足以容이니 詩曰 旣明且哲하여 以保其身이라
국무도　　기묵　　족이용　　　시왈　기명차철　　　이보기신
하니 其此之謂與인져
　　　기차지위여

이 때문에 윗자리에 있을 때는 교만하지 않으며, 아랫사람이 되어서는 배반하지 않는다. 나라에 도(道)가 있을 때는 그 사람의 말이 (세상의 훌륭한 인물들을) 떨쳐 일어나게 할 수 있고, 나라에 도(道)가 없을 때는 그 사람의 침묵(沈默)함이 받아들여질 수 있다. 시(詩)에서 "이미 이치에 밝고 지혜롭게 일을 잘 살핌으로써 자신을 지킨다."라고 하였으니 아마도 이것을 말한 듯하다.

**章句大全**

興은 謂興起在位也라 詩는 大雅 烝民之篇

'興'은 (감동되어) 떨쳐 일어나 (爲政者의) 지위에 있게 됨을 말한다. 시(詩)는 『시경(時經)』「대아(大雅), 증민(烝民)」篇이다.

右 第二十七章이라 言人道也라

이상은 제27장이니 사람이 행하여야 할 도리(人道)를 말한 것이다.

雙峯饒氏曰 一篇之中 論問學之道 綱目備 而首尾詳 無有過於此章者也

쌍봉요씨 말하기를 이 책(『中庸章句』) 가운데 학문의 도를 말한 대강과 요점이 갖추어져서 처음과 끝의 상세함이 여기에서 밝힌 것보다 나은 곳은 없다.

中庸矢書
# 第二十七章

　此章 釋十一章之文 彼則孔子中庸之(率)³⁴¹⁾章也 末及言聖德之至 即在下位 而不得施者也 子思所釋 莫非中庸 而未嘗一句及之 至此始爲著題語 可見前此許多道理 此一句皆包之 是爲孔子書之結末也 微此 則其義幾乎難白矣 其末句云 惟³⁴²⁾聖者能之 故於此以大哉 聖人之道爲起語 彼云 依乎中庸 故此云 極高明而道中庸 彼云 遯世不見知而不悔 故此言 明哲保身之事 盖節之相呼喚也 後二章倣此

　이 장은 제11장의 글을 해석한 것이니, 그것(제11장)은 공자(孔子) 『중용(中庸)』의 마지막 장이다. 끝에서 마침내 성인(聖人)의 지극한 덕(德)을 말하였으나, 바로 낮은 지위에 있어서 (그 덕을) 베풀 수가 없었다. 자사(子思)가 해석한 것이 『중용(中庸)』이 아닌 것이 없는데도 아직 한마디도 언급하지 아니하다가, 이곳에 이르러서 비로소 제목을 지어 말해 주었다. 이 앞에 있는 매우 많은 도리는 이 한 구절에 모두 포함된 것을 볼 수 있으니, 이것이 공자(孔子)가 지은 『중용(中庸)』의 결말(結末)이 된다는 것을 알 수 있다. 이 책(『中庸』)이 없었더라면 공자(孔子)의 뜻을 알리기가 거의 어려웠을 것이다. 그 마지막 구절에서는

---

341 '率'은 '卒'로 하여야 한다.
342 經文에는 '唯'이다.

"오직 성인만이 그렇게 할 수 있다. (唯聖者 能之)"라고 하였기 때문에 여기(27장)에서는 "위대하도다! 성인의 도여(大哉 聖人之道)"로 시작해서 말해 주었고, 저곳(11장)에서는 "중용의 도를 따라 행한다. (依乎中庸)"라고 말해 주었기 때문에 이곳(27장)에서는 "높고 밝음을 지극히 하여 중용의 도를 따라 행한다. (極高明而道中庸)"라고 하였고, 저곳(11장)에서 "생을 마치도록 사람들에게 알아줌을 받지 못할지라도 후회하지 않는다. (遯世不見知而不悔)"라고 하였으므로 이곳(27장)에서는 "이치에 밝고 지혜롭게 일을 잘 살펴서 자신을 보호하는 일(明哲保身之事)"을 말하였다. 절(節)이 서로 호응하니 다음 두 장(章)도 이것을 본뜬 것이다.

蓋有致廣大 而不能盡精微者 其意思闊大不肯小成 如爲學便以治國平天下爲期 然於精細工夫 却不免疎迂 有極高明而不能道中庸者 洪範云 高明柔克 蔡傳云 高亢明爽過乎中者也 雖高明之極 或不能道乎中也 須是廣大而精微 高明而中庸

넓고 큰 경지에 이르고서도 작은 것에 극진할 수 없다는 것은, 마음은 넓고 크면서도 작은 것을 이루려고 하지 않는 것이다. 이를테면 학문(學問)하는 것은 바로 나라를 잘 다스리며 천하(天下)가 고르고 평안(平安)하게 되기를 바라는 것과 같다. 그러나 정밀하고 상세한 공부에 대하여는 도리어 성기고 에두르기를 면하지 못하니, (덕성이) 지극히 높고 뛰어나며 (지혜가) 밝으면서도 (행실은) 중용(中庸)의 도(道)를 따라 실행하지 못하는 사람이 있다. 『서경(書經)』「홍범(洪範)」에 "(덕성이) 높고 뛰어나며 (지혜가) 밝은 사람은 부드러움으로 (상대를) 이긴다. (高明柔克)"³⁴³⁾ 하였고, (여기에 대하여) 채침(蔡沈)은 같은 곳 주(註)에서 "(덕성이) 높고 뛰어나며 (지혜가) 밝은 사람은 지극히 높고 뛰어나며 명쾌하여 중도(中道)에 (넘치는) 지나친 사람이다. (高明者 高亢明爽 過乎中者也)"라고 하였다. 비록 덕성이 높고 뛰어나며 지혜가 밝음이 지극하지만 혹 중도(中道)를 실행할 수가 없으니, 모름지기 (德性이) 넓고 크면서 (理致를 분석할 때는) 세밀하여 자세하고 꼼꼼하며 덕성이 뛰어나고 지혜가 밝다 하더라도 중용(中庸)을 따라야 한다.

盖有致廣大 而不能極高明者 此固易見 其盡精微 而不能道中庸何哉 道由也 章句云 處事則不使有過不及之謬 處事 如大學章句 處事精詳之義 其處置事物 却更對同勘合而得中 故精微之有中庸 如知止之有慮也 按語類問 道中庸何以是致知之屬 答曰 行得到恰好處 無些過與不及 乃是知得分明 事事件件理會 到一箇恰好處 方能如此也 可以參考

대부분 넓고 큰 경지에 이르고서도 (하늘의) 높고 밝은 덕(德)을 극진히 하지 못하는 사람을 지금 도리어 쉽게 볼 수 있으니, 그것을 세밀하여 자세하고 꼼꼼한 곳까지 극진히 하면서도 중용(中庸)을 따라 실행하지 못하는 것은 무엇 때문인가? '道'는 '따라 행하는 것(由)'이다. 『중용장구(中庸章句)』에 "일을 처리하는 것은 지나침이나 미치지 못함의 잘못이 있게 하지 말라."³⁴⁴⁾ 하였다. '일을 처리하는 것(處事)'은 『대학장구(大學章句)』에 "일을 처리하는 것이 정밀하고 자세하다. (處事精詳)"³⁴⁵⁾

---

343  『서경(書經)』 「주서(周書), 홍범(洪範)」 "六 三德 一曰正直 二曰剛克 三曰柔克 …"
344  『중용장구(中庸章句)』 第27章
345  『대학장구(大學章句)』 「經」 1章

라는 뜻과 같다. 일을 처리하고 사물을 변별함에는 다시 번갈아 대조하여 헤아리고 합(合)하여야 중도(中道)에 맞을 수 있다. 그러므로 세밀하여 자세하고 꼼꼼한 곳에도 중용(中庸)이 있는 것이니, 이를테면 (『대학(大學)』에) '지극한 선(善)에 머무를 곳을 아는 데에 이르러야 일을 정밀하고 자세하게 헤아릴 수 있는 것'과 같다. 『어류(語類)』를 살펴보면 "중용(中庸)을 따라 실행하는 것이 무엇 때문에 지각(知覺)과 식견(識見)이 지극한 데에 이르렀음에 속하는 것인가?"라는 질문에 대하여 답하기를 "실천하여 좋은 곳에 이르러 조금이라도 지나침이나 미치지 못함이 없다는 것은, 바로 분명하게 알아서 깨닫고 일마다 이치를 알고 실행할 줄 알아서 한결같이 좋은 곳에 이르러야 비로소 이처럼 될 수 있다."346)라고 하였으니 참고해도 되겠다.

**廣大與精微相對 精微屬乎析理 故訓廣大 則下意字 高明與中庸相對 中庸屬乎處事 故訓高明 則下欲字**

◇ 下(하): 놓다, 쓰다

'넓고 큰 것(廣大)'과 '세밀하여 자세하고 꼼꼼함(精微)'을 서로 대조하면, '세밀하여 자세하고 꼼꼼함(精微)'은 '이치를 분석하는 것(析理)'에 속하기 때문에 '넓고 큰 것(廣大)'을 풀이할 때 '意' 자를 썼다.347) '덕성이 높고 뛰어나며 지혜가 밝은 것(高明)'을 중용(中庸)과 서로 대조하면,

---

346 『주자어류(朱子語類)』 卷 64-157
347 『중용장구(中庸章句)』 第27章 "털끝만큼의 사사로운 생각으로 스스로를 덮어 가리지 아니하고 … (不以一毫私意自蔽 …)"

중용(中庸)은 '일을 처리하는 것(處事)'에 속한다. 그러기 때문에 '덕성이 높고 뛰어나며 지혜가 밝은 것(高明)'을 풀이할 때 '欲' 자를 썼다.[348]

 自極高明以上 反覆言所以至於中庸之由 自溫古以下 言旣至中庸之後 其持守推廣 尤不可不慎 盖不溫故 則無以守此中庸 不知新則所守者 或狹隘固陋 無以盡天下之理矣 敦厚 則所以爲溫故者 愈固 崇禮 則所以爲知新者愈深

 '지극히 덕성이 높고 뛰어나며 지혜가 밝음(極高明)'으로부터 앞으로는 중용(中庸)을 실행하는 데에 이르는 방도(方道)를 되풀이하여 말하였고, '예전에 배웠던 것을 익힌다(溫故)'로부터 다음은 이미 중용(中庸)에 이르고 난 다음에 그것을 굳게 지키고 미루어 넓혀 나아가 더욱 삼가지 않을 수 없음을 말하였다. 예전에 배웠던 것을 익히지 않는다면 이 중용(中庸)을 지켜 낼 수가 없고, 새로운 것을 알지 못한다면 지키는 것도 혹 자질구레하여 궁색하며 완고하고 식견이 없게 되어서 하늘과 땅의 이치(理致)에 이를 수 없게 된다. '힘쓰기를 두터이 하는 것'은 예전에 배웠던 것을 익혀서 아는 것이 더욱 확고하게 되는 것이고, '예(禮)를 높이는 것'은 새롭게 알게 되는 것이 더욱 깊어지는 것이다.

 饒氏曰 一篇之中 論學問之道 綱目備而首尾詳 無有過於此章者也 然則此章爲一篇之要也 章句云 聖賢所示入德之方 莫詳於此 然則此節爲一章之要也 又十句之中 惟道中庸爲樞紐 故自十二章以下 其精彩意脉 都合殺發得此一句爲著題語

---

348 위와 같은 곳 "털끝만큼의 사사로운 욕심으로 스스로를 더럽히지 아니하며 … (不以一毫私<u>欲</u>自累 …)"

(쌍봉)요씨 말하기를 "이 책(『中庸章句』) 가운데 학문의 도(道)를 말한 대강과 요점이 잘 갖추어져서 처음과 끝이 상세하기가 여기에서 밝힌 것보다 더 나은 곳은 없다."[349]라고 하였다. 그렇다면 이 장은 이 책의 중요한 곳이 된다. 『중용장구(中庸章句)』에서 "성현(聖賢)이 덕(德)에 들어가는 방법을 보여 준 것이 이보다 상세한 곳이 없다."[350]라고 하였다. 그렇다면 이 절(尊德性節)은 이 한 장(章)의 요점이 되고, 또 (이 장의) 10개 구절(句節) 가운데서 오직 중용(中庸)을 따라 실행하는 중요 부분(樞紐)이 된다. 그러므로 제12장으로부터 다음으로는 그 아름답게 빛나는(精彩) 뜻의 연관됨이 합하여지고 덜어지는 것을 모두 들추고 여기 한 구절(句節)을 드러내어 주제어로 삼았다.

不倍以下章考之 似是不敢違犯之意也 言與嘿對勘 言則嘿之反也 聖人如不言 道將不行也 興與容對勘 則是指其身之自興 如曰以七十里興也 其興於世 容於世 莫非依乎中庸者 而結之曰 此之謂也 此字專指 明哲保身一邊而言 以起下章聖人在下位之義

'배반하지 않는다(不倍)'의 다음 장을 살펴보면 감히 죄를 범하지 않는다는 뜻과 비슷하다. 말하는 것과 침묵하는 것을 대조하여 헤아려 보면 말하는 것은 침묵의 반대이다. 성인(聖人)이 "도가 실행되지 않을 것이다. (道將不行也)"라는 말을 하지 않은 것과 같다. '떨쳐 일어남(興)'과 '받아들임(容)'을 대조하여 헤아려 보면 '興'은 자신이 스스로 일어남을 가리키는 것이다. 이를테면 "(湯 임금이) 70리 땅을 가지고 떨쳐 일

---

349  『중용장구(中庸章句)』 제27장 끝의 소주(小註)
350  위와 같은 곳. "故 君子 尊德性而道問學 …"의 절(節)

어났다. (以七十里興也)"³⁵¹⁾라고 말한 것과 같다. '세상에 떨쳐 일어나는 것(興)'이나 '세상에 받아들여지는 것(容)'이나 중용(中庸)의 도(道)에 따라 행하지 않는 것이 없는데, 끝맺으며 "이것을 이르는 것이다. (此之謂也)"라고 하였다. '此' 자는 오직 "이치에 밝고 사리를 잘 살핌으로써 자신을 지킨다. (明哲保身)"라는 한 측면만을 가리켜서 말한 것이고, "성인이 낮은 지위에 있다는 뜻(聖人在下位之義)"은 다음 장에서 시작된다.

---

351 『맹자(孟子)』「공손추상(公孫丑上)」第3章 "孟子曰 以力假仁 … 以德行仁者王 王不待大 湯以七十里 文王以百里"

# 第 28 章

## 28-1

**[槪觀]**

자신의 처지와 분수 밖의 생각과 행동을 하게 되면 반드시 재앙(災殃)이 닥치게 됨을 경고하고 있다. 덕(德)이 없는 어리석은 사람이 높은 지위(地位)를 내세워 자기의 생각만을 고집하거나 덕(德)은 지녔을지라도 지위가 낮은 사람이 제멋대로 일을 처리하며, 변화된 현재의 질서와 제도를 따르지 않고 지난날의 질서와 제도를 고집하는 부류(部類)를 꼬집는 말이다.

子曰 愚而好自用하며 賤而好自專이요 生乎今之世하여 反古之道
자왈 우이호자용     천이호자전      생호금지세     반고지도
면 如此者는 裁(재)及其身者也니라
  여차자        급기신자야

공자(孔子) 말씀하시기를 어리석으면서 (지위는 높아서) 자기의 뜻대로 행하기를 좋아하며, (덕(德)은 지녔으나) 지위가 낮으면서 제멋대로 행하기를 좋아하고, 지금의 세상에 살고 있으면서 옛날의 도(道)로 되돌아가려고 한다면, 이와 같은 사람은 재앙(災殃)이 그 몸에 미치게 될 것이다.

◇ 反(반): 되돌아가다      ◇ 裁(재): 재앙(災殃), 주벌(誅罰)하다

### 章句大全

以上은 孔子之言이니 子思가 引之라 反은 復也라 陳氏曰 愚者無德 賤者無位

 이상은 공자(孔子)의 말씀인데 자사(子思)가 끌어다 쓴 것이다. '反'은 되돌아가는 것이다. 진씨 말하기를 어리석은 사람은 덕(德)이 없고, 천(賤)한 사람은 지위(地位)가 없다.

## 28-2

[概觀]

 앞에서 지위가 낮은 사람으로서 자신의 처지와 분수 밖에서 제멋대로 행(行)하기를 좋아한다면 반드시 재앙(災殃)이 자신에게 미치게 된다고 한 것에 연결된다.

非天子면 不議禮하며 不制度하며 不考文이니라
비천자  불의례     불제도     불고문

 천자(天子)가 아니라면 예(禮)의 (옳고 그름을 따지거나) 논(論)하지 못하며, 법도(法度)를 제정(制定)하지 못하며, 글자(획(劃) 또는 音)를 깊이 생각하고 연구하여 정하지(考定) 못한다.

### 章句大全

 此 以下는 子思之言이라 禮는 親疏貴賤 相接之體也라 禮記云 禮也者 猶體也 度는 品制요 不制度之制字 活字作也 文은 書名이라 朱子

曰 書名 是字底名³⁵²⁾ 字如大字喚做大字 上字喚做上字 下字喚做下字

◇ 體(체): 격식(格式), 법식(法式)　　　◇ 喚做(환주): 이름 지어 부르다

　이곳으로부터 다음은 자사(子思)의 말이다. '**禮**'는 가까운 사이나 다소 먼 사이나 귀한 지위나 낮은 지위의 사람이 서로 만남의 격에 맞는 일정한 법식(法式)이다. 『예기(禮記)』에 말하기를 예(禮)라고 하는 것은 체통(體統)과 같다고 했다. '**度**'는 법(法)이나 규정(規定)을 만드는 것이다. '법도를 제정하지 않는다(不制度)'고 할 때의 '制'자는 '만든다(作)'는 동사(動詞)이다. '**文**'은 글자의 이름이다. 주자(朱子) 말하기를 '書名'은 글자의 이름이다. 자(字)는 이를테면 '大' 자는 '大' 자로 이름 지어 부르고, '上' 자는 '上' 자로 이름 지어 부르고, '下' 자는 '下' 자로 이름 지어 부름과 같은 것을 말한다.

# 28-3

**[槪觀]**

　오직 천자(天子)라야 예법(禮法)이 옳고 그름을 따지고 논(論)하며, 법도(法度)를 제정하며, 글자의 획(劃)이나 음(音)을 고정(考定)하거나 새로운 글자를 만들 수 있었다. 그러

---

352　『중용장구(中庸章句)』 第20章 "子曰 文武之政 布在方策 …" 節 이하의 小註에 "『의례(儀禮)』 「빙례(聘禮)」에 '비단을 묶어 글씨를 쓰는데 백 글자 이상은 책(策)에다 쓰고 백 글자에 미치지 못하는 것은 목판에다 쓴다. (束帛加書 百名以上 書於策 不及百名 書於方 …)"라 하였으니, '名'은 '字'와 같은 것이다. 그런데 주자(朱子)는 "書名은 글자의 이름이다. (書名 是字底名)"라고 풀이하였다.

기 때문에 천자(天子)가 다스리던 주(周)나라 초기에 제정된 법도에 따라 좌우 수레바퀴 간의 거리를 같게 하고, 같은 글자를 사용하며 효제충신(孝悌忠信)의 윤리(倫理)를 바탕으로 하는 예법(禮法)이 같아지게 된 것이다.

今天下가 車同軌하며 書同文하며 行同倫이니라
금천하    거동궤       서동문       행동륜

지금 천하가 좌우 수레바퀴 간의 거리가 같으며, 쓰는 글자가 같으며, 실행하는 (孝悌忠信의) 윤리(倫理)가 같으니라.

**章句大全**

今은 子思가 自謂當時也[353]라 軌는 轍迹之度라 倫은 次序之體니 三者皆同은 言天下一統也라

'今'은 자사(子思)가 스스로 그때라고 말한 것이다. '軌'는 수레바퀴 자국(바퀴 좌우간의 거리)의 기준(基準)이다. '倫'은 차례와 순서의 격식(格式)이다. 세 가지가 모두 같은 것은 천하가 하나로 통일되었음을 말한다.

---

353 『예기정의(禮記正義)』 卷 53 「중용(中庸)」의 주(註)에는 "'今'은 공자(孔子)가 그 당시를 말한 것이다. (今 孔子謂其時)"라 하였고, 같은 곳의 소(疏)에는 "'今'은 공자(孔子) 당시를 이르는 것이다. (今 謂孔子時)"로 되어 있다.

## 28-4

**[槪觀]**

　천자(天子)의 지위(地位)에 있으면서도 성인(聖人)의 덕(德)을 갖추지 못하였거나, 비록 성인(聖人)의 덕(德)은 갖추었다 할지라도 천자(天子)의 지위를 얻지 못하였으면 예(禮)를 논(論)하거나, 법도(法度)를 만들거나, 글자(文)의 획(劃)이나 음(音)을 바로잡아 정하거나, 새로운 글자를 만들지 못하는 것이다. 그러므로 공자(孔子)도 덕(德)을 갖춘 성인(聖人)이었지만, 천자(天子)의 지위(地位)를 얻지 못했던 까닭에 단지 주(周)나라의 제도(制度)를 따를 수밖에 없었을 뿐이다.

雖有其位나 苟無其德이면 不敢作禮樂焉이며 雖有其德이나 苟無其位면 亦不敢作禮樂焉이니라
수유기위　구무기덕　　불감작례악언　　수유기덕　　구무기위　　역불감작례악언

비록 그러한 (예악을 제정할 수 있는 천자의) 지위는 지녔으나 만약 그럴 만한 (성인의) 덕(德)이 없다면 감히 예악(禮樂)을 만들지 못하며, 비록 그러한 (성인의) 덕(德)은 지녔으나, 만약 그럴 만한 (천자의) 지위가 없다면 역시 감히 예악(禮樂)을 만들지 못하느니라.

**章句大全**

鄭氏曰 言作禮樂者는 必聖人在天子之位라

　정현(鄭玄)이 말하기를 "예악(禮樂)을 만들 수 있는 사람은 반드시 성인(聖人)의 덕(德)을 지니고서 천자(天子)의 자리에 있어야 함을 말한다."

## 28-5

**[概觀]**

　주(周)나라 무왕(武王)이 은(殷)나라를 멸망시키고 어진 정치를 베풀어 천하가 태평하게 되자 하(夏)나라의 우왕(禹王)과 은(殷)나라 탕왕(湯王)의 덕(德)을 기려 각각 기(杞)나라와 송(宋)나라를 세워 주고 그 후예(後裔)들에게 제사를 받들게 하였다. 하지만 『논어(論語)』의 기록과 같이 문헌(文獻)이 부족하여 두 왕조(王朝)의 의례제도(儀禮制度)를 고증(考證)할 수가 없었다.[354] 그러나 무왕(武王)의 아우 주공(周公)이 하(夏), 은(殷) 두 왕조(王朝)의 좋은 제도를 추려서 새로이 예의삼백(禮儀三百) 위의삼천(威儀三千)과 같이 완벽한 문물제도(文物制度)를 제정한 것이 그대로 보존되어 당시에도 실행되고 있었다. 그러므로 천자(天子)의 지위를 얻지 못한 공자(孔子)로서는 그에 따랐을 뿐이라고 한 것이다.[355]

子曰 吾說夏禮나 杞不足徵也요 吾學殷禮하니 有宋이 存焉이어
자왈 오설하례　　기불족징야　　오학은례　　　유송　　존언
니와 吾學周禮하니 今用之라 吾從周호리라
　　　오학주례　　금용지　　오종주

　공자(孔子) 말씀하시기를 내가 하(夏)나라의 예법을 말해 줄 수 있으나, 기(杞)나라에는 (전적(典籍)이 온전하지 못해서) 고증(考證)할 것이 부족하고, 내가 은(殷)나라의 예법을 배웠었고 (은나라 예법이) 송(宋)나라에 보존되고는 있지만, 내가 주(周)나라의 예법을 배웠고 오늘날에 쓰이고 있으니, 나는 주(周)나라의 예법을 따르리라.

---

354　『논어(論語)』「팔일(八佾)」第9章 "子曰 夏禮吾能言之 杞不足徵也 殷禮吾能言之 宋不足徵也 文獻不足故也 足則吾能徵之矣"
355　『논어(論語)』「팔일(八佾)」第14章 "子曰 周監於二代 郁郁乎文哉 吾從周"

**章句大全**

此는 又引 孔子之言이라 杞는 夏之後라 徵은 證也라 宋은 殷之後라 三代之禮를 孔子가 皆嘗學之 而能言其意로되 但夏禮를 旣不可考證이요 殷禮雖存이나 又非當世之法이요 惟周禮는 乃時王之制라 今日所用이니 孔子 旣不得位 則從周而已라

여기는 또 공자(孔子)의 말씀을 끌어온 것이다. '杞'는 하(夏)나라의 후예(後裔)이다. '徵'은 고증(考證)하는 것이다. '宋'은 은(殷)나라의 후예이다. 세 나라(夏, 殷, 周)의 예법(禮法)을 공자(孔子)가 모두 배워서 그 뜻을 말해 줄 수 있었으나, 다만 하(夏)나라의 예(禮)는 이미 고증(考證)할 수가 없게 되었고, 은(殷)나라의 예(禮)는 비록 남아 있었으나 또 당시에 쓰이는 예법이 아니었다. 오직 주(周)나라의 예법만은 바로 당시의 왕(周公)이 만들었고 오늘날 일상에서 쓰이고 있으니, 공자(孔子)가 이미 예법(禮法)을 제정할 수 있는 지위를 얻지 못해서 주(周)나라의 예법을 따라 행할 뿐이었다.

右 第二十八章이라 承上章 爲下不倍而言이니 亦人道也라

이상은 제28장이다. 앞 장의 '아랫사람이 되어 (윗사람을) 배반하지 않는 것'을 이어서 말한 것이니, 또한 사람이 행하여야 할 도리(人道)이다.

中庸矢書
# 第二十八章

此章 釋聖人之遯世不見知者也 上章言依乎中庸之實 此章言雖如此而旣不在位 無如世何 下章言使聖人興於天下 則其施設功能 當如此也 上言至道之必待至德而凝 此言雖有其人 其道亦不行 下言至德之行至道

이 장은 "성인(聖人)이 생(生)을 마치도록 사람들에게 알아줌을 받지 못한 것(聖人之遯世不見知者)"[356]을 풀이한 것이다. 앞 장에서는 중용(中庸)의 도(道)에 따라 행하는 실제(實際)를 말하였고, 이 장에서는 비록 (聖人의 德이) 이와 같다 할지라도 이미 지위가 없으니 세상에 대해서 어찌할 수가 없었음을 말하였다. 다음 장에서는 천하에 성인(聖人)의 교화(敎化)가 일어나게 한다면 그 베푸는 (교화의) 공적이 당연히 이와 같을 것이라 말하였고, 앞에서는 지극한 도(至道)는 반드시 지극한 덕(至德)을 지닌 사람을 기다려서 모여지고 이루어진다는 것을 말하였고, 여기에서는 비록 그러한 사람이 있을지라도 그러한 도(道)가 행하여지지 않는 것을 말한 것이고, 다음에서는 지극한 덕(德)이 있는 사람이 지극한 도(道)를 실행하는 것을 말하였다.

---
356 『중용장구(中庸章句)』 第11章

聘禮 束帛加書 百名以上 書於策 註云 古曰名 今曰字 盖書者 凡象形會意等六書之通稱 名 如人名物名之名 則其書之各名也 今反切之音 是也 百名者 百字也 文者 又其點畫也 然則名與字 是書之所呼也 文示書之形體也 今以書名訓文何也 周禮外史大行人之職 掌達書名於四方 以考論之 欲其同此呼喚 則此所謂考文 實其掌達書名之事 故以書名訓文也 考文者 即考論其文之名也

『의례(儀禮)』「빙례(聘禮)」에 "비단을 묶어서 글씨를 쓰는데 백 글자(名) 이상은 (대나무 조각을 엮은) 책(策)에다 쓴다. (束帛加書 百名以上 書於策)"라고 한 것을 주(註)에서 "옛날에는 '名'이라 하였고, 지금은 '字'라 한다. (古曰名 今曰字)"라고 하였다. '書'는 상형(象形), 회의(會意) 등 여섯 가지[357] (구조 및 사용에 관한) 구별을 공통으로 일컫는 것이다. '名'은 이를테면 사람의 이름, 사물을 가리켜 부르는 '이름(名)'과 같으니 그 글자 각각의 이름이다. 지금의 (모음과 자음을 표기하는) 반절음(反切音)이 이것이다. '百名'은 '백 글자(百字)'이고, '文'은 또 글자의 점(點)과 획(畫)이다. 그렇다면 '명(名)'과 '자(字)'는 글자(書)를 일컫는 것이다. '文'은 글자의 생김이나 바탕이 되는 몸체인데, 오늘날 글자의 이름을 가지고 '文'이라고 뜻을 풀이하는 것은 무엇 때문인가? 『주례(周禮)』 「외사(外史)」와 「태행인(大行人)」의 직분(職)에 "사방 여러 나라에 글자의 이름이 통하게 하는 일을 맡아서 주관한다. (掌達書名於四方)"[358]라

---

357　육서(六書): 상형(象形), 지사(指事), 회의(會意), 형성(形聲), 전주(轉注), 가차(假借)를 가리킨다.
358　『주례(周禮)』「춘관종백(春官宗伯), 외사(外史)」에는 "外史掌書外令 … 掌達書名于四方 …"이라 하고 '於'가 아닌 '于'로 되어 있고, 「추관사구(秋官司寇), 태행인(大行人)」에는 "掌大賓之禮 及大客之儀 …" 등에 관한 내용만 보인다.

고 한 것은 깊이 헤아리고 따져서 이 글자와 같게 부르게 하고자 한 것이니, 여기서 말하는 '考文'이라고 하는 것은 실제로 사방 여러 나라에 글자의 이름이 통용되게 하는 것을 맡아서 주관(管掌)하는 일이다. 그러므로 글자의 이름을 '文'이라고 뜻을 풀어서 밝힌 것이니, '考文'이란 바로 그 글자의 이름을 깊이 헤아리고 따지는 것이다.

　禮是天之所秩也 教之莫先者也 然後制其法度而一之 然後有心畫之文 可以達之天下後世 而無不被其澤矣 車軌者又制度之一 而行于天下者也 欲徵天下之同制 莫先於車軌 然後書名可達而爲同文 夫然故天秩之禮 可以布四方 而無遠不屆矣

　예(禮)는 하늘이 정한 질서(尊卑貴賤)이니 禮를 가르치는 것보다 먼저인 것은 없다. 그런 다음에 그 법도(法度)를 만들어서 한결같이 하고, 그런 다음에 마음의 획(畫)인 글자가 천하의 다음 세대에까지 두루 통용될 수 있다면 그 은택을 입지 못함이 없을 것이다. '좌우 수레바퀴 간의 거리(車軌)' 또한 같은 제도(制度)를 제정하여서 천하에 시행하는 것이다. 천하의 제도가 같음을 증명하고자 한다면 '좌우 수레바퀴 간의 거리(車軌)'를 같게 하는 것보다 먼저인 것은 없을 것이다. 그런 다음에 글자의 이름이 두루 통용되어서 글자가 같게 되고, 그렇게 하였기 때문에 하늘이 정한 질서인 예(禮)가 사방으로 널리 퍼뜨려질 수 있어서 먼 곳(여러 나라)까지 이르지 않음이 없는 것이다.

# 第 29 章

## 29-1

**[概觀]**

　　예법(禮法)이 옳고 그름을 따져 논(論)하며, 법도(法度)를 제정하며, 글자의 획(劃)이나 음(音)을 살피고 따져서 정하거나(考定) 새로운 글자를 만드는 일은 오직 성인(聖人)이면서 천자(天子)의 지위를 가진 사람이라야 해낼 수 있으니, 이것을 천하를 다스림에 가장 중요한 세 가지(議禮, 制度, 考文)라고 한 것이다. 이들 세 가지가 시대의 변천을 따라 현실에 맞게 만들어지고 고쳐져서 두루 실행되어 진다면 위정자(爲政者)는 물론 백성들의 잘못도 작아지게 될 것이다.

> 王天下 有三重焉이니 其寡過矣乎인져
> 왕천하 유삼중언　　기과과의호
>
> 천하를 다스리는 데 세 가지 중요한 것이 있으니 (그것을 실행한다면) 아마도 잘못이 적을 것이다.

◇ 其~乎: 아마도 ~일 것이다

**章句大全**

　呂氏曰 三重은 謂議禮制度考文이니 惟天子 得以行之 則國不異政하고 家不殊俗하여 而人得寡過矣리라

여씨(呂大臨) 말하기를 '三重(세 가지 중요한 것)'은 의례(議禮), 제도(制度), 고문(考文)이니 생각건대 천자(天子)가 이것을 실행한다면, 제후(諸侯) 나라에서의 정사(政事)도 다르지 않고, 대부(大夫) 집안에서의 습속(習俗)도 다르지 않아서 백성들이 잘못을 적게 할 것이다.

## 29-2
### [概觀]
주(周)나라의 예법(禮法)이나 제도(制度)가 만들어질 당시에는 완벽하였지만, 천자(天子)의 자리에 있었던 사람들은 600여 년 동안 이들을 시대변천에 따라 고치거나 새로이 만드는 것을 해내지 못하였고, 천하는 결국 춘추전국시대(春秋戰國時代)라는 대혼란기에 빠져들게 된다. 이에 공자(孔子)는 전 왕조(夏, 殷)의 좋은 제도를 실행하고자 하였으나 이를 증험(證驗)해 줄 문헌(文獻) 등 전적(典籍)도 없었고 천자(天子)의 지위도 얻지 못하고 낮은 지위에 있었던 까닭에 백성들도 믿고 따라 행하지 않았었다.

上焉者는 雖善이나 無徵이니 無徵이라 不信이요 不信이라 民弗
상언자   수선   무징   무징   불신   불신   민불
從이니라 下焉者는 雖善이나 不尊이니 不尊이라 不信이요 不信
종     하언자   수선   불존   불존   불신   불신
이라 民弗從이니라
   민불종

앞 시대의 것(성인이면서 천자가 된 사람이 제정한 예법)이 비록 좋으나 (夏, 殷의 禮를) 증험하지 못하니, 증험하지 못해서 믿어지지 않고, 믿어지지 않으니 백성들이 따라 행하지 않는다. 지금의 것(성인이지만 천자의 지위에 있지 아니한 사람이 繼述한 예법)은 비록 좋으나 (聖人의) 지위가 높지 않으니, 지위가 높지 않아서 믿어지지 않고, 믿어지지 않으니 백성들이 따라 행하지 않는다.

◇ 善(선): 훌륭하다, 좋다

**章句大全**

上焉者는 謂時王以前이니 如夏商之禮雖善이나 而皆不可考요 文獻不足徵 下焉者는 謂聖人在下니 如孔子雖善於禮나 而不在尊位也라

◇ 善(선): 잘하다, 잘 알다

'앞 시대의 것'은 당시 (周나라) 왕(時王)의 이전을 말하니, 이를테면 하(夏)나라, 상(商)나라의 예(禮)가 비록 훌륭하였지만 모두 깊이 헤아려 살펴볼 수가 없고, 참고되는 서적이나 문서(文獻)가 부족하여 증험할 수 없다. '지금의 것'은 성인(聖人)이 낮은 지위에 있음을 이르니, 이를테면 공자(孔子)가 비록 예(禮)에 대하여 잘 알고 있으나 높은 지위에 있지 못한 것과 같다.

## 29-3

**[槪觀]**

　여기의 군자(君子)는 덕(德)이 높은 천자(天子)를 가리킨다. 앞에서 제시한 의례(議禮), 제도(制度), 고문(考文) 등 세 가지를 잘 시행하여 잘못을 적게 하여야 천하를 잘 다스리는 성군(聖君)이 될 수 있다. 따라서 군자(君子)는 우선 자신을 수양(修養)하여 지극한 덕(德)에 이르게 하고 그 덕(德)에 터 잡아 백성들에게 널리 시행할 때 백성들이 믿고 따라 행하게 될 것이다. 또한 우(禹), 탕(湯), 문, 무(文, 武)의 삼왕(三王)과 견주어 보아도, 천지가 만물을 길러 주는 덕(德)에 견주어 보아도, 신명(神明)에 물어보아도, 100세대(世代)의 성인(聖人)을 기다려 묻더라도 조금의 어긋남이나 의혹도 없게 된다는 것이다.

故로 君子之道는 本諸(저)身하여 徵諸(저)庶民하며 考諸(저)三王
　　　군자지도　　본　신　　　징　　　서민　　　고　　　삼왕
而不謬하며 建諸(저)天地而不悖하며 質諸(저)鬼神而無疑하며 百
이불류　　　건　　　천지이불패　　　질　　　귀신이무의　　　백
世以俟聖人而不惑이니라
세이사성인이불혹

　그러므로 군자의 도(道)는 자신에게 근본을 두고서 백성들에게 증험하며, 삼왕(禹王, 湯王, 文王, 武王의 선정(善政))에 비추어 보아도 잘못이 없으며, 천지에 그 일을 수립하여 시행하더라도 어긋나지 아니하며, 귀신(天地神明)에게 묻더라도 의혹이 없으며, 100세대(世代)의 성인(聖人)을 기다려서 (묻더라도) 의혹되지 않느니라.

◇ 諸(저): (=之於) ~에, ~에서, ~에게

### 章句大全

此 君子는 指王天下者而言이라 其道는 即議禮制度考文之事也라 本諸身은 有其德也라 徵諸庶民은 驗其所信從也라 建은 立也니 立於此 而參於彼也라 天地者는 道也라 鬼神者는 造化之迹也라 百世以俟聖人而不惑은 所謂 聖人復起사나도 不易 吾言者也라

여기의 '군자(君子)'는 천하에 왕 노릇 하는 사람을 가리켜서 말한 것이다. '其道'는 바로 의례(議禮), 제도(制度), 고문(考文)의 일이다. '자신에게 근본을 두는 것(本諸身)'은 군자 자신이 (議禮, 制度, 考文의 일을 실행할 만한) 덕(德)을 지니는 것이다. '백성들에게 증험하는 것(徵諸庶民)'은 믿고 따르는 것을 증험하는 것이다. '建'은 세우는 것이니, 이것을 세워서 저것(天, 地)과 나란히 하는 것이다. '天地'는 도(道)이다. '귀신(鬼神)'[359]은 조화의 자취이다. '100세대(世代)의 성인을 기다려 묻더라도 의혹하지 않는 것(百世以俟聖人而不惑)'은 『맹자(孟子)』에서 "성인(聖人)이 다시 일어난다 해도 내가 한 말을 바꾸지 않을 것이다. (聖人復起 不易 吾言者也)"[360]라고 한 말을 이르는 것이다.

## 29-4

**[槪觀]**

윗글(29-3)과 같이 하고서 또다시 신명(神明)에게 묻는 것은 하늘이 명(命)한 지극한

---

359 귀신(鬼神)은 'Ghost'를 가리키는 것이 아니다.
360 『맹자(孟子)』「등문공하(滕文公下)」 第9章

이치를 알아서 의심함이 없게 하기 위한 것이고, "100세대(世代)의 성인(聖人)을 기다려서 묻더라도 의혹하지 않는다."라고 한 것은 사람의 본성(本性)의 도리(道理)인 이치를 알아서 의혹하지 않게 하려는 이유이다.

質諸(저)鬼神而無疑는 知天也요 百世以俟聖人而不惑은 知人也니라
질    귀신이무의    지천야    백세이사성인이불혹    지인야

귀신에게 물어도 의혹이 없음은 하늘이 (명한 이치를) 아는 것이요, 100세대의 성인을 기다려서 (묻더라도) 의혹하지 않음은 사람의 (본성의 도리를) 아는 것이다.

### 章句大全

知天 知人은 知其理也라

'하늘을 아는 것'과 '사람을 아는 것'은 그 (하늘이 명한 이치와 사람의 본성의 도리인) 이치를 안다는 것이다.

○ 北溪陳氏曰 鬼神 天理之至也 聖人 人道之至也 惟知天理之至 所以無疑 惟知人道之至 所以不惑

북계진씨 말하기를 '귀신(鬼神)'은 하늘의 이치(理致)의 지극함이요, '성인(聖人)'은 사람이 행하여야 할 도리(道理)의 지극함이다. 하늘의 이치의 지극함을 아는 것은 의혹됨이 없게 하는 방법이 되고, 사람이 행하여야 할 도리의 지극함을 아는 것은 의혹되지 않는 방법이 된다.

## 29-5

**[概觀]**

　성인(聖人)의 덕을 지니고 천자(天子)의 자리에 있으면서 우(禹), 탕(湯), 문, 무(文, 武) 삼왕(三王)의 법도(法度)에 어긋나지 않으며 천지의 도(道)에 부합(符合)하는 정사(政事)를 행하는 천자(天子)라면, 그의 움직임은 천하(天下)의 도(道)가 되고, 그가 시행하는 것은 천하(天下)의 법도(法度)가 되며, 말하는 것은 천하의 사람들이 지켜야 할 준칙(準則)이 된다. 그러므로 먼 곳에서도 우러러보며 그리워하고 가까이에서도 싫어하지 않아서 그의 위대한 덕(德)을 믿고 따라 행하게 된다.

是故로 君子는 動而世爲天下道니 行而世爲天下法하며 言而世爲天下則이라 遠之則有望이요 近之則不厭이니라
시고　군자　동이세위천하도　행이세위천하법　언이세위천하칙　원지즉유망　근지즉불염

이 때문에 군자(君子)는 움직이면 대대(代代)로 천하의 도(道)가 되니 실행하면 대대로 천하에 법도(法度)가 되며, 말을 하면 대대로 천하의 준칙(準則)이 되느니라. 멀리 있으면 그리워하고, 가까이 있더라도 싫어하지 않느니라.

**章句大全**

　動은 兼 言行而言이요 道는 兼 法則而言이라 法은 法度也요 則은 準則也라

　'動'은 말과 행동을 겸하여서 말한 것이다. '道'는 법과 준칙을 겸하여 말한 것이다. '法'은 (생활의) 예법과 제도이다. '則'은 표준

第 29 章　491

으로 삼아야 할 규칙이다.

## 29-6

**[槪觀]**

하(夏)나라의 후예(後裔)인 기(杞)나라의 제후(諸侯)와 은(殷)나라의 후예(後裔)인 송(宋)나라의 제후(諸侯)가 천자(天子)의 나라인 주(周)나라의 제사(祭祀)를 도우러 온 것을 노래한 시(詩)이다.

> 詩曰 在彼無惡하며 在此無射(역)이라 庶幾夙夜하여 以永終譽라
> 시왈 재피무오   재차무    서기숙야    이영종예
> 하니 君子 未有不如此而蚤有譽於天下者也니라
>      군자 미유불여차이조유예어천하자야
>
> 시(詩)에 이르기를 "저기에서도 미워하지 않으며 여기에서도 싫어하지 않나니 거의 이른 새벽부터 밤늦게까지 열심히 노력하여 영원토록 좋은 평판 받길 바라네."라 하니, 군자가 이와 같지 아니하고서 일찍이 천하에 좋은 평판을 누린 사람은 아직 없었다.

◇ 射(역): 싫어하다, 『시경(詩經)』에는 '斁'으로 되어 있다
◇ 永終: 영원하다          ◇ 譽(예): 좋은 평판

**章句大全**

詩는 周頌 振鷺之篇이라 射(역)은 厭也라 所謂此者는 指本諸身以下 六事而言이라

시(詩)는 『시경(詩經)』「주송(周頌), 진로(振鷺)」篇이라 '射'은 싫어하는 것이다. '이것'이라고 말한 것은 '자신에게 근본을 둔다(本諸身)'고 한 다음의 여섯 가지의 일[361]을 말한 것이다.

右 第二十九章이라 承上章 居上不驕而言이니 亦人道也라

이상은 제29장이니 앞 장을 이어서 윗자리에 있으면서도 교만(驕慢)하지 않음을 말하였으니, 또한 사람이 행하여야 할 도리(人道)이다.

中庸疾書

# 第二十九章

此章 釋聖人不見知之實 若無此章 將不知其所不見知者 爲何事耳 此以上三章 乃反覆鮮 依乎中庸一節 然亦汎言聖者之所能 而不明言 其爲何人 下章乃以仲尼之事實之 盖彼十一章 本孔子之言故 雖不以爲已事 而言意之間 可

---

361 앞 절(節)의 "故 君子之道 本諸身 徵諸庶民 考諸三王而不謬 建諸天地而不悖 質諸鬼神而無疑 百世以俟 聖人而不惑"

以見其非夫子不可以當此名也 故以仲尼之事爲證 子思可謂識夫子之心也夫

  이 장은 성인(聖人)이 알아줌(擧用)을 받지 못한 실상을 풀이한 것이다. 만약 이 장이 없었다면 성인(聖人)이 무슨 일 때문에 알아줌(擧用)을 받지 못했는지 알 수 없었을 것이다. 이 앞의 세 장은 바로 "중용을 따라 행한다. (依乎中庸)"[362]라는 한 구절을 반복하여 풀이하였다. 그러나 또 일반적으로 성인(聖人)이 잘할 수 있다고 말하면서도 어떤 사람이 그러한지는 명확하게 말하지 않았다. 다음 장에서 비로소 중니(仲尼)의 일을 가지고 밝혔다. 아마도 저 11장(章)이 본래 공자(孔子)의 말이었기 때문에 비록 자기의 일이라고 말하지 않은 뜻 가운데서 선생님(夫子)이 아니면 이러한 명성(名聲)에 해당할 수 없다는 것을 알 수 있다. 그러므로 중니(仲尼)가 행한 사실을 가지고서 증거로 삼았으니, 자사(子思)가 선생님(夫子)의 마음을 알았다고 할 수 있을 것이다.

下焉者與上焉者對勘 即聖人之生於末世者也 只云上焉 則行道在其中 只云下焉 則其不得位亦在其中 其意若曰 彼末世之聖人 則不在尊位也 故章句云 聖人在下 上下者以世言也 或曰上下皆以位言 只云上焉 則其爲上世可知 只云下焉 則其爲末世亦可知 其意若曰 彼行道之聖人 則已久遠而無徵也

  지금의 것(성인이면서 낮은 지위에 있는 사람)과 앞 시대의 것(성인이면서 천자의 지위에 있던 사람)을 서로 맞대어 헤아려 본다면 바로 성인은 말세(末世)에 태어난 사람이다. 단지 '앞 시대(上焉)…'라는 말

---

362 『중용장구(中庸章句)』 제11장 "君子 依乎中庸 遯世不見知而不悔 …"

만 하여도 도(道)를 실행하였다는 뜻이 그 가운데 있고, 단지 '지금의 (下焉)…'라는 말만 하여도 그가 지위(地位)를 얻지 못하였다는 뜻이 또한 그 가운데 있다. 그 뜻은 '(정치, 도덕, 풍속이 쇠퇴한) 말세(末世)에 태어난 성인은 높은 지위에 있지 못하였다는 것'과 같은 말이다. 그러므로 『중용장구(中庸章句)』에서는 "성인이 낮은 지위에 있었다. (聖人在下)"[363]라고 한 것이다. '上'과 '下'는 모두 세대(世代)를 가지고 말한 것이다. 어떤 사람은 '上'과 '下'를 지위(地位)를 가지고 말한다고 하는데, 단지 '上'이라고 하면 그것이 이전 세대임을 알 수 있고, 단지 '下'라 하면 그것이 말세(末世)가 되는 것을 또한 알 수 있다. 그 뜻은 저 도(道)를 실행한 성인은 이미 너무 오래되어서 징험(徵驗)할 수 없다고 한 말과 같다.

蚤有譽一句 須仔細看 苟無其人 何必言蚤暮 下文仲尼即其人 祖述以下 乃其實也 無惡無射 須與三十一章尊親字 帖看

(군자가 이와 같지 아니하고서) "일찍이 천하에 좋은 평판을 누린 사람은 아직 없었다. (蚤有譽於天下者也)"라는 한 구절은 반드시 자세히 살펴보아야 한다. 진실로 그러한 사람이 없었다면 무엇 때문에 꼭 '일찍이(蚤)'나 '늦게(暮)'라는 말을 했겠는가! 다음 글의 중니(仲尼)가 바로 그 사람이다. '앞 시대 사람(先人)의 가르침을 본받아 서술하여 밝히는 것(祖述)'의 다음부터가 바로 그 실제(實際)이다. '(저기에서도) 미워하지 않고 (여기에서도) 싫어하지 않는다(無惡無射)'는 것은 반드시 第31章의 '존경하여 가까이한다(尊親)'는 글자에 결부(結付)시켜서 보아야 한다.

---

363 『중용장구(中庸章句)』第29章 "上焉者 雖善 …" 節 이하의 註 참조

# 第 30 章

## 30-1

**[概觀]**

공자(孔子)가 멀게는 요(堯)임금 순(舜)임금의 도(道)를 조종(祖宗)으로 삼고, 가깝게는 문왕(文王)과 무왕(武王)의 법도(法度)를 지키며, 위로는 하늘이 사계절을 운행하는 이치와 땅이 물과 흙의 한결같은 이치를 따랐던 것을 가지고 공자(孔子)의 덕(德)이 지극한 경지에 이르렀음을 밝히고 있다.

仲尼는 祖述堯舜하시고 憲章文武하시며 上律天時하시며 下襲水土하시니라
중니 조술요순 헌장문무 상률천시 하습수 토

중니(孔子)는 요(堯)와 순(舜)의 도(道)를 조종(祖宗)으로 삼아 이어받고, 문왕(文王)과 무왕(武王)을 법도로 삼아 밝히며, 위로는 하늘의 때(사계절의 운행)를 본받으며, 아래로는 물과 흙의 이치를 따르셨느니라.

◇ 仲尼(중니): 공자(孔子)의 자(字), 공자를 가까이 여겨 부르는 칭호 (親之之辭)
◇ 律(률): 본받다
◇ 襲(습): (늑因) 따르다

**章句大全**

祖述者는 遠宗其道요 憲章者는 近守其法이요 律天時者는 法其自

然之運이요 襲水土者는 因其一定之理니 皆兼內外 該本末 而言也라

◇ 宗(종): 높이다
◇ 該(해): 포함하다
◇ 因(인): 따르다

'祖述'은 멀게는 요순(堯舜)의 도(道)를 조종(祖宗)으로 높이는 것이요, '憲章'은 가깝게는 문왕(文王)과 무왕(武王)의 법도(法度)를 지키는 것이요, '律天時'는 하늘의 자연스러운 (사계절의) 운행을 본받는 것이요, '襲水土'는 (땅의) 한결같이 정하여진 이치를 따르는 것이니 모두 내외(內外)를 겸하고 본말(本末)을 포함하는 말이다.

## 30-2

**[槪觀]**

공자(孔子)의 덕(德)을 천지자연(天地自然)의 도(道)에 비유하여 조금의 어긋남도 없이 위대함을 밝히고 있다.

辟(비)如天地之無不持載하며 無不覆(부)幬하며 辟(비)如四時之錯行하며 如日月之代明이니라

비유하자면 하늘과 땅이 받쳐 주고 실어 주지 않음이 없으며, 덮어 주고 가려 주지 않음이 없는 것과 같으며, 비유하자면 사계절이 번갈아 운행함과 같고, 해와 달은 교대로 밝혀 주는 것과 같으니라.

◇ 辟(비): 譬와 同, 비유하다
◇ 覆(부): 덮다
◇ 錯(착): 번갈아, 교대로

◇ 持(지): 받쳐 주다
◇ 幬(도): 덮다, 가리다

### 章句大全

**錯은 猶迭也라 陳氏曰 如四時之相交錯 寒往則暑來 暑往則寒來 如日月之更相代 日升則月沈 月升則日沈**

'錯'은 '迭(번갈아)'과 같다. 진씨 말하기를 이를테면 사계절이 서로 번갈아 교대하는 것은, 추위가 가면 더위가 오고 더위가 가면 추위가 오는 것과 같고, 해와 달이 서로 번갈아 바뀌어서 해가 뜨면 달이 잠기고(지고), 달이 뜨면 해가 지는 것과 같다.

**此 言聖人之德이라**

여기에서는 성인의 덕(德)을 말하였다.

○ **新安陳氏曰 此所取譬 上二句以天地之定位言 下二句以陰陽之流行言**

신안진씨 말하기를 여기에서 비유한 것은 앞의 두 구절은 天地의 정하여진 지위를 가지고 말한 것이고, 다음의 두 구절은 음양(陰陽)의 유행(流行)을 가지고 말한 것이다.

## 30-3

**[槪觀]**

　천지(天地)의 덕(德)이 위대하여 온갖 사물(萬物)이 함께 나고 자라면서도 서로를 해치지 않으며, 봄, 여름, 가을, 겨울(四季節)이 번갈아 운행하고 해와 달은 교대로 밤과 낮을 밝혀 주면서도 서로의 도(道)에 어긋나지 않음은 작은 덕(德)들이 위대한 천지(天地)의 덕(德)에 순응(順應)하여 각각의 역할에 충실한 대문이다. 성인(聖人)이 이러한 천지의 위대한 덕(德)을 본받아 천지가 만물을 화육(化育)함과 같이 천하의 만민(萬民)을 교화(敎化)시킴을 밝힌 것이다.

萬物이 並育而不相害하며 道並行而不相悖라 小德은 川流요 大德은 敦化니 此이 天地之所以爲大也니라
만물　병육이불상해　　도병행이불상패　　소덕　천류　대덕　돈화　차　천지지소이위대야

온갖 사물이 함께 길러지면서도 서로를 해치지 않으며, 도(道)가 함께 운행하면서도 서로 어긋나지 않는다. 작은 덕(德)은 냇물의 흐름(같은 것)이요, 큰 덕(德)은 화육(化育)을 도탑게 하니 이것이 하늘과 땅의 (德이) 위대함이 되는 까닭이니라.

**章句大全**

　悖는 猶背音佩也라 天覆(부)地載에 萬物이 並育於其間 而不相害하고 四時日月이 錯行代明 而不相悖하니 北溪陳氏曰 天無不覆 地無不載 大化流行 萬物止其 所以不相侵害也 四時錯行 日月代明 一寒一暑 一晝一夜 似乎相反而實 非相違悖也 所以 不害不悖者는 小德之川流요 所以 並育並行者는 大德之敦化라 小德者는 全體之分이요 大德者

는 **萬殊之本이라** 新安陳氏曰 小德如言小節 大德如言全體 此言天地造化之理 小德者 一本之散於萬殊者也 大德者 萬殊之原於一本者也 **川流者는 如川之流하여 脉絡分明 而往不息也라 敦化者는 敦厚其化하여 根本盛大 而出無窮也라** 此言天地之道하여 以見上文取譬之意也라

'悖'는 '어긋나다(背: 패)'와 같다. 하늘이 덮어 주고 땅이 실어 줌에 온갖 만물이 그(天地) 사이에서 길러지면서도 서로를 해치지 않고 사계절과 해와 달은 번갈아 운행하며 교대로 밝혀 주면서도 서로에 어긋나지 않으니, 북계진씨 말하기를 하늘이 덮어 주지 않음이 없고 땅이 실어 주지 않음이 없다는 것은 큰 덕의 조화가 유행되어 만물에 미치면서도 그것이 서로를 해치지 않는다는 것이다. 사계절이 번갈아 운행되고 해와 달은 교대로 밝혀 주며, 한 계절이 추우면 한 계절이 덥고 한 번 낮이면 한 번 밤이 되는 것은 서로 반대이나 실제로는 서로 위반되거나 거슬리는 것은 아니다. (서로가) **해치지 않고 거슬리지 않는 까닭은 작은 덕(小德)은 냇물이** (맥락을 따라) **흐름 같은 것이요, 함께 길러지고 함께 행하여진다는 것은, 큰 덕(德)이 교화(教化)를 도탑게 하여 성대(盛大)함이 끝이 없기 때문이니, 작은 덕(小德)은 전체를 나눈 부분이요, 큰 덕(大德)은 모든 것이 여러 가지로 달라짐(萬殊)의 근본이다.** 신안진씨 말하기를 작은 덕(小德)은 (본질적이거나 중요하지 않은) 작은 마디(小節)를 말한 것이고 큰 덕(大德)은 전체(全體)를 말한 것이다. 이것은 천지조화(天地造化)의 이치(理致)를 말하였으니, 작은 덕(小德)은 하나의 근본에서 여러 가지로 달라져서 흩어진 것이요, 큰 덕(大德)은 하나의 근본에서 여러 가지로 달라지는 원천(源泉)이다. **'川流'는** 이를테면 냇물이 흐르

는 경로나 가닥(脉絡)이 분명하여 흘러가면서도 쉬지 않음과 같다. '敦化'는 하늘의 조화(造化)가 도타워서 근본이 성대(盛大)하고 표출되어 나오는 것이 끝이 없는 것이다. 이것은 하늘과 땅의 도(道)를 말하여 앞의 글에서 비유하여 취한 뜻을 드러낸 것이다.

右 第三十章이라 言天道也라

이상은 제30장이니, 하늘이 행하는 도(天道)를 말하였다.

中庸疾書
# 第三十章

上三章 旣釋聖人之遯世無悶 而只依夫子之言 不曾言其遯世無悶者 爲何人 故 此章乃以夫子事實之 盖謂夫子之自道 故復發明 言外之旨

앞의 세 장에서 이미 "성인(聖人)이 생을 마치도록 세상을 피하여 살아도 속 태우거나 괴로워하지 않는다."라는 말을 풀이한 것은 단지 선생님(孔子)의 말씀을 따랐고, 생을 마치도록 세상을 피하여 살아도 속

태우거나 괴로워하지 않았던 사람이 누구였는가는 미리 말하지 않았다. 그러므로 이 장에서 마침내 선생님(孔子)이 실행한 일을 가지고 실증(實證)한 것이다. 아마도 (앞 장에서) 선생님(孔子)이 스스로 말한 것을 이르기 때문에 말씀에서 벗어난 뜻을 (子思가 이 장에서) 다시 밝혀 드러낸 것이다.

律天時 襲水土 亦是祖述憲章之事 如此也 摠擧夫子已行之跡 則兩句所包許多 故 章句云 兼內外該本末也 按或問論律天時 則曰 由其書之有得夏時贊周易也 由其行之有不時不食也 迅雷風烈必變[364]也 以至於仕止久速皆當其可也 然則其得夏時贊周易爲外 其不食必變等爲內 內外互資以立其本 終至於仕止久速當其可 則末也 其論襲水土 則曰 由其書之有序禹貢述職方也 由其行之有居魯而逢掖也 居宋而章甫也 以至於用舍行藏之所遇而安也 然則其序禹貢述職方爲外 其逢掖章甫等爲內 內外互資以立其本 終至於用舍行藏所遇而安 則末也

◇ 藏(장): 지키다

"하늘의 때를 준칙으로 삼고 본받으며, 땅의 정한 이치에 따른다. (律天時 襲水土)"라는 것은 요(堯)임금과 순(舜)임금의 도(道)를 조종(祖宗)으로 삼아 그것을 본받고, 문왕(文王)과 무왕(武王)의 덕(德)을 법도(法度)로 삼아 드러내는 일이 이와 같았다는 것이다. 선생님(孔子)이 이미 실행하신 자취를 모두 들추게 되면, 두 구절은 매우 많은 것이 포함되

---

364 『논어(論語)』「향당(鄕黨)」 제15장 "迅雷風烈必變"의 주(註) '記曰 若有疾風迅雷甚雨 則必變 雖夜 必興 衣服冠而坐'

게 된다. 그러므로 『중용장구(中庸章句)』에서는 "내외를 겸하고 본말을 갖추었다. (兼內外 該本末)"³⁶⁵⁾라고 한 것이다. 『중용혹문(中庸或問)』을 살펴보면 '하늘의 때를 준칙으로 삼고 본받는다(律天時)'를 논(論)하면서 "그 글로 말미암아 하(夏)나라 때의 절기(節氣)를 알 수 있고, 주(周)나라 때의 역(易)을 밝혔으며, 그것을 실행하는 것으로 말미암아 제철 음식이 아니면 먹지 아니하며, 몹시 맹렬한 우레와 사나운 바람이 불 때는 비록 밤이라도 반드시 일어나 옷을 입고 관을 쓰고 앉아 있었던 일로부터 벼슬에 나아가거나 그만두는 것, 오래 머물 수 있으면 오래 머물고 빨리 떠나야 하면 빨리 떠났던 일에 이르기까지는 모두 마땅하여 그러할 만하다."³⁶⁶⁾라고 하였다. 그렇다면 하(夏)나라 때의 절기(節氣)를 알고 주(周)나라 때의 역(易)을 밝힌 것은 외적인 것(末)이 되고, 제철 음식이 아니면 먹지 않거나 몹시 맹렬한 우레와 사나운 바람이 불 때는 비록 밤이라도 반드시 일어나 옷을 입고 관을 쓰고 앉아 있었던 일 등은 내적인 것(本)이 된다. 내(內), 외(外)가 서로 바탕이 되어서 그 근본을 세운 것을 가지고 마침내 '벼슬할 만하면 하고 그만두어야 하면 그만두며, 오래 머물 만하면 오래 머물고 빨리 떠나야 하면 빨리 떠나는 것이 당연히 그럴 만하다는 것'은 말단적(末端的)인 것이 된다. '땅의 이치를 따르는 것(襲水土)'을 논(論)하면서 "그 글로 말미암아 「우공(禹貢)」³⁶⁷⁾을 서술하고 「職方氏」³⁶⁸⁾를 기록하였고, 그것을 실행한 것으로 말미암아 노(魯)나라에 있을 때 봉액의(逢掖衣)³⁶⁹⁾를 입었고,

---

365 『중용장구(中庸章句)』第30章, 『중용혹문(中庸或問)』
366 『중용혹문(中庸或問)』, 『맹자(孟子)』「만장하(萬章下)」 참조
367 『서경(書經)』「하서(夏書)」
368 『주례(周禮)』「하관사마(夏官司馬)」
369 봉액의(逢掖衣): 소매가 넓은 옷, 도포의 한 종류

송(宋)나라에 있을 때는 장보관(章甫冠)[370]을 썼던 것 등으로부터 등용(登用)되거나 버려지더라도 자신을 지키는 일을 만나게 되면 자연스러워 편안하였다."[371]라고 하였다. 그렇다면 「우공(禹貢)」을 서술하고 「**職方氏**」를 기록한 것은 외(外)적인 일(末)이며, 봉액의(逢掖衣)를 입고 장보관(章甫冠)을 썼던 것은 내(內)적인 일(本)이니 내외가 서로 바탕이 되어 그 근본을 세운 것이다. 마침내 '등용(登用)되거나 버려져도 자신을 지키는 일을 만나면 자연스러워 편안하였다는 것'은 말단적인 것이 된다.

**法天之覆燾 承地之持載 地古文作埊 從水從土 其養物之功 水土而已 埊見趙充國傳**

◇ 覆(부): 덮다　　　　　　　　◇ 燾(도): 가리다
◇ 埊(지): 地의 古字

하늘이 덮어 주고 가려 주는 것을 본받으며, 땅이 받쳐 주고 실어 주는 것을 이어받는다고 할 때의 '地'는 옛 글자로는 '埊'로 썼다. 물을 따라 행하고 흙을 따라 행하였으니 (하늘과 땅이) 만물을 길러 주는 공덕(功德)은 물과 흙일 뿐이다. '埊'라는 글자는 『한서(漢書)』「조충국전(趙充國傳)」에 보인다.

**此章 亦皆押韵 與九經章同**

---

370　장보관(章甫冠): 유생(儒生)들이 머리에 쓰던 冠의 한 종류
371　『중용혹문(中庸或問)』

이 장도 모두 규칙적으로 운(韻)을 달았으니, (『중용장구(中庸章句)』 第20章의) 구경장(九經章)과 같다.

# 第 31 章

## 31-1

**[概觀]**

앞 장에서는 만물(萬物)을 길러 주는 천지(天地)의 덕(德)과 공자(孔子)의 위대한 덕(德)이 서로 짝할 수 있을 만큼 같다는 것을 말하였고, 여기에서는 공자(孔子)와 같은 위대한 성인(聖人)은 총명예지(聰明叡知)를 타고난 까닭에 그 덕행(德行)이 저절로 인의예지(仁義禮智)의 모든 도(道)에 들어맞아서 자연스럽게 실행되며, 천하의 백성(百姓)을 잘 다스릴 수 있음을 말하였다.

唯天下至聖이아 爲能聰明睿知 足以有臨也니 寬裕溫柔 足以有容
유천하지성      위능총명예지  족이유림야    관유온유    족이유용
也하며 發强剛毅 足以有執也하며 齊(재)莊中正이 足以有敬也하
야     발강강의  족이유집야              장중정    족이유경야
며 文理密察 足以有別이니라
   문리밀찰  족이유별야

> 오직 천하의 지극한 성인(聖人)이라야 분명하게 듣고 보며 슬기롭고 지혜로워서 (천하를) 충분히 잘 다스릴 수 있으니, (마음이) 너그럽고 넉넉하며 (타고난 본성이) 따듯하고 부드러워서 (백성들을) 충분히 포용(包容)할 수 있으며, (절도(節度)에 맞도록) 분발(奮發)하고 노력하며 (의지가) 꿋꿋하고 굳세어서 충분히 (의지(意志)를) 지켜 낼 수 있고, (몸가짐이) 공손하며 엄숙하고 (마음이) 중도(中度)에 맞아 올바름은 (자신을) 충분히 절제(節制)할 수 있고, 예악(禮樂)과 법도(法度)의 조리(條理)를 상세하게 살펴서 아는 것은 (사리를) 분명하게 변별(辨別)할 수 있음이니라.

◇ 臨(임): 다스리다 　　◇ 齊(재): (=齋), 공손하다
◇ 莊(장): 엄숙하다 　　◇ 敬(경): 절제하다

### 章句大全

聰明睿知는 生知之質이라 臨은 謂 居上 而臨下也라 其下四者는 乃仁義禮智之德이라 文은 文章也라 理는 條理也라 密은 詳細也라 察 明辨也라

'분명하게 듣고 보며 슬기롭고 지혜롭다(聰明睿知)'는 것은 태어나면서부터 알고 있는 소질(素質)이다. '臨'은 윗자리에 있으면서 아랫사람을 다스리는(君臨) 것이다. 그다음의 네 가지(寬裕溫柔, 發强剛毅, 齊莊中正, 文理密察)는 바로 인, 의, 예, 지(仁義禮智)의 덕(德)이다. '文'은 예악(禮樂)과 제도(制度)이다. '理'는 앞뒤가 맞

고 체계가 있는 것(條理)이다. '密'은 작은 곳까지 자세하게 안다(詳細)는 것이다. '살펴서 아는 것(察)'은 분명하게 변별한다는 것이다.

## 31-2

[概觀]

총명예지(聰明叡知)를 지니고 태어난 성인(聖人)은 인의예지(仁義禮智)의 덕(德)을 갖추었으니 그 덕(德)은 한없이 넓고 깊은 곳에 가득 차 있음은 물론 끝없는 근원(根源)을 지니고 있다. 그러기 때문에 그 덕(德)이 고요하고 깊은 샘이 솟아나듯 때에 맞게 흘러나와 드러나게 됨을 말한다.

溥(보)博淵泉하여 而時出之니라
　　　박 연 천　　이 시 출 지

(다섯 가지의 德이 하늘처럼) 매우 넓어서 널리 두루 미치며 연못처럼 고요하고 깊은 샘처럼 근원이 있어서 때에 맞게 드러난다.

◇ 溥(보): 두루 미치다

**章句大全**

溥博은 周徧而廣闊也요 淵泉은 靜深而有本也라 出은 發見也라 言五者之德이 充積於中하여 而以時 發見於外也라

'溥博'은 모든 면이 두루 넓어서 막힌 데가 없는 것이다. '淵泉'은 고요하고 깊어서 근본이 있는 것이다. '出'은 드러나 보이는 것이다. 다섯 가지의 덕(聰明睿知, 寬裕溫柔, 發强剛毅, 齊莊中正, 文理密察)이 마음속에 가득히 쌓여서 때에 맞게 밖으로 드러나 보이는 것을 말한다.

## 31-3

**[槪觀]**

성인(聖人)의 덕(德)은 한없이 넓고 깊다. 그러므로 천하의 백성들이 그를 우러러 공경(恭敬)하며, 그의 말을 믿지 않음이 없고, 덕(德)을 실행함에 대하여는 천하의 백성들이 기뻐하지 않음이 없다.

> 溥(보)博은 如天하고 淵泉은 如淵이라 見而民莫不敬하며 言而民莫不信하며 行而民莫不說이니라
> 박  여천   연천  여연   현이민막불경   언이민
> 막불신    행이민막불열
>
> 매우 넓어서 널리 두루 미침은 하늘과 같고, 고요하고 깊어서 근원이 있음은 깊은 못과 같다. 모습을 드러내면 백성들이 공경하지 않음이 없고, 말을 하면 백성들이 믿지 않음이 없으며, 실행하면 백성들이 기뻐하지 않음이 없느니라.

**章句大全**

言 其充積極其盛하고 而發見 當其可也라

성인(聖人)의 덕(德)이 마음속에 가득히 쌓여서 (넓은 하늘과 깊은 연못과 같이) 성대(盛大)함이 지극하고, 드러나는 것이 마땅히 그럴 만하다는 것을 말하였다.

## 31-4

**[槪觀]**

위대한 성인(聖人)의 덕(德)은 하늘과 같이 지극히 넓고 큰 것이어서 이 세상 어디에나 미치지 않은 곳이 없다. 그러므로 성인(聖人)의 덕(德)을 만물을 길러 주는 하늘의 덕(德)과 걸맞다고 한 것이다.

是以로 聲名이 洋溢乎中國하여 施(이)及蠻貊하여 舟車所至와 人
시이   성명   양일호중국       급만맥         주거소지   인
力所通과 天之所覆(부)와 地之所載와 日月所照와 霜露所隊(추)에
력소통   천지소부     지지소재   일월소조   상로소추
凡有血氣者 莫不尊親하니 故로 曰配天이니라
범유혈기자 막불존친      고   왈배천

이 때문에 세상에 알려진 좋은 소문이 중국[372]에 넘치고 만맥(蠻貊)의 오랑캐들에게까지 미치어서, 배와 수레가 닿는 곳과 사람의 힘이 통하는 곳과 하늘이 덮어 주는 곳과 땅이 실어 주는 곳과 해와 달이 비춰 주는 곳과 이슬과 서리가 내리는 곳에 사람이라면 모두가 존중하고 가까이하지 않는 이가 없나니 그러한 까닭에 (성인의 덕은) 하늘의 덕(德)과 짝이 된다고 한 것이다.

---

372 'China'를 가리키는 것이 아니고 도덕(道德)이 있는 나라를 말한다.

◇ 施(이): 미치다
◇ 蠻貊: 남쪽의 오랑캐(蠻)와 북쪽의 오랑캐(貊)
◇ 隊(추): 떨어지다, 내리다

## 章句大全

舟車所至 以下는 蓋極言之라 配天은 言其德之所及이 廣大如天也라

배와 수레가 이르는 곳의 다음은 (공간적(空間的)으로) 지극히 넓음을 말한 것이다. '하늘에 짝이 된다(配天)'는 것은 성인(聖人)의 덕(德)이 미치는 곳이 넓고 크기가 하늘과 같다는 말이다.

右 第三十一章이라 承上章 而言小德之川流니 亦天道也라

이상은 제31장이다. 앞장을 이어서 작은 덕(小德)을 냇물이 (맥락(脈絡)을 따라) 흐름으로 말하였으니, 역시 하늘이 행하는 천도(天道)이다.

中庸疾書
# 第三十一章

 此下二章 言仲尼之至聖至誠 一則曰足以 二則曰(足以)爲能[373] 謂雖無其位 可以有位也 章句以此二章 爲釋川流 敦化 而這兩句本爲取比於夫子者 則其義尤明 至聖則曰 以時出之 至誠則曰 焉有所倚 便是時中結梢

◇ 結梢(결초): (=結末) 끝맺음

 여기서부터 다음의 두 장은 중니(仲尼)의 지극한 성인(至聖)이며 지극히 진실함(至誠)을 말하면서 먼저(31장)에서는 '…를 충분히 할 수 있다(足以)'고 하고, 다음(32장)에서는 '…를 행할 수 있다(爲能)'고 하였으니, 비록 그 지위(地位)는 없으나 그러한 지위를 가질 수 있다는 것을 말한 것이다. 『중용장구(中庸章句)』에서는 이 두 장을 가지고 '작은 덕은 물이 흐르는 것처럼 맥락(脉絡)이 있는 것(川流)'과 '하늘이 생물이 변화하고 자라는 것(化生)을 도탑게 하여 근본이 성대하게 표출되어 나오는 것이 끝이 없다(敦化)'는 것을 풀이하였다. 이 두 구절은 본래 선생님(孔子)에 대한 비유를 취한 것이어서 그 뜻이 더욱 분명하다. '지극한 성인(至聖)'은 '때에 맞게 드러나는 것(時出之)'을 가지고 말하였고

---

373  '足以'는 '爲能'으로 해야 옳다. 第32章 "唯天下至誠 **爲能**經綸天下之大經"

³⁷⁴⁾, '지극한 진실(至誠)'에 대하여는 '어찌 치우치는 것이 있겠는가!(焉有所倚)'³⁷⁵⁾라고 하였으니, 바로 '어느 때고 절도(節度)에 맞게 한다(時中)'는 것으로 끝맺음한 것이다.

發 章句無訓 恐是開發主張之意

(發强剛毅의) '發'에 대하여는 『중용장구(中庸章句)』에 뜻풀이가 없는데, 아마도 스스로 자기의 의견을 드러내어 깨우치게 하려는 듯하다.

莫不尊親 或疑夫子不曾有此 然以其見於家語 及諸傳記者考之 當時 雖不見用 其過化存神 有不可誣也 天下諸侯 莫不分庭抗禮 以尊敬之 至於夷裔之國 亦皆聞風欽願 則其有在陳圍匡之厄 特聖人之不幸 恐不可以爲疑也

'존중하여 가까이하지 않음이 없는 것(莫不尊親)'에 대하여 어떤 사람은 선생님(孔子)이 일찍이 이러한 일이 있지 않았다고 의심한다. 그러나 『공자가어(孔子家語)』와 여러 가지 전해 오는 기록을 잘 생각해서 살펴보면 당시에는 비록 (높은 지위에) 추천되어 등용(登用)되었다는 것은 보이지 않으나 '그가 지나가는 곳마다 감화(感化)가 되며 마음에 지닌 것이 신통하고 묘하여(神妙) 헤아리지 못하였다'³⁷⁶⁾는 사실은 속일 수가 없다. 천하의 제후들이 '조정(朝廷)의 뜰에서 동서로 마주 보며 대등한 예(分庭抗禮)'로써 존경하였고, 동쪽의 오랑캐와 북쪽 오랑캐 후손

---

374  『중용장구(中庸章句)』 제31장
375  『중용장구(中庸章句)』 제32장
376  『맹자(孟子)』 「진심상(盡心上)」 제13장 참조

의 나라에 이르기까지도 모두 소문을 듣고 기쁜 마음으로 우러러 받들고 따랐으나, 진(陳)나라로 갈 때 광(匡) 땅을 지나다가 (병사들에게) 포위당하여 곤란함과 재앙(災殃)을 겪었던 일[377]은 다만 성인(聖人)의 불행이었으니 아마도 의심해서는 안 될 것이다.

---

377 『논어(論語)』「자한(子罕)」第5章 '子 畏於匡'의 註 참조

# 第 32 章

## 32-1

**[槪觀]**

성인(聖人)의 지극한 진실함이라야 천하를 잘 다스릴 수 있으며, 세상에 변치 않는 위대한 법도(法度)인 오륜(五倫)을 다스릴 수 있고, 하늘이 부여한 인의예지(仁義禮智)의 본성을 따라 중용(中庸)의 도(道)를 확립하여 실행할 수 있으며, 하늘과 땅이 만물을 낳고 자라게 하는 화육(化育)의 이치를 알 수 있음을 말하였다.

> 唯天下至誠이아 爲能經綸天下之大經하며 立天下之大本하며 知天地之化育이니 夫焉有所倚리오
> 유천하지성   위능경륜천하지대경   립천하지대본   지천지지화육   부언유소의
>
> 오직 천하의 지극히 진실한 성인이라야 천하의 큰 법도(오륜(五倫))를 다스릴 수 있으며, 천하의 큰 근본(仁義禮智)을 확립할 수 있으며, 천지가 만물을 낳고 길러 주는 화육(化育)의 이치를 알 수 있으니, (성인이) 어찌 의지(依支)하는 바가 있으리오.

◇ 經綸(경륜): 나라를 다스림　　　◇ 大經(대경): 큰 법도, 오륜(五倫)

**章句大全**

經綸은 皆治絲之事니 經者는 理其緖而分之요 綸者는 比其類而合之也라 經은 常也니 大經者는 五品之人倫이요 大本者는 所性之全

體也라 惟聖人之德이 極誠無妄이라 故 於人倫에 各盡其當然之實하여 而皆可以爲 天下後世法하니 所謂 經綸之也라 朱子曰 經綸是用 立本是體 大本即中也 大經即庸也 經綸大經立大本 即是盡此中庸之道

◇ 理(리): (=治) 다스리다, 다루다　　　　◇ 比(비): 나란히 하다

'經綸'은 모두 실(絲)을 다루는 일이다. '經'은 그 실마리를 다루어 나누는 것이요, '綸'은 그 비슷한 것들을 나란히 하여서 합(合)하는 것이다. '經'은 평상적이다. '大經'은 (부모와 자식 사이에는 친애함이 있고(父子有親), 임금과 신하 사이에는 의리가 있으며(君臣有義), 지아비와 지어미 사이에는 분별이 있으며(夫婦有別), 어른과 어린이 사이에는 엄격한 질서가 있고(長幼有序), 벗 사이에는 믿음이 있어야 한다(朋友有信)는 사람으로서 당연히 지켜야 할) **다섯 가지의 인륜(人倫)이요, '大本'은 본성**(仁義禮智)**의 전체이다. 오직 성인의 덕(德)만이 지극히 진실하고 거짓이 없다. 그러므로 인륜(人倫)에 대하여 각각 그 당연하고 진실한 도리(道理)를 다하여 모두 천하 후세에 본보기가 되니 이른바 경륜(經綸)한다고 하는 것이다.** 주자(朱子) 말하기를 '經綸'은 작용(用)이고 '立本'은 본체(體)이다. '大本'은 바로 '중(中)'이고, '大經'은 바로 '용(庸)'이다. 실을 다루듯 오륜을 나누고 합하는 경륜(經綸), 사람이 지켜 나아가야 할 오륜(五倫)인 대경(大經), 타고난 본성인 인의예지(仁義禮智) 전체를 확립하는 입대본(立大本)이 바로 이 중용(中庸)의 도(道)를 다하는 것이다.

○ 北溪陳氏曰 經是分疏條理 綸是牽連相合 大經即君臣父子兄弟夫婦朋

友之大倫 大本即是中者 天下之大本一般中 乃未發之中 就性論 今所
謂大本 以所性之全體論 如君是君 臣是臣 父是父 子是子 兄是兄 弟
是弟 夫是夫 婦是婦 各有條理一定而不亂 故曰 經 如君臣之相敬 父
子之相親 夫婦之相唱和 兄弟之相友睦 朋友之相切磋琢磨 牽比其倫類
自然相合 故曰 綸 惟聖人極誠無妄於人倫 各盡其所當然之實 皆可爲
天下後世之標準 故 人皆取法之

    북계진씨 말하기를 '經'은 성긴 가닥을 나누어 간추리는 것이요, '綸'
은 끌어다 연결하여 서로를 합하는 것이다. '大經'은 바로 임금과 신하,
부모와 자식, 형과 아우, 지아비와 지어기, 벗 사이의 크나큰 윤리(大
倫)요, '大本'은 바로 '중(中)이다'. 천하의 큰 근본은 일반적인 중(中)이
니 바로 아직 발현하지 않은 중(中)이다. '性'을 논하는 것을 따르면 지
금 타고난 본성의 전체를 논한 것을 가지고 대본(大本)이라고 한다. 이
를테면 임금은 임금이고 신하는 신하이고, 부모는 부모이고 자식은 자
식이며, 형은 형이요 아우는 아우며, 지아비는 지아비고 지어미는 지어
미라고 하는 것과 같이 각각 일정한 가닥(條理)이 있어서 어지럽지 않
다. 그러므로 '經'은 이를테면 임금과 신하가 서로를 공경하며, 부모와
자식이 서로 친애하며, 부부가 서로 화합하여 어긋남이 없고, 형과 아
우가 서로 사랑하고 화목하며, 벗이 서로 학문이나 덕행을 닦는 것을
이끌어 주는 것에 견주어서 그 도리(道理)들이 자연스럽게 서로 합치되
는 것과 같다. 그러므로 '綸'은 오직 성인(聖人)만이 지극히 진실하고 거
짓이 없어서 인륜(人倫)에 대하여 각각 그 당연하고 진실한 도리(道理)
를 다하여 모두 천하 후세(後世)의 본보기가 된다. 그러므로 사람들이
모두 받아들여서 본받는 것이다.

○ 雙峯饒氏曰 如君君臣臣父父子子 是分而理之 君仁於臣 臣敬其君 父慈其子 子孝其父 是比而合之也

쌍봉요씨 말하기를 이를테면 임금은 임금답고, 신하는 신하답고, 부모는 부모답고, 자식은 자식다워야 함은 이치를 나눈 것이고, 임금은 신하를 사랑하고, 신하는 임금을 공경하며, 부모는 자식을 사랑하고, 자식은 부모에게 효도함은 이치를 따라 합치시킨 것이다.

**其於所性之全體에 無一毫人欲之僞以雜之하여 而天下之道 千變萬化가 皆由此出하니 所謂立之也라 其於天地之化育 則亦其極誠無妄者가 有默契焉이요 非但 聞見之知而已라 此皆 至誠無妄 自然之功用이니 夫豈有所倚著(착)於物 而後能哉아**

(誠은) 부여받은 본성의 전체에 대하여 털끝만큼이라도 사사로운 욕심이나 거짓이 섞이는 것이 없어서, 천하의 도(道)가 한없이 변화하는 것이 모두 이것(誠)으로 말미암아서 나오게 되니, (인의예지(仁義禮智)의 대본(大本)이) 확립되었다고 말하는 것이다. 그래서 천지가 만물을 낳고 자라게 함에 대해서는 또한 '지극히 진실하여 거짓이 없음(極誠無妄者)'은 말 없는 가운데 뜻이 서로 꼭 들어맞는 것(符合)이요, 단지 듣고 보아서 아는 것뿐만이 아니다. 이것은 모두가 지극히 진실하여 거짓이 없는 것에 대한 자연스러운 효과이며 작용이니, (지극히 진실한 성인이) 어찌 다른 외물(外物)에 붙여 의지(依支)하고 난 다음에야 할 수 있겠는가!

## 32-2

**[槪觀]**

    지극히 진실한 성인(聖人)은 간곡하고 지극한 인(仁)을 가지고 천하의 변치 않는 법도(法度)인 오륜(五倫)을 다스릴 수 있으며, 그 덕(德)이 깊고도 고요한 것이 연못 같아서 천하에 근본이 되는 인의예지(仁義禮智)의 대본(大本)을 확립할 수 있으며, 그 덕(德)이 넓고도 큰 하늘과 같아서 만물(萬物)이 낳고 자라게 됨을 알 수 있다.

---

肫肫(준준)其仁이며 淵淵其淵이며 浩浩其天이니라
          기 인        연 연 기 연        호 호 기 천

(聖人은) 간곡하고 지극한 인(仁)이며, 고요하고 깊은 연못이며, 넓고도 큰 하늘이다.

---

◇ 肫: 音註에 '肫之純反'이라 하였으니 '준'이고, 諺解에도 '쥰'으로 되어 있다.

### 章句大全

    肫肫은 懇至貌니 以經綸而言也라 淵淵은 靜深貌니 以立本而言也라 浩浩는 廣大貌니 以知化而言也라 其淵其天 則非特如之而已라
潛室陳氏曰 如天如淵 猶是二物 其天其淵 卽聖人便是天淵

    '肫肫'은 간곡하고 지극히 정성스러운 모습이니, '실을 다루듯 인륜(人倫)을 나누고 합치시키는 것(經綸)'을 가지고 말한 것이다. '淵淵'은 고요하며 깊은 모습이니 '대본을 확립하는 것(立本)'을 가지고 말한 것이다. '浩浩'는 넓고 큰 모습이니 천지가 변화하고 길러 주는 이치를 아는 것을 가지고 말한 것이다. '깊고 고요한

연못처럼 근본이 서 있고, 넓고 큰 하늘과 같이 화육(化育)을 알고 있는 것(淵淵其淵 浩浩其天)'은 단지 깊고 고요한 연못과 넓고 큰 하늘과 같을 뿐만이 아니다. 잠실진씨 말하기를 '如天如淵'은 두 가지 사물인 것과 같고, '其天其淵'은 곧 성인(聖人)이 바로 넓고 큰 하늘과 고요하고 깊은 연못이라는 것이다.

## 32-3

[槪觀]

  총명하고 슬기로운 지혜를 지니고, 그 덕(德) 또한 하늘의 덕(德)에 막힘없이 환하게 통하는 성인(聖人)이 아닌 보통 사람이 앞에서 말한 성인(聖人)의 덕(德)을 알아볼 수 있겠는가! 우리가 일상적으로 누리는 하늘과 땅의 큰 덕(德)을 알지 못하고 지나치듯 성인(聖人)의 덕(德) 또한 알지 못하는 것이다.

苟不固聰明聖知하여 達天德者면 其孰能知之리요
구불고총명성지 　　　달천덕자　　기숙능지지

만약 진실로 총명하고 도리에 밝으며 슬기롭고 지혜로워서 하늘의 덕(德)에 도달(到達)한 사람이 아니라면 그 누가 (성인(聖人)의 덕(德)을) 알 수 있겠는가!

章句大全

  固는 猶實也라 鄭氏曰 唯聖人이아 能知聖人也라

'固'는 진실하다는 것과 같다. 정씨(鄭玄) 말하기를 "오직 성인이라야 성인을 알아볼 수 있다."라고 하였다.

右 第三十二章이라 承上章 而言大德之敦化니 亦天道也라 前章에 言至聖之德하고 此章에 言至誠之道라 然至誠之道는 非至聖이면 不能知요 至聖之德은 非至誠이면 不能爲니 則亦非二物矣라 此篇에 言 聖人天道之極致가 至此而無以加矣라

이상은 제32장이다. 앞 장에 이어서 큰 덕(德)이 만물을 낳고 자라게 하는 것을 도탑게 하는 것을 말하였으니, 또한 하늘이 행하는 천도(天道)이다. 앞(제31장)에서는 '지극한 성인의 덕(至聖之德)'을 말하였고, 이 장에서는 '지극히 진실한 도(至誠之道)'를 말하였다. 그러나 '지극히 진실한 도(至誠之道)'는 지극한 성인이 아니라면 알 수가 없는 것이요, '지극한 성인의 덕(至聖之德)'은 지극히 진실하지 않으면 실행할 수 없으니 역시 두 가지(至聖, 至誠)의 일이 아니다. 이 책(『중용(中庸)』)에서 성인(聖人)과 천도(天道)의 지극한 효과와 작용(功效)을 말한 것이 여기에 이르러서 덧붙일 것이 없음을 말하였다.

中庸疾書
# 第三十二章

此章與上章同義 卽仲尼之至誠也 其末云 苟不固聰明聖智 達天德者其孰
能知之 所以重結 不見知而不悔也

이 장과 앞 장은 같은 뜻이니 바로 중니(仲尼)의 지극한 진실함이다. 앞 장의 마지막 구절에서 "만약 진실로 총명하고 도리에 밝으며 슬기롭고 지혜로워서 하늘의 덕(德)에 도달(到達)한 사람이 아니라면 그 누가 (성인(聖人)의 덕(德)을) 알 수 있겠는가!"라고 한 것은 "알아줌을 받지 못하여 등용(登用)되지 못하더라도 후회하지 아니한다."[378]라고 한 이유를 거듭 결론한 것이다.

子曰 不怨天 不尤人 下學而上達 知我者 其天乎 惟夫子是達天德 而與天
同德 故夫子不怨天 而天亦知夫子也 苟不固如此者 又豈足以知夫子哉 孰能
知之者 謂無知之也

공자(孔子) 말씀하시기를 "(때를 얻지 못해도) 하늘을 원망하지 아니하며, (등용되지 못해도) 남을 탓하지 않고, 사람이 일상에서 하는 일

---

378 『중용장구(中庸章句)』 第11章 "君子 依乎中庸 遯世不見知而不悔 唯聖者 能之"

(人事)을 배우고 익혀서 하늘의 이치(天理)에 도달(到達)하는 것이니, 나를 알아주는 이는 아마도 하늘일 것이다."[379]라고 하였다. 오직 선생님(孔子)만이 하늘의 덕에 도달(到達)하여서 덕(德)이 하늘과 같았기 때문에 선생님(孔子)은 하늘을 원망하지 않았으니, 하늘도 선생님(孔子)을 알아준 것이다. 만약 진실로 이와 같은 사람이 아니라면 또 어찌하여 선생님(孔子)을 알아볼 수 있었겠는가! "누가 알아볼 수 있겠는가! (孰能知之)"라고 한 것은 (선생님(孔子)을) 알아볼 수 있는 사람이 없다는 말이다.

---

379 『논어(論語)』「헌문(憲問)」第37章 "子曰 莫我知也夫 …"

# 第 33 章

## 33-1

**[槪觀]**

　　군자(君子)의 덕(德)을 아름다운 비단옷에 비유한 시(詩)를 인용하여 군자가 자신의 아름다운 덕(德)이 밖으로 드러남을 꺼리는 것을 밝히는 대목이다. 비단옷을 입고 겉옷을 덧입은 듯 지혜와 덕(德)을 안으로 가리고 있어서 쉽게 드러나지 않는 군자의 덕(德)은 날이 갈수록 빛나면서도 매일 먹는 일상적인 음식과 같아서 싫증이 나지 않지만, 소인(小人)은 이와 반대로 자신의 조그마한 덕행(德行)이라도 드러내어 자랑하는 까닭에 쉽게 눈에 띄고 날이 갈수록 퇴색하여 결국에는 남아 있지 않게 된다. 덕(德)이란 안에 지니고 있으면 빛이 나지만, 밖으로 드러내게 되면 빛을 잃게 되기 때문이다.

詩曰 衣錦尙絅이라 하니 惡其文之著也라 故로 君子之道는 闇然
시왈　의금상경　　　　　오기문지저야　　　고　　군자지도　　암연
而日章하고 小人之道는 的然而日亡하나니 君子之道는 淡而不厭
이일장　　　소인지도　　　적연이일망　　　　군자지도　　담이불염
하며 簡而文하며 溫而理니 知遠之近하며 知風之自하며 知微之
　　　간이문　　　온이리　　지원지근　　　지풍지자　　　지미지
顯이면 可與入德矣리라
현　　　가여입덕의

시(詩)에 이르기를 "비단옷을 입고 홑옷을 덧입는다."라고 하니, 비단옷의 아름다운 무늬와 빛깔(文彩)이 드러나는 것을 싫어함이다. 그러므로 군자의 도(道)는 어렴풋하여도 나날이 밝

> 아지고, 소인(小人)의 도(道)는 뚜렷하여도 나날이 없어지나니, 군자의 도(道)는 담박하면서도 싫어지지 아니하며, 간략하면서 아름다운 무늬와 빛깔이 드러나고, 온화하면서 조리가 있으니 멀리(남에게)까지 드러나는 원인이 가까운 곳(자신)으로부터 시작됨을 알며, 바람(風聞)이 불어오는 곳을 알고, 어렴풋한 것이 뚜렷이 드러나는 것을 안다면 함께 (성인의) 덕(德)에 들어갈 수 있으리라.

◇ 尙(상): 더하다   ◇ 絅(경): 홑옷

### 章句大全

前章에 言 聖人之德이 極其盛矣라 此 復自下學立心之始言之하고 而下文에 又推之 以至其極也라

앞 장에서 성인(聖人)의 덕(德)이 성대하기가 지극함을 말하였다. 여기서는 다시 학문하는 것은 곧 마음가짐으로부터 시작된다는 것을 말하였고, 다음 글에서는 또 (이것으로) 미루어서 그 지극함을 다하였다.

詩는 國風衛碩人 鄭之丰이니 皆作 衣錦褧衣하니 褧은 絅同하니 禪(단)衣也라 尙은 加也라 古之學者는 爲己故로 其立心이 如此라 尙絅故로 闇然하고 衣錦故로 有日章之實이라 淡簡溫은 絅之襲於外也요 不厭而文且理焉은 錦之美在中也라 小人 反是니 則暴於外而無實以繼之라 是以 的然而日亡也라

第33章 525

詩는 『시경(詩經)』「국풍(國風)」의「위풍(衛風), 석인(碩人)」과「정풍(鄭風), 봉(丰)」에는 모두 "衣錦褧衣"로 되어 있다. '褧'은 '絅'과 같으니 '엷은 홑옷(襌衣)'이다. '尙'은 더하는(덧입는) 것이다. 옛날의 학자(君子)들은 자신을 위한 학문을 하였기 때문에 그 마음가짐이 이와 같았다. (겉에) 홑옷을 덧입었기 때문에 어렴풋하고, (속에) 비단옷을 입었기 때문에 나날이 드러나 밝아지는 실체가 있는 것이다. '담박하고 간략하며 온화한 것'은 겉에 홑옷을 덧입어서이고, 싫어지지 않으며 아름다운 무늬와 빛깔 또한 조리(條理)가 있다는 것은 비단의 아름다움이 그 안에 있어서이다. 소인(小人)은 이와 반대이니 밖으로 드러나지만, 진실한 아름다움은 지속(持續)될 수가 없다. 이 때문에 뚜렷하지만 나날이 없어지는 것이다.

遠之近은 見於彼者가 由於此也라 風之自는 著乎外者가 本乎內也라 微之顯은 有諸(저)內者가 形諸(저)外也라 有爲己之心하고 而又知此三者면 則知所謹 而可入德矣리라 故로 下文에 引詩하여 言 謹獨之事라

'遠之近'은 저 멀리(남에게)까지 드러나는 것이 이곳(자신)으로부터 말미암는 것이요, '風之自'는 밖에 드러나는 것이 안에 바탕을 두는 것이요, '微之顯'은 안에 (덕을 쌓아) 가지고 있는 것이 밖으로 나타나는 것이다. 자신을 위하려는 마음이 있으면서, 또한 이 세 가지(遠之近, 風之自, 微之顯)를 안다면 삼가는 것을 알아서 덕(德)에 들어갈 수 있을 것이다. 그러므로 다음 글에서는 시(詩)를

끌어다가 '자신만이 홀로 아는 곳에서도 삼가는 일'을 말하였다.

## 33-2

**[槪觀]**

　마음을 닦아 안으로 지니게 된 덕(德)은 저절로 밖으로 드러난다. 군자(君子)는 항상 안으로 자신을 살피고 반성하여 거리낌이 없게 한 결과 마음에 부끄러움이 없다. 맹자(孟子)도 "하늘을 우러러 부끄러움이 없고, 구부려 사람들에게 부끄러움 없는 것이 군자(君子)의 두 번째 즐거움"[380]이라 하였으니 보통 사람들이 군자(君子)에 미치지 못하는 이유 또한 남들이 보지 못하는 마음에 있는 것이다.

> 詩云 潛雖伏矣나 亦孔之昭[381]라 하니 故로 君子는 內省不疚하여
> 시운 잠수복의　역공지소　　　　고　군자　　내성불구
> 無惡於志니 君子之所不可及者는 其唯人之所不見乎인져
> 무오어지　군자지소불가급자　　기유인지소불견호
>
> 시(經)에 이르기를 "(물속에) 잠겨서 비록 엎드려 (숨어) 있으나 모두 매우 밝게 드러난다." 하니, 그러므로 군자는 안을 살펴보아도 잘못(欠)이 없어 마음에 부끄러움이 없으니 (보통 사람들이 혼자 있을 때도 삼가는) 군자에 미치지 못하는 것은 아마도 남들이 보지 못하는 곳에서일 것이다.

◇亦(역): 모두

---

380　『맹자(孟子)』「진심상(盡心上)」第20章 "仰不愧於天 俯不怍於人 二樂也"
381　'孔之昭'의 '昭'가 『시경(詩經)』에는 '炤'로 되어 있다. 뜻은 같다.

**章句大全**

詩는 小雅 正月之篇이라 承 上文하여 言 莫見乎隱 莫顯乎微也라 疢는 病也라 無惡於志는 猶言 無愧於心이라 此 君子 謹獨之事也라

◇ 病(병): 흠(欠), 결점, 하자(瑕疵)

시는 『시경(詩經)』「소아(小雅), 정월(正月)」편이다. 앞글을 이어서 "숨겨진 것보다 더 잘 드러나는 것이 없고 작은 것보다 더 잘 나타나는 것은 없다."라고 말한 것이다. '疢'는 흠(欠)이다. '無惡於志'는 마음에 부끄러움이 없다는 말과 같으니, 이것이 군자(君子)가 자신만이 홀로 아는 곳에서도 삼가는 일이다.

## 33-3

**[概觀]**

군자는 자신만이 홀로 있는 곳에서도 공경하는 마음과 미더운 마음을 지니고 스스로 삼가며, 어두운 방의 서북 귀퉁이에서조차도 부끄러운 마음이 없게 해야 함을 말하고 있다.

詩云 相在爾室한대 尙不愧于屋漏라 하니 故로 君子는 不動而敬하며 不言而信이니라
시운 상재이실 상불괴우옥루 고 군자 부동이경 불언이신

시(詩)에 이르기를 "그대가 방 안에 있는 것을 살펴보니 어두운 방의 서북(西北) 귀퉁이에서조차도 부끄러움이 없기를 바라

네."라 하였다. 그러므로 군자는 움직이지 않아도 공경하며, 말하지 않아도 미더우니라.

◇ 相(상): 보다 　　　　　　◇ 尙(상): 바라다

**章句大全**

詩는 大雅 抑之篇이라 相은 視也라 屋漏는 室 西北隅也라 承上文하여 又言 君子之戒謹恐懼가 無時不然하여 不待言動 而後敬信하니 則其爲己之功이 益加密矣라 故 下文에 引詩하여 幷言其效니라

詩는 『시경(詩經)』 「대아(大雅), 억(抑)」 편이다. '相'은 살펴보는 것이다. '屋漏'는 방의 서북쪽 귀퉁이(집 안에서 가장 깊숙하여 사람의 눈에 띄지 않는 곳)이다. 윗글에 이어서 또 군자가 보지 못하는 곳에서도 조심하고 삼가며, 들리지 않는 곳에서도 몹시 두려워 염려하는 것이 언제라도 그러하지 않은 적이 없다고 말하였다. 말과 행동을 기다리지 않은 뒤에도 공경하고 믿는다고 하였으니, 그것은 자신을 위한 공부가 더욱더 치밀한 것이다. 그러므로 다음 글에 시(詩)를 끌어다가 그 효과를 겸해서 말하였다.

## 33-4

**[概觀]**

여기에 쓰인 시(詩)는 상(商)[382]나라의 종묘(宗廟)에서 탕임금(成湯)에게 제사(祭祀) 올릴 때 부르던 노래(頌)이다. 제사의 시작인 강신(降神)의 예(禮)가 치러지고 강신주(降神酒)가 부려지게 되면 제사에 참례(參與)한 모든 사람은 신명(神明)의 강림(降臨)을 느껴 엄숙하게 되어 다투고자 하는 사람이 없게 되는데, 이것을 가지고 어진 임금이 위대한 덕(德)을 지니게 되면 천하가 저절로 잘 다스려지게 됨을 비유하였다.

詩曰 奏假(격)無言하여 時靡有爭이라 하니 是故로 君子는 不賞
시왈 주    무언      시미유쟁          시고    군자    불상
而民勸하며 不怒而民威於鈇鉞이니라
이민권     불노이민위어부월

시(詩)에 이르기를 "(神明 앞에) 나아가 (신명(神明)의 내림에 감동(感動)되는 데에) 이르면 말이 없으며, 이때는 아무도 다투는 이가 없었네."라고 하였으니 이 때문에 군자가 상(賞)을 내리지 않아도 백성들이 힘써 노력하며, 성내지 않아도 백성들은 죽음의 형벌(鈇鉞)보다 두려워하느니라.

**章句大全**

詩는 商頌 烈祖之篇이라 奏는 進也라 承 上文하여 而遂及其效하여 言 進而感格於神明之際에 極其誠敬하여 無有言說 而人自化之也라 威는 畏也라 鈇는 莝斫刀也라 鉞은 斧也라

---

382 훗날 제19대 반경왕(盤庚王)이 마지막으로 옮긴 수도가 '殷'이었기 때문에 '殷나라'로 부르게 되었다.

시(詩)는 『시경(詩經)』 「상송(商頌), 열조(烈祖)」 편이다. '奏'는 나아가는 것이다. 앞장을 이어서 마침내 그 효과를 언급하고 '나아가 신명(神明)의 내림에 감동하는 데에 이르게 될 때'는 자신의 진실함과 공경을 지극히 해서 말하지 않아도 사람들이 저절로 감화(感化)되는 것을 말하였다. '威'는 두려워하는 것이다. '鈇'는 (말과 소 등의) 꼴(여물)을 써는 작두(작도)이고 '鉞'은 도끼이다.

## 33-5

**[槪觀]**

『논어(論語)』에 "공자(孔子) 말씀하시기를 조작적(造作的)인 행위가 없으면서도 잘 다스린 사람은 아마도 순(舜)임금일 것이다. 그가 무엇을 하였겠는가! 자신을 공순(恭順)히 하여 바르게 임금 노릇(南面) 하였을 뿐이다."[383]라고 하였다. 즉 임금이 자신을 수양(修養)하여 어진 덕(德)을 갖추고 제자리에 바르게 앉아 있기만 하여도 천하는 저절로 잘 다스려짐을 말하고 있다.

詩曰 不顯惟德을 百辟其刑之라 하니 是故로 君子는 篤恭而天下
시왈 불현유덕   백벽기형지         시고   군자   독공이천하
平이니라
평

시(詩)에 이르기를 "드러나지 않는 그윽한 덕(德)을 온 제후들이 본받는다."라고 하니, 이 때문에 군자(임금)가 자신을 삼가

---

[383] 『논어(論語)』 「위령공(衛靈公)」 제4장 "子曰 無爲而治者 其舜也與 夫何爲哉 恭己正南面 而已矣"

며 공경(恭敬)을 도탑게 하면 (언동에 드러내지 않아도) 천하가 평안해지느니라.

### 章句大全

詩는 周頌 烈文之篇이라 不顯은 說見二十六章이라 言豈不顯也 此借引 以爲幽深玄遠之意라 以爲眞幽隱不顯 承 上文하여 言 天子有不顯之德하여 而諸侯法之 則其德愈深 而效愈遠矣라 篤은 厚也니 篤恭은 言 不顯其敬也라 篤恭而天下平은 乃聖人 至德淵微 自然之應이니 中庸之極功也라

시(詩)는 『시경(詩經)』「주송(周頌), 열문(烈文)」편이다. '드러나지 않는 것(不顯)'은 제26장에서 '어찌 드러나지 않겠는가'라고 하니, 이것을 빌려 끌어다가 깊고 그윽하며 오묘하고 심오한 뜻으로 삼은 것이다. 진실로 그윽하게 숨겨져 드러나지 않음을 이른다. 앞장을 이어서 천자(天子)가 드러나지 않는 덕(德)을 지닌 것을 제후(諸侯)들이 본받는다면 그 덕(德)이 더욱 깊어져서 효험도 더욱 원대(遠大)하다는 것을 말하였다. '篤'은 두텁다는 것이다. '篤恭'은 그 공경(恭敬)이 드러나지 않음을 말한 것이다. '篤恭而天下平'은 바로 성인(聖人)의 깊이 숨겨져 있는 지극한 덕(德)이 천지자연(天地自然)에 서로 일치하게 대응(照應)하는 것이니 중용(中庸)의 지극한 공효(功效)이다.

## 33-6

**[槪觀]**

　명령이나 지시 같은 조작적(造作的)이고 인위적(人爲的)인 행위가 없어도 백성들이 스스로 교화(敎化)되고 잘 다스려지는 이유는 위대한 덕(德)에 바탕을 두었기 때문이다. 덕(德)에 대하여 "덕의 가볍기가 터럭과 같다."라는 시(詩)를 가지고 비교한 것은 터럭은 아무리 가볍고 가늘다 하더라도 흔적이 있는 것이니, 다시 "하늘의 일은 소리도 없고 냄새도 없다."라는 시(詩)를 인용하여 이러한 경지에 이르러서야 비로소 지극하고 위대한 덕(德)이 된다는 말로 끝맺음하였다.

---

詩云 予懷明德의 不大聲以色이라 하야늘 子曰 聲色之於以化民
시운 여회명덕　 불대성이색　　　　　　　 자왈 성색지어이화민
에 末也라 하니 詩云 德輶如毛라 하니 毛猶有倫이어니와 上天
　 말야　　　　 시운 덕유여모　　　　 모유유륜　　　　　 상천
之載 無聲無臭아 至矣니라
지재 무성무취　　 지의

　시(詩)에 이르기를 "내가 (周文王의) 밝은 덕을 생각하건 데 (기뻐하고 성냄의) 소리와 낯빛을 대단하게 여기지 않네."라고 하거늘 공자(孔子) 말씀하시기를 "(기뻐하고 성냄의) 소리와 낯빛으로 백성들을 교화시킴은 맨 끄트머리다."라고 하였다. 시(詩)에 이르기를 "덕이 가볍기가 터럭과 같다."라고 하였는데, 터럭은 오히려 견줄 만한 데가 있거니와 (시(詩)에서) "하늘의 일은 소리도 없고 냄새도 없다."라고 한 것이야말로 (德이) 지극한 것이다.

---

◇ 懷(회): 생각하다　　　　◇ 輶(유): 가볍다
◇ 倫(윤): (=比) 견주다　　◇ 載(재): (=事) 일

### 章句大全

　詩는 大雅 皇矣之篇이라 引之 以明上文 所謂不顯之德者가 正以 其不大聲與色也라 又引 孔子之言하여 以爲聲色은 乃化民之末務니 今但言 不大之而已 則猶 有聲色者存하니 是未足以形容 不顯之妙라 不若 烝民之詩所言 德輶如毛 則庶乎 可以形容矣 而又 自以爲謂之 毛 則猶有可比者하니 是亦未盡其妙라 不若 文王之詩所言 上天之事 無聲無臭 然後에 乃爲不顯之至耳라 蓋聲臭는 有氣無形이라 在物 에 最爲微妙어늘 而猶 曰無之라 故 惟此可以形容不顯 篤恭之妙니 非此德之外에 又別有是三等然後에 爲至也라

　시(詩)는 『시경(詩經)』 「대아(大雅), 황의(皇矣)」 편이다. 이 시(詩)를 끌어다가 윗글의 '드러나지 않는 덕(不顯之德)이라고 말한 것'은 바로 '그 (기뻐하고 성냄의) 소리와 낯빛을 크게 여기지 않는 것'임을 밝힌 것이다. 또 공자(孔子)의 말씀을 끌어다가 "(기뻐하고 성냄의) 소리와 낯빛은 곧 백성을 교화시키는 것에는 맨 끄트머리의 일이니, 지금은 다만 '크게 여기지 않는다.'라고 말했을 뿐이라면, 오히려 소리와 낯빛은 남아 있는 것이어서 '드러나지 않는 오묘함(不顯之妙)'의 형상을 나타내 표현하기에는 아직 충분하지 않다. 이는 『시경(詩經)』 「대아(大雅), 증민(烝民)」의 시(詩)에서 '덕이 가볍기가 터럭과 같다. (德輶如毛)'라고 말한 것만 못한 것이니, 거의 형상을 나타내어 표현한 것에 가깝다고 할 만하다." 또 스스로 터럭이라고 말하면 오히려 견줄 만한 것이 있다는 것이니, 이것도 그 오묘함을 아직 다하지 못한 것이다. 『시경(詩經)』 「대아(大雅), 문왕(文王)」의 시(詩)에서 "하늘의 일은 소리

도 없고 냄새도 없다. (上天之事 無聲無臭)"라고 말한 것만 못하니, 그런 다음에 바로 드러나지 않는 덕(德)이 지극하다고만 여길 뿐이다. 소리와 냄새는 기운은 있으나 형체가 없어서 사물에 있어서 가장 야릇하고 오묘하거늘 오히려 없다고 말하였다. 그러므로 오직 이 말이 드러나지 않는 덕(德)과 공손함을 진실하고 극진하게 하는 오묘함의 형상을 나타내어 표현할 수 있을 것이니, 이러한 덕(德)밖에 또 다른 이 세 가지(聲, 色과 毛와 無聲無臭의) 등급에 따라 생기는 차이가 있고 난 다음에야 지극함이 되는 것은 아니다.

右 第三十三章이라 子思 因前章 極致之言하여 反求其本하여 復自下學爲己 謹獨之事로 推而言之하여 以馴致乎 篤恭而天下平之盛하고 又贊其妙하여 至於無聲無臭 而後 已焉하니 蓋擧 一篇之要 而約言之라 其反復丁寧 示人之意 至深切矣니 學者 其可不盡心乎아

이상은 제33장이다. 자사(子思)가 앞장의 지극한 데에 이른다는 말로 말미암아 그 근본으로 돌이켜서 다시 자신을 위한 학문을 하고, 자신만이 홀로 아는 곳에서도 삼가는 일로부터 미루어 말하여 공손함을 진실하고 극진하게 하여 천하가 편안하여 점차 성대함에 이르게 하고, 또 그 오묘함을 찬양하여 소리도 없고 냄새도 없는 데에 이르고 난 뒤에야 그쳤으니, 『중용(中庸)』한 편의 요점을 들추어서 간추려 말한 것이다. 다시 되풀이하여 간곡하고 친절하게 사람들에게 보여 주신 뜻이 지극히 깊고 간절하니 배우는 사람들이 어찌 마음을 다하지 않을 수 있겠는가!

中庸矢書
# 第三十三章

  子思之釋孔子之言者 卒於上章 而此章 則又收拾向裏 以終首章之義 盖自第二章以下十章爲經 自第十二章以下二十一章爲傳 首章爲起語 末章爲結語

  자사(子思)가 공자(孔子)의 말을 풀이한 것은 앞 제32장에서 끝났고, 이 장에서는 또 흩어졌던 것들을 안으로 거두어들여서 첫 장의 뜻을 마무리 지은 것이다. 제2장부터 다음으로 10장은 경(經)이 되고, 제12장부터 다음으로 21장은 전(傳)이 된다. 첫 장은 시작하는 말이 되고, 마지막 장은 끝맺는 말이 된다.

  淡而不厭 如人莫不飮食 而鮮能知味 其日用茶飯 雖不知味 而亦不厭 若奢美者 莫不知其味 而亦易至於厭矣

  '담박하면서도 싫어지지 않는다(淡而不厭)'는 것은 이를테면 "사람이 먹고 마시지 않는 사람이 없으나 그 맛을 잘 아는 사람은 드물다. (人莫不飮食 鮮能知味)"[384]라고 한 것과 같다. 날마다 먹고 마시는 차와 밥은 비록 그 맛은 알지 못하나 또한 싫어하지 않고, 지나치게 맛있는 것은

---

384 『중용장구(中庸章句)』 제4장

그 맛을 알지 못하는 것은 아니나 또한 싫어하는 데에 쉽게 이르는 것과 같다.

易曰 風自火出 爲家人 謂敎化自內而出也 風之自 恐或此義

『주역(周易)』에 이르기를 "바람이 불로부터 나오는 것이 가인괘(家人卦)가 된다."[385]라고 한 것은 가르치고 이끌어서 올바른 방향으로 나아가게 하는 (세상의) 교화(敎化)가 (집) 안으로부터 나온다는 것을 이르는 것이니, '바람(風聞)이 불어오는 곳'이라 한 것은 아마도 이러한 의미인 듯하다.

遠之近 治平之由於家也 風之自 齊家之由於身也 微之顯 修身之由於心也 心之所存 必顯於身 (身)心[386]其樞也

'멀리(남에게)까지 드러나는 것은 가까운 곳(자신)으로부터(遠之近)'라는 것은 천하와 국가를 잘 다스리는 것은 집안의 습속(習俗)에서 말미암는 것이고, '바람이 불어오는 곳'이라고 한 것은 집안을 가지런히 함은 자신을 수양(修養)하는 것에서 말미암는다고 한 것이다. '어렴풋한 것이 드러난다(微之顯)'고 한 것은 자신을 수양함은 마음에서 말미암는 것이며, 마음속에 보존된 것은 몸(밖)에 반드시 드러나니 가장 중요한 것은 마음이다.

---

385 『주역(周易)』「가인괘(家人卦), 상전(象傳)」
386 '身'은 '心'으로 되어야 한다.

道 以身之所行言 德 以心之所存言 與達道達德 參看

'道'는 몸으로 실천하는 것을 말하고, '德'은 마음에 보존된 것을 말하니, '천하의 공통되는 도(達道)'와 '천하의 공통되는 덕(達德)'을 함께 참고해서 보아야 할 것이다.

德 是烈文 皇矣之德 遠之近 風之自 漸近理就德上說 知此 則可以入此德矣 故知之爲先 旣知之後 又須有作爲 可入 故以愼獨戒懼繼之 愼獨戒懼 又必以誠敬爲主 故 以奏假(격)無言繼之 如是而後方可入德 故以不顯之德繼之 莫非由淺入深也 其於愼獨 則只言君子自修之義 其於戒懼 則言及物而敬信 其於誠敬 則不但敬信 其向善陪惡 有興起之效 其於不顯之德 則乃言天下之平 其功夫深一節 則功效大一節

◇ 陪(배): 견주다

'德'은 『시경(詩經)』 「주송(周頌), 열문(烈文)」 편과 「대아(大雅), 황의(皇矣)」 편의 내용인 (문왕(文王)과 무왕(武王)의) 덕(德)이니, '멀리(남에게)까지 드러나는 것은 가까운 곳(자신)으로부터(遠之近)'와 '바람이 불어오는 곳(風之自)'은 점차 이치에 가까운 덕(德)에 나아가 말한 것이다. 이것을 알고 나면 이러한 덕(德)에 들어갈 수 있다. 그러므로 아는 것이 먼저이고, 이미 알고 난 다음에는 또 모름지기 실행하는 것이 있어야 (德에) 들어갈 수 있다. 그러므로 '자신만이 홀로 아는 곳에서도 삼가며 조심하고 두려워하는 것(愼獨戒懼)'을 계속하는 것이다. '자신만이 홀로 아는 곳에서도 삼가며 조심하고 두려워하는 것(愼獨戒懼)'은 또 반드시 진실과 공경을 위주로 한다. 그러므로 '신명(神明) 앞에 나아가 (神明이) 감응하는 데에 이르면 말이 없어…(奏假無言)'로 계속한 것이다. 이와 같게 한 다음에야 비로소 덕(德)에 들어갈 수 있으므로 '드러나지 않는 덕(不顯之德)'을 가지고 계속한 것이다. 얕은 곳으로부터 말미암아 깊은 곳으로 들어가는 것이 아닌 것이 없다. '자신만이 홀로 아는 곳에서도 삼가는 것(愼獨)'에 대하여는 다만 군자가 자신을 수양(修養)하는 뜻을 말하였고, '조심하고 두려워하는 것(戒懼)'에 대하여는 상대에게 영향을 미쳐서 (상대방이) 공경하여 믿어 주는 것을 말하였다. 진실과 공경에 대하여는 단지 공경하여 믿어 주는 것뿐단이 아니라 선(善)으로 나아가 악(惡)과 견주게 하여서 감동되어 떨쳐 일어나게 하는 효과가 있게 하였으며, '드러나지 않는 덕(不顯之德)'에 대하여는 마침내 천하가 화평하게 되는 것을 말하였다. 그것은 공부가 한 마디 깊어지면 공부의 효과도 한 마디 커진다는 것이다.

以遠近 風自爲例 則當曰知顯之微 今乃不然 何也 烈文詩云 不顯者 自顯而推其微也 然其爲德 亦本自明顯 故又引皇矣詩 言其明德 則自微而著其顯也 故曰 微之顯也

'멀리(남에게)까지 드러나는 것은 가까운 곳(자신)으로부터'와 '바람이 불어오는 곳'을 예(例)로 든다면 마땅히 '드러나는 것은 어렴풋한 것으로부터'라고 해야 하는데 지금 도리어 그렇지 않은 것은 무엇 때문인가? 『시경(詩經)』「주송(周頌), 열문(烈文)」편의 '드러나지 않는 것(不顯者)'은 드러나는 것으로부터 시작하여 어렴풋한 것을 헤아려 추측하였다. 그러나 그 덕(德) 되는 것도 본래 저절로 밝게 드러나기 때문에 또

『시경(詩經)』「대아(大雅), 황의(皇矣)」편의 시(詩)를 끌어와서 "그 밝은 덕은 어렴풋한 곳에서부터 시작하여 뚜렷이 드러나게 된다."라고 말한 것이다. 그러기 때문에 "어렴풋한 것이 드러난다. (微之顯)"라고 하였다.

內省 反省也 內字屬身 心之所之爲志 志字屬心 心不疚 則身便無惡也 旣省 則或恐其有疚 故曰不疚 如人本自無病 則曰無病 如或意其或病 而診察不然 則曰不病也 若曰不惡 則容有可惡在 故曰無惡也 羞惡之心 義之端也 其不義處在已 則羞 在人 則惡 而欲其去不義而爲義 則已與人同也 兩字可替換說 吾與人一視同仁 則或爲之代羞也 吾自內省 以心責己 則不能無惡也 然羞字本是向人底說話 故吾自內省 復向誰羞 故曰惡也 至下文對屋漏言 則方可謂愧 下字無錙銖之誤

◇ 疚(구): 부끄러워하다  ◇ 錙(치): 저울눈
◇ 銖(수): 저울눈

'안으로 살핀다(內省)'고 한 것은 (잘못은 없는지) 돌이켜 살펴보는 것이다. '안(內)'이라는 글자는 '자신(身)'에 속하고, 마음이 가는 곳을 뜻(志)이라 하니 '뜻(志)'이라는 글자는 마음(心)에 속한다. 부끄러움이 없다면 자신도 바로 미워할 것이 없다. 이미 살펴보았다면 혹 마음에 부끄러움이 있을까 염려되기 때문에 '부끄러움이 없다(不疚)'고 한 것이다. 이를테면 사람이 본래부터 병통이 없었다면 병통이 없다 하고, 있을지도 모를 뜻밖의 경우 병통이 있을까 생각해서 증상을 살펴 알아보고 그렇지 않다면 병통이 아니라고 할 것이다. 만일 '미워하지 않는다(不惡)'고 말하면 미워하는 것을 용인할 수도 있는 것이기 때문에 '미워할 것이 없다(無惡)'고 말한 것이다. '(자신을) 부끄러워하고 (남을) 미워하는 마음(羞惡之心)'은 '義'의 실마리가 된다. 그 의롭지 못한 곳에 자신이 있다면 부끄러운 것(羞)이요, 남이 있다면 미워하는 것(惡)이니 올바르지 못한 것(不義)을 제거하고 올바름(義)을 실행하고자 하는 것은 나 자신이나 남이나 같은 것이다. 부끄러움(羞)과 미워함(惡) 두 글자는 바꾸어서 말할 수도 있다. 나와 남이 실행하는 인(仁)이 같다고 본다면 혹 남을 대신하여 부끄러워할 수가 있고, 내가 안으로 살펴보아서 마음으로 자신을 책망하게 된다면 자신을 미워하지 않을 수 없다. 그러나 '부끄러워하다(羞)'라는 글자는 본래 남에 대하여 하는 말이다. 그러기 때문에 내가 스스로 안을 살펴본다면 다시 누구에 대하여 부끄럽겠는가! 그러므로 '미워한다(惡)'고 말한 것이다. 다음 글에 이르러 방의 서북 귀퉁이에 대하여 말하면서 비로소 부끄러워할 만하다고 하였으니 글자를 쓰는 데에 저울눈만큼의 그릇됨도 없다.

**相在爾室 謂視爾之在爾室也 若在他室 其心猶有主可知者**

◇ 猶(유): 그대로

'그대가 방 안에 있는 것을 보니(相在爾室)'는 '그대가 그대의 방 안에 있는 것을 살펴보니'라는 말이다. 만약 다른 방에 있었어도 그 마음에는 그대로 주재(主宰)하는 것이 있음을 알 수 있다.

恭者 敬之見於外者 敬者 恭之主於中者也 不顯者 闇然而內積 不顯其敬 便是篤恭也 天子內修以敬 而恭己南面 至於百辟刑之 天下自平 非有他術 只

底修己之敬 惇積遠及而已 不然 如無源之水 朝滿夕除 何能如是 故曰篤恭

◇ 主(주): 머무르다　　　　　　　◇ 闇然(암연): 어렴풋하다

'공손함(恭)'은 공경한(敬) 용모가 밖에 드러나는 것이고, '공경함(敬)'은 공손함(恭)이 마음속에 머물러 있는 것이다.[387] '드러나지 않는 것(不顯)'은 어렴풋하게 마음속에 쌓인 것이다. '공경함이 드러나지 않는 것(不顯其敬)'은 바로 공손함(恭)을 두터이 하는 것이다. 천자(天子)가 안으로는 공경하는 마음(敬)을 가지고 자신을 수양(修養)하며, 겉으로는 자신의 용모와 거동을 공손히(恭) 해서 바르게 임금 노릇(南面)을 한다면, 온 제후(諸侯)들이 본받아서 천하가 저절로 화평(和平)하게 되는 데에 이르는 것은 다른 방법이 있는 것은 아니다. 단지 자신을 수양(修養)하고 공경하는 마음이 도탑게 쌓여서 멀리까지 미치게 되는 것뿐이다. 그렇지 않으면 '흘러나오는 근원 없는 물이 아침에 가득 찼다가 저녁에 없어져 버림(無源之水 朝滿夕除)'과 같을 것이니 어찌 이와 같을 수 있겠는가! 그러므로 "공경(恭)을 도탑게 한다."라고 하는 것이다.

子曰 恭己正南面而已 集註云 恭己者 聖人敬德之容 旣無所爲 則人之所見如此而已 宜與此參看

공자(孔子) 말씀하시기를 "자신의 용모나 거동을 공손하게 하고 바르

---

[387] '공(恭)'이란 용모를 말하고 '경(敬)'이란 마음을 말하니(恭就貌上說 敬就心上說), '공(恭)'은 다만 안에 있는 '경(敬)'이 밖으로 드러나는 것이며(恭只是敬之見於外者), '경(敬)'은 다만 용모나 거동이 되는 '공(恭)'을 마음속에 보존하고 있는 것(敬只是恭之存於中者)이다. 『성리자의(性理字義)』「공경(恭敬)」편 참조

게 임금 노릇(南面) 할 뿐이다."[388]라고 하였는데 『논어집주(論語集註)』에서 "자신의 용모나 거동을 공손하게 하는 것은 성인(聖人)이 자신의 덕(德)을 공경히 하여 삼가는 모습이니 이미 조작적인 행위가 없었다고 한다면 사람들이 볼 수 있는 것은 이와 같은 것뿐이다."[389]라고 하였으니 마땅히 여기의 글과 함께 참고해서 보아야 할 것이다.

---

388 『논어(論語)』「위령공(衛靈公)」第4章
389 위와 같은 곳의 註

# 星湖疾書(성호질서)
# 中庸(중용)
# 後說(후설)

　　中庸何以知子思之書 據鄭氏陸氏 其說皆然 盖周漢以來 相傳如此也 且書中 始之以仲尼之言 終之以仲尼之事 分明是孔氏 傳道之書 其言往往與孟子符合 疑其爲孟子所宗法者 夫以孔子之道 傳于孟氏者 非子思而誰 彼子思亦初非創意爲之 自第二章以下十章 卽爲孔子全書 子思特其奉以述之也 孔子當時 又非完就此一篇 子思實裒集其緖論 而爲之畧加刪節 如第三章可知也 卽而子思懼 夫孔子之言 簡而難曉 乃推原而有首章 發揮而有十二章以下 其羽翼證成之功 都屬之子思 故歸之以子思之書也

◇ 裒(부): 모으다

『중용(中庸)』이 무엇을 가지고 자사(子思)의 글이라는 것을 알 수 있겠는가? 鄭氏(鄭玄), 陸氏(陸德明) 그들의 주장[390]이 모두 그러한 데에

---

390 『예기정의(禮記正義)』 卷 52, 中庸 第31의 疏 참조

근거한다. 주(周)나라와 한(漢)나라부터 이후로 서로 이와 같이 전하였다. 또 (『중용(中庸)』의) 책 가운데 중니(仲尼)의 말씀으로 시작하고 중니(仲尼)의 일로 끝맺었으니 분명 공자(孔子)의 학문(孔氏)의 도(道)를 전한 책이다. 그 내용이 이따금 『맹자(孟子)』의 내용과 들어맞는 것은 아마도 (공자(孔子)의 도(道)를) 맹자(孟子)가 가장 뛰어나게 본받은 사람이기 때문일 것이다. 대저 공자(孔子)의 도(道)를 맹자(孟氏)에게 전하여 준 사람이 자사(子思)가 아니면 누구이겠는가? 자사(子思)도 처음부터 새로이 의견을 생각하여 낸 것이 아니다. 제2장으로부터 다음으로 열 장(10章)은 바로 공자(孔子)가 모두 쓴 글(全書)인데 자사(子思)가 단지 그 뜻을 받들어서 해석한 것(述之)[391]이다. 공자(孔子) 살아 계실 당시에는 또 이 책이 완전히 이루어지지 않았다. 자사(子思)가 실제로 실마리가 되는 학설들을 모아서 간략한 곳은 보태고 (번잡한 곳은) 깎아 내어 지우고 요점을 잡아 간추렸다는 것을 제3장 같은 데서 알 수 있다. 이미 자사(子思)는 공자(孔子)의 말씀이 간략하여서 (뒤에 배우는 사람들이) 깨우치기가 어렵다는 것을 염려하였다. 마침내 (공자 말씀의) 근본이 된 일이나 사건을 미루어서 첫 장을 짓게 되었고, 재능을 발휘하여 (공자의 말씀을 이것저것 끌어다) 제12장부터 다음 장을 짓게 되었으니, 그것을 돕고 증명하여 완성한 공적이 모두 자사(子思)에 속하게 되었다. 그러므로 자사(子思)가 쓴 글로 돌아가게 된 것이다.

先儒旣以大學之傳 定作曾子門人之記 曾子之門 惟子思可以了此 則子思之書奚但止於此篇哉 故大學主敬 中庸主誠 兩相扶持 表裡完備 聖人之遺

---

391 『중용질서(中庸疾書)』 第33章 참조

意 殆無憾焉 後千載 人被其澤者 莫子思若也 然子思之澤 亦人亡而俱息矣 中庸之在於世 不過舊器之藏府庫也 人或貴其古而不屑於用 至漢戴氏編諸 禮家 僅存其目錄 苟非程朱之功 其不終爲夷而泯 未可知也 自程朱以前 惟 唐李翺在 今觀其復性三書 句句提掇 節節致意 惟大學中庸是崇是信 其言曰 子思得其祖之道 述中庸四十七篇 以傳于孟軻 遭秦滅書 中庸之不焚者一篇 其說益祖於孔叢子 然今觀此書 首尾貫一 非散軼之比 或者 從是而推衍 有 許多篇簡耶 此則未可詳 大抵其意 以庸學爲要 論孟爲佐 宛成四書規模 而 外此則不言 卽無論一一中理與否 其所存所尙 豈易求哉

◇ 裡(리): 裏와 同, 안, 가운데, 속　　　　◇盆(익): 많다
◇祖(조): 본받다

　이전 시대의 선비(學者)들이 이미 『대학(大學)』의 「전(傳)」을 가지고 증자(曾子)의 문인이 기록한 것이라고 단정하였으니, 증자(曾子)의 문하에는 오직 자사(子思)만이 이것을 환하게 깨달을 수 있었을 것이다.[392] 이렇다면 자사(子思)의 글이 어찌 다만 이 『중용(中庸)』에 그치겠는가! 그러기 때문에 『대학(大學)』은 '경(敬)'을 위주로 하고 『중용(中庸)』은 '성(誠)'을 위주로 하여 두 책이 서로 안과 밖으로 받쳐 주고 부족이나 결손을 메워 주어서 성인(聖人)이 남긴 뜻을 거의 유감없이 완전히 갖추게 되었다. 그 후 천년이 되도록 사람들이 혜택을 입게 한 사람으로 자사(子思) 같은 이가 없었다. 그러나 자사(子思)의 은택도 (道를 傳할) 사람이 없어지면서 모두 그치게 되었다. 『중용(中庸)』이 세상에 남아 있는 것도 곳간에 간직된 옛 그릇에 지나지 않았다. 사람들은 간혹 그

---

392　성호 이익(星湖 李瀷)은 『대학(大學)』의 '子思所作說'을 주장하기도 하였다.

것이 오래된 책이라 귀하다고 하면서도 일상에서 쓰는 것에 대하여는 달갑게 여기지 않았다. 한(漢)나라 때에 이르러 대씨(戴氏)[393]가 여러 예가(禮家)[394]의 기록을 모으고 편집한 것이 겨우 그 목록만이 남아 있게 되었다. 만약 정자(程子)와 주자(朱子)의 공로(功)가 아니었다면, 아마도 끝내는 잘못되었거나 없어지고 말았을지 알 수 없다. 정자(程子)와 주자(朱子) 이전부터 당(唐)나라에는 이고(李翱)[395]가 있었다. 지금 이고(李翱)의 『복성서(復性書)』 세 권은 글귀마다 중요 대목을 끌어모으고 절(節)마다 정성을 다하여 오직 『대학(大學)』과 『중용(中庸)』을 옳다고 인정하여 높이고 믿었다. 그가 말하기를 "자사(子思)는 할아버지(孔子)의 도(道)를 깨우쳐서 『중용(中庸)』 47편(篇)을 지어서 맹가(孟軻)[396]에게 전하였는데, 진(秦)나라의 책을 불태워 없애는 일[397]을 만났으나 불타지 않은 한 편이 『중용(中庸)』이다."라고 하였다. 그 주장은 『공총자(孔叢子)』[398]를 본받은 것이 많다. 그러나 지금 이 책을 살펴보면 처음부터 끝까지 하나로 꿰어져 있어서 흩어져 일부가 빠져 버린 (다른 책

---

393 대덕(戴德, ?-?): 중국 전한(前漢) 시대의 사람, 공자(孔子) 72弟子의 예설(禮說)을 모아 엮어 『대대례(大戴禮)』라는 책을 저술하였다.
394 예가(禮家): 예문가(禮文家)의 준말로 '예법을 잘 알고 그대로 실행하는 사람'을 가리킨다.
395 이고(李翱, 772-841): 중국 당(唐)나라의 유학자, 『중용(中庸)』 '率性'의 뜻을 이어 '復性說'을 주장하고 『복성서(復性書)』를 저술하였다.
396 맹가(孟軻): 맹자(孟子)의 이름
397 진시황(秦始皇) 34년 승상 이사(李斯)가 의약, 점복, 농업, 법령 등 실용에 관한 서적을 제외한 시경(詩經), 서경(書經) 등 제자백가(諸子百家)의 서책들을 불태워 없애 버릴 것을 권유하고 진시황(秦始皇)은 이를 받아들여 시행한 '분서사건(焚書事件)'을 말한다.
398 『공총자(孔叢子)』: 공자(孔子)의 9대손인 공부(孔鮒, B.C. 246-208)가 공자(孔子) 일족의 언행을 기술한 책이나 위서(僞書)로 본다.

들과) 비교할 것이 아니다. 혹 이러한 것을 따라서 미루어 덧붙이고 자세히 설명을 늘어놓은 책들이 아주 많이 있지 않던가! 이것은 상세히는 알 수 없으나 대체로 그 뜻이 『중용(中庸)』과 『대학(大學)』을 가지고 중요한 핵심으로 삼고, 『논어(論語)』와 『맹자(孟子)』를 (『대학(大學)』과 『중용(中庸)』을) 보좌(輔佐)하는 책으로 여겨 사서(四書)의 규모(規模)를 뚜렷이 이루었고 여기에 벗어나는 것은 말하지 아니하였다. 바로 이치에 맞고 안 맞고는 하나하나 논(論)하지 않더라도 그러한 마음을 보존하고 뜻을 높이며 소중하게 여기는 사람을 어찌 쉽게 구할 수 있겠는가!

在李翶之前 亦不無其人 按梁簡文帝 謝勅賚中庸講疏啓曰 天經地義之宗 出忠入孝之道 實立教之關鍵 德行之指歸 自非千載有聖 得奉皇門 無以識九經之倫 稟二門之致 呼傾乎其至矣 然梁家父子 好學而無實 卒踐亂亡 則其悅而不繹者歟 奈之何有此出世之見 而不能句當乎一身 至此極乎 此又學者之大戒也 是以苟非其人 言亦無裨 不從無裨 或轉而爲夷狄之護法 佛六祖有云 不思善 不思惡 則喜怒哀樂之未發也 蘇子由得之以傳會之曰 中固未及於思也 殊不覺戒惧399)恐惧 佛家初無此境界也 故曰 句句同然而異 於子由乎何責 故言不足以悟人 惟其人 不然如賣水江邊 終日行而莫之售也

◇ 自(자): 진실로      ◇ 奉(봉): 이바지하다

이고(李翶)가 있기 이전에도 그러한 사람이 없지는 않았다. 살펴보면

---

399 '惧'는 '懼'으로 되어야 한다.

양(梁)나라 간문제(簡文帝)[400]의 『사칙뢰중용강소계(謝勅賚中庸講疎啓)』에서는 "하늘의 도리와 땅의 법도(天經地義)를 존중하며, 밖에 나가서는 충성하고 집안에 들어와서는 효도하는 도(道)의 실상을 확립한다는 것은 가르침을 완성하는 핵심이요, 덕(德)을 실행하는 지향점(指向點)이다. 진실로 먼 옛적(千載)에 슬기롭고 총명한 성인으로서 천자의 집안(皇門)을 섬겼던 이가 아니라면 구경(九經)의 차례를 알고 황문(皇門)과 가문(家門)의 최고의 경지(極致)를 부여받을 수 없었을 것이니, 아! 그 (識見의) 지극함이여!"[401]라고 했다. 그러나 양가(梁家) 부자(父子)는 배우기는 좋아하면서도 실행하지는 않아서 마침내 나라가 짓밟히고 어지러워져 멸망하게 된 것이니, 아마도 (배우는 것을) 기뻐하기만 하고 (깊이 연구하여) 실마리를 풀어내지는 않는 사람이었을 것이다. 어찌하여 이 세상에 나와서 보면서도 자기 한 몸에 맡겨진 일을 잘 처리하지 못하여 이렇게 흉악한 일에 이르게 되었는가! 이에 더욱이 배우는 사람들은 매우 조심하여야 할 것이다. 이 때문에 진실로 그 사람이 아니라면 그 말 또한 도움 될 것이 없고, 단지 도움 될 것이 없는 것만이 아니라 혹은 오히려 오랑캐(夷狄)의 법을 지키는 것이 될 것이다. 불가(佛家)의 육조(六祖)[402]의 말에 의하면 "선(善)도 생각하지 아니하고 악(惡)도 생각하지 아니하는 것은 기뻐하고 노여워하며, 슬퍼하고 즐거워함

---

400  간문제(簡文帝, 503-551): 양무제(梁武帝)의 셋째 아들, 『예대의(禮大義)』, 『노자의(老子義)』, 『장자의(莊子義)』 등의 저술이 있다고 함.
401  『성호선생사설(星湖先生僿說)』 卷 26, 「경사문(經史門), 중용(中庸)」 참조
402  六祖: 중국 선불교의 육대 조사(六代祖師) 혜능(慧能, 638-714) 대사(大師), 『성호사설(星湖僿說)』 第26卷 「경사문(經史門), 자유부회중용(子由傅會中庸)」 참조

이 아직 드러나지 않은 것이다."라고 하였다. 소자유(蘇子由)[403]가 (육조의 말이) 적합하다고 여기고 억지로 끌어다 덧붙여서 말하기를 "'중(中)'은 진실로 '사(思)'에는 아직 미치지는 못한다. (中 固未及於思也)"라고 하였으니, 특히 '조심하고 삼가며 몹시 두려워하는 것(戒愼恐懼)'이 불가(佛家)에서는 처음부터 이러한 경계(境界)가 없다는 것을 생각하지 못한 것이다. 그러므로 (程子가) "(일마다 같고) 구절마다 같은 듯하나 다르다. (句句同然而異)"[404]라고 하였으니 자유(蘇子由)에 대하여 무엇을 꾸짖어 나무라겠는가! 그러므로 말로써 사람을 깨우치기에는 충분하지가 않으니, (됨됨이가 배우기만 좋아하고 실천하지 않는) 그러한 사람은 강가에서 물을 파는 것 같아서 온종일 장사를 하더라도 팔지 못할 것이다.

自章句之行於世 人尊之如日月 信之如四時 愛之如骨肉 畏之如鈇鉞 但不能究而得之 得而行之 如日用菽水也 其故何也 比如家長老整頓叢務 一齊無缺 羣子弟或恃而爲重 全不理會 凡厥有事 輒曰吾父兄必有處也 詰之則無所發 此與違悖訓合[405]者 差等不同 其芒無所知則均也 故學必要致疑 不致疑 得亦不固 所謂疑者 非謂孤疑猶豫 無所決擇也 若知 如是而是 則必兼審 如是而非 方始是見得 不然 則人或以非爲是 將無以應也 比如食果子相似 與之以桃杏之屬 噉其肉棄其仁 美在肉也 猶疑夫核中更有滋味在也 他日與

---

403 소자유(蘇子由): 소철(蘇轍, 1039-1112). 북송(北宋) 사람, 소식(蘇軾)의 아우이며 당송팔대가(唐宋八大家)로 소순(蘇洵)의 아들이다. 소순(蘇洵), 소식(蘇軾), 소철(蘇轍) 삼부자(三父子)를 삼소(三蘇)라고 부르기도 한다.
404 『성호사설(星湖僿說)』 卷 26, 「경사문(經史門), 자유부회중용(子由傅會中庸)」 참조
405 '合'은 '슈'으로 해야 옳다.

之以榛栗之屬 剝其皮而噉其仁 美在仁也 又安知向之仁之美 不如榛栗之可噉乎 若使當時都咬破知得分明 豈復有此患 故有疑所以無疑也 彼食焉而不疑者 雖謂栗房嚼 亦將從之矣

◇ 輒(첩): 쉽게
◇ 噉(담): 먹다
◇ 更(갱): 도리어
◇ 安(안): 어찌

　『중용장구(中庸章句)』가 세상에서 쓰이면서부터 사람들이 해와 달처럼 우러러보고, 사계절이 운행되는 것처럼 믿으며, 피붙이 친족처럼 사랑하고, 죽음의 형벌(鈇鉞)처럼 두려워했다. 그렇지만 깊이 연구하여 깨닫고, 깨달아서 실천하기를 평소에 변변치 못한 음식을 먹고 마시는 것처럼 하지 않았으니 그것은 무엇 때문인가? 비유하자면 집안의 어른이 모든 일을 모아서 어지럽거나 흩어진 것을 바로 잡으면, 하나같이 가지런하고 결점이 없어서 여러 형제와 자식들이 또 믿고서 매우 귀중하게 여겨서 완전히 깨달아 알려고 하지 않고, 모두 그런 일이 있으면 번번이 말하기를 "우리 아버지나 형이 다 처리할 것이다."라고 하는 것과 같아서 물어보면 (새로운 것을) 드러내는 것이 없다. 이것은 어긋나거나 거스르게 가르쳐 주는 것과는 등급이 같지 않으나, 어리석어서 아는 것이 없음은 같다. 그러므로 배움에는 반드시 의문을 두어야 한다. 의문을 두지 않고 깨우치는 것은 또 견고하지 못하다. 의문이라고 말한 것은, 보고 들은 것이 없어 아는 것이 없고, 의심하고 주저하여 도리(道理)의 옳고 그름을 판단하여 결정하지 못한다는 것은 아니다. 만약 이와 같은 것이 옳다는 것을 안다면, 반드시 이와 같은 것이 아니라는 것도 함께 살펴야 비로소 깨우치게 되는 것이다. 그렇지 않으면 사람들이 혹 잘못된 것을 가지고 옳다고 하여도 앞으로는 대응(對應)할 수가 없게 된다. 비유하자면 과일을 먹는 것과 서로 비슷하다. 복숭아나 살구 같은 것은 과육(果肉)은 먹고 씨를 버리는 것은, 맛이 과육에 있기 때문인데 오히려 더 좋은 맛은 씨 안에 있을 것이라고 도리어 의심한다. 다음 날 개암(깨금)이나 밤 같은 것을 주면 그 껍데기는 벗겨 버리고 그 씨를 먹는 것은 맛이 씨에 있기 때문이다. 또 어찌 지난번에 알았던 씨앗의 맛이 개암이나 밤을 먹는 것만 못하다는 것을 알겠는가? 만약 그 때 모두 깨물어 깨뜨려서 분명히 알게 하였다면 어찌 다시 이런 걱정이 있겠는가? 그러므로 의심을 가지는 것은 의심을 없게 하는 방법이다. 그것을 먹으면서도 의심하지 않는 사람은 비록 "밤송이는 씹어 먹는다."라고 해도 역시 따라서 (씹어 먹으려) 할 것이다.

自宋以下 學者之弊 大率類此 而惟我東爲尤甚 始也信而不疑 中也尊而不熟 終也置而不念 殆於無敵國外患者 翫愒[406]成俗 世無眞儒 其勢然也 是豈君子之所望於後人哉 余嘗曰 敎豈難[407] 學亦不易 使經生學子 將尺寸古訓 無容議意耶 有似乎隨人嬉笑 而卒無見解 將旁採博究 要歸證明耶 有似乎處下橫議 易陷罪過 然與其昏也 寧覈 故弟子之職 專聽受而不至於自欺 發疑難而無傷於躐易 此爲無犯無隱氣像 吾固悅而不能得也 是書也 堅守章句 莫敢移易 而章句之所不言 時或不憚言之 其意都只爲探討蹊徑 務歸於夫子之本旨 若曰章句之外 一字皆濫云爾 則是不但不識愚之所存 亦非所以知朱子也乎

---

406 『춘추좌전(春秋左傳)』「노소공(魯昭公)」元年 五月 참조
407 '敎豈難'의 '豈'는 '旣'로 해야 옳다.

송(宋)나라로부터 이후로 학자들의 폐단이 대체로 이러한 것들인데 우리나라는 더욱더 심하다. 처음에는 믿으면서도 의심하지 아니하고, 중간에는 높여 받들면서도 충분히 익히지 아니하며, 마지막에 가서는 내버려두고 생각하지도 않는다. 장차 적대 관계에 있는 나라(敵國)로부터 공격을 받게 될 걱정은 아니 하고 '하는 일 없이 세월만 보내는 것(翫愒)'이 풍속이 되었으니 세상에 참된 선비(學者)가 없어서 그러한 형세가 된 것이다. 이것이 어찌 군자(君子)가 다음 세대의 사람들에게 바라는 것이겠는가! 나는 일찍이 "가르치는 것은 이미 어렵게 되었고, 배우는 것 또한 쉽지 않을 것이다."라고 말했었다. 경(經)을 공부하는 선비(生)나 배우는 사람들로 하여금 만약 옛사람이 훈고(訓詁)한 바르지 않은 주장이나 의견은 조금도 받아들이지 못하게 한다면, 남을 따라서 실없이 웃다가 마침내는 자신의 의견이나 생각이 없는 것처럼 될 것이다. 장차 '두루 모으고 널리 연구하는 것(旁採博究)'은 (그것을) 증명하는 대로 결론이나 결말에 이르게(歸結) 하는 것이 핵심일 것인데 낮은 지위(地位)에서 제멋대로 주장하다가 잘못된 죄(罪)[408]에 빠지기 쉽다. 그렇다면 어리석게 (모르고) 지내기보다는 차라리 사실을 조사하여 밝히는 것이 나을 것이다. 그러므로 『관자(管子)』「제자직(弟子職)」에 "집안의 젊은이(弟子)가 마땅히 해야 할 직분은 오로지 듣기만 하되 자신을 속이는 데에는 이르지 말 것이며, 의심은 드러내면서도 쉽게 건너뛰는 것에 대하여 애태우지 말아야 한다."라고 하였으니, 이것은 어긋나지도 않고 숨기는 것도 없는 사람의 타고난 성품과 몸가짐이다. 나는 (이 말을) 진실로 좋아하면서도 깨닫지 못하였다. 이 책은 『중용장

---

408  斯文亂賊(성리학에서 교리를 어지럽히고 사상에 어긋나는 언행을 하는 사람)의 罪를 일컬음.

구(中庸章句)』를 굳게 지켜서 감히 뜻을 딴 곳으로 옮기거나 바꾸지 않았으나, 『중용장구(中庸章句)』에서 말하지 않은 것을 가끔 거리낌 없이 말하기도 하였는데 그 뜻은 단지 모두 지름길을 탐색하고 토론하여 선생님(孔子)의 본뜻으로 돌아가도록 힘쓴 것뿐이다. 만약 『중용장구(中庸章句)』의 밖에서 한 글자라도 (보태는 것이) 모두 지나치다고 한다면, 내가 생각하는 것을 몰라주는 것뿐만 아니라 또한 주자(朱子)를 대우(待遇)하는 방법도 아닐 것이다.

※ 底本에는 '後說'을 '節'로 나누지 않았으나 이 책에서는 독자들의 편의를 고려하여 임의로 '節'을 나누었다.

## [陽村 權近의 중용수장분석도(中庸首章分析圖)][409]

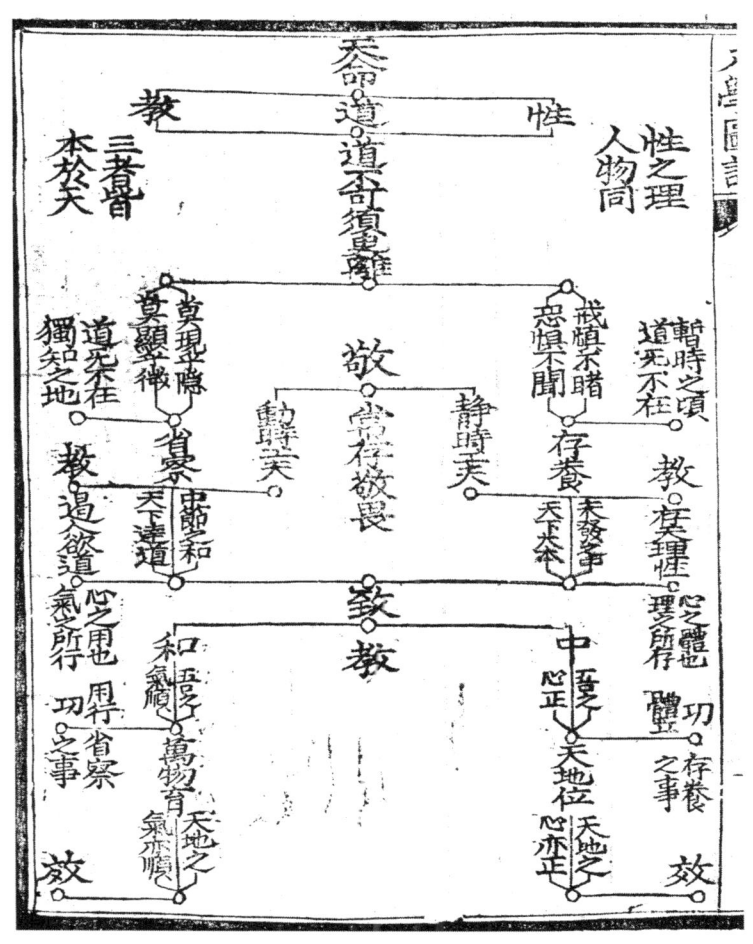

---
409 『入學圖說』(국립중앙도서관 디지털도서관 디지털 자료실: 고문헌)

## [星湖 李瀷의 중용상도(中庸上圖)][410]

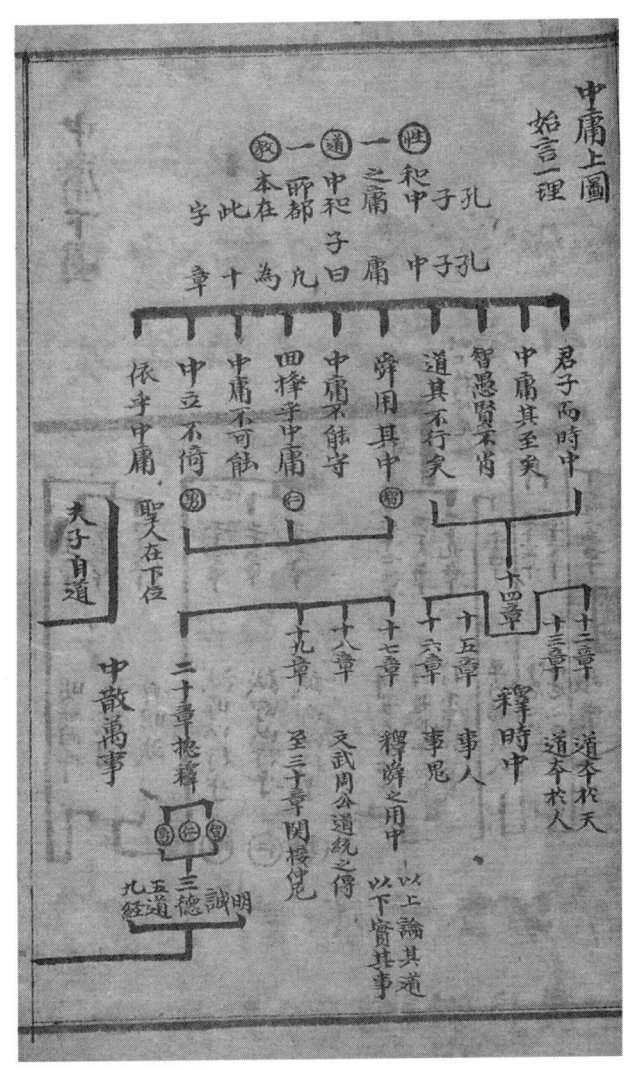

410 『中庸疾書』(국립중앙도서관 디지털도서관 디지털 자료실: 고문헌)

## [星湖 李瀷의 중용하도(中庸下圖)]

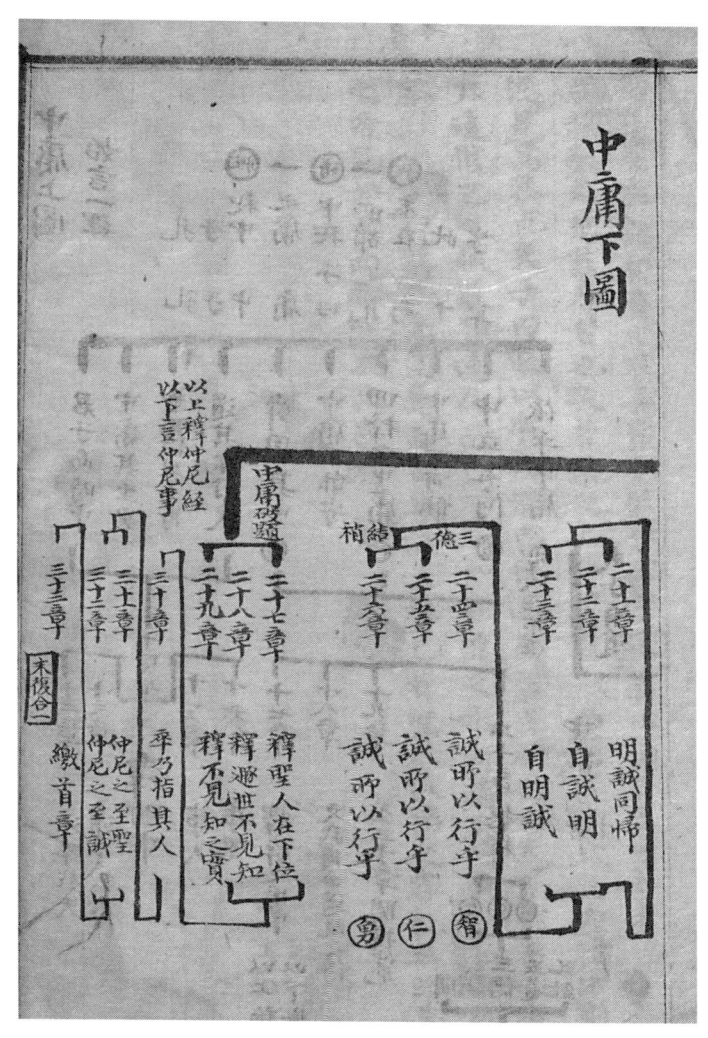

# 『中庸章句大全』의 註釋 人物

| | |
|---|---|
| 南軒張氏<br>(남헌장씨) | (張栻, 1133-1180) 南宋의 성리학자, 자는 敬夫, 호는 南軒, 朱熹, 呂祖謙 등과 남송삼현(南宋 三賢)으로 불린다. |
| 勉齋黃氏<br>(면재황씨) | (黃幹, 1152-1221) 南宋의 성리학자, 자는 直卿, 호는 勉齋, 주희(朱熹)에게서 학문을 배웠으며 주희의 사위가 되었다. |
| 三山陳氏<br>(삼산진씨) | (陳孔碩, ?-? ) 宋代의 유학자, 호는 北山先生, 주희(朱熹)의 제자 |
| 雙峯饒氏<br>(쌍봉요씨) | (饒魯, 1194-1264) 宋代의 유학자, 호는 雙峯, 勉齋 黃幹에게 수학(受學)하였다. |
| 雲峯胡氏<br>(운봉호씨) | (胡炳文, 1250-1333) 元代의 경학자, 호는 雲峯, 정주학(程朱學)을 깊이 연구했다. |
| 勿齋程氏<br>(물재정씨) | (程若庸, ?-?) 宋代의 성리학자, 자는 逢原, 饒魯(雙峯饒氏)의 제자 |
| 格庵趙氏<br>(격암조씨) | (趙順孫, 1215-1277) 宋代의 성리학자, 호는 格庵 또는 格齋 |
| 新安陳氏<br>(신안진씨) | (陳櫟, 1252-1334) 元代의 유학자, 호는 東阜老人, 주자(朱熹)를 학문의 조종(祖宗)으로 삼았다. |
| 東陽許氏<br>(동양허씨) | (許謙, 1269-1337) 元代의 성리학자 |
| 陳氏<br>(진씨) | (陳祥道, 1053-1093) 北宋의 유학자, 자는 用之, 王安石의 제자 |
| 北溪陳氏<br>(북계진씨) | (陳淳, 1159-1223) 南宋의 성리학자, 자는 安卿, 호는 北溪, 주자(朱熹) 만년의 고제(高弟) |
| 三山潘氏<br>(삼산반씨) | (潘柄, ?-?) 南宋의 역학자, 자는 謙之, 주자(朱熹)의 문인 |
| 王氏<br>(왕씨) | (王充耘, ?-?) 元代의 경학자 |

| | |
|---|---|
| 西山眞氏<br>(서산진씨) | (眞德秀, 1178-1235) 南宋의 성리학자, 호는 西山, 주자(朱熹)의 재전제자(再傳弟子) |
| 勿軒熊氏<br>(물헌웅씨) | (熊禾, 1253-1312) 宋末, 元初의 역학자, 호는 勿軒 |
| 延平李氏<br>(연평이씨) | (李侗(통), 1093-1163) 宋代의 성리학자, 자는 愿中, 楊時, 羅從彦과 함께 '南劍三先生'으로 불린다. |
| 黃氏<br>(황씨) | ? |
| 新安王氏<br>(신안왕씨) | (王炎, 1138-1218) 南宋의 역(易)학자, 자는 晦叔 |